U0126474

葛洪《抱朴子內篇》與魏晉玄學

李宗定 著

臺灣學生書局印行

玄風震雷、名教自然

—李宗定所著《葛洪《抱朴子內篇》與魏晉玄學》（代序）

林安梧

《道德經》云「道生之，德蓄之，物形之，勢成之」；《論語》則言「志於道，據於德，依於仁，游於藝」。道之所重在如其根源總體之顯現、蓄涵、構成。儒之所重則在人之主體自覺之參贊、化育、感通。這隱涵著一相生相長、共存共榮、兩端而一致的關連。或者，吾人從此即可見到「儒道同源互補」的結構。

若溯源以觀，見司馬談《論六家要旨》之一切歸本於道；《莊子·天下篇》其於「道」也，更溯及未始有之先，「道術未爲天下裂」之本眞原初。這樣的「道」是我華夏民族文化傳統共同之道，不能說成只是「道家之道」。果如是也，「道家主幹說」，其爲論亦有所偏矣。若更之以「道主幹說」，便可瞭然知曉。道本同源，通達而明白，無庸多論也。如此之「道」是「境識不二」、「情景交融」的，以之爲心外敻然之物，固不可也；以之爲主觀境界型態，亦有所不當也。

正因「儒道同源互補」，且爲我華夏民族文化之共性；因此，儒中必涵有道，道中必涵有儒，吾人可從儒家典籍看到道家的因子；從道家典籍亦可見到儒家的因子。只是主從、輕重、緩急，各

有所異而已。這問題落在後來發展成的體制化的道教上來看，那更是如此。

　　道家重在思想之辯證開解，重在以「正言若反」的方式，達成一「話語之解構」與「存有之治療」，並因之達成一「作用保存」之工夫。道教則進而落實其為「教」也，如此之教當然不離其人倫教養，不離其孝悌仁義，不離其忠君愛國，強調的是身家性命的安頓，及家國天下的和平。這便自然而然，滲入了許多儒家的思想。此乃不爭之事實。

　　識得「儒道同源互補」，自不必以儒家為主流，而以道家為旁支。也大可不必高倡道家主幹，而把儒家貶為只是人間倫理而毫無形上思想，更不會將一切中國哲學史凡涉及形而上之思想皆說之為道家之所產。這些道理本為容易，但世俗學問之爾分我界，加諸權力體制之簸弄，精神疲役，其於學也，何所益耶！何所益耶！

　　關於葛洪《抱朴子》之「內篇」「外篇」，其於儒道之思，或有倚輕倚重，但其為連續，此是明白事，何可以之為斷裂耶？儘管是內道外儒，道本儒末，或者說以道為體，以儒為用；但何嘗不是本末通貫、內外一如。當然是承體達用，卻也必是即用顯體；當然是崇本息末，但也是崇本舉末。如此說來，但葛洪畢竟是道家、道教，即如外篇多有儒家之思，仍不礙其為道家道教也。

　　道家道教者，回溯其本，契入存在自身，或為神仙方術、或為黃老道術，皆可如是視之。儒家儒教者，由本貫末，範圍天地之化而不過，曲成萬物而不遺，或為安邦治國，或為人倫孝悌，皆不外乎此也。「此兩者同，出而異名，同謂之玄，玄之又玄」，斯乃「衆妙之門」也。這樣看來，玄學之為玄學，「即用顯體，承體達用」

之學也，這「玄」是溯源的玄，但不是玄玄不可知而已。總之，玄學並不是那麼玄的，對於儒道、孔老還是有一會通的見地與思想在。

李宗定博士這部《葛洪〈抱朴子內篇〉與魏晉玄學》，論述宏關，條理分明，是乃偉構也。其於道教思想、儒道會通，深有所得矣！是書首論之以「道教形上學的建立」，並經由「燭火之喻」，論其「形／神、有／無」。再論神仙聖人可學而致，又論金丹成仙、服食養生。且置之於兩晉以來朝隱思想之變遷中，論其隱逸之風與神仙品第。由是而論「道本儒末」與「儒道會通」，此所以豁顯葛洪名教自然之論也。

李宗定君於 1996 年完成碩士論文《先秦儒家政治理論研究》，2002 年完成博士論文《老子「道」的詮釋與反思——從韓非、王弼注老之溯源考察》，今又得此大著，其於儒道之學，大有進境也。勉哉！勉哉！如斯勵力，黽勉以繼，其於華夏之文，參贊化育，大有助益也。

1995 年，我應龔鵬程兄之邀至嘉義大林，參與南華大學之籌辦工作，並於 1996 年由清華大學借調南華大學創辦哲學研究所。當時，宗定正在民雄中正大學攻讀博士，中正與南華兩校比鄰，地緣之便，有此賢棣，交遊論學，何其樂也。念昔時以往，不禁陶然自樂，手之舞之，足之蹈之也。

　　　　　壬辰之秋十月廿七日晨於 台中元亨書院

葛洪《抱朴子內篇》與魏晉玄學

目次

緒論

一、問題緣起

一般而言，魏晉玄學分為正始、竹林、元康與東晉四個時期，❶ 對於「自然／名教」關係各有因應時代環境改變而有不同主張。❷ 就

---

❶ 關於魏晉玄學的分期，始自東晉袁宏《名士傳》（《世說新語・文學》注引），袁宏分為正始、竹林、中朝三個時期。湯一介先生承袁宏的分法，將中朝改為元康，並加上東晉時期，而成正始、竹林、元康、東晉四時期。（見湯一介：《郭象與魏晉玄學》第二章〈魏晉玄學的發展（上）——玄學發展的階段〉，北京：北京大學，2000.7，頁 37-74）分此四時期兼具玄學發展及歷史演變，目前學界對魏晉玄學的分期討論多於此為基礎。如莊耀郎分為創始、分裂、轉變及衰退四期，各期代表人物與湯一介相同，僅從名稱上突顯玄學義理的轉向。（莊耀郎：〈魏晉玄學釋義及其分期之商榷〉，《鵝湖學誌》第六期，1991.6，頁 42）然而，謝大寧對此分期提出新的看法，認為何晏、王弼為兩漢思朝的殿軍，玄學主要論題的開創始自嵇康，此分法突破傳統見解，亦值得深思。（見謝大寧：《歷史的嵇康與玄學的嵇康》，台北：文史哲，1997.12）本文非專論玄學分期，僅從「會通儒道」一論題來談魏晉時期的思想，故仍採一般的分期方式。

❷ 一般來說，論述魏晉玄學時，所舉代表人物大都一致。正始時期以夏侯玄、何晏、王弼開其端，有「名教出於自然」的調和論；竹林時期

玄學發展的歷程來看，「自然／名教」關係之論題在這四個階段代表著「道」與「儒」的分合情形，其哲學上的意義在於玄學家們試圖通過對這兩者的連繫建立起自己的論述體系，不論是王弼「崇本舉末」或郭象「跡冥獨化」的提出，都是試圖調合儒道的方法。從玄學家們的論辯及對《老子》、《周易》及《論語》等儒道經典的注釋，都反映出魏晉玄學的主題在於透過新的詮釋方法，力圖使儒、道兩家融合，落實在現實世界中達成理想與現實的統一。從這個角度來看，玄學家們所建構出的理論，當然有其時代意義，玄學的發展歷程似乎呈現一個從衝突對立到融合的過程，但是這個看似有規律可尋的發展脈絡，當真是六朝時的思潮演變？如果我們考量到六朝也是道教興起並走向興盛的一個時期，很難不注意到一個奇特的現象，就是目前所見的魏晉玄學史與道教發展史似乎各自表述，兩不相干。也就是大部分的中國哲學史述及六朝時，很少提及道教；而中國道教史在論及六朝道教時，也多半未及於玄學家或相關理論。似乎多數學者認為玄學與道教是各自發展的平行線，兩者互不相交，亦即玄學歸哲學，道教屬宗教，兩者既是不同領域，在論述上自然不必相互歸屬，又有一些著作談玄學又論道教，將範圍擴大便成為文化史。從某個角度來說，將玄學與道教分屬兩個不同

則以阮籍、嵇康詆毀名教為代表，倡言「越名教而任自然」，使名教與自然衝突日增，同時裴頠倡崇有論，力主名教與之抗衡；至元康時期，郭象欲以玄冥獨化論超越儒道對立，而有「自然即名教」之命題；至東晉時期，張湛企圖結合王弼貴無與郭象獨化之論，從自然與名教之爭轉而為解決個人生死的問題。之後便沒有列舉代表人物，或者開始轉向佛學的論述。

領域的觀點未必無理，但是我們很容易發現玄學史或哲學史在南朝之後，都會論及佛教教義，甚至將唐代標舉為佛學興盛時期。這又不得不讓人疑惑，道教也是宗教，但是在哲學史或思想史的領域竟無一席之地？哲學史或思想史的取捨標準為何？❸如果只簡單地歸結為道教並無理論深度，不宜放入哲學史，似乎還是未能盡釋其

---

❸　如果我們深究這個問題，勢必得涉及哲學史與思想史的寫法。這是一個大問題，涉及「哲學史」與「思想史」的名稱，兩者的差別，反映了對「哲學」與「思想」詞義的理解，當然也關聯著什麼該寫入哲學史與思想史的問題。姑且不論西方哲學史，若我們回顧目前已寫就的「中國哲學史」或「中國思想史」，幾乎無一例外地是將過去的「經典」，（關於什麼是「經典」？誰才是「經典」？又是個值得深思的問題）依時代順序一一羅列，或者依歷代「思想家」，（同樣的，誰才是「思想家」也是個大問題）按時序排列介紹，如此而構成我們見到的「哲學史」或「思想史」。這樣的寫法基本上預設著我們的思想是由一個又一個的哲人與經典所帶領，也在這些哲人與經典的排列中構成了哲學史與思想史。顯然，這個看似偉大的過去思想歷程，似乎有些不對勁，本文於此無法深論，以免偏離主題，但是我們基本上同意大陸學者葛兆光對這個問題的一些觀察，「真正在社會生活中延續並直接起作用的，卻常常不是那些高明的思想，而是一般性的普遍性的知識與思想。」（葛兆光：《思想史的寫法──中國思想史導論》，上海：復旦大學，2004.7，頁 19）如果我們將目光從偉大的哲人與經典擴大到「一般知識、思想與信仰世界」，思想史的內容必然豐富許多，而且，更不會僅從一個線性的、積累的時間序來看待思想史。葛氏的說法在大陸引起一些迴響與討論，或褒或貶，這裡並不特別針對葛兆光的說法加以評論，只是強調這是個值得我們深思的問題。這並不是要顛覆傳統，或對「經典」的反叛，而是我們可藉此反省「思想史」的意義，尤其是從中思考葛洪的歷史定位。

疑。難道沒有理論深度或者只能藉用其他思想的宗教（道教）竟能在社會立足，甚至還有不同階層的信徒？或者，這只是對道教的一種偏見？究竟玄學與道教在六朝時有何關係？兩者各自獨立發展？還是有所交集？如果我們先假設在同一個時空下，兩者可能會互相影響，則這個影響與接觸有多大？在什麼地方可以發現這個影響的線索？本論文的問題意識即源自於此。

二、研究主題

日籍學者窪德忠曾云：「清談同道教沒有直接關係，但同道家的關係相當密切。」❹ 窪德忠並沒有對這個判斷做論述，但直接否定了「清談」與「道教」的關係，即「玄學」與「道教」的關係不如「道家」，顯然窪德忠認為「道家」與「道教」是兩個不同概念，姑不論「道家」、「道教」兩名詞複雜的關係，至少清魏晉清談以《老子》、《莊子》、《易經》為核心對先秦道家進行詮釋，但道教同樣引述老、莊、易使成其教義，同樣的文本，不同的詮釋，「道教」與先秦道家的關係實不亞於玄學。若然，魏晉「清談」（玄學）與「道教」的關係或許得重新定位。沒有「直接」是否有「間接」關係？如有「間接」關係，關係的程度又是如何？

若從魏晉玄學史與道教史的名稱來看，當「玄學史」與「道教史」這兩種史名出現時，已為兩者敘述的內容與材料劃下界限。然而，我們必須思考的是，如果「玄學」代表的是魏晉時期以《老子》、

---

❹　窪德忠：《道教史》，蕭坤華譯，上海：上海譯文，1987.7，頁 94。

《莊子》與《周易》為研究討論對象的學術思潮，則誰該進入「玄學史」便有了思考空間。如本論文欲探究的葛洪，其《抱朴子內篇》與《抱朴子外篇》多有引用《老子》、《莊子》乃至《周易》之處，也討論「道」、「氣」、「養生」、「形神」等哲學議題，甚至在魏晉「儒道會通」這個論題上有深入的參與，則葛洪究竟只能屬於道教史上一個重要的學者或修煉者，還是在玄學史上也有一定的地位？若從道教史來看，道教在六朝時期積極擴展教團組織，建立各種修煉理論，看似有著獨立發展，然其神仙信仰影響了許多士人，由於對現實的不滿與無奈，反映在對神仙的嚮往，也表現在文學創作上，如遊仙詩、志怪小說等。而道教修煉的方法，在養生層面也吸引了許多士人，如嵇康、王羲之都有服食之事。以此而論，玄學與道教的關係不可謂之不密切，則我們似乎有重新審視道教與玄學的必要。

　　許抗生於《魏晉玄學史》中列有專章〈魏晉玄學與道教〉，論及玄學與道教的關係，以為道教與玄學都尚老子，此其一致之處，❺ 然道教推尊已宗教化的老子，玄學則為深入老莊思想，此其相異矛盾處，故兩者產生相互吸收又排斥的現象。故「不僅玄學對道教有影響，而且道教神仙學對玄學也產生了影響，因此它們之間的影響是

---

❺　以道教和玄學都尚《老子》，而論其有一致處，似乎過於簡略，蓋兩者對《老子》的詮釋角度並不相同。另有一說認為道教與玄學是漢代黃老道家的分化，而謂兩者理論淵源相同。（見牟宗鑒、胡孚琛、王葆玹主編：《道教通論——兼論道家學說》，濟南：齊魯書社，1991.11，頁 49 ）如從思想來源而論，道教、玄學不但來自黃老學，更可上溯自先秦道家，唯淵源相同並非理論亦同，此亦須辨明。

相互的，而不是單向的。」❻ 許抗生從社會風氣的角度論述魏晉玄學對文化的影響是全面的，其中佛教與道教亦無一例外。這個觀察有一定道理，從魏晉清談之風引發社會各層面正反不同的批評，許氏的說法應可成立。然而，玄學對道教如有影響，則影響的程度多深？哪些地方有其影響？如果道教對玄學也產生了相對的影響，其影響者為何？這些問題皆有必要深入解析。許氏舉嵇康與葛洪為證，以前者為玄學受到道教影響，後者為道教受玄學影響之例證，論嵇康接受了道教延年益壽的養生思想，但又與玄學（《列子》）反對養生之說對立，姑且不論《列子》真偽，許氏以《列子》代表玄學卻不討論向秀與嵇康關於養生之論難，值得商榷；而嵇康既代表玄學，又與另一玄學（《列子》）對立，在論述脈絡上似有矛盾之處。復論葛洪時，以其調和儒道、討論有無為受玄學影響者，然論養生處又與嵇康有承襲關係，但葛洪主張服食金丹又與嵇康相異，甚至批評玄風末流的放達以及老莊之學，許氏以為這是道教與道家（玄學）之不同所致。這裡對嵇康的分析與論述因觀察分析的角度不同而產生分歧，須重新討論。至於許文尚論及葛洪「在道教史上的一大貢獻，是他為道教建立了一個宗教哲學體系。而葛洪的道教哲學思想，則是深受到老子和魏晉玄學的影響的。」❼ 這個說法是值得肯定的，但是許抗生在另一部《魏晉思想史》中將葛洪定

---

❻ 《魏晉玄學史》，許抗生、李中華、陳戰國、那薇合著，西安：陝西師範大學，1989.7，頁 496。據本書〈前言〉所述，第八章〈魏晉玄學與道教〉為許抗生撰寫。

❼ 前引書，頁 503。

位為「把道教納入了維護封建名教的軌道，為道教成為封建統治階級的一個重要的思想統治工具奠定了基礎。」**❽** 這樣的結論，又有商榷的必要。

以葛洪而言，做為六朝道教史中的重要人物，他在玄學史中的地位便頗堪玩味，如曾春海所著《兩漢魏晉哲學》於「東晉的哲學」中將葛洪列為一節討論，然其標題為「葛洪《抱朴子·外篇》對玄學末流的批判及儒聖的重建」，僅言及《抱朴子外篇》，以《外篇》上承漢儒精神，並批評玄學末流，做為兩晉時期的思想代表，而不討論《抱朴子內篇》。也就是《內篇》所言神仙道教理論，顯然被排除在兩晉的「哲學」之外。另本書於「東晉哲學」一章中論及「六家七宗」、僧肇、慧遠，「兩晉美學」部分有專節談「佛教的藝術與美感」，而無任何章節談論道教，也顯示作者認為道教在「魏晉哲學」中並無一席之地。**❾** 前述許抗生的《魏晉思想史》則將全書分為三編：魏晉玄學思想、三國兩晉佛教思想與三國兩晉道教思想，乾脆將佛教與道教獨立分章敘述。然三編的文長顯然輕重有別，玄學思想基本依照學界慣例分為四期論述，佛教部分也頗有分量，只有道教部分專立一章談葛洪，另一小章講《黃庭經》，似乎整個六朝道教搆得上「思想」的只有葛洪和《黃庭經》，如此固然突顯葛洪的重要性，但又相對將道教思想弱化。另外，更多斷代的魏晉玄學或哲學史，並不論及道教，自然也不討論葛洪，如余敦康《魏晉玄學史》以儒道互釋角度論玄學的發展，以「自然與名教」

---

❽ 見許抗生：《魏晉思想史》，台北：桂冠，1992.12，頁 465。
❾ 曾春海：《兩漢魏晉哲學》，台北：五南，2008.2 三版。

的關係為主題將魏晉分為四個時期討論，分別是正始、竹林、西晉與東晉。❿第四部分討論「東晉佛玄合流思潮」，以佛玄交會為東晉時期代表，並無不妥，然以其謂儒道會通是玄學主題，卻又旁及佛學，並以之為整個東晉的思潮，此點頗堪玩味。事實上，這也是一般魏晉玄學史常見的分期與討論內容。⓫ 在這樣的分類下，葛洪乃至整個道教似乎未能在玄學史中站有一席之地，而東晉至南北朝是佛、道興起的時期，佛教固然有其理論基礎，道教實也有深厚的傳統，兩者在玄學史上的輕重分別，是個值得思考的問題。

　　相較於玄學史上的葛洪未能有其地位，在道教史上則多肯定葛洪具有承先啟後的重要意義，認為其所著《抱朴子內篇》建構了神仙道教的理論系統，對後世有深遠影響。然而，對於道教發展史的不同認知，將產生因不同史觀造成相異的歷史評價。其中一種論點是依唯物史觀將魏晉時期的道教發展分為上、下兩層，將葛洪視為是上層道教開展的重要人物，並進而為帝王貴族服務。如王明稱「葛洪所鼓吹的道教是封建帝王和貴族官僚信仰的道教，是祈求長生不

---

❿　余敦康：《魏晉玄學史》，北京：北京大學，2004.12。

⓫　除了余書之外，如康中乾：《魏晉玄學》（北京：人民，2008.9）便是依傳統四期區分魏晉，於東晉時期僅專論張湛和僧肇。另外，孔繁：《魏晉玄談》（台北：洪葉，1994.2）亦僅列專章論佛理以及名僧與名士交游，完全不見道教身影。至於湯用彤之《魏晉玄學論稿》收其相關論文，再輔以〈講課題綱〉和〈上課筆記〉，可略窺未成之《魏晉玄學》，專文〈魏晉思想的發展〉則僅指出佛學與玄學關係，皆未論及道教。（湯用彤：《魏晉玄學論稿（增訂版）》，北京：三聯，2009.12）

死的神仙的道教，是反映了門閥士族的利益和願望。」⓬ 甚至以葛洪提倡神仙道教，「神仙道教從此取得主導地位，在上層社會盛行不息。」⓭ 湯其領將晉代統治集團上層所奉之道教稱為「世族道教」，以區別「民間道教」，並將葛洪定位為「世族道教」，為統治者服務，其云：「葛洪的神仙道教理論完全是為世族地主階級服務的。對於這樣修煉成仙的途經，勞動人民只能是望『仙』興歎，因為他們既沒有錢，也沒有閑，而且命裡注定不可能成仙。在葛洪看來，勞動人民『命屬死星』、『無神仙之骨』，在娘胎中就不含『信道之性』。」「葛洪的神仙道教是適合封建統治階級需要的官方道教，他與原始的農民道教是完全對立的。它是原始道教分化的產物。葛洪神仙道教的創立為東晉世族道教的興起和發展提供了理論根據。」⓮ 而胡孚琛也認為早期道教在魏晉時期產生分化，並且進行改革，上層神仙道教逐步形成，而「葛洪是這個時期有代表性的關鍵人物，他鼓吹神仙道教反對民間道教，以他的代表作《抱朴子內篇》奠定了神仙道教的理論基礎，促進了道教的士族化。」⓯ 將

⓬ 見王明：《抱朴子內篇校釋·序言》，北京：中華書局，1985.3，頁 3。

⓭ 見王明：《中國道教史·序》，卿希泰主編，成都：四川人民，1996.12，頁 2。王明更進一步說上層社會流行神仙道教，「說明門閥地主階級多麼需要神仙道教來維護封建統治」。葛洪關於神仙修煉的論述是否為封建統治服務，以及所謂的「上層階級」在多大程度上以「神仙道教來維護封建統治」，都有商榷討論的必要。

⓮ 湯其領：《漢魏兩晉南北朝道教史研究》，開封：河南大學，1994.10，頁 127；139。

⓯ 見胡孚琛：《魏晉神仙道教──〈抱朴子內篇〉研究》，北京：人民，1991.12，頁 47。

魏晉道教發展分為「上層神仙道教」、「下層民間道教」兩個不同層次的區別，並認為葛洪神仙道教理論代表封建貴族利益抨擊民間道教，這種觀點幾乎成為大陸道教學界的共識。❶

　　另有不同於上、下層的區分，如湯一介認為道教一開始便不是個純然的民間宗教，從東漢末到東晉時的發展並非一個由下層到上層的質變過程，而只是一個發展和完善的過程，這一過程使得道教愈來愈適應士大夫的需要。因此他不說葛洪是為統治階層服務，對於《抱朴子內篇》之所以在道教史上佔有重要地位，僅說是「為道教建立一套反映當時時代特點以及我們這個民族的傳統民族文化與民族心理特徵的理論體系。」❷ 葛洪的確具體討論了許多關於神仙是否存在、成仙的方法、神仙世界等諸問題，為道教提供學理基礎。此外，葛兆光也曾指出，成熟的道教雖也有一套儀式方法，但和原始巫覡方士不同，其宗教理論體系必待士大夫的構築方能完成。❸ 如果道教一開始便不是單純的「民間宗教」，自然不存在「分化」的過程，也不能僅以簡單的上、下層二分法來說明道教史的發展以及對其中的人物進行歷史評斷。❹ 除此之外，盧國龍曾指出學

---

❶ 如卿希泰主編的《中國道教史》（修訂本）（成都：四川人民，1996.12），任繼愈主編的《中國道教史》（上海：上海人民，1990.6）以及唐大潮編著的《中國道教簡史》（北京：宗教文化，2001.6）都從此說。

❷ 參見湯一介：《早期道教史》，北京：昆侖，2006.3，頁 82。

❸ 參見葛兆光：《道教與中國文化》，上海：上海人民，1987.9，頁 133-161。

❹ 相較於大陸學界，日本對道教史的研究提出「民眾道教」的概念，以道教相對於儒家的「官方宗教」而言，更強調「民」為主體，屬於民眾的一般信仰。（參見：《道教》（第一卷），（日）福井康順等監

界多以漢末太平道和五斗米道所發展出的教團組織做為道教的起源，即已預設了依史實而立定的一種價值判斷，將黃巾起義視為代表農民的利益和要求，是進步的，反之魏晉南北朝的道教發展向統治階級靠攏，則是異化變質的。這樣的論述，雖然明確回答了道教形成於何時的問題，卻也阻礙了道教「如何形成」的探討。 ❷⓿

換句話說，對於道教的「起源」或道教從「何時」開始所採取的道教史論述，基本上已經預設了對葛洪的評價，如果一開就把道教視為「民間的」，在政治上與統治階層相對抗，自然造成一種線性史觀，從民間向統治者靠攏，於是葛洪成為這個時間點上的關鍵人物。但是道教的發展是否具有這種發展過程，實在有討論的必要。 ❷① 如果道教史的敘述只是一個線形的「起源—發展—興盛—衰微」，在這之間套進民間與官方的對抗與轉向，以及與佛教的衝突

修，朱越利譯，上海：上海古籍，1990.6，頁 13-14；吉岡義豐：《道教の研究》，《吉岡義豐著作集》，東京：五月書房，1988.10）

❷⓿ 盧國龍並認為通過探討民間祭祀所反映的信仰需求，此信仰與道家及儒家的結合，可看出道教的文化涵蘊，也可做為道教如何形成的一種解釋。見其：《道教哲學》，北京：華夏，2007.1。

❷① 龔鵬程曾指出，以秩序性與合理性所架構的傳統道教發展史觀大有問題，以一個單一教系傳承的觀點看待道教發展亦不符史實。因為道教既非「一流眾流，以一個教主下衍諸派的方式相傳流，亦非雜然匯收各種術數方技於一爐，以形成『一個』（大雜膾、大拼盤式的）宗教。」（見龔鵬程：《道教新論》，北京：北京大學，2009.1，頁 65）這是個重要觀察，道教本就無一共同創教的「教主」，也沒有一個共同尊奉的「神」，不同的教團組織及儀式更是紛然並呈。也因此是否得以一個「民間」向「官方」靠攏的發展說明道教，值得商榷。

融合，再加入修煉方式的外丹到內丹，似乎合理平順，也一一對應。
但這樣的敘述方式，卻從根本上將道教史簡化為一種「一神教的宗
教史」忽視了道教的複雜與多元的特性。事實上，道教史不能等同
於「下層文化史」，關於道教興起與發展中最重要的「道士」，也
是廣義的「士」（知識分子），❷自始便肩負著一定的知識傳遞責
任。就漢代而言，做為連繫上下階層的「中間階層」，知識分子扮
演了重要且多面象的角色。當然，所謂的上、中、下三層的分法只
是一種權說，且這三個階層也非固定不變。蒲慕州討論漢代知識分
子在「民間信仰」中的角色時，將知識分子分為批評者、改革者、
參與者三個層面，並舉董仲舒與崔寔為例，說明：「民間文化與宗
教的力量能夠以不為人知的方式滲入個人的生活和思想之中，即使
是自以為屬於知識階層的人亦不免。」❷所謂的「民間信仰」其實
不分階層的被漢代社會所接受，即使是部分具有理性思考與反省能
力的知識分子也很難例外。換言之，以儒家思想為首的文化「知識」
與長期發展於社會的「民間信仰」並非對立的兩個思想體系，知識
分子往往身兼二者，視情況而運用。蒲慕州將古代中國的信仰分為
三個層面，分別是官方宗教，道德性天命的思想，以及「民間信仰」。
此三個層面可分別與社會上三個群體相對應，官方宗教對應的是統
治階層（或稱上階層），道德性天命思想對應的是知識階層，「民

---

❷　參見許倬雲：《求古編》，台北：聯經，1982.7，頁 512。

❷　參見蒲慕州：《追尋一己之福——中國古代的信仰世界》，上海：上
　　海古籍，2007.3，頁 219。此觀念來自於余英時，參見〈漢代循吏與
　　文化傳播〉，載於《中國思想傳統的現代詮釋》，台北：聯經，1987.3，
　　頁 167-258。

間信仰」則對應被統治階層（或稱下階層）。當然這樣的對應並非絕對的，如「民間信仰」跨階層的特色在書中不斷的反覆被強調，道德性天命的學說也藉由知識分子參與政府運作而進入了官方宗教之中。但由於本書所述的主體是「民間信仰」，因此中國社會階層的流動性便容易被此書的讀者所忽略，尤其知識階層並非獨立於「統治／被統治」兩階層之外，而是共存於此二階層之中，這或許能成為知識階層同時扮演批評者、改革者、參與者三個看似彼此矛盾的角色的原因之一。

若從這個角度來看，就很難說道教在魏晉時期能區分為「世族（貴族）道教」與「民間道教」，更不用說葛洪究竟是為統治者服務，還是站在民間批判統治階層。顯然以「世族」與「民間」劃分道教，再將葛洪放置於其中一邊的作法，並不能有效地理解葛洪思想，甚至得出不當的論點。所以我們可以試著不從階級來看道教，而回到道教本身的多元性，六朝時有許多不同道派興起，或有不同目的，不同主張，這些道派構成了六朝時道教整體圖像，而欲了解六朝時道教的興起發展，深入各個道派的理論、組織、目的與傳教方式等，讓一個個散落的拼圖回復它的位置，最終整體圖像自會顯現。於由六朝道派繁雜眾多，本文為凝聚焦點，故選擇葛洪為討論的對象。因為葛洪師承金丹道派，又旁涉辟穀、導引、守一等各種養生方法，可說是「集神仙思想之大成」。❷❹最重要的是，相較於當時其他道經的作者多半不明，《抱朴子內篇》是比較可靠的文獻資料，有一定的流傳經過可查考。除了《抱朴子內篇》，葛洪尚有

---

❷❹　此為窪德忠語，前引書，頁 104。

《抱朴子外篇》傳世，與《內篇》構成一個「道本儒末」的思想整體，雖然《外篇》並不同於先秦儒家，而混合兩漢儒家綱常與法家形名法術之學，但是可藉以補足《內篇》的一些觀點，使我們能更準確地把握葛洪思想，這是以葛洪為討論對象的一大優點。

不論以何種史觀看待道教發展，對於葛洪建立了神仙道教的理論體系，在道教史中具有重要地位，則是學界一致認同的。但是這樣的評價並不能完全反映葛洪在魏晉時期的重要性，一般思想史或玄學史論魏晉玄學分期，幾乎少有論及葛洪，也多半不談道教。然而，道教並不是孤立於整個魏晉思潮外，且葛洪的從學交遊也不僅限於道教神仙法術，而是「自正經諸史百家之言，下至短雜文章」，❷❺無不涉獵。且〈自敘〉亦表明：「其《內篇》言神僊方藥鬼怪變化養生禳邪怯禍之事，屬道家；其《外篇》言人間得失，世事臧否，屬儒家。」❷❻這一段文字很清楚的說明《內篇》與《外篇》在主題內容的差別，一般也都認為葛洪思想兼含儒道，並有「先儒後道」及「儒道雙修」兩種看法。❷❼然而，不論葛洪的「儒」、「道」

---

❷❺ 見葛洪：《抱朴子外篇・自敘》，《抱朴子外篇校箋》，楊明照撰，北京：中華，1997.10，頁 698。

❷❻ 同上註。葛洪此處所自陳《抱朴子內篇》與《抱朴子外篇》的不同屬性，可看出葛洪的用心所在，雖其所云之「道家」顯指神仙方術之學而非彼時玄學所論，「人間得失，世事臧否」之內容也非全然「儒家」，但其中儒道兼綜的意含卻值得注意。（可參考林麗雪：《抱朴子內外篇思想析論》，台北：台灣學生，1980.5）

❷❼ 王明稱葛洪「舍儒從道」（王明：〈論葛洪〉）；卿希泰則認為葛洪「援儒入道」（卿希泰：〈從葛洪論儒道關係看神仙道教理論特點〉）；熊鐵基則認為以「儒道雙修」或「雙重性格」來標示葛洪的思想是較

立場究竟為何，當葛洪企圖在儒道及其他諸子學說中建立一套道教神仙理論體系，勢必得涉及如何會通的方法問題。也就是說，「會通儒道」正是魏晉時期玄學所討論的一個重要論題，甚至是主要課題。❷⓼在「會通儒道」論題所主導的時代思潮，葛洪很難不受其影響，唯影響的程度有多深？葛洪所提出的方法是否能解決儒道思想的歧異？如果葛洪在「會通儒道」論題上有所發揮，則他在思想史的地位是否得重新評估？這個討論的方向如果有效，則把握「儒道會通」此一主旨，或許正是進入葛洪思想的關鍵之鑰。

儒道關係是魏晉時期重要的學術議題，雖然自先秦兩漢以來，儒道兩家對於「自然」（天）、「名教」（人）各有主張，也不斷有所接觸發展與吸收融合，但在東漢末期，因「名教」在現實中產生了嚴重的「異化」（alienation），使得士人重新思考「名教」的意義，並因為種種內因外緣，使得漢魏之際諸子學興起，其中以自由隱逸之風氣尤為突出，「三玄」逐漸成為當時「新學」。❷⓽至於

為恰當（熊鐵基：〈論葛洪在中國文化史上的地位〉）；李錦全亦以「儒道兼綜」來指稱葛洪的思想（李錦全：〈徬徉在入世與出世之間——葛洪儒道兼綜思想剖析〉）。以上所引論文皆收入《葛洪研究論集》，劉固盛、劉玲娣編，武漢：華中師範大學，2006.10。

❷⓼ 如牟宗三先生便直指「會通孔老」是魏晉玄學的主要課題。（牟宗三：《中國哲學十九講》第十一講〈魏晉玄學的主要課題以及玄理之內容與價值〉，台北：台灣學生，1983.10，頁230。）

❷⓽ 造成一個時代的學術思潮有諸多原因，且所謂的時代之風也非全然如此，如魏晉時期便有南北學風差異，「玄學」亦有不同時期，不同主張，以及不同傳佈地域。湯用彤曾指出魏晉時代思潮頗為複雜，但大致有兩個方向，一是守舊，為漢人之說；一是趨新，以老莊學說為基

道教在漢末的興起，其實也反映了時代風氣。❸ 然而，道教具有一定的教義、組織和科儀等，是在兩晉南北朝時期，經過一連串的清整之後才逐步完成。觀察道教教義的建立，必須注意魏晉盛行的玄學究竟對道教有何影響，也就是除了一些名士嚮往養生修煉之術外，道教與玄學在義理上究竟有何關係？「儒道會通」是魏晉玄學

礎，這兩個方向的「舊學」與「新學」（玄學）有地域上的分別。並分析玄學的產生與研究《周易》、《太玄》、《老子》等而發展出的一種「天道觀」，以及從人事政治的「形名」之學有關。（參見湯用彤：〈魏晉思想的發展〉，《魏晉玄學論稿》，收入《魏晉思想》（乙編），台北：里仁，1995.8；另外，唐長孺亦曾詳論魏晉時南北學風，可見其〈讀《抱朴子》推論南北學風異同〉，《唐長孺文存》，上海：上海古籍，2006.12，頁 400-428）「玄學」並非是魏晉思潮的全部，玄學內部亦各有不同論述，同樣的，葛洪亦不能代表兩晉時的道教，其主張與當時各道派、道經或有出入，這些差異，一方面顯示魏晉時「玄學」與「道教」的複雜，一方面也提醒我們儘量避免以偏蓋全。

❸ 道教起於何時，歷來是個爭議的問題。一般多以秦漢時期的神仙思想為蘊釀時期，漢末興起的五斗米道（天師道）和太平道為道教有正式組織儀式之始。如卿希泰主編的《中國道教史》（修訂本）（成都：四川人民，1996.12）、任繼愈主編的《中國道教史》（上海：上海人民，1990.6）、唐大潮編著的《中國道教簡史》（北京：宗教文化，2001.6）以及湯一介之《早期道教史》（北京：昆侖，2006.3），都從此說。至於從道教教義的來源、興起與發展，則有「一源分流」、「一多分涵」和「多管道」等不同說法，蓋道教並無明確的「聖典」和創教者，這是道教的獨特之處。相關問題可參考陳耀庭：〈道教教義創建和發展的四次變化——各家對東漢、魏晉南北朝、唐宋和金元時期的道教教義變化論說的綜述〉，收入《道教教義的現代闡釋：道教思想與中國社會發展進步研討會論文集》，中國道教協會道教文化研究所等編，北京：宗教文化，2003.11，頁 64-93。

的主要論題，但這個論題顯然不是只有玄學家們提出各種解釋，如果我們擴大視野，道教在發展的過程中，始終強調「治身」與「治國」合一，可以說是「會通儒道」的實踐。《老子河上公章句》於注文中常把「治身」與「治國」並列；《太平經》中立「承負報應」說，強調「治身」與「治國」和諧一致的太平社會；《老子想爾注》亦以「積善立功」、「忠孝仁義」為修道成仙之「道誡」。觀察這些早期道教思想的源流，可以看出道教吸收儒家的道德與治世主張不但有長遠的歷史背景，也早已構成道教獨特的「會通儒道」方式。迨魏晉玄學思潮興起，玄學家談論「會通儒道」，思考「名教」與「自然」的關係，道教「治身」與「治國」合一的論點就可以做為玄學的參照。另外，經過魏晉玄學建構了「會通儒道」議題的本體及方法論述，對於道教教義的形成也提供了一定的理論依據。葛洪《抱朴子》中便吸收玄學而為道教行善積德的修道方法建立一個具本體論意義的系統，如此一來，玄學會通儒道的論題在道教教義中獲得了具體實踐。

　　湯一介曾直言「葛洪生活於兩晉時期，他不僅受到傳統的儒家和道家思想的影響，而且也受到了當時流行的玄學思潮的影響。」❸①並舉出「成仙是否可能」、「形／神」關係，以及「玄道」所涉及宇宙本源的問題，皆與玄學思潮所討論的內容有關。以「成仙是否可能」為例，湯一介以葛洪《抱朴子》為討論的對象，得出葛洪思想中既承早期道教「神仙由積學所致」，亦受玄學影響而有「仙人稟異氣」、「仙人有種」之說，兩者雖有矛盾之處，但仍以前者為

---

❸①　湯一介：《早期道教史》，北京：昆侖，2006.3，頁163。

其道教理論之必須。至於經過服食仙丹與行氣導引而修煉成仙，此「神仙」如何能與天地合一？湯一介認為葛洪觸及到兩個根本的哲學問題：

> 一個問題是：神形關係問題，即精神和肉體為什麼可以結合在一起而永遠不分開，『形神相衛，莫能傷也』；另一個問題是：有限的個體和無限的宇宙的關係問題，『與天地相華，乘雲駕龍，上下太清』，只有這樣人才可以超出個體的限制而成為具有無限偉力的神仙。……葛洪用『有』和『無』的關係來說明『形』和『神』的關係，顯然是受魏晉玄學所討論的『本末有無』問題的影響所致。❸❷

「形／神」與「有限個體／無限宇宙」兩個問題，不僅是葛洪思想中所觸及的根本問題，亦是道教教義的基礎。「形／神」關係的證明是道教「形神兩全」的修煉目標；「有限個體／無限宇宙」則涉及修煉方式、目的等諸問題。「形／神」觀自先秦諸子已有討論，「形」與「神」各有何含意？兩者是否相合亦或各自獨立？進而與天地萬物之關係為何？這些都是「形／神」關係論題下所討論的問題，六朝時更因佛教興起導入「神」是否不滅的爭論。❸❸早期道教文獻《太平經》對「形／神」問題亦多討論，此與道教修煉意義、

---

❸❷　同前註，頁 173。

❸❸　關於形神問題於中國哲學中的發展，可參見劉見成：《形、神、氣與對人的理解──中國哲學中形神論思想之研究》，東海大學哲學博士論文，1996。

目的皆有重要關係。葛洪之論除了在道教脈絡下對此問題關注，亦與六朝時論神滅與否有關，然而其以「有／無」釋「形／神」，此「有／無」之意與玄學各家所論有何異同？而葛洪引之為討論「形／神」問題，與玄學論「會通儒道」是否有其關連？而葛洪此論在多大程度上可呈現出道教受玄學影響？這些問題環環相扣，然而湯一介的論述著重於說明葛洪思想，對於葛洪與玄學的比較著墨不多，也沒能深入析論兩者的關係。不過湯先生將問題點出，這是個值得重視的起點，這也是本論文的起始點，我們可依此前進，一步步考察葛洪與玄學的關係。

三、研究方法

目前學界對葛洪的研究不少，博碩士論文亦多，相關的研究成果已有研究論著目錄可參考，如劉玲娣：〈20 世紀以來葛洪研究主要論著目錄〉，❸文中所收論文至 2006 年初，範圍以大陸地區為主，台灣僅少收入，海外漢學界與外文論著全無涉及，亦沒有博碩士論文，是本論著目錄不足之處。劉玲娣另著有〈近二十年來葛洪研究綜述〉一文，❸分「綜合研究」、「著述研究」、「葛洪生平和事蹟研究」以及「思想研究」四個部分，介紹近二十年來的一些葛洪研究，唯本文發表距今已五年，有許多更新的研究成果未能

---

❸ 收入《葛洪研究論集》，劉固盛、劉玲娣編，武漢：華中師範大學，2006.10，頁 220-236。

❸ 同上註。頁 211-219。

論及，並且依前引文所收論著而論，故同樣未收博碩士論文與海外研究成果。另外，經查詢林麗真主編之《魏晉玄學研究論著目錄1884-2004》，❸以「葛洪」為關鍵詞檢索，可查出 387 筆與葛洪研究有關論文，其中有許多日本與歐美漢學界的研究，可補劉玲娣論文之不足。此外，查詢國家圖書館設置的「台灣博碩士論文知識加值系統」，論文名稱中出現「葛洪」關鍵一詞者，從 1979 年以來，共十五篇論文，均是碩士論文，近十年有十一篇；另外尚有三篇題名中無「葛洪」而有「抱朴子」一詞，共十八篇論文，論題涉及神仙、養生以及從社會政治等探討葛洪思想，且多集中在《抱朴子內篇》。❸再查「中國高等教育數字圖書館」網站，本資料庫收入兩岸三地自 1986 年後的文獻圖書資料，以「葛洪」或以《抱朴子內、篇》為題名的博碩士論文共 51 筆，❸其中博士論文有三篇，研究方向除哲學思想，還有版本文獻、文學與語言文字等各方面。

這些眾多對葛洪的研究，論述分析葛洪神仙理論，成仙方術，也論及其政論、文論，並旁及其身世、師承與交友等，幾乎含蓋了各種議題。然而，對於葛洪在魏晉玄學的思潮中應有什麼樣的地

---

❸ 《魏晉玄學研究論著目錄 1884-2004》（上、下），林麗真主編、紀志昌等編輯，台北：國家圖書館漢學研究中心，2005.11。本目錄收錄兩岸及亞洲、歐美等地關於魏晉玄學研究論著成果，收錄範圍廣泛且詳盡。

❸ 檢索網址為：
「http://ndltd.ncl.edu.tw/cgi-bin/gs32/gsweb.cgi/ccd=I5Ow05/webmge?mode=basic」。

❸ 檢索網址為：「http://www.calis.edu.cn/」。

位，似乎少有論及。❸換言之，葛洪始終被定位為道教史上的代表人物，其神仙理論也僅只於對道教的貢獻，從玄學或中國哲學史的角度觀之，似乎未獲肯定。從更大的視野來看，不只葛洪如此，整個道教皆有這種情形。於是，六朝時道教與玄學有何關係是本論文所關心的，但是這個問題涉及太廣，遠非一部論文所能呈現。為免論述太泛，本論文聚焦於葛洪與玄學的關係來討論，雖然葛洪不能代表整個六朝道教，但是葛洪畢竟是兩晉之交重要的道教人物，也留下重要文獻資料。其文獻討論了許多議題，兼之作者明確，以葛洪為出發點，至少可管窺道教與玄學關係。

至於討論的方法，本論文採取論題式的進路，以論題做為觀察葛洪與玄學的關係。首章從「道」、「玄」與「氣」等哲學概念著手，析論葛洪如何論述這些哲學概念，並與玄學論述相比較。第二章以「形／神」為論題，從養生角度論述先秦至魏晉的形神論，葛洪在論「形／神」時還引入玄學「有／無」的討論，成為其獨特的論述方法，另外，葛洪也延用傳統「燭火之喻」討論形神觀，故本章亦討論以「燭火之喻」區別「形／神」關係的方式。第三章則將葛洪論「神仙是否可學致」與士人談「聖人是否可學致」相比較，

---

❸ 關於葛洪與玄學的關係，僅有少數學位論文論及，如夏德美：《葛洪與玄學》（北京師範大學歷史系碩士論文，2004.5）然論文從葛洪成長背景、社會風氣以及葛洪的行文風格等做為分析角度，得出葛洪在主觀上反對玄學，但在客觀上又不自覺地吸收玄學，而有思想矛盾的結論。其研究範疇與方法有商榷的必要，主觀、客觀的劃分是否恰當？論述的角度是否恰當全面並且深入？都值得討論，其以「思想矛盾」為總結，只是表面的套公式用語。

陳述兩個議題的異同。第四章論述葛洪的金丹大藥成仙方法，並與魏晉時期的服散相較，以突顯道教和一般士人雖同主服食養生，亦皆有「五石」之方，然道教五石與服散五石並不相同。第五章以「朝隱」為主題，討論葛洪與魏晉士人對「朝隱」觀念的異同，並引入道教神仙品第的觀念，以呈現葛洪期待成仙卻又不捨世俗的「在世成仙」觀點，與「朝隱」之說相呼應。第六章將焦點置於魏晉「儒道會通」此議題，葛洪曾提出「道本儒末」之說，唯葛洪所言的儒道關係究竟如何？其《內篇》與《外篇》是否已有「道家」與「儒家」之別，並具有會通之意？而葛洪的主張在整個魏晉玄學「儒道會通」的議題下，具有什麼樣的意義？事實上，本書章節的論題設定，都或明或暗地指向「儒道會通」這個議題，「朝隱」觀與「在世成仙」如此；金丹大藥另得行善積德方得成仙亦是如此；「神仙」與「聖人」是否可學也是儒道觀點的論辯；「形／神」觀亦暗含儒道關係。是以，在「儒道會通」的主軸下，葛洪所代表的神仙道教反映了魏晉時期在玄學之外的另一種觀點，在這些子議題的討論中，將可呈現葛洪與玄學的關係。

　　本論文為行文方便，在敘述時簡省書名，《抱朴子內篇》多作《內篇》，《抱朴子外篇》則作《外篇》。所引《抱朴子內篇》原文，據王明：《抱朴子內篇校釋》（增訂本）（北京：中華書局，1985.3 第 2 版）；《抱朴子外篇》則據楊明照：《抱朴子外篇校箋》（上）（北京：中華書局，1991.12）、《抱朴子外篇校箋》（下）（北京：中華書局，1997.10），❹引文於本論文中皆不另做出處註

---

❹　《抱朴子內篇》與《抱朴子外篇》在成書之後的流傳中應有部分亡佚。

腳，僅標明《內篇》、《外篇》篇名及頁碼。引用古典文獻時，若非必要，僅標注書名、篇章名及頁碼，詳細出版資料，請參閱附錄：〈引用文獻〉。

葛洪於《抱朴子外篇·自敘》自云：「著《內篇》二十卷，《外篇》五十卷。」而《晉書·葛洪傳》引葛洪〈自序〉曰：「大凡內、外一百一十六篇。」後世各種圖書目錄之著錄卷數或有不同，或為一篇一卷，或合兩篇一卷，今本所見，《內篇》二十篇，《外篇》五十二篇。嚴可均曾輯佚《內篇》與《外篇》，並云：「今木僅《內篇》之十五六，《外篇》之十三四耳。」(《鐵橋漫稿·代繼蓮龕為抱朴子敘》)本論文為著重討論葛洪的思想議題，不另行校刊與輯佚《抱朴子》原文。王明與楊明照於校釋《內篇》與《外篇》皆極為嚴謹，故引用之。而其書末並附有輯佚文字，可參考之。

第一章 道教形上學的建立—「玄」、「道」與「氣」

　　魏晉時期，道教各個道派各自發展，多言長生成仙之術，沒有一定的宗教組織、教規和經典，在教義上也顯得貧乏。經過南北朝一連串的清整和改革，逐漸建立起道教的組織體系，其中在道教教義方面，最重要的是「重玄學」的興起。學者多認為「重玄學」起自東晉孫登《老子注》，上承玄學理論中對於「有」、「無」關係的討論，並吸收了佛教般若學，而開啟「重玄學」有無雙遣，玄通圓化的境界，是道教義理中足以與儒、釋分庭抗禮的形上學理論。執此之故，在兩晉時期成書的《抱朴子內篇》儘管演繹「玄」、「道」與「氣」，卻多被學界視為論證粗疏，深度不足，同時將「道」轉化為具宗教意義的至上神，無法提昇道教義理的理論高度。❶

---

❶ 盧國龍認為唐代「重玄學」起自東晉孫登《老子注》，孫登在思想上承襲玄學理論中對於「有」、「無」關係的討論，並吸收了佛教般若學，而開啟「重玄學」有無雙遣，玄通圓化的理論境界。至於葛洪雖得各派道書，「但也不過作一份以備存考的道書目錄」，而沒有融會貫通之。（盧國龍：《中國重玄學》，北京：人民中國，1993.8，頁21）但李豐楙卻採比較寬鬆的說法，認為「漢魏以下，玄的淵源，有

　　然而，我們如果跳脫一個線性的道教發展史觀，重新審視道教發展過程中的多元性，固然重玄學在唐代達到高峰，但同時也有「三一論」、「道性」等各種論題興起。若回到兩晉時期，除了孫登對後來道教義理有所影響，尚有張湛關於生命存在意義的討論，而葛洪則是在孫登和張湛之前試圖為道教建立一套相對完整的思想體系。也許葛洪在論證上不夠縝密，理論深度亦或不足，尤其是與當時玄學家相較，頗有不及之處，但是他努力從「玄」、「道」與「氣」確立道教修煉的形上根源，在道教義理發展初期實有一定貢獻。我們如果不從魏晉玄學到初唐重玄學的思想史線索而將《抱朴子內篇》排除在外，若仔細檢示《抱朴子內篇》中關於形上學的討論，是否能重新審視葛洪在道教教義發展上的地位？其對於「氣」的討論若接近漢代宇宙生成論，又如何看待葛洪對「玄」、「道」的解釋？而其「道」、「氣」又如何落實在修煉的實踐行為？尤其是學界的討論貶抑了道教教義的理論高度，是否因而看輕《抱朴子內篇》中關於道教形上學的部分？

　　關於這些問題，本章試圖從兩個方向重新審視葛洪《抱朴子內篇》在兩晉時期的道教發展所具有的意義。其一，探討「玄」、「道」、「氣」與修煉的關係。葛洪試圖在宇宙生成或本體論之外，將「玄」與「道」視為修煉成仙的重要依據。然而，道教基本的關注仍在於

　　源於漢人之說，如楊雄的太玄；又有神仙道教派老學依據『玄之又玄，
　　重妙之門』加以演繹，形成重玄的傳統。」「〈暢玄〉的篇旨，乃依
　　據《淮南子》〈原道訓〉增飾衍化而成。」（李豐楙：《不死的探求》，
　　台北：時報，1998.12，頁 104）

「生命」，葛洪如何將形上的道論與修煉實踐結合？這個問題或許
是解開葛洪所代表的神仙道教如何建立其形上理論的關鍵。其二，
葛洪與玄學的比較與關係。雖然葛洪對玄學末流有嚴厲批評，但他
身處玄學南渡時期，在論證方法上頗受玄學影響。表現在「玄」、
「道」的解釋上，一方面承襲漢代宇宙氣化論，一方面又受玄學本
體論的影響，於是融合兩者以構成神仙道教的形上理論，這是葛洪
思想的特別之處。若這個探討可以成立，則重玄學固然上承玄學而
有所發展，葛洪亦藉玄學開啟了神仙道教形上學的另一種面貌。

　　《抱朴子內篇》內容繁雜，據葛洪自言《內篇》屬道家，內容
含有「神仙、方藥、鬼怪、變化、養生、延年、禳邪、卻禍」之
事（《外篇·自敘》，頁 698），這些項目大致以論述神仙實有、
求仙之法為主，一方面上承秦漢以來的長生方術，一方面又批評偽
道方伎，企圖梳理出一套「正統」的修煉方式，並且將長生成仙作
為道士修煉的目標。❷ 本書的確記述了許多修煉之術，但《內篇》
對於道教的發展真正具有劃時代的影響力，恐怕在於本書建立了一
套道教形上學理論，使道教在六朝之後的發展有了一定的理論依
據。當然，兩漢時期的一些著作如《淮南子》、《論衡》，甚至黃

---

❷ 胡孚琛認為《內篇》集戰國以來神仙思想和方術大成，但秦漢以來的
　方術雜多，葛洪主要以長生術為主，並偏重於金丹大藥，而不喜讖緯、
　星術及算術等，這個部分在《內篇》的內容中反映出來。但胡氏還另
　以為《內篇》替當時士族道教奠定長生成仙的方向，對後世的道教影
　響甚大。《內篇》的影響有多大？是否有「士族道教」這一層級？且
　追求長生成仙是否由葛洪所確定？都還值得討論。（胡孚琛：《魏晉
　神仙道教——抱朴子內篇研究》，北京：人民，1989.6，頁 113）

老學中的關於「道」、「氣」的理論，對葛洪的思想成型都有影響，唯葛洪能吸收兩漢的宇宙氣化論，又酌引魏晉時期玄學的本體思考，融會而成道教神仙理論的形上學成分，這是葛洪最重要的貢獻所在。

要了解葛洪如何建構道教哲學，「玄」、「道」、「一」與「氣」都是重要的中心概念。然而葛洪在論述這些概念時，並沒有一個系統性的表述和論證，且這些名詞在不同論述下又各有不同的意義，不但容易造成理解上的困難，也是詮釋差異的原因。為了清楚把握這些語詞的意義，我們援引相關章句，仔細比較釐清。首先從「玄」字開始。

第一節 「玄」、「玄道」與「玄一」

《內篇》首篇就是〈暢玄〉一文，❸ 顯然葛洪欲藉「玄」字做為其理論的源始或根據。「玄」之概念首見《老子》，老子以「有」、「無」同為「道」之性質，而此性質是深幽微妙的，故以「玄」形容之。❹ 至兩漢時，「玄」之用法有了很大的轉變，脫離《老子》

---

❸ 《抱朴子內篇》殘佚情況頗為嚴重，今存《抱朴子內篇》的篇序亦經後人重編，然比勘敦煌寫本互殘卷，以及葛洪自言「吾《內篇》第一名之〈暢玄〉者。」（頁 325）〈暢玄〉應如今本置於全書之首。關於其篇卷、篇目問題，可參考李豐楙：《不死的探求》，台北：時報，1998.12，頁 63-68。

❹ 《老子》第一章云：「同謂之玄，玄之又玄，眾妙之門。」「玄」為「有」、「無」之綜合，即「有」、「無」同出於「道」，「道」既非「有」亦非

中對「道」的形容含意,而成為同「道」一般為宇宙形成的原初概念。這個重要的轉變以揚雄《太玄》為代表,其中〈玄攡〉篇云:

> 玄者,幽攡萬類而不見形者也。資陶虛無而生乎規,攡神明而定摹,通同古今以開類,攡措陰陽而發氣。一判一合,天地備矣。天日回行,剛柔接矣。還復其所,終始定矣。一生一死,性命瑩矣。❺

在這段論述中,「玄」是萬物創生的源頭,能「幽攡萬類」、「資陶虛無」,發而為「陰陽」、「氣」乃至於「天地」。換言之,「陰陽」由「玄」所「攡措」,「氣」也依「玄」而「發」,陰陽與氣皆須依「玄」而發動,使得「玄」具有主宰力量。且「玄」有一周而復始,往復循環的規律,宇宙依此律則運行而達至平衡,但更重要的是,這個規律是由「玄」所「控制」,並不是一個純客觀無心的運作,如此一來,「玄」似乎帶有某種人格神的意味,其意義及重要性提昇至一個高度。另外,《太玄·玄圖》亦指出:「玄有二道,一以三起,一以三生。」「三起」、「三生」是「玄」的重要作用,《太玄》中大量以三分法構造世界圖象,顯現揚雄彷《周易》,將「玄」發展為兼具宇宙發生和構成的意義。❻ 與揚雄同時的《易

「無」,故以「玄」名之。「玄」之本義為深黑色,以此無法分辨之色引申為深遠意,用以形容「道」之「不可道」。

❺ 引文見《太玄集注》,〔漢〕揚雄撰、〔宋〕司馬光集注;劉韶軍點校,北京:中華,1998.9,頁184-185。

❻ 《太玄》從宇宙論發展出本體論的傾向,在思想史上具有從漢代過度到魏晉的關鍵地位。相關討論可參考王青:〈《太玄》研究〉,《漢

緯》，之前的《淮南子》，甚至更早的《呂氏春秋》和郭店竹簡中的〈太一生水〉，都有宇宙生成的描述，雖然對宇宙生成的本原或有「太易」、「一元」、「太一」等各種不同名稱，但基本上都認為宇宙的生成是由簡到繁的過程，而且不斷地擴充這個過程的內容，並且與人事結合。這個發展是漢代經學繁瑣化的趨勢，在這個趨勢下，「玄」早已非《老子》中描述「道」的性質而已，不但具有獨立的性格，甚至超越「道」而成為宇宙萬物的創生者與主宰者。「玄」字意義的變化，在一定程度上可看出後來正始玄學從宇宙發生論朝向本體論的轉化。❼ 湯用彤曾指出「談玄者，東漢之與魏晉，固有根本之不同。」❽ 以漢代偏重天地運行之理，舖陳萬物生成過程，所重者在宇宙論；魏晉則棄物理之尋求，進而為本原之體會，所重者在本體論。基本上，這樣的區分的確可以顯示漢魏學術研究的不同重心，然而，漢代的章句之學及宇宙論體系在魏晉時並非消聲匿跡，反而與玄學形成南北學風的差異。❾ 葛洪一方面承繼漢代

學研究》，19：1，90.6，頁 77-102。

❼ 王葆玹指出，漢代宇宙論存在著一種繁瑣化的趨勢，都想超越前人，但又不能有根本性的改變，只能在繁瑣方面下功夫，《淮南子》、《易緯》和《太玄》皆是如此。揚雄及其後的張衡在這種理論繁雜化的傾向下，使「玄」含有宇宙發生和構成的本原義，雖然東漢時偏重宇宙論，但創生者又兼具本原意義的看法，對正始年間的夏侯玄發生影響，促成漢代宇宙發生論向魏晉的宇宙本體論轉化。（參見王葆玹：《正始玄學》，濟南：齊魯書社，1987）

❽ 見湯用彤：〈魏晉玄學流別略論〉，《魏晉玄學論稿》，收入《魏晉思想》（乙編），台北：里仁，1995.8，頁 47。

❾ 唐長孺曾論六朝時期南北學風之異，以為三國時期新學風（玄學）起

思想,又得面對當時玄學理論,並嘗試融合為道教形上學,顯示其融會貫通的精神。

《抱朴子內篇》首篇即為〈暢玄〉,可見葛洪有意以「玄」作為其整個思想體系的關鍵,文中首先對「玄」有如此描述:

> 玄者,自然之始祖,而萬殊之大宗也。眇眛乎其深也,故稱微焉。緜邈乎其遠也,故稱妙焉。其高則冠蓋乎九霄,其曠則籠罩乎八隅。光乎日月,迅乎電馳。或倏爍而景逝,或飄瀿而星流,或滉漾於淵澄,或雰霏而雲浮。因兆類而為有,託潛寂而為無。淪大幽而下沈,凌辰極而上游。金石不能比其剛,湛露不能等其柔。方而不矩,圓而不規。來焉莫見,往焉莫追。乾以之高,坤以之卑,雲以之行,雨以之施。胞胎元一,範鑄兩儀,吐納大始,鼓冶億類,佪旋四七,匠成草昧。……故玄之所在,其樂不窮。玄之所去,器弊神逝。……

於河南,河北及長江以南一般仍守漢人傳統。晉室東遷之後,江南地區接受新學風,開始談三玄。但是保守之士仍不乏其人,葛洪以漢儒傳統批評玄風之浮華任誕,尤其顯得突出,「我們完全有理由說葛洪是漢代遺風的繼承人」。(唐長孺:〈讀《抱朴子》推論南北學風異同〉,《唐長孺文存》,上海:上海古籍,2006.12,頁 400-428)此論從書法、語言、喪祭、易學等角度來分析其時南北學風的差異,而將葛洪視為承襲漢學者,與玄學相對,但是葛洪對玄風雖有所譏刺,卻也承認「上國眾事,所以勝江表者多。」(《外篇·譏惑》,頁 12)反映出當時眾多江南之士入京洛前事先學習玄學的心態,而他自己也有京洛之行,惜遇八王之亂,半途受阻。葛洪博聞深洽,無書不觀,若從其「玄」論觀之,或也能顯示南北學風差異下的相互影響吸收,而非只是抱守漢人之說而已。

其唯玄道，可與為永。（頁1）

〈暢玄〉全文並沒有太多對「玄」進行定義式的說解，而多為文學性的舖陳，此雖是葛洪一貫的文風，但我們也可從其中看出一些哲學意味。首先，「自然之始祖」具有時間意義上的溯源之「始」，屬宇宙生成論；而「萬殊之大宗」則有邏輯意義上的本原之「宗」，已有本體論的雛型。以「始祖」、「大宗」來說明「玄」，似以「玄」為一形上本體之稱。葛洪也許不見得意識到此，但以「玄」做為萬物的起源和本原，在這兩句中是可以確定的。起始兩句後的一大段描述，極言「玄」的深渺微妙，似有將「玄」擬人化的意味，恍若悠遊四方的仙人。且「玄」能「胞胎元一，範鑄兩儀」，又具有某種創造萬物的主宰性，與揚雄《太玄》相類。❿「胞胎元一」之後的說明，從創化天地萬物的角度談「玄」。「因兆類而為有，託潛寂而為無」兩句，看似以「有／無」對舉，但並非如王弼之「以無

---

❿ 王明釋葛洪之「玄」意，謂「原自漢代揚雄之《太玄》，非魏晉玄學之玄。此論玄為宇宙之本體，尤著重於玄道。玄道亦即玄一之道。下文所謂得之乎內，守之者外，用之者神，忘之者器，此思玄之要言也。由此可見《抱朴子》所謂玄，實為神秘主義之本體論。」（王明：《抱朴子內篇校釋》，北京：中華，1985.3，頁4）王明的觀察有一定道理，後世雖以「玄學」標舉魏晉學術，但魏晉時期對《老子》的討論，首重為「道」，王弼以「本」為「道」定性，有別於兩漢宇宙論。而葛洪特別重視「玄」，並將「玄」結合「道」而成「玄道」，《老子》文中的「玄」本形容「道」之深遠幽邈，但是葛洪將「玄」視為一宇宙本源而成為一具體之對象，這個用法與揚雄一致，且「玄」是成仙修煉所必須得到的，這也是不同於魏晉其他玄家的解釋。

為本」，而是以生成的角度說明「玄」的性質，能化成萬物為「有」，未成萬物前為「無」。至於葛洪尚以大量譬喻辭藻描述「玄」的性質，顯示了「玄」的超越性，且較集中在「玄」能生成萬物的作用。倒是在這段論述後，葛洪以「玄」之「所在」、「所去」，而能使形器或生或死，「器」與「神」都得有「玄」。如此一來，「玄」所具有的創生地位一變而成為生命是否長存的依據，也就是「玄」是生命的重要關鍵。「玄」若是宇宙本原，如何從一個超越的形上概念成為生命長久的關鍵，葛洪並沒有特別論述說明，唯順其脈絡，其意應為「玄」既是創生萬物的源頭，自然是一個掌握生命的力量，於是接續本段之後，從形上的描述一轉為具體的現實人生，強化「玄」為生命之本的意義。此外，葛洪並將「玄」與「道」結合而成「玄道」一詞，云：「其唯玄道，可與為永。」而「不知玄道」的人，將沈湎於無止境的欲望。葛洪將「玄道」對比世間萬物的短暫，而視「玄道」為一永恆者，故欲得長生，便得修得此「玄道」。

什麼是「玄道」？葛洪在〈暢玄〉云：「夫玄道者，得之乎內，守之者外，用之者神，忘之者器，此思玄道之要言也。得之者貴，不待黃鉞之威。體之者富，不須難得之貨。高不可登，深不可測。乘流光，策飛景，凌六虛，貫涵溶。出乎無上，入乎無下。經乎汗漫之門，遊乎窈眇之野。逍遙恍惚之中，倘佯彷彿之表。咽九華於雲端，咀六氣於丹霞。俳徊茫昧，翱翔希微，履略蜿虹，踐跚旋璣，此得之者也。」（頁2）這一段充滿想像的描述，並非對「玄道」作解釋，反而是說明「得玄道者」會有什麼結果。能體會「玄道」的人，無名利之累，與常人不同，亦不受人生各種困阨所限。「出

乎無上」以下一大段文字，恍若對「仙人」的描述，仙人能上天入地，不食人間煙火。葛洪真正的用意，並不在於對「玄道」有何解釋說明，而在於陳述成為神仙就是得到「玄道」，得到「玄道」的仙人可以出入有無，完全脫離現實中時空的限制，「玄道」便成為是否能修煉成仙的重要關鍵。換言之，得玄道者其實就是葛洪理想中的仙人，而仙人的活動在其筆下是個全然超越現實的世界。

相較於葛洪，王弼釋「玄」則近《老子》之意。王弼對《老子》第一章「玄之又玄，眾妙之門。」下注云：

> 玄者，冥也，默然無有也，始，母之所出也。不可得而名，故不可言同名曰玄。而言同謂之玄者，取於不可得而謂之然也。不可得而謂之然，則不可定乎一玄而已。若定乎一玄，則是名則失之遠矣。故曰「玄之又玄」也。**⓫**

老子以「同謂之玄」說明「無」、「有」兩者同出於「道」卻有不同之稱名，故「道」能同時生成「無」、「有」，自身即是個微妙幽深之理，《老子》二十一章描述「道」之惚恍狀態，其中卻又有象有物，正是「道」之「玄」。有意思的是，老子不僅以「玄」謂「道」而已，又言「玄之又玄」，對於「玄」再進一步以「又玄」釋之。表面上看來，老子只是強調玄的深之又深，但值得注意的是下句「眾妙之門」。第一章已言從「無」能觀「道」生萬物之「妙」，故「眾妙之門」應指道用之妙。但老子不言「玄者，眾妙之門」，

⓫ 所引王弼：《老子道德經注》，據樓宇烈：《王弼集校釋》，北京：中華書局，1980.8。

而言「玄之又玄，眾妙之門」，此「玄之又玄」顯有深意於其中。以「又玄」破除對「玄之」的定名，是老子對「可道」、「可名」的反思。也就是若以「同謂之玄」的「玄」為「道」之狀況描述，仍有陷於「可名」之危險。而「門」的象徵意義於此便更形生動，從「門」進入得觀道之「妙」，從「門」出去得觀道之「徼」。「無」、「有」於門之出入象徵更能清楚顯現「兩者同出而異名」之意。王弼的注解則緊扣「名」之可得與否，以「冥」釋「玄」，並言其「默然無有」，點出不能以「有」，即「名」的角度看待「玄」，所以老子不以「同名之玄」，而說「同謂之玄」是有特殊意義的，因為以「名」即有實指，故退一步而「謂」之。但又恐定於一「玄」，所以言「玄之又玄」，將「玄」再度否定，再度超越，就是為了避免因為強調「玄」而落入言詮之障。這個解釋便是王弼討論「言／意」關係的重要基礎，由此而發展出「寄言出意」、「得意忘象」的思維方法，⓬ 並由此而論「無／有」、「本／末」、「自然／名教」的關係。

⓬ 王弼在《周易略例·明象》中，清楚說明「意」、「象」、「言」的關係，其云：「夫象者，出意者也。言者，明象者也。」「是故為言者，非得象者也。存象者，非得意者也。」「忘象者乃得意者也，忘言者乃得象者也。得意在忘象，得象在忘言。」（樓宇烈：《王弼集校釋》，頁 609）王弼已指出不能執守「象」與「言」，否則不能得「意」。因此，「玄」字固然指「道」的玄冥狀態，但依「得意忘象」之方法，為免執守「玄」字，不以定乎一玄為「名」，而以「玄之又玄」超越之。

　　另外，王弼〈老子指略〉中也特別區分了「名」、「稱」的意義，〈老子指略〉云：「名也者，定彼者也；稱也者，從謂者也。名生乎彼，稱出乎我。故涉之乎無物而不由，則稱之曰道；求之乎無妙而不出，則謂之玄。妙出乎玄，從由乎道。」❸「無物而不由」稱「道」的本原性，「無妙而不出」謂「玄」的作用性。王弼一方面以「玄」之幽深釋「道」的超驗性格，一方面又以「玄」說明「德」，以明「道」之生養萬物的作用。（《老子》第十章「是謂玄德」注語）故王弼並未停留在「玄」之幽深意，還進一步將其發揮為道用，即道生成萬物，長養萬物之妙用。葛洪並無專注《老子》，對《老子》僅隨文引用，不似王弼釋老之深入，以「玄」一字觀之，僅管語出《老子》，但葛洪將「玄」之地位大幅提高，取代「道」而成為一最高的指稱。然而，葛洪亦稱許「道」，如《內篇・明本》說：「凡言道者，上自二儀，下逮萬物，莫不由之。」（頁185）此處將「道」賦予一個極為重要的地位，以萬物「莫不由之」將「道」做為萬物運行的原理與原則，與王弼「無物而不由」似有相通處，然而葛洪〈明本〉欲辨儒道之先後，不如〈暢玄〉直接以「玄」做為宇宙發生的本原和本體。王弼僅以「玄」形容「道」的性格和作用，強調「玄」之深微意，以說明「道」，葛洪卻將「玄」提昇與「道」同一層次，或同一對象的不同用語。葛洪如此釋「玄」，有其道教之用意，「玄」與「道」的關係產生變化，甚至結合成「玄道」一詞，將「玄道」視為獲得永恆生命的關鍵。反觀王弼只是一

---

❸　〈老子指略〉一文曾亡佚，今從《雲笈七籤》與《道藏》中輯佚。引文據樓宇烈：《王弼集校釋》，頁197。

再強調「玄」、「道」皆指是借用「玄」、「道」之字而強為之名，提醒眾人勿為名稱所限，更無「玄道」用語。

從「玄」到「玄道」，是個從哲學到宗教的重要轉變，葛洪在《抱朴子》中常將「玄」與他字結合，而成「玄道」、「玄一」等新詞。一方面籍「玄」字的飄渺幽遠來說明「道」、「一」的神妙，另一方面則以「玄」所具有的本原意義來強化「道」與「一」的意義，並使「玄一」成為一種修煉成仙的功法，或是一種法術。如《內篇·地真》云：「玄一之道，亦要法也。無所不辟，與真一同功。吾《內篇》第一名之為〈暢玄〉者，正以此也。守玄一復易於守真一。」（頁325）此段葛洪自道之詞非常重要，他說明為何《抱朴子內篇》首篇即為〈暢玄〉，蓋「玄一」為一種功法，而「守玄一」又較「守真一」易行。「守玄一」是一種分身的法術，能自見魂魄，並與天靈地祇溝通。〈地真〉中闡明修煉地仙之道，論述「真一」之道，「守真一」能通神，消災免禍，延年益壽。《內篇·地真》云：

> 余聞之師云，人能知一，萬事畢。知一者，無一之不知也。不知一者，無一之能知也。道起於一，其貴無偶，各居一處，以象天地人，故曰三一也。天得一以清，地得一以寧，人得一以生，神得一以靈。金沈羽浮，山峙川流，視之不見，聽之不聞，存之則在，忽之則亡，向之則吉，背之則凶，保之則遐祚罔極，失之則命彫氣窮。老君曰：忽兮恍兮，其中有象；恍兮忽兮，其中有物。一之謂也。故仙經曰：子欲長生，守一當明；思一至飢，一與之糧；思一至渴，一與之漿。一

有姓字服色，男長九分，女長六分，或在臍下二寸四分下丹
田中，或在心下絳宮金闕中丹田也，或在人兩眉閒，卻行一
寸為明堂，二寸為洞房，三寸為上丹田也。此乃是道家所重，
世世歃血口傳其姓名耳。一能成陰生陽，推步寒暑。春得一
以發，夏得一以長，秋得一以收，冬得一以藏。其大不可以
六合階，其小不可以毫芒比也。（頁323）

此段言「一」之重要，其中「知一者，無一之不知也。不知之一者，
無一之能知也。」襲用《淮南子·精神訓》中用語，⓮意為「知一
者」便必盡通天下事。而何謂「一」？葛洪解釋為「道起於一」，
意為道從一開始。此似化用《老子》第四十二章：「道生一，一生
二，二生三，三生萬物。」但含意卻相去甚遠。《老子》云「道生
一」，展示「道」的創生事物過程，由一至三，乃至萬物，是個由
簡而繁的順序。葛洪卻用「起於」說明「道」之「起始」，於是原
本《老子》中的「生」之意不見了，而代之以一個起始的狀態，甚
至將「道」與「一」的關係混淆，以「一」為「道」，將「一」視
為萬物之源，而成為生命的關鍵。故葛洪後引《老子》第二十一章
「忽兮恍兮」之語，就著重於描述其渾沌不明之狀，強調「一」之
玄妙，但又有「象」、「物」可以把握。如此一來，《老子》中的
由一而三的過程，也轉變成葛洪所謂的「三一」，將「一」直接化
為具象的天、地、人。並改《老子》第三十九章，在「天得一以清，

⓮　《淮南子·精神訓》：「能知一，則無一之不知也；不能知一，則無
　　一之能知也。」（《淮南子集釋》，頁515）

地得一以寧」之後加入「人得一以生」一句,以符合其「三一」之說。葛洪發揮《老子》中「一」的概念,謂:「道起於一,其貴無偶,各居一處,以象天地人,故曰三一也。」(《內篇‧地真》,頁 323)「天、地、人」併列為「三一」,並由此推衍出「守一」之修煉方法。「守一」在先秦道家及兩漢黃老學中皆有見得,至道教更具重要意義。這個改變,直接將「一」從一個造物本原的初始,轉化成為體內神,具「姓字服色」,也使「守一」有了具體存思的對象。「一」之重要性,〈地真〉一文中屢屢言及,文中尚云「守真一」與服金丹、服草木藥與佩神符同為養生四門,可見其重要性。而「玄一」與「真一」同功,兩者的區別據〈地真〉所論,為思「玄一」只念自身,形象任憑自見;而「真一」具長短、服色,須具體想像,故「守玄一」較易。另外,《外篇‧廣譬》亦云:「澄精神於玄一者,則形器可忘。」(頁 322)以「玄」合「一」而成「玄一」,一方面突顯「一」之「玄妙」,一方面也加強「玄」與「一」的本原義,故以「守玄一」為修煉之重要方法,此法亦為上清派所持之存思、守一的修煉方法。⓯

⓯ 「守一」之修煉方法可溯及《老子》:「聖人抱一為天下式。」(二十二章)河上公注云:「抱,守。法,式也。聖人守一,乃知萬事,故能為天下法式也。」河上公以「抱一」為「守一」,另於注「載營魄抱一」(《老子‧十章》),更詳論「守一」之法。「守一」之說在兩漢進一步發展,從東漢至六朝時逐漸將「一」視為具體之神祇,化為人身三丹田(三宮)之守宮神,六朝上清派之「守一」、「存思」為其修持重要法門,葛洪所論「守一」之法與上清派關係密切。關於上清派「守一」功法,可參考蕭登福:《六朝道教上清派研究》,台

　　《老子》中論「一」之處不多，卻是個重要的關鍵字。在四十二章中有「道生一、一生二、二生三、三生萬物」之語，「生」字一般多做創生之意解，然以創生言，則易誤「道」為創生者，具有造物主的意味。就老子而言，道生養萬物必是無心無為，故以生成變化理解「生」，或許較為恰當。如此一來，「道生一」之過程固然為萬物發生的經過，但「一」在此便更具重要意義。蓋「道」與「一」必然不同，否則「道生一」便無解，然「道」發生變化，從一個無可捉摸的道體形成具體萬物，中間當有一個過程，「一」便是這個從無形到有形的重要連接點。王弼的注釋清楚闡明此意，其云：

> 萬物萬形，其歸一也。何由致一？由於無也。由無乃一，一可謂無？已謂之一，豈得無言乎？有言有一，非二如何？有一有二，遂生乎三。從無之有，數盡乎斯，過此以往，非道之流。故萬物之生，吾知其主，雖有萬形，沖氣一焉。（頁117）

萬物雖有眾多殊象，但卻有一個本源，王弼言「歸」便是著重於此，故其云之「一」，是一個由「無」至「有」的重要關鍵，「道」為「無」，從無狀相至有形之萬物，「一」是具體的原初狀態，而萬物既從「一」而化衍，則「一」為萬物之主。若明於此，則《老子》中所言之「抱一」，當為掌握這個萬物之源的方法。《老子》有兩

北：文津，2005.11；宇汝松：《六朝道教上清派研究》，濟南：山東文藝，2009.3。

處提及「抱一」，一為「載營抱魄抱一，能無離乎？」（第十章）另一為「少則得，多則惑。是以聖人抱一為天下式。」（第二十二章）前者之「抱一」與「載營魄」，可視為四十二章之「沖氣以為和」與「萬物負陰而抱陽」，即陰陽二氣皆得從「沖」（虛）之中而生。王弼言「雖有萬形，沖氣一焉」，即明於此。「能無離乎」亦是個重要的關鍵句，顯示「抱一」並非一個對外在之物的擁抱，而是一種不可分的連結，蓋抱者有此「一」，「一」不是被取來的被抱者。至於後者，則可視為聖人以精簡的方式，以無為無欲治天下，為天下人民之則。故「抱一」不但是修身之法，亦為治國之法。對王弼來說，「抱一」亦是其哲學思路中以一統眾之法，故王弼於《老子》第三十九章之「天無以清將恐裂」句下注云：「守一則清不失，用清則恐裂也。」「清」是「守一」之後的狀態，如果倒因為果，以為「用清」則清，反而「無用其功」。而其「守一」之法，即為注三十八章所云：「守母以存其子，崇本以舉其末。」這裡所顯示的為王弼「以無為本」、「崇本舉末」的哲學方法，也是王弼理解宇宙萬物的一個架構。其強調「母」、「主」、「本」，「一」也是「數之始」，有其以簡御繁之意。與葛洪「守一」為成仙的法術相較，王弼的「守一」至多只能為體道的修養方法，兩者差異，由此可見

　　至於葛洪使用「玄一」、「玄道」之詞，此以「玄」字結合他字而為新詞，在道教經典中屢屢可見，表現出一種超自然的玄妙境界，也突出神仙世界的超驗意象。盧國龍曾指出道教用「玄」字來表達一種超越日常經驗的旨趣，有神學信仰和思想理論兩個層面，而葛洪「玄道」的提出，便包含了這兩個層面，企圖建構一個既承

於道家，又有神仙信仰於其中的思想。⑯ 這其中的關鍵其實在於
「玄」字的深化與轉化，葛洪上承漢代以宇宙生成論「玄」，使「玄」
字從深遠幽邈之意變成宇宙本原，又從宇宙本原到生化萬物而為生
命泉源，再一變成為一種人生觀和精神境界，呈現出道教思想的獨
特之處。

第二節　「道」與「玄道」

　　〈暢玄〉為《抱朴子內篇》首篇，可見葛洪對「玄」的重視，
且其論「玄」具有一創生本原的宇宙論意義，又有本體論的影子，
更將「玄」視為修煉成仙必須獲得的對象。另外還將「玄」與「道」
結合而成「玄道」，儼然成為道教專用的名詞。然葛洪亦論「道」，
《抱朴子內篇》也有〈道意〉一篇以闡述「道」的意涵，其云：

> 道者，涵乾括坤，其本無名。論其無，則影響猶為有焉；論
> 其有，則萬物尚為無焉。……強名為道，已失其真。況復乃
> 千割百判，億分萬析，使其姓號至於無垠，去道遼遼，不亦
> 遠哉？俗人不能識其太初之本，而修其流淫之末。人能淡默
> 恬愉，不染不移，養其心以無欲，頤其神以粹素，……何者，
> 命在其中，不繫於外，道存乎此，無俟於彼也。（頁 170）

本段明確指出「道」之「涵乾括坤」性質，「乾／坤」為一組對反
的概念，可指「陰／陽」、「天／地」，「道」包含了這兩組概念，

---

⑯　見盧國龍：《道教哲學》，北京：華夏，2007.1。

意味由道生化萬物的能動性,這是論「道」的宇宙生成論意義。重要的是從這個「其本無名」的狀態,能造成萬物的「有」,但不能從「有」論「道」。葛洪明白「道」亦是強為之名,更何況萬物之名,故能生成萬物的必定不是「有」。陳飛龍釋「論其有,則萬物尚為無焉」一句,謂有兩種可能,「一種是『有』的萬物生成,終會因時空的變化一析為『無』,這種『無』,是什麼都沒有的『無』。第二,是指『有』的根源來自於『無』,那麼『無』就是高於『有』的根源。」❶依葛洪全文之意,應是第二義,以「道」做為萬物形成的根源。葛洪曾說:「道也者,所以陶冶百氏,範鑄二儀,胞胎萬類,醞釀彝倫者也。」又說:「凡言道者,上自二儀,下逮萬物,莫不由之。」(《內篇·明本》,頁185)萬物「由」道,便有一生成義於其中,葛洪並沒有像《老子》第四十章明指「天下萬物生於有,有生於無。」也不似王弼依此發揮為「以無為本」。❷而是著重於描述「道」的不可名狀,顯示其無所不在,卻又不能捉摸的性質,並言其為「太初之本」。相較於「玄」,前引〈暢玄〉言「玄」能「胞胎元一,範鑄兩儀」,與〈明本〉言「道」能「範鑄二儀,胞胎萬類」幾乎一致,兩者皆具有宇宙論和本體論的雙重意義,但葛洪為何要同時使用「玄」與「道」字來指稱其形上本體的概念呢?一方面,葛洪認為宇宙原初的渾沌狀態無從掌握,更以「道」是強

---

❶ 見陳飛龍:《抱朴子內篇今註今譯》,台北:台灣商務,2001.1,頁336。

❷ 王弼注本章句云:「天下之物,皆以有無生。有之所始,以無為本。將欲全有,必反於無也。」除了明指「以無為本」,更進一步提出「守母以存其子,崇本以舉其末」(《老子》三十八章注)的認識方法。

為之名，以「玄」亦復如此，不論是「道」或「玄」都不能實指，但使用「道」字有其淵源，自《老子》之後，「道」字便具有形上的意義；另一方面，葛洪特別突出了「玄」字的分量，並賦予「玄」字特殊的道教修煉含意，因「玄」字所顯示的幽遠深沈之意，更適合表示道教修煉的境界。反觀王弼並沒有特別在「玄」字著墨，可見兩者之別。

此外，葛洪並以萬物的準則稱「道」，並將「道」從形上之理轉化為人間之理，承黃老道家一脈，〈明本〉有云：

> 夫所謂道，豈唯養生之事而已乎？易曰：立天之道，曰陰與陽；立地之道，曰柔與剛；立人之道，曰仁與義。……凡言道者，上自二儀，下逮萬物，莫不由之。但黃老執其本，儒墨治其末耳。今世之舉有道者，蓋博通乎古今，能仰觀俯察，歷變涉微，達興亡之運，明治亂之體，心無所惑，問無不對者，何必修長生之法，慕松喬之武者哉？……今苟知推崇儒術，而不知成之者由道。道也者，所以陶冶百氏，範鑄二儀，胞胎萬類，醞釀彝倫者也。……夫道者，內以治身，外以為國，能令七政遵度，二氣告和。（頁185）

「道」是所有事物能「立」之準則，故能執道者必是博通之士。這段是為了說明「道本儒末」，區分儒、道之別，葛洪所謂的「道」兼有「治身」與「治國」的雙重性，而這也正是漢代黃老之學承先秦道家所發展出的面象。❶❾ 於是「道」在實踐的層面不僅「唯養生

---

❶❾　湯一介指出道教的特點在於既要求超世的「長生不死」，又要求現世

之事而已」，也不是隱逸山林，不問世事，反而「能仰觀俯察，歷變涉微，達興亡之運，明治亂之體，心無所惑」，方為「博通乎古今」的有道之士。「道本儒末」尚具有「以道為本」的本體論意味，「道」有宇宙論的先在性，也有本體論的本源義，故「上自二儀，下逮萬物」，莫不由「道」。也由於「道」具有「專一」、「無形」、「指約」的特性，方能兼攝諸家，為「真正之源」。葛洪引用了三段《周易》，並組合《周禮》與《論語》文句，欲藉以證明「道」不是只有「養生」之義，而是上自天地，下及萬物，皆從道而出。

此外，上引〈道意〉在論述「道」的性質後，一轉而言「命在其中」、「道存乎此」，將「道」從一個宇宙萬物的原始變成修煉依循的法則、方法和對象，這是個重要的轉折。整個〈道意〉篇大多在批評世人不懂「純一」之道，奢侈淫亂，不忠不孝，卻又妄求鬼神，受妖道所惑，不明真正修煉的方法。〈明本〉中亦云：

> 夫道者，其為也，善自修以成務；其居也，善取人所不爭；

的「治國安民」，《抱朴子內、外篇》正反映了道教「治身」與「治國」並重的特點。（《早期道教史》，北京：昆侖出版社，2006.3）《內篇》中除了上引〈明本〉云：「夫道者，內以治身，外以為國。」〈釋滯〉亦云：「內寶養生之道，外則和光於世，治身而身長修，治國而國太平。」（頁148）養生之道與和光於世同為一事，皆為「道」，故修道者可執此兼修內外。而〈地真〉篇另以人身比附自然，謂：「一人之身，一國之象也。胸腹之位，猶宮室也。四肢之列，猶郊境也。骨節之分，猶百官也。神猶君也，血猶臣也，氣猶民也。故知治身，則能治國也。」（頁326）此說承漢代天人感應論，將「身／國」視為一體，可見葛洪神仙道教的身體觀。

> 其治也，善絕禍於未起；其施也，善濟物不而德；其動也，
> 善觀民以用心；其靜也，善居慎而無悶。此所以為百家之君
> 長，仁義之宗主也。（頁 188）

此處的「道者」指修道之人，描述修道者的行為，大抵為知足無欲、見素抱樸，與《老子》精神相符。然而值得注意的是，葛洪將「道」從一個本體的概念轉而為道教修煉之原則，並發揮為修煉成仙的關鍵，即修煉即是為了得道，能得「道」便能成為仙。〈道意〉云：「命在其中，不繫於外，道存乎此，無俟於彼也。」（頁 170）「道」既為創生萬物之源，則人之生命亦從之而出，故葛洪依此推論「命在其中」，於是要長生成仙，就必須得「道」，《內篇·對俗》中描述得「道」之後的神奇，其云：「得道者，上能竦身於雲霄，下能潛泳於川海。」（頁 49）「得道者」即「成仙者」，神仙能自由飛昇，來去自如。「得道」能成仙，與葛洪屢言之「得金丹」成仙完全一致。葛洪雖未明言道即金丹，但「得道」與「得金丹」皆為成仙之關鍵，足見「道」在葛洪神仙道教中的意義。

至於將「道」結合「玄」字而成「玄道」一詞，具有神仙道教的特別意義。前已有言，葛洪在《內篇·暢玄》將「得玄道者」視為其理想中的仙人，「得道者」與「得玄道者」意同，唯「玄道」更加強了玄妙神奇之意，且〈暢玄〉中尚言「其為玄道，可以為永。」（頁 1）以「永」一字，點明「玄道」之道教哲學的意義，其中心思想為永恆、永久。所以「不知玄道者」，自然會遭受各種災禍而難逃一死。故從「玄」到「玄道」；從「道」到「玄道」，「玄道」連稱，表現出神仙道教的思考方式不同於先秦道教，亦與魏晉玄學

有別，以「玄」、「道」連結而成為生命之源，表現出屬於神仙道教的道教形上學意涵。

第三節 「氣」

　　「氣」是中國身體觀的一大特色，反映出傳統思維中對於宇宙形成，還有人與天地萬物的關係，並從中衍生出如何立身處世，如何修身養性，以及如何面對生死等種種層面的思考。從先秦至兩漢，透過對「氣」的發想所逐漸形成的「氣」理論，試圖解釋天人關係，從建構出一套從治身到治國，從巫醫到宇宙觀，其中關於「形—氣—神」的三分結構，對道教有重要影響。[20]葛洪以「道」、「玄」作為萬物初始，使「道」、「玄」具有發生次序的宇宙論型態；並以之為事物的本源，也同時具有邏輯次序上的本體論意涵。但是，「道」如何形成萬物？「道」既然能生成萬物，其「範鑄二儀」是一個從「無名」到「有名」的過程，這個過程必須考慮事物的差異以及與「道」的關係，葛洪以傳統「氣」的概念加以解釋。我們可以試著比較葛洪如何以「道」和「氣」論述宇宙生成，藉以觀察這兩個概念的意義，下援引《抱朴子內篇》中的相關章句說明。

---

[20]　相關論述可參考楊儒賓主編：《中國古代思想中的氣論及身體觀》，台北：巨流，1997.2。另外，關於早期氣論思想的淵源與形成，可參考陳德興：《氣論釋物的身體哲學——陰陽、五行、精氣理論的身體形構》（台北：五南圖書，2009.1）以及李存山：《中國氣論探源與發微》（北京：中國社會科學，1990.12）。

1、（玄者）胞胎元一，範鑄兩儀，吐納大始，鼓冶億類，佪旋四七，匠成草昧。彎策靈機，吹噓四氣，幽括沖默，舒闡粲尉，抑濁揚清，斟酌河渭。（〈暢玄〉，頁1）㉑

2、渾茫剖判，清濁以陳，或昇而動，或降而靜，彼天地猶不知所以然也。萬物感氣，並亦自然，與彼天地，各為一物，但成有先後，體有巨細耳。（〈塞難〉，頁136）

3、夫人在氣中，氣在人中，自天地至萬物，無不須氣以生者。（〈至理〉，頁114）

〈暢玄〉和〈明本〉中都提到「道」（玄）能「範鑄兩儀」，指出「道」含「元一」，由「元一」成「兩儀」，再生成萬物，㉒這是

㉑　在〈明本〉篇中也有類似的文句，其云：「道也者，所以陶冶百氏，範鑄二儀，胞胎萬類，醞釀彝倫者也。」（頁185）許建良曾謂〈暢玄〉中之「范鑄」與「鼓冶」並非「生成」，故謂「它（玄）並不產生天地萬物，只是陶冶天地萬物。所以，「玄」是萬物、萬有產生的根據和生成發展的根本，並非母體。」又云「『玄』、『道』、『一』雖能涵育萬物，陶冶萬有，但在終極意義上，卻不能產生萬物。」（許建良：《魏晉玄學倫理思想研究》，北京：人民，2003.11，頁353、355）前已論及「玄」在葛洪的論述中不但是宇宙萬物的本原，也是個創生萬物，規範物理的根源，含有動態的循環運行之意。許建良認為葛洪的「玄」、「道」與「一」皆為靜態的存在而不具創生的活動意，還有待商榷。

㉒　這個過程有《老子》第四十二章：「道生一，一生二，二生三，三生萬物。」的宇宙生成論，也有《周易·繫辭》：「易有太極，是生兩儀，兩儀生四象，四象生八卦。」的生成論，而「元一」的用法亦見

從先秦到兩漢的宇宙生成階段論的說法。唯葛洪在〈暢玄〉和〈明本〉中論述這個宇宙本原「道」（玄），有一個由簡到繁的形成萬物的過程，但是僅在「吹噓四氣」中提到「道」（玄）化為四時之氣，「四氣」應為四時，類似節氣之意，這個「四氣」對照〈塞難〉和〈至理〉章句中生萬物的「氣」，似乎並非同一。換言之，「吹噓四氣」在〈暢玄〉引文的脈絡中意為「玄」對事物作用之一種，與第二、三項引文之「氣」所具有的生成意有別。如果葛洪言「氣」有生成、生命的意思，則生成萬物的「氣」與「道」之間的關係究竟為何？我們先來看看他對「氣」的描述。上引〈塞難〉中這一段描寫「氣」的作用頗為生動，說明天地萬物皆由氣之升降融合而成。〈至理〉更直指天地萬物，均須「氣」而生。另〈辨問〉、〈塞難〉中亦提到人在成形前須「結胎受氣」方有生命。顯然地，葛洪言「氣」是從養生修煉的角度言，證諸其論行氣之法，並以之為長生修煉的重要方式。❷❸儘管葛洪所言之「氣」兼有生成和養生之意，但這個

於劉歆《三統曆》解說《春秋》云：「經元一以統始，易太極之首也。」又云：「太極元氣，含三為一。」將《老子》和《周易》的宇宙生成思想加以折中並用，在《呂氏春秋》和《淮南子》中亦多見其例，相關內容可參考《氣的思想——中國自然觀與人的觀念的發展》，小野澤精一、福永光司、山井湧涌編；李慶譯，上海：上海人民，2007.3，頁 116-138。

❷❸ 〈至理〉提到服藥雖是長生之本，但輔以行氣之術，其效更速。又〈極言〉中也闡明氣對人體的重要，是維繫生命的根本。有關行氣、服氣之術，雖上有所承，但六朝時頗有發展，另與胎息、房中等養生術，以及醫藥病理均有關聯。李豐楙亦曾論及葛洪建立一套以「氣」為中心的氣化思想，並發展至「炁」的修煉之術。可參考李豐楙：〈葛洪

生成萬物的「氣」與萬物初始的「道」在關係上並不明確。究竟「道」即是「氣」，還是由「道」生「氣」？或是有其他關係？這個問題或可從「兩儀」來解決。《內篇·明本》有云：「凡言道者，上自二儀，下逮萬物，莫不由之。」（頁185）此「二儀」與「萬物」皆由「道」而生，又《外篇·詰鮑》有云：「若夫太極渾沌，兩儀無質，則未若玄黃剖判，七耀垂象，陰陽陶冶，萬物群分也。」（頁513）言宇宙初生的太極是一渾沌狀態，「兩儀」尚未成型。又〈道意〉中言：「道者，涵乾括坤。」（頁170）此「兩儀」或可指乾坤。再證諸〈明本〉篇引《周易·說卦》：「立天之道，曰陰與陽」以說明「凡言道者，上自二儀」，應可確定葛洪所說之「氣」為「兩儀」，即乾坤（陰陽）二氣。如此一來，可明白葛洪將「道」、「玄」定為萬物之始，此萬物之始為一渾沌無形狀態，而從這個狀態形成萬物，中間的環節就是「氣」。由此「氣」發動變化，「清濁以陳」以生萬物。於是從「氣」的生成作用，再過度到人體生命觀，由此而論「人在氣中，氣在人中」。人既稟氣而生，故生死繫於一氣，「氣竭則命終」（《內篇·至理》，頁110）再由此而推求行氣、寶氣之重要，構成道教煉氣理論。所以「道」（玄）是萬物之祖，「氣」則生萬物。前者以一個永恆的、超驗的本原姿態呈現，為原理、規則；後者則是變動不居，為生化萬物的原初存在，也是生命的源頭。「道」雖是萬物之祖，卻也具創生萬物的動能，而這個創生的動態過程，便是「氣」的顯現。所以葛洪以「道—氣」的結構

《抱朴子》內篇的「氣」、「炁」學說〉，收入《中國古代思想中的氣論及身體觀》，楊儒賓主編，台北：巨流，1993.1，頁517-539。

做為道教形上學的概念,「道」與「氣」的關係應是「道含氣」,「道中有氣」,兩者並非生成的時間次序關係,也並非一體兩面或相即的同體關係,而是一個發生的邏輯次序關係。即天地萬物「須氣以生」,而「氣」是「道」的發動,「道」的活動以「氣」的樣態出現而為萬物生命之源,「道含氣」而非「道生氣」,不是先有「道」才有「氣」。而「道」與「氣」並非同一,是「道中有氣」,這是必須辨明的。

「氣」為道之發動,因此為生命的源頭。早期道教經典《太平經》亦以氣化論構成其生命觀,對生命永恆的把握,關鍵即在於「氣」。《太平經》內容龐雜,但以「元氣」構成萬物,是其基本論點,如「夫物,始於元氣。」(〈六罪十治訣〉第一百三,卷六十七,頁254)「元氣乃包裹天地八方,莫不受氣以生。」(〈分解本末法〉第五十三,卷四十,頁78)「諸穀草木蚑行喘息蠕動,皆含元氣,飛鳥步獸,水中生亦然。」(〈不忘誡長得福訣〉第一百九十,卷一百十二,頁581)「夫天地人本同一元氣,分為三體,各有自始祖。」(〈三五優劣訣〉第一百二,卷六十六,頁236)這些段落皆可見「元氣」為生命;而當「氣」化為天、地、人與萬物,則人能與天地同生的關鍵便在「守氣」(守一),如「天地之道所以能長且久者,以其守氣而不絕也。故天專以氣為吉凶也,萬物象之,無氣則終死也。子欲不終窮,宜與氣為玄牝,象天為之,安得死也。」(〈包裹天地守氣不絕訣〉第一百六十,卷九十八,頁450)「古今要道,皆言守一,可長存而不老。人知守一,名為無極之道。」(〈太平經鈔壬部〉,頁716)形體與精神皆為「氣」所化,故通過對「氣」的煉養,便掌握了形神合一的長生之道。「氣」

為生命的關鍵，葛洪亦反覆強調之。如〈至理〉云：「身勞則神散，氣竭則命終。」（頁 110）即明言「氣」於命之重要，另前引〈至理〉「人在氣中，氣在人中」之語，亦見「氣」與生命的關係。葛洪此語即變化自王充：「人未生，在元氣之中；既死，復歸元氣。元氣荒忽，人氣在其中。」（《論衡・論死》，頁 875）但是王充認為人死則氣散，長生並不可能。其云：「人稟氣於天，氣成而形立，則命相須，以至終死，形不可變化，年亦不可增加。」（《論衡・無形》，頁 65）人的形體和生命都是承受「元氣」而成，一旦成形，形體和壽命已然固定，不能靠修道服藥等方式加以改變。葛洪雖上承氣化宇宙論，但與王充不同，對形體的延續持肯定的態度，認為透過對「氣」的修煉與掌握，長生成仙當可學致。

此外，上引〈塞難〉中也說明了氣之聚散成形是隨機性的，本段是回答問者以天地造物的質疑，謂天地與萬物皆氣所生，非天地生萬物，也由此而論「命之脩短，實由所值，受氣結胎，各有星宿。天道無為，任物自然，無親無疏，無彼無此也。」（〈塞難〉，頁136）人的壽命稟賦，由受氣結胎時遭遇的星宿所決定，其發生純為偶然，並無沒一個有意識的超越存在者主導，此「天」為自然之天。而天地與萬物皆由「氣」而生，受氣既是偶然，已顯示「道」並非有意志的造物主，雖然「道」是「自然之始祖」、「萬物之大宗」，但「道」（玄）並沒有造物神之意味。從這個角度來說，葛洪並沒有將「道」賦予天神的意義，若相較於《老子想爾注》：「一者道也，……一散形為氣，聚形為太上老君。」❷❹此處明確指出「一」

---

❷❹　見《老子相爾注》第十章「載營魄抱一能無離」之注語。饒宗頤：《老

即「道」，並且由「一」化為「太上老君」，此「一」（道）已成為造物神，為一個崇拜的對象。但是葛洪論「道」並沒有神的意思，以「道」做為一個超越性的原初概念，是無意無形的非具體存有，得過度至「氣」的階段才成為有形可狀的具體對象，而此「氣」之聚散方能化成萬物。容肇祖曾評葛洪一方面反對天能創作萬物，一方面卻又謂天有賞善罰惡之人格神意味，兩者有所衝突。㉕ 容說有待商榷，因為葛洪並未以「天地」做為創造萬物的源頭，「道」才是萬物最初的生成源頭，而「道」創生萬物以「氣」為之，天地反而是氣所化。具賞罰能力的是「天神」，或云「司命之神」，㉖ 並非「天」，也不是「道」。此「司命之神」由何而來，與「道」的關係為何？葛洪並沒有說明，反而用了大量篇幅描述「仙」的境界，並將神仙分品第。㉗ 神仙皆是人所修煉而成，且過著逍遙自在的生活，與「司命之神」並不相同。㉘ 葛洪所論之「道」與「氣」

子想爾注校證》，上海：上海古籍，1991.11，頁 12。

㉕ 見容肇祖：〈讀《抱朴子》〉，收於《葛洪研究論集》，劉固盛、劉玲娣編，武漢：華中師範大學，2006.10，頁 35。

㉖ 《內篇·微旨》引述《易內戒》、《赤松子經》與《河圖記命符》等經，申明司命之神將隨事之輕重奪人算紀，要求修道者積善立功，為一監督者的角色。

㉗ 《內篇》中有許多關於神仙生活、狀態、能力的描述，可參考〈論仙〉、〈微旨〉、〈對俗〉與〈金丹〉等篇章。又，葛洪區分神仙三品，一方面前有所承，一方面或與魏晉時期的人物品評有關。

㉘ 葛洪區分「仙」和「神」，前者由人修煉而成，後者則是從神話或星辰而成。而天地萬物既然皆由「氣」化成，「人」變化成「仙」仍是「氣」的聚合，而「神」常與「鬼」連用而成「鬼神」，在〈道意〉

並非具人格意義的「神」，故以本體的角度來說，為「道」，若從作用來說，則為「氣」，「道」須「氣」方能化生萬物。若然，則對於葛洪思想以矛盾視之的看法，就有考量的必要。㉙

　　相較於魏晉玄學，各家論「氣」便與葛洪從氣化論衍生成長生修煉之依據不同。像王弼注《老子》四十二章云：「萬物之生，吾知其主，雖有萬形，沖氣一焉。」將「沖氣」以「一」釋之。但同處的注解又言「萬物萬形，其歸一也。何由致一？由於無也。」顯然王弼以「一」為萬物源頭，而「一」又是從「無」而生。問題是，在這個由「無」生「一」，由「一」至萬物的過程，「氣」的位置及其意義為何？如果「氣」為「一」，為「無」，則「氣」將只有本體的意味，而沒有生成的作用，也不具物質之意，「氣」與「無」該如何調和？王弼並未多加著墨，或者說「氣」被王弼有意忽略了。至於嵇康在〈養生論〉、〈答難養生論〉和〈明膽論〉中多有論「氣」，基本上，嵇康同意氣化論，也認同養氣的修煉方式，可以和道教相參。另外，郭象在《莊子注》中對「氣」也沒有多太論述，主要敷

　　　中評批妖道藉鬼神迷惑人心，而謂祭祀鬼神不能避禍長生，並非修煉
　　　之正法，「鬼神」顯然不同於「仙」。
㉙　如王明就以為葛洪說「玄」是宗教唯心論，超自然的神秘主義；其論
　　　「氣」則是素樸唯物論，具科學觀點，以為葛洪思想左右矛盾。（見
　　　《抱朴子內篇校釋·序言》，王明撰，北京：中華書局，1985.3 第二
　　　版）當然，我們可以理解王明站在馬克思主義反宗教的立場所得出的
　　　結論，但是葛洪為什麼分別「道」、「氣」兩概念，是在什麼脈絡下
　　　使用兩者，卻是值得注意的。「道一氣」的連結是神仙道教形上學的
　　　本體概念，則「道」並非唯心論，更不用說「玄」也不能依唯心、唯
　　　物去分判之。

衍莊子以氣之聚散論生死，故帶有決定論的意味，沒有追求長生的可能，又把萬物視為氣的齊同，而淡化了氣的作用。於此觀之，玄學家對「氣」不若道教重視，因為兩者對「氣」的認知有別，特別是道教引「氣」為修煉養生的根據，為生命的泉源，此即與玄學最大的不同處。

第四節 小結

天地萬物皆由「氣」所生，而「玄」、「道」、「玄道」是萬物本源，所以修煉的工夫要能「守氣」，亦即「守道」。故「苟能令正氣不衰，形神相衛，莫能傷也。」（〈極言〉，頁244）葛洪以氣化論說明人之稟氣在受胎之時已各有不同，似乎為一決定論，❸但又為了要使修練成仙成為可能，故不斷申述立志、勤求與訪明師的重要。這個氣化決定論與養生論的衝突，也表現在嵇康與向秀關於養生的論難上。❸葛洪的觀點與嵇康近似，在「神仙稟異

---

❸ 葛洪認為人在受氣結胎之時已決定是否稟受神仙之氣，甚至壽命的長短亦因「受氣各有多少，多者其盡遲，少者其竭速。」（《內篇·極言》，頁240）但是這個看似命定論的前提，卻又因後天個人意志影響，使得具仙命者不一定能成仙，受氣多者不一定長壽，而給予了後天努力求仙的可能。相關問題可參考第三章。

❸ 向秀曾在〈難養生論〉中提到「縱時有者壽者老，此自特受一氣，猶木之有松柏，非導養之所致。」向秀認為受氣時已決定壽命長短，故養生無益。嵇康雖也贊同氣化論，認為神仙不能積學所致，但卻肯定長壽可由保養修煉獲得，傾向於氣是可變化的。而葛洪強調不但可長壽，還能成仙，是與嵇康不同處。

「氣」的說法上也是承襲氣化論，但是在論述到成仙之法時，又必須強調勤求、訪師等積極作為，可見得純然的命定說在實踐上有其困難，於是葛洪在「定命」的前提下，以是否信仙及求仙來解決這個問題。此外，依道家氣論所形成的個人先天稟氣是隨機的，此天命沒有一定法則，天命不可知，有偶然性。但是站在傳教的立場，為了能吸引教眾信徒，得肯定有一上天之神，中國傳統的民間宗教觀自始即是如此，早期道教在漢代天人感應思潮的影響下，不但以「天」為至高神，而此具有人格意志的神能賞善罰惡，如《太平經》、《老子想爾注》中便反映了這些思想。只不過，就葛洪所論，能賞善罰惡的是司命之神，而此司命之神並不是創生萬物的「道」。再者，為給予教眾一個成仙修煉的動力，也必須保證所有修仙道者皆有成仙可能，因此肯定若積極修煉最終將會成仙。

　　但是言神仙可學，必然會出現兩個問題，一是與天人感應氣化論相矛盾；另一個則是實現成仙有其困難，對道教而言是個極須解決的難題。然而，我們發現，就這兩點而言，葛洪並不同於早期道教。一是沒有至高神，神仙雖稟異氣，但不是由一至高神主宰，而是偶然隨機的；二是在「仙人稟異氣」的說法下納入「神仙可學」，呈現試圖調和兩者的努力。黃忠慎曾指出葛洪肯定了神仙命定，使得後天操作層次的修煉方法價值無法獲得保障，降低了後天努力的重要性；更因其形上理論並沒有一個有意識的神性出現，無法保證命定的決定權，故形成其神仙思想與形上理論相矛盾。㉜事實上，

㉜ 參見黃忠慎：〈葛洪《抱朴子‧內篇》之形上理論與神仙思想〉，《國文學誌》第七期，2003.12，頁163-183。

葛洪思想中的「玄」、「道」的確不是一個意識的至高神,在〈暢玄〉、〈道意〉等篇,葛洪描述了「道」、「玄」、「一」神妙難測的屬性,並以之為萬物的本源或本體概念,但是並沒有將其視為具意識的至高神意味。生命的稟氣亦是自然而非強制性的形成,沒有至高神決定命之所在,看似與命定說之宿命論不相一致,但葛洪卻在這裡找到了一個神仙可學的可能。葛洪既然將先天受命視為「定命」,對於後天修煉的重要性不但不因此降低,反而更加強了「學」的重要性。葛洪一再強調儘管稟神仙之氣,若無後天勤求仍無法成仙,就在這裡突破了命定論的限制,而出現「仙可學致」之論。若從這個角度來說,葛洪所建立的道教形上學,在實踐上並沒有被命定論所限制,反而發展出獨特的神仙修煉理論,這是葛洪的重要貢獻。

　　一般來說,魏晉時期之所以為「新道家」,在哲學上的傾向與先秦不同。如果先秦老莊哲學主要討論的是宇宙生成論,則魏晉玄學則主要討論的是宇宙本體論。❸葛洪同樣討論「道」、「氣」等哲學概念,但不同於先秦老莊的宇宙生成論,也與兩漢氣化宇宙論有別,亦非玄學專注於宇宙本體論,葛洪所關心與論述者,為如何建立道教修煉的理論基礎。我們可以發現葛洪上承漢代氣代宇宙論,又借鑑玄學本體論的論點及方法,融會而成神仙道教形上學。

---

❸　學界多持如此看法,如湯用彤說:「玄學乃本體之學,為本末有無之辨。」(見《魏晉玄學論稿》,前引書,頁 48)許抗生也論玄學特徵之一為「以討論宇宙的本體之學為其哲學的基本特徵」。(許抗生:《魏晉玄學史》,西安:陝西師範大學,1989.7,頁 5)

最重要的是突出「玄」的意義,將「玄」等同於「道」,更結合兩者而成「玄道」,使之為生命之源,並發展出道教長生修煉的方法,具有獨特的道教面貌,這是葛洪在魏晉玄學道論中獨樹一幟之處。

第二章 「形／神」與「有／無」
—兼論「燭火之喻」

　　「形／神」關係的討論，是中國哲學一個重要論題，這個論題從先秦起便一直為士人所關注，從先秦到兩漢，「形／神」對舉多集中在「人」的生命形態，而莊子另從養生角度開啟一條精神自由之路，使這個議題的討論更為豐富。尤其到了魏晉南北朝時期，佛教在發展時其教義與中國傳統觀念有所衝突，引發反佛士人與佛教界的大辯論，其中一個反覆論難的焦點就是形神關係。❶ 就佛教而言，人死非斷滅，身死神不喪，「形／神」是分離的，以此解釋輪迴、果報等觀念；而反對者以為人死則形神俱滅，並沒有永恆不滅的「神」。這個六朝時關涉佛教教義的論難，不僅僅局限在佛教，

---

❶ 僧佑在《弘明集·後序》中指出反佛者提出的「六疑」為：「一疑經說迂誕，大而無徵；二疑人死神滅，無有三世；三疑莫見真佛，無益國治；四疑古無法教，近出漢世；五疑教在戎方，化非華俗；六疑漢魏法微，晉代始盛。」（《弘明集》，〔梁〕僧佑，上海：上海古籍，1991）其中以第二疑尤為關鍵。關於六朝時佛教與反佛者關於形神是否俱滅的爭論，可參考鄭基良：《魏晉南北朝形盡神滅或形盡神不滅的思想論證》，台北：文史哲，2002.4。

從漢末的人物品鑒延及六朝名士風流，俱圍繞形神關係；六朝時藝術創作領域的書畫理論，亦廣泛論述形神關係。至於道教在這個論題上也沒有缺席，對於「形／神」關係的論辯，是葛洪建立神仙道教理論的重要關鍵，能證明形體可以長存，追求長生才有意義。從道教的角度言，形神關係的論辯直指長生是否可能，如果形體能與精神共長存，是理想的成仙型態，但是形體已死亡只有精神長存，算不算一種永恆的生命？永恆不滅者究竟是形還是神，或是形神皆需永恆？葛洪對形神關係的論述，反映了當時神仙道教的看法，在整個六朝時對「形／神」關係的討論，是一個重要的論點。葛洪論及「形／神」時，也使用玄學論「有／無」與「末／本」的理論，但又不盡然與玄學相同，呈現道教神仙理論的獨特觀點。觀察葛洪「形／神」議題以及與玄學理論的關係，當可更明瞭葛洪所建立的道教神仙理論，在魏晉玄學發展脈絡的定位。由於「形／神」論題所涉及範圍頗廣，本章集中在養生層面，先略述「形／神」關係從先秦到六朝時期的發展，並界定本文所探討的「形」、「神」意義。其後再詳述葛洪的觀點，並與六朝不同立論相比較，最後再討論「燭火之喻」在「形／神」關係這個論題上的使用與意義。

第一節　先秦兩漢「形／神」論題之形成與發展

　　以「形／神」來討論生命形態，先秦文獻多見，其源與鬼神、祭祀等生命由來、生成與歸往有關，進而引發出形神對舉的觀念。至兩漢時，在氣化的概念下，「形／神」已是對生命的基本認

知。❷一般而言，形多指形體、形軀或形骸；神則指心神、精神或神明。❸而生命為「形」與「神」的綜合，幾乎是所有論者的共識，既然生命為「形」與「神」，則「形」、「神」之間孰輕孰重？兩者是否同源同歸或共同生滅？以及該如何保養？保養的程序與目的為何？便成為討論養生的相關論題。

從養生談論「形／神」關係者，可追溯自莊子。❹固然《莊子》一書的作者、年代與思想內容或有討論之處，但至少反映出在先秦

---

❷ 關於「形／神」觀念從先秦至六朝時的起源與發展，可參考方立天：《中國古代哲學問題發展史》第六章〈中國古代形神觀〉，台北：洪業，1995.4，頁313-388；張立文：《中國哲學範疇發展史（天道篇）》第十八章〈形神論〉，台北：五南，1996.7，頁667-686；任繼愈主編：《中國哲學發展史（魏晉南北朝）》，北京：人民出版社，1988.4，頁758-835。

❸ 「形」字泛指具體可狀之樣貌，「神」字的解釋便複雜許多，或指一超自然的祭祀或崇拜對象，或為人的意識思想（精神、心神），又可為精妙難測之形容。（關於「形」、「神」兩字的由來、含意與變化，可參考劉見成：《形、神、氣與對人的理解──中國哲學中形神論思想之研究》，東海大學哲學博士論文，1996.7；周靜佳：《六朝形神思想與審美觀念》，台北：花木蘭，2008.9）而以人為對象做「形／神」對舉使用時，基本上指人的「形體」（外）與「精神」（內）之別，本文所言之「形／神」在此意義下討論，當然，不同文本或有個別差異，在以下討論中將指明。

❹ 莊子所謂的「養生」並不同於後來道教所強調的形體保養，因莊子對於死亡採取一種超然灑脫的態度，從「道」的層次化解對死亡的恐懼，呈現死生一體的境界。死生既是自然規律，當然毋須用人為的手段去「養生」，莊子的「養生」並非「積極」地使用各種手段去干預生命的運行，反而是用「消極」的方式消解人為對生命的戕傷，當擺脫人

時一個屬於道家思想的面象，我們姑且視《莊子》全書為這個學派的思想。莊子對生命形成的看法，類似老子的「天下萬物生於有，有生於無」之宇宙論，在這個架構下，莊子提出了一個從無形到有形的過程，以及修性反德的實踐方式，《莊子·天地》云：

> 泰初有無，無有無名，一之所起，有一而未形。物得以生，謂之德；未形者有分，且然無間，謂之命；留動而生物，物成生理，謂之形；形體保神，各有儀則，謂之性。性修反德，德至同於初。同乃虛，虛乃大。合喙鳴；喙鳴合，與天地為合。其合緡緡，若愚若昏，是謂玄德，同乎大順。

莊子沒有太多關於宇宙生成的論述，這一段〈天地〉中的文字顯得特別。這段分為兩個部分，一是論述從無到有的過程，做為萬物原始的「無」是一個渾然未分的狀態，當物體生成後有了區別，物遂有各自的性。其二則是修養的理據，具有形體的萬物固然有別，但因為同得「一」而生，此「一」為「德」，故導出修性的方式為「反德」，能返回泰初之無形無名，便得與天地合一。在宇宙生成論中，

為的各種認知行為，養生自然可得。事實上，莊子並不否認世俗的存在，也很清楚人生「無所逃於天地之間」，但不能為世俗所累，〈養生主〉之「緣督以為經」已展示一順應自然的養生之理，這是以不養為養。唯以養生的對象而言，莊子並非不言形體，只是以「忘形」達到不受形體拘束，反而能「盡其所受於天」。（〈應帝王〉）換言之，莊子的「養生」雖不必然如吳汝鈞所說「對生命的熱愛」，（吳汝鈞：《老莊哲學的現代析論》，台北：文津，1998.6，頁141）但從「忘」之工夫中達到形神合一，乃至於「長生」的結果，卻又是莊子形神論對後世的影響。

莊子引入「氣」的概念，而具有氣生成論的意味。❺ 由「氣」生物，人之形體生命也得之於「氣」，故如何「養氣」，或以「養氣」做為養生的方式，也由此而出現。〈刻意〉中有云：「吹呴呼吸，吐故納新，熊經鳥申，為壽而已矣，此導引之士，養形之人，彭祖壽考之所好也。」文中提及之「吐納」與「導引」方式在〈刻意〉寫成之時應已流傳，後世養生方術更引用而發揚之。❻ 再回過頭來看

---

❺ 莊子言「氣」，有本體論、宇宙論與工夫論多重意義，若從萬物生成的角度來看，《莊子‧至樂》中所載莊子妻死，卻箕踞鼓盆而歌的故事中，有一段關於氣與萬物生成關係的著名議論，其云：「察其始而本無生，非徒無非也而本無形，非徒無形也而本無氣。雜乎芒芴之間，變而有氣，氣變而有形，形變而有生，今又變而之死，是相與為春秋冬夏四時行也。」萬物生成之前只是一團芒芴的狀態，變為「氣」之後，依氣之凝聚流動而有萬物之形。而人之生死即由氣之聚散而定，莊子有言：「人之生，氣之聚也；聚則為生，散則為死。」（《莊子‧知北遊》）既然人之生死為氣之聚散，由此而引發兩個思考方向，其一為人一旦稟氣受形而生，就必然與世相接，有無所逃之的無奈；其二為人既稟氣而生，如能「守氣」、「養氣」，涵養人本有的清虛之氣，復得以「心齋」之工夫使心靈照見於「道」，方能與天地合一。陳鼓應曾指出莊子的氣化論兩層重要的人生與世界觀，即從一個同質的概念（氣）來看宇宙，故人與天地萬物的關係不是對立的，而能產生「齊物」的觀點；且死生既為氣之聚散變化，當可以安然閒適的態度面對。此說可參考之。（陳鼓應：《老莊新論》，上海：上海古籍，1997.9，頁 174）另外，關於莊子論「氣」的相關討論，可參考鄭世根：《莊子氣化論》，台北：台灣學生，1993.7。

❻ 〈刻意〉中行導引之術者為「養形之人」，並非莊子所推崇，文後尚云「不導引而壽」之「聖人」，才是真正忘形的最高境界者，也由此可見莊子有重神輕形的傾向。另外，莊子將「呼吸吐納」與「熊經鳥伸」稱為「導引之士」，顯見古代「導引」與「行氣」關係密切，杜

莊子論「形」與「神」，上引文有「形體保神，各有儀則」之語，「形體保神」已有神居形體之中，形體為神之保有處所之意，而「各有儀則」顯示「形／神」二分，在現象層次上是不同的概念。唯莊子一再強調「形」與「神」雖皆源於「道」，但人不能為形所累，「神」與「形」實有輕重之別，故談養生便有次序與階段。莊子於〈達生〉有詳論：

> 達生之情者，不務生之所無以為；達命之情者，不務命之所無奈何。養形必先之物，物有餘而形不養者有之矣；有生必先無離形，形不離而生亡者有之矣。生之來不能卻，其去不能止。悲夫！世之人以為養形足以存生；而養形果不足以存生，則世奚足為哉！雖不足為而不可不為者，其為不免矣。未欲免為形者，莫如棄世。棄世則無累，無累則正平，正平則與彼更生，更生則幾矣。事奚足棄而生奚足遺？棄事則形不勞，遺生則精不虧。夫形全精復，與天為一。天地者，萬物之父母也，合則成體，散則成始。形精不虧，是謂能移；精而又精，反以相天。

正勝認為《莊子·刻意》所示「行氣和導引不太分的」，「不過從具體的操作方法看，重呼吸的行氣和重體位的導引還是有區別的。」（杜正勝：《從眉壽到長生——中國古代生命觀念的轉變》，台北：三民，2005.4，頁 270）導引藉由肢體動作以引導氣之流動，與呼吸吐吐吶俱為古代養生方術，也與醫藥方伎關係密切。關於「氣」與「導引」、「吐吶」之術的關係，還可參考李建民：《發現古脈——中國古典醫學與術數身體觀》第四章〈脈與導引〉，北京：社會科學文獻，2007.1；坂出祥伸：《道教と養生思想》，東京：ぺりかん社，1992.2。

「生」與「命」皆不是人為所能更改，莊子始終持此立場。然生命既無可奈何，又何須有養生之論？蓋莊子之意，世人皆誤以為養生即養形，生既無法「養」，養形反為形所累。所以，莊子所謂的「養生」，反而是「忘形」、「遺生」，心中不存「養」之念頭，才得真正的「養」。證諸〈養生主〉中庖丁超越「技」而達於「道」的層次，關鍵即在心中無牛，方得游刃有餘。另外，〈德充符〉中言超越形體所限，「故德有所長，而形有所忘」，亦同於其養生之意。而養生最終得「形全精復，與天為一」，即是在此不養而養的工夫下所達成。此處所言之「精」，具有「神」意，〈知北遊〉有「精神生於道，形本生於精」之語，莊子將「精神」連用，以顯示一種內在的心靈活動，而此內在心靈透過「忘形」、「遺生」而得與「道」、天地合一。❼

　　莊子反對世人只重形體的養生，但其以「形全精復」為最終理想，卻又非全然捨棄形體不言。換言之，莊子儘管闡揚精神生命的逍遙自由，但其氣論與形神觀卻對後世養生乃至神仙家起了一定影響。❽ 另外，再觀察先秦其他諸子關於「形/神」的論述，值得注意的是《荀子》和《管子》。《荀子·天論》中言及形神關係，其

---

❼　莊子的「精神」為一「內在的心靈活動」，此一用語藉用自徐復觀。徐先生指出莊子將「精」與「神」連用，使客觀性的精、神內化為心靈活動的性格，使成一超越的精神生活世界，為莊學一大特色。參見徐復觀：《中國人性論史（先秦篇）》，台北：台灣商務，1994.4，頁387-389。

❽　關於莊子氣論與養生以及對後世神仙思想的影響，可參考坂出祥伸：《「氣」と養生──道教の養生術と呪術》，京都：人文書院，1993.1，頁53-58。

云：「天職既立，天功既成，形具而神生，好惡喜怒哀樂臧焉，夫是之謂天情。」所謂的「天職」，即天以「不為」、「不求」而得成萬物，天既無心無為，自然不會干預人事，此「自然天」的觀點頗近老莊之旨，唯荀子認為人既受於天，就必須順天應人，所順者即禮義，此又與老莊不同。而其「形具而神生」看似先形後神，其實只是從發生次序而論，萬物各得天之生養而成形，而人又得「好惡喜怒哀樂」之「神」，故人能「知」，能知則得行仁義。故《荀子・不苟》言「誠心守仁則形，形則神，神則能化矣。」荀子不從養生論形神，或者說，荀子的「養生」為誠心、守仁、行義，以禮義道德為修養之事，而修養之執行與對象皆為「心」。基本上，荀子以人之「心神」為形體之主宰，〈天論〉云：「心居中，虛以治五官，夫是之謂天君。」〈解蔽〉也云；「心者，形之君也，而神明之主也。」此「心」具有「心智」的意味，能學習明白事理，具有自由意志，故「形可劫而使詘申，心不可劫而使易意。」（《荀子・解蔽》）荀子將「形／神」二分，並以「心神」為形之主，顯有重神輕形的傾向。

　　「神」為一種心靈活動，並為形之主，在另一部反映戰國至漢初的齊法家著作《管子》中亦可見得，❾ 如「心之在體，君之位也。」（《管子・心術》）又「凡心之形，過則失生。一能化謂之神，一

---

❾　《管子》一書為齊國稷下之學的論文集，展現出融會各家學說的內容，而其中有不少篇章將老子道論結合形名、法術等內容，發展出黃老道家思想，有別於莊子從提昇心靈境界發展老子思想，是戰國至西漢黃老思想的重要作品。《管子》引文見黎翔鳳：《管子校注》，北京：中華，2004.6。

能變謂之智。」(《管子・內業》)管子亦採心神統形之說,又引入氣論,而論及養生,如〈樞言〉云:「有氣則生,無氣則死。」強調「氣」的重要,使「氣」成為創生過程中的重要源頭,又於〈內業〉有云:「凡人之生也,天出其精,地出其形,合此以為人。和乃生,不合不生。察和之道,其精不見,其征不丑。平正擅匈,論治在心,此以長壽。」這裡突出了「心」在生命整體中的重要性。陳鼓應曾指出稷下道家承老子道論,並轉換為以「心」、「氣」為主要論述範疇,《管子・內業》中討論了「心」、「氣」和「道」的關係,「道」生「氣」,「氣」經由「心」的收聚而成形,並成為生命的能量。❿ 修治心才能收聚氣,收聚氣方能使心活動,兩者有相互依存的關係。而修治「心」,即強調心神專一的重要,也觸及如何專心的方法,在一定程度上影響養生方術中「守一」之法。在心形關係上,〈內業〉中提出「修心正形」、「正形攝德」的命題,顯示心具主導形的地位,但兩者又須相養而成的觀點。基本上,《管子》所反映出的稷下黃老道家的思想,在心(神)形關係上,為漢代所繼承發揚。若不論理論背景之差異,只就形神關係來看,先秦時期的莊子、荀子與管子皆有重神輕形的傾向。

西漢時,《淮南子》續發以神為形主的觀念,但是更強調神形相互依存的關係。〈原道訓〉中有一段論形神關係者,可清楚顯示此時的形神觀念,原文為:

---

❿ 參見陳鼓應:《管子四篇詮釋──稷下道家代表作》,台北:三民,2003.2。

> 夫形者生之舍也，氣者生之充也，神者生之制也，一失位則
> 三者傷矣。是故聖人使人各處其位，守其職，而不得相干也。
> 故夫形者，非其所安也而處之則廢，氣不當其所充而用之則
> 泄，神非其所宜而行之則昧，此三者，不可不慎守也。……
> 故以神為主者，形從而利；以形為制者，神從而害。⓫

「神主形從」延續先秦重神輕形的論點，也說明「神」、「形」的
輕重關係，同樣說法亦見〈精神訓〉：「故心者，形之主也；而神
者，心之寶也。」此處將「形」、「心」、「神」三分，心為形主，
神為心寶，似有「形」→「心」→「神」的主從關係。但「心」與
「神」之意實近，如〈詮言訓〉有言：「神制則形從，形勝則神窮。」
（頁 1042）此言「神制形從」，亦即「神主形從」，且神既為主，
形體便不能凌駕之上，換言之，只重視形體的保養，或是只觀注於
耳目感官的享樂，都是對「神」的傷害。只是《淮南子》固然強調
神的重要，但也並沒有輕忽形體，反而以「各處其位」、「各守其
職」的說法賦予「形」一定的地位，甚至以屋舍喻形體，明言「形」
為「生之舍」，為「神」所居之處所，此說基本確立形神相互依存
的關係，東漢至六朝幾乎皆延用這個比喻。而引文中將「形」、「氣」、
「神」分別視為「生之舍」、「生之充」與「生之制」，並列為生
命的三個組成，缺一不可，故形、神、氣皆各處其位，達到平衡的
狀態即為最佳的養生之道。⓬ 至於將「氣」與形、神並列，在形神

⓫ 引文見何寧：《淮南子集釋》，北京：中華，1998.10，頁 82-87。

⓬ 《淮南子》以「神」、「氣」、「形」為構成生命的三個元素，對應
於其宇宙論之「道」、「氣」、「形」三個層次，使人之生命與自然

關係上另強調「氣」的重要性，應是上承先秦氣論，與《管子》視「氣」為生命的關鍵有相通處。形體和精神須相扶，還可見於《淮南子‧俶真訓》：「形傷於寒暑燥濕之虐者，形苑而神壯；神傷乎喜怒思慮之患者，神盡而形有餘。……故傷死者其鬼嬈，時既者其神漠，是皆不得形神俱沒也。夫聖人用心，仗性依神，相扶而得終始。」（頁 101-102）「形傷」或「神傷」皆非理想，形神能相依，才是最佳的養生之道。再以《淮南子》的論點對照司馬談〈論六家要旨〉，兩者觀點幾乎一致，司馬談言：

> 夫神大用則竭，形大勞則敝，神形蚤衰，欲與天地長久，非所聞也。……凡人所生者神也，所託者形也，神大用則竭，形大勞則敝，形神離則死。死者不可復生，離者不可復合，故聖人重之。繇此觀之，神者生之本，形者生之具，不先定其神形，而曰我有以治天下，何繇哉？（《史記‧太史公自序》，頁 3289）

這裡更明確地指出形神相合為生，相離則死。且以養生的角度說明「神大用」與「形大勞」皆不利生命。「神」雖為「生之本」，但沒有「生之具」的「形」，神也將落空。將生命視為「神主形從」，且形神相依的論調，幾乎是兩漢到六朝論者大都承認的形神關係。

萬物產生連結，故依此而生順應天地的養生之法。相關討論可參考胡奐湘：〈《淮南子》的人體觀和養生思想〉，收入《中國古代思想中的氣論及身體觀》，楊儒賓主編，台北：巨流，1997.2，頁 497-513。

　　形神相依有形神一元的傾向，但以神為主則又使形神二分，《淮南子》中既有形神「相扶而得終始」之說，又認為「神主形從」，強調精神的重要與保養，於是形神關係在「神主形從」中，開始衍生出一個新的論題，即「形神生滅」。《淮南子》首先明確標舉出「形有摩而神未嘗化」，❸摩即滅，形與神雖互相依存，但是神具有不變性，形則會摩滅，在化與不化、變與不變的對比中，「形盡

---

❸　引文見《淮南子·精神訓》，原文如下：「人有戒於形而無損於心，有綴宅而無耗精；夫癲者趨不變，狂者形不虧，神將有所遠徙，孰暇知其所為。故形有摩而神未嘗化者，以不化應化，千變萬抮而未始有極。化者復歸於無形也，不化者與天地俱生。……故生生者未嘗死也，其所生則死矣；化物者未嘗化也，其所化則化矣。」（頁 530-531）這段敘述，明顯將「形體」與「心神」（精神）加以區別，不同處即為形會死亡、變化，但心神卻得以永恆不變，其論證以「神」為「化物者」，生化萬物自然不得與物同化，而此「神」受之於「道」，既與「道」通，即具不變之性，是以得出「形有摩而神未嘗化」。《淮南子》強調「神」具有永恆性應無問題，然或有學者仍有誤解，如牟鍾鑒引《淮南子·詮言訓》：「自身以上至於荒芒爾遠矣，自死而天下無窮爾滔矣。」論述「這種生死觀否認人死為鬼，又較為豁達，具有無神論的價值。」（牟鍾鑒：《〈呂氏春秋〉與〈淮南子〉思想研究》，濟南：齊魯書社，1987.9，頁 215）事實上，〈詮言訓〉這兩句是為說明人之壽命有限，無法憂慮天下之亂，其意指名利欲望之不足論，虛靜忘貧方得道，證諸上下文可知，並非牟鍾鑒所云的「無神論」。況且牟書也注意到《淮南子·詮言訓》同一段落所言「神貴於形」的說法，而批判其「形神二元論的邏輯發展是走向有神論」。（前引書，頁 220）有神論是當時普通認知，也是《淮南子》的主張，只是「神」不一定指超自然的鬼神，尤其是「形／神」對舉時意為「心神」、「精神」，宜辨明之。

神不滅」從形神不同屬性顯示此時的生命觀，也使形神生滅在東漢時成為一個爭論的議題。若從形神生滅的關係來看，基本上應有四種類型，即甲：形盡神滅（形神俱滅）；乙：形盡神不滅；丙：形神皆不滅；丁：形不盡神滅。甲、乙均認為形體會消亡，但「神」是否隨之泯滅，有正反不同看法。丙、丁則是形體不會消亡，而「神」有隨形體而永恆與否的差別，然而，形體永恆但「神」會消失不符經驗法則，故無人主張丁類。此四種類型又有「形／神」一元與「形」、「神」二元兩種型態，就甲與丙而言，更強調「形」與「神」兩者的連結，即生命必須是形體與精神合一，兩者不能以單獨存在的形式出現，必須同時生滅。既然「形」與「神」的關係密切，「形神合一」已有一元論傾向，甚至後來范縝提出「神即形也，形即神也」的「形神相即」說法，❹ 將形與神視為同一而不相異，更顯一元論的色彩。至於甲與丙的分歧，並非理論上的對立，僅在於形體與精神能否長存的見解不同，主張丙類者如葛洪並不反對甲類，而是從贊同甲類的形神一元關係，認為形神都會衰亡，故更加強調養生修煉的必要，俾使形神不衰。乙則看似區別「形」、「神」為兩個不

---

❹　南朝教盛行，反佛者在神滅與否的議題上爭論尤烈，南齊范縝作〈神滅論〉一文，朝野震動。其中有一段重要論述：「神即形也，形即神也，形存則神存，形謝則神滅。形者神之質，神者形之用。是則形稱其質，神言其用。形之與神，不得相異。」（《南史·范縝列傳》，頁 1421。亦載《梁書》及《弘明集》，文字稍有出入。）不管是「形盡神滅」或「形盡神不滅」都是形神二元論，「形神皆不滅」已開形神一元論之先，但仍以范縝提出「形神相即」，才明確為形神一元論。可參考林湘華：〈形神論爭與南朝思想──從「神」的三種涵意看南朝的思想課題〉，《鵝湖學誌》第二十六期，2001.6，頁 159-193。

同個體，但是也隱含當形體還「存在」時，精神與之聯合而成生命，只不過乙類判斷形體終會消亡，而「神」卻能以獨立的形態存在。既然形體終會消亡，則「形」與「神」就是二元的關係。就甲類而言，東漢桓譚、王充明確指出形盡神滅，至六朝時反佛教論者如范縝更積極從形神相即而論形神俱滅；至於乙類則是先秦墨家以及民間信仰屬之，《淮南子》承道家思想，傾向精神具有永恆性，**⑮**六

⑮　先秦諸子中，儒家不言鬼神，而道家雖有形氣論，但不從生滅論形神。墨子重視鬼神，以為鬼神能行賞善罰惡，故人需尊天事鬼。墨子之論，同於周人普遍認知。周人尊鬼好祀，人生而有魂魄，死後魂盛為神，魄盛為鬼。魂魄相當於人的精神，屬後世「形／神」對舉之「神」，而人死後之魂盛昇天成「神」，則是指祭祀的對象。蕭登福指出「道家所說的『形』『氣』，即是《左傳》、《禮記》等書所說的『魂』、『魄』。只是道家認為人既死，精神、骨肉各自離散，因此不復再有『我』的存在；『我』既不存，鬼神之事便不必論究。但一般人與道家不同，都認為人死後，魂盛者上升於天為神；魄盛者則留處於地，為鬼為屬。」（蕭登福：《先秦兩漢冥界及神仙思想探原》，台北：文津，2001.1 二版，頁 13）唯魂魄的陰陽之說，蒲慕州認為在文獻與考古資料中，其差別並不明顯，僅能肯定魂魄為人活著的精神主宰，《禮記·郊特牲》所言：「魂氣歸於天，形魄於地」，似乎是儒者整理古代觀念而予以系統化。而人死後，魂魄得以升天或入地，甚至無所不在，即顯示人死後還有「存在」之物，以另一種型態的「生命」延續下去。（蒲慕州：《追尋一己之福──中國古代的信仰世界》，上海：上海古籍，2007.3，頁 58-76）神仙思想與魂魄觀也有相當關係，既然生命得以另一種形態延續，則必有一個能永恆不滅的「東西」。老莊儘管不言形神生滅的問題，但老子言人應法「道」而得長久，莊子則有與天地合一之說，莊子追求的精神境界，在某個意義上極易被轉化為精神的永恆。先秦諸子重神輕形的傾向，在《淮南子》中也明

朝佛教論者亦持之而論;主張丙類者,當屬道教論者最為積極,道教追求生命長久,形體與精神皆須永恆,道教修煉的最終目的也即為此。

　　東漢時,形神生滅開始成為形神關係的一個新的討論方向,其中最重要者當屬王充。王充面對兩漢時彌漫的讖諱之說與鬼神之思,極力從現實經驗加以駁斥,《論衡》中的〈死偽〉、〈紀妖〉和〈訂鬼〉等篇詳論「人死無知,不能為鬼」,破除鬼神之說。在面對生命的形神關係時,將「神」之義轉為「鬼」,直指人死後並沒有「神」的留存,所以也沒有「鬼」的存在。王充之所以如此論斷,其關鍵在於對「氣」的解釋。王充也持氣生成論,認為萬物由「氣」所生,「天地合氣,萬物自生。」❶❻人之生,也是由於稟受「元氣」而成形,於是人活著的時候,因為有此「元氣」才有生命,其云:「萬物之生,皆稟元氣。」(《論衡·言毒》,頁949)此「生」即生命,故「元氣所在,在生不在枯。」(《論衡·狀留》,頁625)又如《論衡·論死》:「人之所以生者,精氣也,死而精氣滅。」(頁871)顯然「氣」(元氣、精氣、神氣)是人活著的重要因素,若無「氣」,就是行屍走肉,不算生命。而人死之後,精氣散亡,「氣」無居所,回歸於天地,〈論死〉言此理為:「人未生,在元氣之中;既死,復歸元氣。元氣荒忽,人氣在其中。人未生無所知,其死歸無知之本,何能有知乎?」(頁875)又「陰

顯可見,且《淮南子》明確指出形有滅而神不滅,一方面延續先秦以來重神輕形的思路,一方面開啟形神生滅的論題。

❶❻ 引文見《論衡·自然》,引自《論衡校釋》,黃暉撰,北京:中華,1990.2,頁775。以下引文皆同,僅標頁碼。

陽之氣，凝而為人，年終壽盡，死還為氣。」人死之後，精神消亡，「元氣」亦回到一原始荒忽的狀態，重點就在於這個狀態並非個別具特殊性的個體，即每個人雖稟氣不同而成眾人殊相，但是人死後，每個人的元氣又回到一個原初無分別的狀態。王充釋「氣」為一完全無知無狀相的原始形態，故人死後就不會有個別的精氣或神氣轉變為鬼，也就沒有個別永恆的精神繼續延續，是其主張無鬼神，形盡神滅的根據所在。

　　王充儘管主張形盡神滅，但是對於人活著的時候，仍以相依看待形神關係，《論衡·論死》有云：「形須氣而成，氣須形而知，天下無獨燃之火，世間安得有無體獨存之精？」（頁875）並言「人之死，猶火之滅也，……火滅光消而燭在，人死精亡而形存，謂人死有知，是謂火滅復有光也。」（頁 877）形與氣必須同時存在，才是每個活著的個體，這種形神相依的生命觀，與傳統並無差別。王充以「精」為一種精神意志，復謂「形氣相成」，將「精」與「氣」視為同一物，即「知」（意識）。這種混用「精」、「氣」的論點，是「精」、「氣」、「神」尚未分別三種不同概念時的情形。而王充此論強調「精」不能獨存，人死精亡，屬於甲類觀點。至於其云「形存」並非主張形體不滅，而是以燭火之喻謂人死時尚存形體，猶火滅而蠟燭還在，但尸體和蠟燭不會永遠存在，並非丁類。換言之，王充更強調生命的形態必須有「知」，即死亡的定義為「不知」，當人無意識時即為死亡。既然人死精亡，是否能保精不死呢？王充以為有生必有死，其《論衡·自紀》云：「惟人性命，長短有期。人亦蟲物，生死一時。年歷但紀，孰使留之？猶入黃泉，消為土灰。」（頁 1209）儘管每個人壽命長短不一，但一定會死。唯王充並不

否認養生，認為透過一些積極的方式可延年益壽，甚至親為養生之事。❼承認養生與否定永生並不衝突，事實上，這種觀點也是東漢至六朝時許多士人所贊同的。

王充主形盡神滅與世無神仙之說，應得自於桓譚。王充極為推崇桓譚，其《論衡》也承桓譚《新論》而作，❽《新論》中有〈形神〉一文，以燭火喻形神，首開「燭火之喻」的爭論。有關「燭火之喻」的討論詳下文。桓譚並不反對養生，但認為人終將一死，世上無不死之人，亦無不死之法。《新論·祛蔽》有云：

> 今人之養性，或能使墮齒復生，白髮更黑，肌顏光澤，如彼促脂轉燭者，至壽極亦獨死耳。明者知其難求，故不以自勞；愚者欺或（惑），而冀獲益脂易燭之力，故汲汲不息。……

---

❼ 王充於《論衡·自紀》有云：「乃作《養性》（生）之書凡十六篇。養氣自守，適食則酒，閉明塞聰，愛精自保，適輔服藥引道，庶幾性命可延，斯須不老。」（頁1209）；另《論衡·無形》有言「人恆服藥固壽，能增加本性，益其身年也。」（頁62）《後漢書》亦云：「（充）年漸七十，志力衰耗，乃造《養性書》十六篇，裁節嗜欲，頤神自守。」（卷七十九，頁1630）王充晚年力行養生之事，可見得生命大限對人的影響。

❽ 桓譚《新論》雖已殘缺，但依目前可見殘卷，仍可看出王充受桓譚影響之處，且王充於〈自紀〉、〈超奇〉、〈對作〉等篇皆有推崇桓譚之語，肯定其批判世間虛妄之言、偽飾之詞，此正是《論衡》「疾虛妄」之宗旨。另外，日本學者大久保隆郎有〈桓譚と王充—神仙思想批判の繼承—〉一文，詳論王充繼承桓譚對神仙的批評，並更加全面與系統化，可參考之。（本文見《福島大學教育學部論集（人文科學部門）》，30-2，1978.11，並收於《王充思想の諸相》，東京：汲古書院，2010.1）

> 生之有長，長之有老，老之有死，若四時之代謝矣。而欲變
> 易其性，求為異道，惑之不解者也。❿

桓譚在這裡指明並無長生不死，世人妄想追求長生是自欺欺人，其
理由是有生必有死，有死才有生，生死是一自然循環之理，故無不
死之事。但是，桓譚並不否認可以藉由養生使形體獲得延續，只是
不論再怎麼保養，最終一定會死亡。形盡神滅的死亡觀，同時也直
指神仙並不存在，王充在《論衡・道虛》也批判神仙方術與長生不
死之說，在兩漢帝王公卿多好神仙方術，方士眾多的時代，⓴桓譚
與王充的論調顯得獨樹一幟。㉑

---

❿ 引文見《新輯本桓譚新論》，〔漢〕桓譚撰，朱謙之校輯，北京：中
華，2009.9，頁 34。

⓴ 關於兩漢神仙思想盛行與帝王公卿好仙的情形，可參考蕭登福：《先
秦兩漢冥界及神仙思想探原》第三章〈秦及兩漢神仙思想之演進〉，
台北：文津，2001.1 二版。

㉑ 早於桓譚與王充的揚雄，也否定神仙存在。《法言・君子》言：「或
問：『人言仙者有諸乎？』『吁，吾聞虙羲、神農歿，黃帝、堯、舜
殂落而死。文王，畢；孔子，魯城之北。獨子愛其死乎？非人之所及
也。仙亦無益子之彙矣！』」（汪寶榮：《法言義疏》，北京：中華
書局，1987.3，頁 517）揚雄並沒有正面回答有沒有神仙，但云聖人
最終都會死，更何況一般人。揚雄批判神仙思想，為桓譚、王充所繼
承。〈君子〉篇尚云：「有生者必有死，有始者必有終，自然之道也。」
（前引書，頁 521）以有生必有死論證長生之不可能，此與上引桓譚
言「生之有長，長之有老，老之有死」一致。王充也有類似論點，《論
衡・道虛》：「有血脈之類，無有不生；生無不死。以其生，故知其
死也。……夫有始者必有終，有終者必有死。」（頁 338）三人之論
據皆同，故得世無不死之人，無神仙的結論。

　　道教提倡神仙思想，也強調長生成仙的修煉，形神觀當如丙類追求精神與肉體皆永恆的生命。早期道教經典《太平經》並沒有在這個議題上多加著墨，但已透露對肉體長生的追求，與之相關的段落有二，其一：「凡事人神者，皆受之於天氣，天氣者受之於元氣。神者乘氣而行，故人有氣則有神，有神則有氣，神去則氣絕，氣亡則神去。故無神亦死，無氣亦死，委氣神人寧入腹中不邪？」[22] 本段所言之「神」與「形／神」議題之「神」（精神）不同，是指一具象之「神人」，此「神人」隨「氣」而入人身，人有此「神人」與「氣」才能活著，人死即氣亡神去，此處僅強調「神人」與「氣」的重要。其二：「人有一身，與精神常合併也。形者乃主死，精神者乃主生。常合即吉，去則凶。無精神則死，有精神則生。常合即為一，可以長存也。」[23] 本段雖云「形」與「神」相合則吉，有形神相依的意味，但又特別強調「精神」的重要，以落實「守一」之長生方法。唯其後云：「陽者守一，陰者守二，故名殺也。故晝為陽，人魂常並居；冥為陰，魂神爭行為夢，想失其形，分為兩，至於死亡。精神悉失，而形獨在。守一者，真真合為一也。人生精神，悉皆具足，而守之不散，乃至度世。」「神」（魂）在夜晚會企圖離人身而去，如果「神」一旦失去，徒有其形，就是死亡。故這裡所言的「守一」，即是「形」與「神」合一，雖有形神相依的影子，但已走向形神一元論之路，故形與神分為二則死。「人生精神，悉

---

[22]　引文見《太平經卷·丙部》之〈四行本末訣〉，引自《太平經合校》卷四十二，王明編，北京：中華，1997.10，頁96。

[23]　引文見《太平經鈔·壬部》，前引書，頁716。

皆具足」之語，也帶有肉體永恆之意。這種形神相合乃至形神永恆不死，不同於甲、乙二類，從「神主形從」向「神形合一」傾斜，開啟後來神形皆長存的道教修煉論述。

第二節 六朝「形／神」論與養生觀

魏晉時期，玄學論者基本上延續桓譚、王充對形神的看法，一方面認為形體衰亡，精神也同時消散；另一方面卻又重視養生，認為人要活的好須兼顧形神。尤其是六朝社會動蕩，朝不保夕，士人面對生存的危機較東漢為甚，養生思想在此時更為發達。六朝時關於「形／神」問題的討論更是從生命擴大到宗教、養生、文學、書畫等各個層面，可說把握了「形神」關係的脈絡，就能對六朝的思想發展有一定理解。以下僅從養生角度，對比「形／神」觀在六朝玄學與道教間的異同。

王充的「形盡神滅」與批判神仙長生的論點，影響了魏晉士人，❷如曹丕、曹植皆認為人一定會死，也否認神仙存在。曹丕曾直言：

---

❷ 王充《論衡》對魏晉玄學具有重要啟蒙作用，晉袁山松作《後漢書》，便記《論衡》一書傳世經過及影響，文曰：「充作論衡，中土未有傳者，蔡邕入吳始得之，恒秘玩以為助談。其後王朗為會稽太守，又得其書；其還許下，時人稱其才進。或曰：不見異人，當得異書。問之，果以論衡之益。由是遂見傳焉。」（《後漢書·王充傳》注引袁山松書，頁1629，同注尚引《抱朴子》佚文，亦言此事）《論衡》一書在東漢不見流傳，卻影響了魏晉玄學論辯方法與內容。另外，葛洪雖與王充的觀點不盡相同，卻對王充推崇備至，多有贊許，甚至《抱朴子》在篇章結構，行文方式等多有模仿。日本學者大淵忍爾曾比較葛洪《抱

「夫生之必死，成之必敗，天地所不能變，聖賢所不能免。」**㉕** 此有生必有死的觀點，即承揚雄、王充一脈自然主義之論。曹植亦否認神仙存在，於〈辯道論〉中論及：「夫神仙之書，道家之言，乃言傳說上為辰尾宿，歲星下降為東方朔，淮南王安誅於淮南而謂之獲道輕舉，鉤弋死於雲陽而謂之屍逝空柩，其為虛妄甚矣哉！」（《全三國文》卷十八）否定神仙存在，是曹丕、曹植面對這個議題的態度，但是他們雖論神仙虛妄，卻又對生命短暫有所感嘆，曹植留下一些遊仙詩，似乎也透露出士人身不由己的無奈。理想與現實的衝突，本就是六朝士人最切身的感受，理智上或許認同形神俱滅，神仙無有，但在情感上又希望真有神仙，能得長生之術，超脫現實的限制。所以曹氏政權在面對黃巾軍藉神靈起兵時，必須直言神仙不存在，可是他們心中是否做如此想，是頗堪玩味的。

　　相較於曹丕、曹植，嵇康對神仙的看法則持正面態度，他說：「夫神仙雖不目見，然記籍所載，前史所傳，較而論之，其有必

朴子》與王充《論衡》、王符《潛夫論》，發現葛洪著作不但在結構、篇目、文字等形式上與二王有高度相似，內容亦有承襲之處。（參見大淵忍爾：〈論衡、潛夫論と抱朴子〉，《初期の道教：道教史の研究其の一》，東京都：創文社，1991）

㉕ 引自曹丕《典論》「論郤儉等事」條，《全三國文》卷八。葛洪曾批評「有生必有死」之論，他說：「夫存亡終始，誠是大體。其異同參差，或然或否，變化萬品，奇怪無方，物是事非，本鈞末乖，未可一也。夫言始者必有終者多矣，混而齊之，非通理矣。」（《內篇·論仙》，頁13）言有始必有終，雖然頗為普遍，葛洪舉個別特殊之例以駁此理，為證明有神仙存在，長生可得。

矣。」❷ 嵇康並不否定神仙存在，但是他從氣化論看生命形成，以
為神仙「似特受異氣，稟之自然，非積學所能致也。」神仙既是先
天稟氣，故對長生成仙方術有所保留。唯嵇康卻又以為導養得理，
可延年益壽。以為神仙雖然存在，但不可學致，可學者僅為養生之
術。至於應如何保養，便涉及對形神的認識，他有個重要的說明在
〈養生論〉中，文云：

> 君子知形恃神以立，神須形以存，悟生理之易失，知一過之
> 害生，故修性以保神，安心以全身，愛憎不棲於情，憂喜不
> 留於意，泊然無感，而體氣和平，又呼吸吐納，服食養身，
> 使形神相親，表裏俱濟也。

「形恃神」與「神須形」已明確陳述「形神相依」的關係，兩者皆
不能獨存，因此養生的重點便是形神兼重。嵇康一方面上承莊子以
虛靜平和、超然物外為精神修煉方式，即「修性以保神」；另一方
面又從「體氣和平」強調形體的保養，透過「呼吸吐納，服食養身」
等傳統養生方術，以達「形神相親，表裡俱濟」的形神兼養效果。
〈養生論〉中另提及「非欲」、「非貪」，「守一」、「養和」等
關於「神」的修養，再輔以「靈芝」、「醴泉」等養形之方，以成
就形神相親。形神共濟，並相互依存以成就生命，基本上是六朝士
人普通的共同看法，唯差別在於採用何種方式以保養生命。與嵇康
論難的向秀即反對「絕五穀、去滋味、窒情欲、抑富貴」的方法，

---

❷ 引自嵇康之〈養生論〉，引文見戴明揚：《嵇康集校注》，北京：人
民文學，1962.7，頁144。本段所引〈養生論〉皆同。

而認為情欲可節不可絕，需以禮節欲。向秀對嵇康的論點並不完全能準確理解，嵇康主張「少私寡欲」，並非「不室不食」，而是使「室食得理」而已，即嵇康並無斷絕情欲，而是認為情欲不得過度，應順自然。僅從這點來看，向秀與嵇康的主張並無太大差別，唯向秀否定人能長壽，認為積極之養生方式並無依據，與嵇康便有所不同。嵇康雖相信神仙存在，卻不認為生命可以無限，神仙也無法學得，只能透過適度的性情調養與吐納服食的修煉，可以達到延年益壽的目的。從嵇康回應向秀以順情自然為養生的質疑，可看出他主張養生並非是消極無作為的，也不是過度積極地違逆自然本性，強調一種「和平」的兼養形神方式。儘管嵇康以「形神相親」論養生之道，但在看待「形」與「神」的關係上，又有「神主形從」的傾向，同樣在〈養生論〉中，他還提到：「精神之於形骸，猶國之有君也。神躁於中，而形喪於外，猶君昏於上，國亂於下也。」此處強調「精神」之重要，延續傳統看待神與形的輕重關係，此主從之別，也反映在養生術中「養神」與「養形」的次序，〈養生論〉中皆先言養神之方，再談養形之事，即可見嵇康一方面主張形神相依，養生需兼養形神；另一方面又傾向「神主形從」，以神為主看待生命的意義。如此論述，應與嵇康性格與其所處時代背景有一定關聯。

　　魏晉時期因社會動盪，伴隨著理想與現實的衝突不安，逃離現實的隱逸放達以及養生服食之風皆在此時興起。在形神關係的討論上，與名教與自然衝突下如何安頓身心有了連結。阮籍在〈達莊論〉中，假借一縉紳好事之徒質疑莊子「齊禍福而一死生」違反了聖人經分是非，惡死重生之訓，做了一番回答，闡釋一個合乎自然的理想社會，甚至在末了還將莊子貶為「何足道哉」。其云：

且莊周之書何足道哉？猶未聞夫太始之論、玄古之微言乎！直能不害於物而形以生，物無所毀而神以清，形神在我而道德成，忠信不離而上下平。㉗

阮籍於此藉莊子「得魚忘荃」、「得意忘言」之旨，言莊子之意後又盡棄莊學，實也對前文文字的揚棄。故「形以生」、「神以清」的關鍵為「不害於物」與「物無所毀」，即發揮莊子養形而無累於物及養神而不馳其知的思想。特別是「形神在我」與「忠信不離」，顯示出阮籍對於「假名教」的現實世界的失望，而回到自我意識尋找一條保養形神的出路。形神關係在阮籍而言，根本不存在「形」與「神」的分別，〈達莊論〉中另言及：「至人者，恬於生而靜於死。生恬則情不惑，死靜則神不離，故能與陰陽化而不易，從天地變而不移。」「死靜則神不離」看似為「形盡神不滅」，然其意即莊子所言：「聖人之生也天行，其死也物化。靜與陰同德，動與陽同波。」（《莊子·刻意》）生死一貫，與天地相參，在混一不分的意義下，「形／神」已無分別。阮籍另於〈大人先生傳〉中藉描述「大人先生」逍遙自在而抒一己之胸懷，故〈達莊論〉中雖隱含著理想與現實衝突的無奈，但阮籍的形神論上契莊子「忘形」之旨，顯有超越世俗的期許。

　　玄學中另一涉及形神議題者，為郭象建構「玄冥之境」以安頓萬物共生獨化之可能，故其形神觀為「外內相冥」的關係，形神關

㉗　引文見《阮籍集校注》，陳伯君校注，北京：中華，1987.10，頁156。

係從嵇康的「相親」更進一步走向「相冥」，融合二者。郭象在論「聖人」時言：

> 夫理有至極，外內相冥，未有極遊外之致而不冥於內者也，
> 未有能冥於內而不遊於外者也。故聖人常遊外以（宏）〔冥〕
> 內，無心以順有，故雖終日（揮）〔見〕形而神氣無變，俯
> 仰萬機而淡然自若。夫見形而不及神者，天下之常累也。是
> 故睹其與群物並行，則莫能謂之遺物而離人矣；睹其體化而
> 應務，則莫能謂之坐忘而自得矣。豈直謂聖人不然哉？❷❽

郭象以人間聖王為一外內相冥者，雖有治世之跡更有歸本之冥。世人不見聖人遊外冥內之意，以為聖王皆勞神廢形之人，故多為「見形而不及神者」。莊子假藉孔子之口區分「方內」、「方外」，看似贊歎如孟子反、子琴張等神人，實為暗諷孔子以仁義之道束縛身心，尚有內外之別。從神人角度言，天下恢然大度，物我兩忘，何來分別。莊子以「游方之外者」與「游方之內者」區分「神人」處無分別境，而孔子則尚有分別之心。郭象無解於此，反將「神人」與「聖人」皆視為一理想人格，將莊子的境界區分取消，從現象界以跡冥論安放聖人身心，將莊子「內外不相及」轉為「外內相冥」，藉以消弭「外／內」、「形／神」界線，達到混同形神，視形神為

---

❷❽　引文見《莊子·大宗師》：「孔子曰：『彼，遊方之外者也；而丘，
　　遊方之內者也。』」句下注。（郭慶藩：《莊子集釋》，台北：萬卷
　　樓，1993.3，頁 268）

一的目的。如此一來，養形養神俱為一事，或者說，亦毋須養生之法，「安命順性」即可。

從嵇康言「形神相親」，阮籍謂「形神在我」，到郭象「外內相冥」，若不究其理論差異，在魏晉玄學關於形神關係這個議題上，大致而言從「神主形從」，到「形神兼重」，甚至泯滅兩者區別而為「形神合一」，呈現一個從形神二元到形神一元的趨勢。如此一來，養生方法從嵇康較重「養神」，阮籍以放浪形骸放棄世俗養生之法，到郭象藉理論消解形神界線，而不言具體修煉方法，亦呈現玄學在面對養生一事的態度與發展。

至於道教對「形／神」關係的看法，也有一個從形神二元論逐漸轉為形神一元論的發展。從養生的方法及目的言，魏晉士人論養生為達成形神互養，使生命與自然和諧為一，傾向「神重於形」，重視精神上的修養；而魏晉時期道教基本上也如此看待形神，只是在形神的輕重關係上，更看重形的保養，而養生的目的既是追求形體長生不死，故重視延續肉體的方法。從早期道教的發展來看，儘管求仙與修煉的方式或有不同，關於長生的解釋亦有所變化，但對肉體生命的重視，希望能夠長生成仙，一直是道教追求的目標。前云漢代早期道教經典《太平經》已從「神主形從」開始走向「神形合一」，由此而言「守一」之法，其依據即以氣化生成為論，言天地萬物皆由「元氣」所生，精神與形體本自同源，故精、神與形的保養長生，關鍵就在於「守氣」（守一）。「形神同源」觀是道教證明通過修煉可以達成與天地同壽的一個重要論點。葛洪亦承之，人與天地皆由「氣」所形成，所以人與氣是一相結合的關係，《抱朴子內篇》有云：「夫人在氣中，氣在人中，自天地至於萬物，無

不須氣以生者也。」（〈至理〉，頁 114）有「氣」才得生，養生之道便得奉視之，故「善行氣者，內以養生，外以却惡。」（〈至理〉，頁 114）「夫愛其民所以安其國，養其氣所以全其身。民散則國亡，氣竭即身死，死者不可生也，亡者不可存也。」（〈地真〉，頁 326）有氣則生，無氣則死，是以「苟能令正氣不衰，形神相衛，莫能傷也。」（〈極言〉，頁 244）葛洪此論與《太平經》一致，皆從「形神同源」於「氣」，再以「行氣」之修煉使「形神相衛」，守一、行氣的修煉方法皆依據氣生成論。葛洪在金丹之外，對於「守一」之法也極重視，《內篇·地真》通論「守一」之道，其有云：「夫長生之方，則唯有金丹；守形却惡，則獨有真一。」（頁 324）金丹是長生之方，而「守形」則是保持形體不能衰亡，「獨有真一」即保有其「氣」，使其專一不散，由此可見葛洪重視形體煉養。

在形神關係上，〈極言〉中「形神相衛」已指出形與神相依才能達到養生的目的，另外〈至理〉中有一段關於「形／神」的重要論述：

> 夫有因無而生焉，形須神而立焉。有者，無之宮也。形者，神之宅也。故譬之於堤，堤壞則水不留矣。方之於燭，燭糜則火不居矣。身勞則神散，氣竭則命終。根竭枝繁，則青青去木矣。氣疲欲勝，則精靈離身矣。（頁 110）

「形須神而立」一語與嵇康〈養生論〉中「形恃神以立，神須形以存」近似，唯細察兩者之別，嵇康強調形神相依，故得「形神相親，表裏俱濟」；而葛洪僅言「形須神而立」，乍看似乎重神輕形，但是其後面云「形者，神之宅也」，並以「堤水」、「燭火」為喻，

卻反有重形輕神的傾向。亦即「形須神而立」暗示徒有形而無神，是無法「立」的，可是神如果無形，更無依傍，也因此葛洪強調「身勞則神散，氣竭則命終」，「身」亦有刻本作「形」，形體的修煉是保證「神」有所居宅，這也是道教較為重視形體修煉的意義。換言之，葛洪的形神相依論在表面上是形神並重，但是在實際修煉上卻特別重視形體修煉，以其金丹大藥的理論而言，服藥為改變形體屬性，使形體不會老死，其云仙人「以藥物養身，以術數延命，使內疾不生，外患不入，雖久視不死，而舊身不改。」（《內篇·論仙》，頁 14）服藥得使形體永久不壞，且「舊身不改」，不會衰老，即在形體上為「神」確立一可永久居住的宅第。形若可長久，神自然有所安，這是葛洪金丹道教在形神關係上與其他形神論的重大不同之處。當然，葛洪強調形體的修煉，也不偏廢「養神」，他認為真正的神仙方術，必須能「內修形神，使延年愈疾，外攘邪惡，使禍害不干。」（《內篇·微旨》，頁 124）葛洪雖重視形體的長久，還是一再強調形神並重，畢竟，能得形神皆永恆，才是修煉成仙的最終目的。

以形體為精神家宅的看法，《太平經》中也有，如：「凡事安危，一在精神。故形體為家也。」（〈太平經鈔辛部〉，頁 699）能保養此家宅以利精神安居，便是道教首要任務。從這個角度來看，葛洪雖然同樣主張形神相依的形神觀，兩者皆不能獨存，但是他將金丹大藥視為長生最重要者，已可見其依金丹不朽的屬性而達成肉體長存的目的，也同時強調守一存思的法術，並得辟穀、導引等其他養生術的輔助，對養形的重視，實在是道教所獨具。魏晉時道經《西昇經》，也有論及形神關係，本經卷下〈神生章〉第二十二云：

「老君曰：神生形，形成神。形不得神，不能自生；神不得形，不能自成。形神合同，更相生，更相成。」❷❾「神生形，形成神」的敘述，並不是一發生次序的關係，「生」、「成」兩字為「資生」、「成就」之意，因而須以「形神合同」方能「相生」、「相成」。較之葛洪「形為神宅」，本經亦強調形神皆不能獨存，同是形神兼養之論。然本經另有「偽道養形，真道養神」之論，❸⓿闡釋《老子》：「貴大患若身」之意，反映當時不同道派的觀點。

第三節 葛洪「形／神」論與「有／無」連結

以「有／無」對舉形成一個宇宙生成、形上學架構和方法運用，是魏晉玄學最重要的內容之一，葛洪身處其時，也援引「有／無」釋其「形／神」。「有」、「無」之名開始專有化、哲學化應始自

---

❷❾　《道藏》第 11 冊，上海書店、天津古籍出版社、文物出版社，1988 年影印本，頁 506。《西昇經》藉老子西行印度，於函谷關為尹喜說《道德經》為引，闡述淨心守一之養神修煉。本經為魏晉之際北方道教的重要典籍，與《化胡經》均托老子尹喜，屬《太玄經》系統的主經，亦是道佛論爭開端的第一部論著，為樓觀道士所重。

❸⓿　同上註，頁 495。《西昇經》這兩句明顯與葛洪和其他道派重煉形之說有所衝突，李剛曾論此為《西昇經》吸收了佛教否定形體的觀點，顯示道教從「煉形」走向「煉神」，從外丹轉化成內丹修煉的一個重要轉變。（李剛：〈偽道養形，真道養神—《西昇經》的形神觀探險〉，《宗教學研究》，2009 年第 1 期，頁 28-41。）《西昇經》中看似自我矛盾的論點，實也反映了六朝道教在重形修煉的基礎上，有著對形體是否真能永恆的內在疑慮。佛教雖否定形體長生，至少「神」不滅，而從先秦以來又有重神輕形的傳統，這些都影響了道教理論發展。

老子，從《老子》中的「天下萬物生於有，有生於無」的宇宙生成論，到漢代形成一個普遍的觀點，《淮南子》、揚雄、張衡及《白虎通》，都承襲這個觀點。但是到了漢魏之際，「無」逐漸從一個宇宙生成本源轉而為具本體意義的「道」之概念，形成──「有／無」、「本／末」對舉的系統。何晏有一段關於「有／無」的重要論述：

> 有之為有，恃無以生，事而為事，由無以成。夫道之而無語，名之而無名，視之而無形，聽之而無聲，則道之全焉。故能昭音響而出氣物，包形神而章光影；玄以之黑，素以之白，矩以之方，規以之員。員方得形而此無形，白黑得名而此無名也。❸❶

「有」、「事」因「無」以生成，雖仍為一宇宙生成的過程，但「道之全」表現於「無語」、「無名」、「無形」及「無聲」，已開啟「以無為本」的思考。王弼透過對《老子》、《周易》的注解詮釋，確立了「以無為本」的本體論，如其注《老子》四十章：「天下萬物生於有，有生於無」句，云：

> 天下之物，皆以有為生。有之所始，以無為本。將欲全有，必反于無也。

---

❸❶ 　《列子·天瑞》：「無知也，無能也，而無不知也，而無不能也。」句後，張湛注引何晏《道論》。引文見《列子集釋》，楊伯峻撰，北京：中華書局，1997.10，頁 10-11。

這是一段很重要的注解，王弼區分了「有」、「無」兩個層次，提出了「以無為本」的命題，將「有生於無」此一帶有發生次序的宇宙論問題轉變為邏輯次序的本體論命題。余敦康指出王弼將《老子》的「有生於無」轉化為「以無為本」，闡明了本體（無）與現象（有）既相互區分又互相聯結的辯證關係，構成了王弼貴無論的基本命題。❸在這個命題的基礎上，王弼以「崇本息末」歸結《老子》五千言，❸「本／末」、「有／無」成為魏晉時期討論問題的重要架構，由此而衍生出「有」、「無」次序，與「有無並重」等關係不同的論點差異，「名教／自然」、「形／神」等論題都是如此。

《抱朴子內篇》中以「有／無」為論者，最著名的即是前引〈至理〉中之一段：「夫有因無而生焉，形須神而立焉。有者，無之宮也。形者，神之宅也。」（頁110）一般引用此文獻者，多以之證明葛洪受玄學「本末有無」思辨模式影響，以解釋其「形神不離」論。❸就文字而言，葛洪確實以「有／無」與「形／神」對舉，然

---

❸ 參見余敦康：《魏晉玄學史》，北京：北京大學，2005.9。

❸ 王弼提出《老子》之書可一言蔽之──「崇本息末」。此四字可視為王弼解釋老子的總綱、架構和方法。見王弼：〈老子指略〉，《王弼集校釋》，樓宇烈校釋，北京：中華書局，1999.12，頁195-199。

❸ 如湯一介認為葛洪以「有／無」討論「形／神」受玄學影響，但與玄學又不盡相同。（《早期道教史》，北京：昆侖出版社，2006.3）而《道家與中國哲學（魏晉南北朝卷）》一書，亦以《抱朴子·至理》這段文字說明葛洪利用「有」、「無」範疇論證形神關係，且繼承了嵇康觀點。（《道家與中國哲學（魏晉南北朝卷）》，孫以楷主編，陸建華等著，北京：人民，1004.6，頁265）此外，劉玉菁：《東晉南朝江東士族與道教之關係──以葛洪、陸修靜與陶弘景為中心》（國

而，此類比究竟與玄學中論「有無」的關係為何？本段中的「有因無而生」轉化自《老子》四十章：「有生於無」，並藉「有／無」與「形／神」對舉，以「有因無而生」證「形須神而立」。這個對比運用，呈現一個從「無」到「有」的宇宙生成觀。另葛洪又以「道」為「無」，云：「道者，涵乾括坤，其本無名。論其無，則影響猶為有焉；論其有，則萬物尚為無焉。」（〈道意〉，頁170）「道涵乾坤」指出「道」之兼含乾坤，並謂其具「有」、「無」二性，故其「影響」於萬物為一有形之作用，但萬物的發生根源及本體又須為「無」，此論實得王弼「以無為本」之精神。且葛洪言「道」本「無名」，為一絕對的無，王弼《老子指略》言：「無形無名者，萬物之宗也。」亦強調道之「無名」。唯葛洪於〈道意〉中論「道」之「無名」及兼含乾坤，皆為論證下文修「真道」之重要，而不似王弼為建立一套「以無為本」的理論。

葛洪另外使用「玄」字做為萬物始祖，其云：「玄者，自然之始祖，而萬殊之大宗也。」（〈暢玄〉，頁1）葛洪將「玄」和「道」都描述成一個飄渺幽遠，非感官功能可企及者，又賦予其創生萬物之功能，與前所言之「氣」有相同地位。他如此描述天地萬物形成：「渾茫剖判，清濁以陳，或昇而動，或靜而降，彼天地猶不知所以然也。萬物感氣，並亦自然，與彼天地，各為一物，但成有先後，體有巨細耳。」（〈塞難〉，頁136）天地萬物皆由「氣」所生，

立成功大學歷史所碩士論文，2003.6，頁100-101）亦執此說。唯其言葛洪受玄學影響的主因為「形勢比人強」，此點有待商榷；另，引葛洪本段文獻誤植為〈地真〉篇，引文亦有誤字。

「玄」、「道」、「玄道」或「無」亦是萬物本源，所以修煉的工夫要能「守氣」，亦即「守道」。故「苟能令正氣不衰，形神相衛，莫能傷也。」（〈極言〉，頁244）「玄」、「道」與「氣」的連結，突顯道教修煉的目的，葛洪所論雖與王弼有相同處，但他在使用「有／無」時並不同於王弼論「無」的本體義，而較偏重以「無」做為萬物本源的生成義，這是葛洪為證成其養生理論所採取的方法。

　　湯一介先生曾指出：「葛洪用『有』和『無』的關係來說明『形』和『神』的關係，顯然是受魏晉玄學所討論的『本末有無』問題的影響所致。」❸❺但又跟著論證葛洪把「玄」視為造物主，更具有「精神性實體」的特色，因此「葛洪思想既不同於王弼，也不同於郭象，而更接近張湛。」❸❻葛洪對神仙的追求是一種「返本」、「歸道」的過程，自然在理論的建構上不同於王弼或郭象從調和儒道，或討論名教與自然關係為前提，因此在「有／無」的使用上，只取「有因無而生」之路，也同時強化對形體修煉的重視。此外，葛洪另以道本儒末說，對「儒道會通」命題有所回應，《抱朴子・明本》有云：「道者，儒之本也；儒者，道之末也。……夫所謂道，豈唯養生之事而已乎？……今苟知推崇儒術，而不知成之者由道。」（頁184-185）「道本儒末」看似重道輕儒，但以道為本，以儒為末，儒自道出，故以實踐儒家之仁義即是通往道之途。因此，「夫道者，內以治身，外以為國，能令七政遵度，二氣告和⋯⋯」（〈明本〉，

---

❸❺　湯一介：《早期道教史》，北京：昆倫出版社，2006.3，頁173。

❸❻　同上註，頁178。

頁 185）治身與治國合一是道教最高理想，故黃帝、老子能治世太平，又能長生成仙，充分體現儒道兼綜的理想，而儒家之仁義道德便為求仙長生的必要條件。如此一來「道本儒末」實非重道輕儒，反而引入儒家道德實踐為修煉成仙之法，結合其重視金丹大藥的煉形功效，以及守氣養神的方法，形神兼養、本末兼修，最終成一體道者。

第四節　「形／神」論題中的「燭火之喻」

形神關係的討論，直接關係人是否能夠永生，而永生又是以什麼樣的形態出現的問題。在這個問題的討論上，最常使用燭火關係為喻，透過對「燭火之喻」的不同引用解讀，呈現出不同立場。燭火之喻是形神理論最重要的比喻，而此喻的使用自始便是論辯養生是否可行的重要關鍵。從先秦至六朝關於形神議題的探討，使用燭火之喻以說明形神關係者，皆為證明「形」與「神」的關係，故以「燭」喻「形」，「火」喻「神」，從燭火燃盡後去推論形盡後神是否存在。從《莊子》首見「薪火」喻意，便開啟了這個比喻的使用，唯蠟脂燃盡後，火究竟隨之而滅，還是能在另外的蠟脂中燃燒？此火非彼火的爭論於焉展開。❸❼

一般而言，若順此爭論大致可分為兩個不同脈絡。其一，以燭盡火傳為論，具有形盡神不滅的傾向，如《莊子》的「指窮火傳」。

---

❸❼ 莊子之「薪火之喻」與《淮南子》之後的「燭火之喻」所用喻體之意同，「薪」相當於「燭」，故本文敘述時並不特別加以區別。

但莊子並非要證明有一永恆的神存在，真正從養生角度使用燭火之喻是西漢《淮南子》，其以此喻強調神的重要。至東晉後佛教主張神不滅者，如慧遠等皆作此說。其二，以燭火俱盡為論，主張形神俱滅，如東漢桓譚、王充，魏晉時之楊泉、葛洪，至東晉主張神滅論者，如何承天等都認為燭滅火盡。然而這樣的區分僅以燭盡之後火是否延續為標準，難以看出各別論者運用這個比喻所傳達的含意，如莊子與慧遠似乎都主張燭盡火傳，但兩者內涵實相去甚遠；葛洪與桓譚都以為燭滅後火亦不獨存，然葛洪據此推導出保養形（燭）神（火）的長生修煉觀，與桓譚否定神仙長生的觀點可說全然不同。因此，討論燭火之喻對於形神理論的作用，不能以蠟燭燃盡後火是否存續來看待此喻，而應從論者使用此喻的目的來討論。即燭火之喻是為了證明形神關係，形神關係是為了證成生命是否得以延續，是什麼東西在延續的論辯。我們姑且不論以燭火類比（analogy）形神是否恰當，❸❽ 而從使用此喻者所採取的詮釋角度來探討這個比喻，或能釐清這個比喻在個別文獻中的意義。

---

❸❽　以燭火喻形神，其實是個不恰當的類比，因為同一個類比可以得出截然相反的解釋。桓譚是最早明確地以「燭火」喻「形神」，此喻見於《弘明集》卷五〈新論形神〉，〔清〕孫馮翼輯本《桓子新論》未收，〔清〕嚴可均將〈形神〉輯於《新論·袪蔽》中。文中桓譚藉時人論難，反駁並闡述自己主張的「形盡神滅」，然從這些論難中，可看出以燭火喻形神的類比可同時指涉完全相反的結論。是以燭火之喻雖為後世所襲用，但也有反對者，如後來南朝宗炳主張神不滅論，直言薪盡火滅根本不能喻形盡神滅，因為神非形所生，神可超越形體，也就是說，宗炳無法否定薪盡火滅，乾脆指出這個比喻的不諦當。而范縝雖然主張形盡神滅，但為了避免燭火之喻的糾葛，甚至另以「刃利之

　　《莊子・養生主》中首見「指窮火傳」之喻，其云：「指窮於
為薪，火傳也，不知其盡也。」「指窮於為薪」一句歷來爭議頗多，
「指」或解為「手指」，或以為「脂」之假借字。❸然不論「指」
字應為何釋，「窮於為薪」皆有「薪盡」之意，與後文「火傳」之
「不盡」相對比。一般論者多以為此「火」與「薪」的對比有「薪
盡火傳」，即「神不滅」的意思，❹但莊子的超越生死之逍遙境界，
實無形體已滅而精神獨存之意，其「火傳」喻宇宙大化之無窮，「薪
盡」則為個體生命之有限。❹唯此喻中的「火傳」的確影響了後來
藉此喻以論精神的重要或不滅，而不復莊子意。如漢代《淮南子》
強調神的重要，「神貴於形也。故神制則形從，形勝則神窮。」（《淮

喻」取代「燭火之喻」，以證形盡神滅。可見以燭火喻形神，在六朝
已經引發反省。

❸　郭象注此句言「前薪以指，指盡前薪之理，故火傳而不滅。」俞樾謂
　　郭注未明了，以為「指窮於為薪」應為「指窮於取薪」，王先謙亦從
　　此說，言「以指折木為薪，薪有窮時」，此為以「手指」釋「指」；
　　朱桂曜說「指」為「脂」之誤或假，意為脂膏為薪火而燃盡，聞一多、
　　陳啟天及陳鼓應皆從此說。（參見郭慶藩：《莊子集釋》，台北：萬
　　卷樓，1993.3；王先謙：《莊子集解》，北京：中華，1999.12；陳鼓
　　應：《莊子今註今譯》，台北：台灣商務，1992.10）

❹　如王先謙便解為：「形雖往，而神常存，養生之究竟。」將「火傳」
　　視為「神常存」，即有「神不滅」之意。（王先謙：《莊子集解》，
　　北京：中華，1999.12，頁 31）方立天視此喻，亦說是「比喻形體會
　　消滅而精神是不滅的」。（方立天：《中國古代哲學問題發展史》（上），
　　台北：洪業，1995.4，頁 321）

❹　此意可參考王博：《莊子哲學》，北京：北京大學，2004.3；李存山：
　　〈莊子的薪火之喻與“懸解”〉，《道家文化研究》第六輯，上海：
　　上海古籍，1995.6，頁 116-123。

南子·詮言訓》，頁 1042）形體為精神之居所，但終將消亡回歸自然，因此修養精神是擺脫形體限制的方式，故天下貪慕名利者皆以形為制，被物欲和情欲束縛。即如「此膏燭之類，火逾然而消逾亟。夫精神神氣志者，靜而日充者以壯，躁而日耗者以老。」（《淮南子·原道訓》，頁 89）保持精神之「恬愉清靜」，方得「體本抱神」，達於真人之境。《淮南子》以「膏燭之類」說明火太大會加速蠟脂燃燒，因此要小心維持燭火，精神如燭火，不能讓火太旺，太過熾烈的火勢只會加速形體的衰亡，故其意為燭火微小，應使其穩定燃燒，過猶不及皆會提早使燭火熄滅，燭火一滅，生命便結束。《淮南子》所使用「膏燭之類」的比喻，尚未明確地以燭喻形，火喻神，但從其文意，是為了說明不能讓燭火熄滅，已隱含燭盡火滅之意。但《淮南子》主張「神主形從」，又有「形有摩而神未嘗化」之論，故以「膏燭之類」為喻，重在「養神」，強調燭火，即從養生的角度申論保養精神之重要，又有形雖將滅，然精神（火）可以永恆之意。偏重之不同，也開啟使用燭火之喻的爭論。

西漢末至東漢出現對讖緯的否定，也對神仙之說有所批判，故引燭火之喻時，強調燭必燃盡而火不能獨存。桓譚於《新論·祛蔽》云：「精神居形體，猶火之然燭矣。如善扶持，隨火而側之，可無滅而竟燭。燭無，火亦不能獨行於虛空，又不能後然其柂。柂猶人之耆老，齒墮髮白，肌肉枯臘；而精神弗為能潤澤，內外周遍，則氣索而死，如火燭之俱盡矣。」❷桓譚認為精神與形體就如同燭火

---

❷　《新輯本桓譚新論》，頁 32。本段引文中有一句「燭無，火亦不能獨行於虛空。」朱謙之斷句為「燭無火，亦不能獨行於虛空。」然依上

與蠟燭的關係，燭火沒有蠟燭則不存在，蠟燭沒有燭火亦無作用，當蠟燭燒完，燭火亦滅。桓譚使用燭火之喻從結果立論，藉以證明生命必定消亡。〈袪蔽〉尚對形神關係與燭火之喻有深入論辯，桓譚反對神仙方術，因而藉「精神居形體，猶火之燃燭」、「燭無，火亦不能獨行於虛空」強調精神依賴形體而存，反對精神可以離開形體而存在。但是他重視形體的功能，並不因而強調養生，只是為了突出形體不能更換也不能長存，如同燭盡即亡。故云：「人既稟形體而立，猶彼持燈一燭，及其盡極，安能自盡易？」所以人不可能長生，愚昧不明之人才汲汲不息於長生之術。❸王充承桓譚之論，力主形亡神滅論，反對鬼神之說，❹《論衡·論死》中亦使用「燭火之喻」，其云：「人之死，猶火之滅也，火滅而耀不照，人死而知不慧，二者宜同一實。論者猶謂死有知，惑也。人病且死，與火之且滅何以異？火滅光消而燭在，人死精亡而形存，謂人死有知，是謂火滅復有光也。」（頁 877）從「火滅光消」否認有獨存之「神」，對於後代神滅論者有重要的啟發。桓譚與王充所引用的燭火之喻，為證明精神與形體具有依存關係，兩者不能單獨存在，精神不能脫離形體。而蠟燭必定燃盡，也以此證明形體必定衰亡，形體既然必

上文觀之，「火」是後兩句的主詞，桓譚欲說明「精神」如火，無燭則不能獨存，且亦無法將原本的燭淚重新點燃。此「她」即蠟燭燃燒時的燭淚，因燃燒過一次，桓譚比喻為老年人，就算有精神（火）也無法重新燃燒。意味死亡即火燭俱盡，形神俱滅。

❸ 《新論》中對形神論證及反對仙道的觀點，可參考董俊彥：《桓子新論研究》，台北：文津，1989.9。

❹ 關於王充的形亡神滅論，以及繼承桓譚之處，可參考林麗雪：《王充》，台北：東大，1991.9。

死，在形神互相依存的前提下，精神也必定消散。這種以「燭火之喻」的論證方式，六朝時楊泉、何承天、戴逵與邢邵等，皆持以論之以證「形盡神滅」。

燭盡火滅是一事實判斷，照理來說，不應對這個事實有所爭議，但是在燭盡火滅的事實中，「形盡神滅」與「形盡神不滅」兩方皆能以此喻為己證，關鍵在於對「火」的不同解釋。姑不論以燭火喻形神是否恰當，主張「形盡神滅」者，用燭火之喻申說，基本上無法否認，但是主張「形盡神不滅」也引用此喻時，將「火」擴大為一普遍意義的概念，而非單指某一燃燭之火。換言之，「燭盡火滅」用以引證「形盡神滅」，是指單一的燭火熄滅，火當不存；而「形盡神不滅」在面對「燭盡火滅」此一事實時，則以此火雖隨燭盡而滅，但「火」卻能在他處延續，能得生生不息。這種想法早在莊子以「火傳」為養生之說時，已含有精神可以無限永恆的解釋方向。郭象注解時，便由此發揮，其言：「夫時不再來，今不一停，故人之生也，一息一得耳。向息非今息，故納養而命續；前火非後火，故為薪而火傳，火傳而命續，由夫養得其極也，世豈知其盡而更生哉！」[45]「火傳而命續」，肯定一種可以永恆的「生命」，但是郭象並不同於道教的永生之說，以其獨化與跡冥論，每一個生命的「火」都是獨特的，故「前火非後火」，皆為「火」之「跡」，但「火傳而命續」之「火」為一共相之全稱概念，為「火」之「所以跡」。因此「納養而命續」並非道教之單一個體生命能修煉長生，

---

[45] 《莊子·養生主》：「指窮於為薪，火傳也，不知其盡也。」句下注，頁 130。

而是從理論上肯定每一個火都能「各其所是」，則世上的火當能生生不息，是為養之極。而佛教主張「形盡神不滅」，則多從火之延續性而立論，如東晉名僧慧遠於〈形盡神不滅〉引「薪火之喻」，云：「火之傳於薪，猶神之傳於形，火之傳異薪，猶神之傳異形。前薪非後薪，則知指窮之術妙，前形非後形，則悟情數之感深。」❹慧遠強調薪雖燃盡，但火能藉由不同的薪而傳遞，「神」亦如「火」，能藉由不同形體延續，以此而證因果報應與輪迴之說。慧遠之「前薪非後薪」相較於郭象的「前火非後火」，正可見兩人同用「薪火之喻」以申述「形盡神不滅」，但著重點不同，郭象並非不知薪異，然以「前火」、「後火」之別彰其獨化之旨；而慧遠則強調「前薪」、「後薪」的差異，以突顯「火」之延續性。立論背景不同，使「燭火之喻」為「形盡神不滅」論者引用時，對「火」之解釋亦有所分別。

　　另外，在燭盡火滅的事實中，還有另一種思考，即如果使蠟脂供應不斷，則火就永遠不會熄滅，神仙家引之為神仙之證。於是在「形盡神滅」與「形盡神不滅」之對立外，尚有「形神皆不滅」的觀點，此即前述的丙類。桓譚《新論·祛蔽》中的論難者「劉伯師」，即持這種觀點，其言「燈燭盡，當益其脂，易其燭。人老衰，亦如彼自蹷續。」（頁 34）劉伯師對燭火之喻的論難，關鍵在於若使蠟脂不盡，生命即可延續。此說基本上並不反對「燭盡火滅」，就因為如此，所以才要想辦法讓燭脂不盡。葛洪即同此說，他亦以燭火喻形神，他說形神關係，「方之於燭，燭麋則火不居矣。身勞則

---

❹　引文見《弘明集》卷五。

神散，氣竭則命終。」（〈至理〉，頁 110）「燭糜則火不居」，清楚指出當燭（形）滅後，火（神）即無存身之處，火便不得單獨存在。這裡雖然沒有提出火是否會藉由不同的形體，或轉化成不同的狀態延續，至少單就一個燭與火的個體而言，兩者是相互依存的，承襲了「形盡神滅」的觀點。再證諸葛洪以「堤／水」的關係為喻，堤在水在，「堤壞則水不留」，（頁 110）不論水流到哪兒去，至少這個堤防所圈住的水已不復在。故葛洪以此喻而言「形須神而立」、「形者，神之宅也」，形神關係是不可分離獨存的。值得注意的是，葛洪據此而言「身勞則神散，氣竭則命終」，似乎直接肯定「形盡神滅」的命題，當蠟燭燃盡之時，就是整個燭火熄滅之時。只不過，葛洪所「肯定」的「形盡神滅」，並非像桓譚認為生命總有死亡的一天，形體與精神終將消失，故反對養生。葛洪正好相反，表面上看似贊同「形盡神滅」，實則藉「燭火之喻」反證「形存神在」的重要性。亦即形神相合而成為一個生命體，為了不使生命死亡，必得積極的保養修煉，最終方得成仙之道，不但能使神（火）長存，形（燭）也可以永遠存在，生命才能永恆。〈至理〉中尚言：「防堅則水無漉棄之費，脂多則火無寢曜之患。」（頁 111）既然堤壞則水不存，燭糜則火不居，最好的方法就是使堤防堅固不壞，蠟脂永不用盡，如此一來，生命就會永恆。因為蠟脂不盡，燭火亦不滅，形與神就能永遠存在。如何使堤防永遠堅固，蠟脂永不燃盡，形體永不衰亡，就必須修煉。是故，葛洪並不同於「形盡神滅」，而是在認知「形盡神滅」此一論點後，更進一步主張「形神皆不滅」。李豐楙先生所說：「葛洪雖用燭火為喻，但並非神滅論者，而只形

神並論，與主觀唯心論者有區別。」[47]葛洪並不屬於神滅論者所採取的「形盡神滅」自然觀，而否定生命的延續，但他也不是否認神滅論，反而從重視形體的保存以確立精神有所居所，強調養生修煉之要。有論者以為葛洪否定神滅論，[48]然而從以上的分析可知，其實葛洪不但不是否定神滅論，反而就是因為「同意」形盡神滅的看法，才由此衍生出形體及精神皆需保養修煉的養生成仙主張，屬於丙類之「形神皆不滅」。

第五節 小結

戴璉璋先生曾以「形神」為對象，論述先秦、兩漢的形神思想以養生為主，至魏晉南北朝有一明顯轉變，表現在「論述領域的擴展」與「思維模式的多樣」兩方面。並歸結六朝時嵇康形神相親養

---

[47] 李豐楙：《不死的探求——抱朴子》，台北：時報，1998.12，頁 114。然而，李豐楙卻又認為葛洪主張生物變化以為其長生不死理論依據，故主張「形變神不變」的神仙說。（前揭書，頁 125）葛洪以服食金丹轉變體質，使會衰老死亡的形體不死，但這個改變並非換一個新的形體，葛洪曾云仙人「以藥物養身，以術數延命，……雖久視不死，而舊身不改。」（《內篇·論仙》，頁 14）服藥得不死，形體仍為「舊」，可以飛昇又不會老朽。細究其意，葛洪之「舊身不改」是指外形不變，但是本質因服藥而有變化，故形質變而外觀不變。

[48] 張靜文認為葛洪站在道家的立場否定神滅論。然而老子並無關於形神的論述，莊子的形神論又非單純的「形盡神不滅」，魏晉玄學家們對這個問題又各有看法，實難認定葛洪如何「以道家的立場否定神滅論」。（張靜文：《葛洪形神思想之研究》，中國文化大學哲學研究所碩士論文，2003）

生論中的返有全無,慧遠形盡神不滅佛學論述中的崇本息末,以及顧愷之、宗炳以形寫神畫論中的明無因有之理趣,都是王弼提出的玄學主張,而認為他們使玄學落實在理事合一,以事顯理的方式中。❹ 雖以王弼代表玄學並為各種形神理論之源的看法有待更多討論證實,但戴文提出一個重要的論點,即「形神」問題在六朝涉及養生、宗教、文藝畫論諸多層面,論辯的方法也多有發明,此與玄學中於「有／無」的思考論辨確有一定關係。

　　若將形神論題限縮在養生角度觀察,可以發現從莊子開始,形神問題便涉及生命是否延續,如何延續,以及以什麼方式延續的討論中。從先秦至六朝,論者幾乎都同意一個完整的生命是由形體與精神所構成,且多主張精神重於形體,因此在道家式的養生論中,養神重於養形,而保養的方法也契合虛一守靜,無為不爭的道家要旨。生命既然必須結合精神與形體,形神相依的觀點也多為論者贊同。然而,精神與形體的劃分,基本上屬形神二元論,但形神相依又有形神一元的傾向,這兩者的差異逐漸演變出形神生滅的論辯,本文將之分為四類:形盡神滅、形盡神不滅、形神皆不滅與形不盡神滅。第四種與事實判斷不符,故無人主張。而前三類正是在重神輕形與形神相依中所分化出的不同觀點,這三類多使用燭火之喻以論形神關係,就因所用之比喻相同,正可以觀察使用此喻者的立場與論述方式之不同。

---

❹　戴璉璋:〈玄學與形神思想〉,《中國文哲研究集刊》,第 13 期,1998.9,頁 203-242。

　　道教支持「形神皆不滅」，對形神關係的看法有同於「形盡神滅」，皆認為形神一元，在使用燭火之喻時，也都認同火與燭伴隨共生的關係，有燭無火或有火無燭，皆不能成為燃燒的光明狀態。而不同之處，在於對形神能否延續的主張不同。「形盡神滅」否定形神可以延續，「形神皆不滅」則認為透過一定的修煉方式可使形神永恆。至於形盡神不滅論者，則主形神二元，強調「神」（火）可離「形」（燭）繼續傳遞下去，即透過不同形體替換達到延續的目的。但是這些論述在使用燭火之喻時，皆無法擺脫燭火必須有蠟脂才能存在的事實判斷。這個論辯的突破，得至南朝宋時，宗炳將形神關係各自獨立，強調「精神極則超形獨存」（〈答何衡陽難釋白黑論〉）、「無身而有神」（〈明佛論〉），甚至直接指出以燭火喻形神之不當，如：「夫火者，薪之所生，神非形之所作。」（〈答何衡陽難釋白黑論〉），深化了慧遠「形盡神不滅」的論點，使得形神二元徹底分離，不再有形神相依的羈絆。而「形盡神滅」的觀點也得至南朝范縝提出「形即神也，神即形也」、「形者神之質，神者形之用」（〈神滅論〉）的形神一元論，將形神合而為一，才得以徹底擺脫形神二元造成的理論缺陷。且范縝捨燭火之喻而另以「刃利」喻「形神」，也可視為擺脫燭火之喻的糾結，深化「形盡神滅」的觀點。❺⓿

　　魏晉時期的玄學和以葛洪為代表的神仙道教關於「形／神」關係與燭火之喻的使用上，基本上也都是從形神相依的角度來看待形

---

❺⓿　所引宗炳及范縝論文，均見《全上古三代秦漢三國六朝文》，〔清〕嚴可均編，北京：中華書局，1999.6，頁 2542-2554；3209-3212。

神；所不同者，在於是否能長生不死的主張。嵇康雖然贊同養生對
延年的功效，但是否定長生不死，也不同意神仙可學；葛洪則以神
仙道教的立場，肯定長生及成仙。至於在理論的建構上，葛洪雖也
採用了「有／無」的架構以論證「形／神」關係，但僅偏重於從無
生有的宇宙創生論，不同於玄學以之為本體論的深度，與王弼、嵇
康和郭象皆不相同。而葛洪以玄學「有／無」論「形／神」，看似
突出從無到有的生成過程，以證「形須神而立」，然重點就在必須
煉形方能使神永遠存在，突出神仙道教所主張的修煉目的，此為其
特殊之處。

第三章 「神仙是否可學致」與「聖人是否可學致」

　　神仙信仰是道教教義的核心，也是修煉的終極目標。然而，「神仙」是什麼？為什麼要追求成為神仙？神仙若異於常人，神仙可求嗎？若神仙可求，需要用什麼方法？由人至仙要經歷什麼樣的過程，或具備什麼條件？若終能成仙，所成之仙為何？這些問題，是進入神仙信仰修煉之前必然會有的疑問，或者說，當我們對神仙信仰進行分析思辨時，這些問題必然出現，如何解釋甚至解決這些問題，是神仙信仰能否成立的關鍵。葛洪對這些問題也有一定說明，但是並沒有完整的論述或理論系統，其好用連珠體以及排比駢儷與華麗辭藻的文風，❶ 固然是當時流行的文體，卻也削弱了論證應有的簡明清晰，所以我們必須在葛洪繁複的文字中整理出他對這些問題的看法。本章將討論「神仙」是什麼？神仙是否可學？也就是能

❶　葛洪的文學觀，受到王充、陸機的影響，反應當時繁富的駢儷文風。李豐楙曾分析指出葛洪善用疊句，構成一種連類譬喻的類比推理，而《抱朴子內篇》與《抱朴子外篇》的文風也稍有差異，《外篇》的修辭、推理反映一時文風；《內篇》多直語，較少藻飾。可參見李豐楙：《不死的探求——抱朴子》，台北：時報文化，1998.12，頁 68-72。

不能透過特定的方法技術，使一般人成為神仙。「神仙是否可學致」這個論題，是修煉工夫的根本，如果可以透過學習而成為神仙，一切的修煉方術才有意義，如果不能學，則所有修煉方式盡皆失效，再也無傳授學習的必要。而這個論題又與魏晉時期討論「聖人是否可學致」有一定關聯，如果聖人可學，則儒家教化才有意義，如果不可學，則所有教育與經典都將落空。

　　解析葛洪如何論證這個問題具有重要意義，除了這個問題的答案是否成立關係著葛洪思想體系的建立，在討論其論證的過程中，還可進一步聯繫葛洪思想與整個魏晉思想的關係。唯有透過這個角度觀察，才不會局限於道教史或玄學史的脈絡，方能給葛洪一個新的歷史定位。本章分兩個方向來討論，一是從葛洪神仙思想中對「神仙是否可學致」命題的討論，以《枹朴子內篇》為主，分析葛洪如何論證神仙可學；一是從魏晉時期對「聖人是否可學致」命題的論述，主張「聖人不可學」對比葛洪關於「神仙是否可學致」的討論。以下先略述「神仙」的意義及其演變，了解葛洪提倡神仙信仰的背景；其後討論葛洪如何論述「神仙是否可學致」這個命題，以及背後所涉及的氣化命定之觀念；最後，比較葛洪「神仙是否可學致」與魏晉士人「聖人是否可學致」命題的關係，並再進一步從整個魏晉時期「儒道會通」主題來關注「神仙（聖人）是否可學致」此一論題之思考理路的發展變化，以及葛洪主張「神仙可學」帶來的自我意識與道德實踐的積極意義。

第一節 「神仙」詞意與神仙思想演變

「神仙」一詞由「神」與「仙」組成。「仙」由「僊」而來，「僊」字最早見於《詩·小雅·賓之初筵》中「屢舞屢僊」，本義為輕舞飛揚，並無不死之義。❷ 然其飛揚的意象逐漸引申為人之飛昇，如《莊子·天地》有一則華封人喻堯的故事，中有一段封人的話，提及：「千歲厭世，去而上僊；乘彼白雲，至於帝鄉。」❸ 此處「上僊」已明確指稱人之飛昇，且有一個理想的「帝鄉」境地。但莊子使用「僊」字都作形容詞用，形容飛揚上昇，並非名詞。到了西漢許慎《說文解字》釋「僊」字為「長生僊去。」❹「僊」字已具有「長生」與「飛昇」兩種意義，且《說文字解》解「真」字為「僊人變形而登天也」，已將「僊人」視為一個代表特定對象的名詞。「僊」本有「飛揚」和「遷離」之意，後來形象化的「僊」（仙）一方面具有「長生」的能力，一方面又有飛昇、離世的想像。

---

❷ 本詩原為描述喝醉時失其威儀，而起舞不恭之貌。原詩為：「賓之初筵，溫溫其恭。其未醉止，威儀反反。曰醉既止，威儀幡幡。舍其坐遷，屢舞僊僊。」（《詩經正詁》（下），余培林著，台北：三民書局，1995.10，頁265）

❸ 除了〈天地〉篇中有「去而上僊」，《莊子·在宥》亦有：「鴻蒙謂云將曰：『毒哉。僊僊乎歸矣。』此處「僊僊乎」據成玄英疏是「輕舉之貌」，並非指稱某個特定對象。《莊子》引文據〔清〕郭慶藩：《莊子集釋》，王孝魚整理，台北：萬卷樓，1993.3。以下所引《莊子》皆同，不另註出處。

❹ 見《說文解字注》，〔漢〕許慎撰，〔清〕段玉裁注，台北：黎明文化，1991.4，頁387。

從本字原有的輕舞飛揚到飛昇的「仙人」，中間歷經一個變化過程，也明顯可見兩漢時仙人思想已普通化且深植民心。許慎解「僊」為一會意兼聲字，人字偏旁外的字型在《說文解字》中解為「升高也」，❺「僊」字及其偏旁皆以飛起、上昇說明，賦予「僊」字形象化的意義，並成為一種具有長壽以及能自由飛翔特徵的特定對象之代名詞。另外，再證諸《史記·封禪書》記齊威王、齊宣王、燕昭王與秦使方士入海求三神山，因為「諸僊人及不死之藥皆在焉」，❻「僊人」代表一種特定人物的意義應於西漢時已定。而至於「仙」字則較為後起，許慎《說文解字》在「僊」字後有一「仚」字，解為「人在山上貌」，仙人在山中的意象在此形成。❼故東漢末劉熙《釋名》在釋人之「長幼」云：「老而不死曰仙。仙，遷也。遷入山也。故其制字人傍作山也。」❽「仙」字從「僊人」入山取意，逐漸使「仙」字定型。段玉裁在注「僊」字時指出「仙」與「僊」字在東漢有混用現象，之後「仙」字逐漸取代「僊」，而成常用字。❾而劉熙將「仙」定義為「老而不死」，突出了「不死」的

---

❺　前引書，頁 106。

❻　《史記·封禪書》卷二十八，頁 1370。

❼　《說文解字》中有「仚」無「仙」，也可看出從「僊」之飛昇，到人在山上之「仚」，再發展至人入山中為「仙」的過程。

❽　劉熙：《釋名疏證補》，上海：上海古籍，1984，頁 150。

❾　津田左右吉認為「仙」字自東漢初期以後才開始使用，所以今本《史記》中出現的「仙」字是後人傳刻時未注意「僊」與「仙」之別而誤。（津田左右吉：《神僊思想の研究》，收入《津田左右吉全集》，十卷，東京：岩波書店，1987，頁 174-177）此說從文字的發展來看，確有一定理據。

特徵，許慎原本解為兼含「飛昇」與「長生」的詞義有了偏移。從最早以「僊」能飛昇離世，遨遊於神境，到遷入山林，居於人間，「仙」與人的距離拉近了。由「僊」到「仙」，其字義的演變顯示人們對「仙人」概念的認知轉變，當「僊人」從一個遨遊世外，帶有羽毛的的形象，❿ 逐漸變成與人形相同，並住在「人間」的山林中，「仙人」漸漸不再遙不可及。

　　至於「神」字，《說文解字》釋：「天神，引出萬物者也。」⓫以「神」為萬物之始，先秦文獻中多見，比較特別的是莊子有「神人」一詞，《莊子·逍遙遊》中言：「至人無己，神人無功，聖人無名。」「神人」與「至人」、「聖人」並列，表述一種能捨「我」的物我之別所達到的一種最高精神境界，唯此「神人」並無肉體不

---

❿　先秦到西漢的「僊人」或稱「羽人」，因能飛昇之故，羽翼為其形象。如《楚辭·遠遊》：「仍羽人於丹丘兮，留不死之舊鄉。」王逸注：「《山海經》言有羽人之國，不死之民，或曰：人得道，身生毛羽也。」洪興祖補注：「羽人，飛仙也。」（《楚辭章句》，見〔宋〕洪興祖：《楚辭補注》，台北：長安，1991.8，頁 167）〈遠遊〉或為漢人作，對「羽人」的描述，突顯了「僊」在漢人心中的形象。王充《論衡·無形》中也說「圖仙人之形，體生毛，臂變為翼，行於雲，則年增矣，千歲不死。此虛圖也。」（引自《論衡校釋》，黃暉撰，北京：中華，1990.2，頁 66）王充雖是論辯仙人生羽毛乃虛妄，羽毛與長生並無關聯，但也反映出當時所認為的「仙人之形」。此外，《淮南子》、《山海經》亦有關於羽人的描述，再證諸漢代畫像石中也多有羽人形象，可見「僊人」為有羽翼的形象。有關「僊人」形象，還可參考蕭登福：《先秦兩漢冥界及神仙思想探原》，台北：文津，1990.8，頁 307-388；武內義雄：《神僊說》，東京：岩波書店，1935。

⓫　前引書，頁 3。

死之意。另外，〈逍遙遊〉中尚有一段對「神人」的著名描述，文曰：

> 藐姑射之山，有神人居焉，肌膚若冰雪，綽約若處子；不食五穀，吸風飲露。乘雲氣，御飛龍，而遊乎四海之外。其神凝，使物不疵癘而年穀熟。（頁28）

莊子此處描述一種達到不受俗務侵擾，與萬物為一境界的對象，唯其「神人」非常具象，這一段充滿文學想像的文字，有居住之地，外形、飲食與行動等，幾乎成了後世塑造「神仙」形象的直接來源。而莊子將「神」、「人」連用所鑄之「神人」一詞，也有「乘」、「御」等飛翔遨遊之形，使得「神」與「僊」連結而成「神僊」一詞。

「神僊」所代表的長生不死與遨遊世外的想像，大約在兩漢之間成形。《漢書·藝文志》有云：「神僊者，所以保性命之真，而遊求於其外者也。」⓬ 班固所論的「神僊」，已結合「保性命之真」與「遊求於其外」，這兩點也是上述「僊人」所具有的重要特徵，即「神仙」與「僊人」或「仙人」的意義重合，可視為同義詞。當人們逐漸建構出一個不同於凡人的神仙與神仙世界，也同時嚮往和神仙一樣擁有永恆生命與飛昇能力。相較於人類生命的有限，不死之說在先秦已有，但是從看待他物永恆到燃起對不死的追求，有一段發展歷程。早期文獻中可見「不死」者，如《老子》有「谷神不死」，但其「不死」者為「谷神」，是描述一種永恆的狀態。而《莊

⓬　《漢書·藝文志》卷三十，頁1780。

子·山木》提到「不死之道」，是說明一種無用之用的謙隱處世態度，並非對「不死」永恆的渴望，更無追求不死的方法。另外，人類可長壽，但還無法與他物相比，以古時傳說久壽的彭祖為例，《莊子》書中多處提及，如〈逍遙遊〉有「彭祖乃今以外特聞」，彭祖雖壽，但與五百年為春秋的冥靈以及八千歲為春秋的大椿相比，根本不值得一提。然人的壽命也並不盡然以彭祖八百歲為最，同樣在《莊子》書中，〈在宥〉記壽長千二百歲的廣成子回答黃帝求問「至道」的故事。既然年歲長短帶有文學想像成分，也因此當老死是所有人都無所逃時，突破死亡限制的渴望就異常強烈，於是希望不死，從戰國以後便逐漸發展起來。**⓭**

至於飛昇的想像，來自於對現實世界束縛的感慨，人自出生便入於世間，人事的複雜往往難解，於是飛昇就有掙脫束縛，自由自在的重要象徵意義。從企求延年益壽而至永恆不死，從遠離世俗到逍遙自在，融合了「飛」、「遊」的想像，「不死」和「飛昇」構成了神仙的兩個主要概念，也逐漸形象化神仙世界。劉屹曾歸納神仙信仰的淵藪為「不死」、「飛昇」（「飛翔」）、「全生」與「遊乎四海」等觀念，但這些觀念經流傳演變，直至戰國中期，仍未清

⓭ 杜正勝曾論及古代的死亡在春秋戰國時期慢慢發生變化，周代以前的人相信生命必死，但西周中晚期開始出現對祖先祈求健康與長壽，到春秋早期產生「難老」的願望，春秋中晚期之後已漸漸形成「不死」，至戰國伴隨著各種養生方術的興起，對於不死的追求便進入了具體實踐。（杜正勝：《眉壽與長生》，台北：三民，2005.4，頁 233-243）余英時先生亦曾指出從長壽到不死觀念的形成，有一個自然轉變的過程。（余英時：《東漢生死觀》，上海：上海古籍，2005.9，頁 22-27）

楚出現就是「仙」的信仰，要到戰國後期至西漢才逐漸從「僊」轉變到「仙」。⑭這個轉變的最重要意義在於拉近神仙與凡人關係，保有現世生命與遊於世外逐漸結合，使得凡人成仙成為可能，也促進各種養生方伎的仙術化。也就是說，當神仙的形象逐漸具體，希望變成神仙，甚至可以成為神仙的想法也日趨完成時，什麼人可以成仙，成仙方法為何的探索，便成為神仙思想的進一步發展契機。於是當屬於另一個「世界」的神仙「下凡」來，與人間開始接觸時，人類得以向神仙求取不死藥，甚至後來發展成為可自行煉製。由此見得神仙觀念的變化，可視為一個「世俗化」的過程，⑮從「彼世」到「此世」，「僊」逐漸「人形化」，求仙行為也慢慢進入日常人間。

戰國時，各國諸侯紛紛派人求取不死藥，至秦始皇和漢武帝達到高峰。當「僊」向「仙」的轉變初期，求仙者多為諸侯帝王，從秦到漢更因方士能提供獲得不死藥的途徑而得以受封得賞，造成大量方士出現。兩漢士人對帝王求仙的行為多有批評，對於神仙是否

---

⑭　見劉屹：《敬天與崇道──中古經教道教形成的思想史背景》，北京：中華書局，2005.4，頁429-447。

⑮　余英時曾指出這是道教世俗化的轉變，秦漢之際求仙的流行開始導至神僊思想世俗化，仙人的形體不朽也逐漸成為民間的普遍觀念。（前引書，頁 27-47）劉屹也有詳論，他認為從西漢後期到東漢時神僊思想進一步世俗化，求僊成為一般人都可追求的目標，僊人的形象與求僊技術都有如此趨勢。（前引書，頁 448-489）另外，關於神仙思想的形成與發展，還可參見津田左右吉：《神僊思想の研究》，收入《津田左右吉全集》，東京：岩波書店，1987，頁 172-333。

存在則持懷疑態度，也多從實證角度否定長生。如揚雄認為神仙不存在，死亡也無法避免，更不用說能通過方術求得長生，揚雄一概斥為無稽。❶❻桓譚從揚雄，強調「無仙道，好奇者為之。」❶❼並批評時人：「今不思勉廣日學自通，以趨立身揚名，如但貪利長生，多求延壽益年，則惑之不解者也。」（《新論·袪蔽》，頁 33）積學可成仙之說只是方士空言。如班固亦對求仙之事不以為然，其於《漢書·藝文志》之「方技略」著錄「神僊十家」時云：「神僊者，所以保性命之真，而游求於其外者也。聊以蕩意平心，同生死之域，而無怵惕於胸中。然而或者專以為務，則誕欺怪迂之文彌以益多，非聖王之所以教也。」❶❽此一批評指向傳授不死之術的方士。但是也有士人雖否認肉體不死，甚至駁斥神仙存在，卻又認為養生如果得法，長壽也是可能，還親為養生之事。如東漢王充在《論衡》中逐一反駁神仙理論，〈道虛〉批判神仙方術與長生不死之說，〈無形〉否定人能變化不死，〈論死〉、〈死偽〉等篇也批駁人死為鬼的觀念。王充基本上認為人稟氣受命，生死已前定，故沒有任何方

---

❶❻ 如《法言·君子》中，藉批駁問者提出的「人言仙者，有諸乎？」、「壽可益乎？」等問題，闡釋無神仙，亦無不死的觀點，並言「有生者必有死，有始者必有終，自然之道也。」明確可見其立場。（見汪寶榮：《法言義疏》，北京：中華書局，1987.3，頁 521）

❶❼ 引文見《新輯本桓譚新論·辨惑》，〔漢〕桓譚撰，朱謙之校輯，北京：中華，2009.9，頁 36。

❶❽ 引文見《漢書》，頁 1780。

法可更改，但王充自己不僅修習養生術，還有養生著作。❸ 對王充而言，神仙與養生是可以區分開來的，不信神仙並無礙於養生延年，然而，養生術與求仙方術有許多相通處，養生術的發展實也促使求仙方術的進步。相對於士人對神仙的批判，神仙信仰在民間卻普遍發展，甚至結合養生方術形成具體可成為仙人的方法。相信神仙是一回事，但是「凡人」可以掌握成仙的方法卻是對兩漢氣化論的一大挑戰，因為氣化論關連著命定論，人由氣而來，並秉受天命，在出生之時已具有「氣命」，如果可以在後天經由學習和努力改變「氣命」，無疑翻轉了命定論的基礎。

氣化論可上溯自莊子，如《莊子·知北遊》：「生也死之徒，死也生之始。孰知其紀！人之生，氣之聚也；聚則為生，散則為死。」（頁733）以氣之聚散為人之生死，表現出一種無始無終的齊萬物精神。莊子的氣化論是從宇宙萬物生成的角度立說，為宇宙論，與氣化命定論並不相同，但此「氣論」對氣化命定論的形成當有一定影響。事實上，人秉受天命的觀點由來已久，早在西周時，從「天」受「命」之天命觀已成形。❷ 然漢人將氣論與天命論緊密給合，且

---

❸ 《論衡·自紀》有云：「乃作《養性》（生）之書凡十六篇。養氣自守，適食則酒，閉明塞聰，愛精自保，適輔服藥引道，庶冀性命可延，斯須不老。」（前引書，頁1209）《後漢書》亦云：「（充）年漸七十，志力衰耗，乃造《養性書》十六篇，裁節嗜欲，頤神自守。」（卷七十九，頁1630）

❷ 《左傳》成公十三年記載周王室大臣成肅公受祭肉，卻不恭敬，於是劉康公曰：「吾聞之，民受天地之中以生，所謂命也。是以有動作禮義威儀之則，以定命也。能者養之以福，不能者敗以取禍。是故君子

漢代流行五行讖諱之說,使兩漢氣化論帶有神學意味,強調天人感應之目的論。**㉑** 唯兩漢雖盛行陰陽讖緯之神學氣論,卻也有桓譚、王充等持素樸自然氣論的偶然論反對之。**㉒** 但不論是目的論或偶然

勤禮,小人盡力。勤禮莫如致敬,盡力莫如敦焉。敬在養神,篤在守業。國之大事,在祀與戎。祀有執膰,戎有受脤,神之大節也。今成子惰,棄其命矣,其不反乎。」(楊伯峻:《春秋左傳注》,台北:源流,1982,頁 860-861)此「命」為天命之「命」,人所以「定命」者,表現在「動作禮義威儀」,即儀容、舉止、言語、瞻視等,統而言之,就是「禮」。也就是說,人在出生之時,便因受天命而有一定的身分,依此身分而有一定禮節,尤其表現在對鬼神的侍奉,若不合禮,則棄其天命,直接影響到生死。此「定命」雖受天地以生,但人仍須行禮「養之」,否則敗失,這種說法已顯示後天必須努力之意。

㉑ 漢代論及萬物來源的氣論可以《淮南子》和《春秋繁露》為代表。前者以為人和萬物一樣,其生命來自於一原始的陰陽相成之「氣」,因人與天地萬物本同一氣,故得天人相應;後者則將此氣稱為「元氣」,元氣化生萬物,也流佈於萬物,故得天人感應。然董仲舒為求人主立法之可能,因而將自然之天賦予道德性,具有了賞罰意識。至東漢讖緯之說大盛,結合各種祥瑞氣命,構成神秘的天人感應天命觀。(可參考李存山:《中國氣論探源與發微》,北京:中國社會科學,1990.12)

㉒ 自西漢末揚雄以自然主義天道觀反對天人感應,東漢桓譚及王充繼之,反對有意志的天,也批判神仙不死之論,表現漢代讖緯風氣盛行下的另一種聲音。但是對於「命」的問題,卻也都肯定有先天命定。如揚雄於《法言·問明》云:「或問命?曰:命者天之命也,非人為也,人為不為命。請問人為?曰:可以存亡,可以死生,非命也。命不可避也。」(頁 189)死生非人為所能控制,當然就不存在可透過修煉延長生命的方法。王充對於命運非常關切,《論衡》中有多篇論及,總的來說,他認為人的命運由先天的稟賦和後天的遭遇所決定,然兩者皆由自然隨機所決定。王充在《論衡·命義》中曾指出人稟氣

論，都認為人之初生在結胎之時已稟受了富貴貧賤不同之氣，因此決定了日後人生的發展，都是一種命定論的看法。「氣命」觀最重要的一個論點就是人的生死是先天性的，在出生時已決定，不能以任何方法改變，即壽命長短是結胎受氣時已定，企圖更改壽命均非人力所能及。先秦儒家雖不從氣命的角度論命，但是對生命長短也抱持先天命定的看法。❷❸道教修煉的最大挑戰，便是如何證明生命可以延長，進而永恆不死；從秉持仙命的少數人，到人人都可經由修煉成仙，這個轉變是道教立教成敗的關鍵。

　　從漢末到兩晉的神仙思想發展，小南一郎稱之為「新神仙思想」，❷❹藉以區別《史記》、《漢書》等記載的神仙方術。並指出

而生，此氣即天上眾星而來，故於受氣之時已決定人的貧富貴賤和生命長短，因此批判漢人所論之「隨命」，以行為善惡而定吉凶是不可信的。王充雖然認為人的命運受自然性的原則支配，但並不主張有意志的天神命定論，是典型的自然主義命定論。

❷❸　子夏曾說過：「死生有命，富貴在天。」（《論語·顏淵》）孟子亦言：「求則得之，舍則失之，是求有益於得也，求在我者也。求之有道，得之有命，是求無益於得也，求在外者也。」（《孟子·盡心上》）生死富貴非人力所能求，天生命定，所以是「求在外者」，可求者為德性修養，自我人格實現。「命」與「性」不同，孟子亦直言耳目聲色之感官欲望為「命」不為「性」，強調天道與道德實踐之意，是先秦儒家論命的重要關鍵。（牟宗三先生曾詳論孟子「性命對揚」，可參考其《圓善論》，台北：台灣學生，1985.7，頁131-157）

❷❹　「新神仙思想」指魏晉時期出現人人有平等求仙的權力，有別於秦漢時的神仙思想是「帝王神仙術」，指出了神仙思想在魏晉時期的一個重大變化面象。見小南一郎：《中國的神話傳說與古小說》，孫昌武譯，北京：中華書局，1993.6。

除了性質與形態上的不同，魏晉時期的神仙思想最重要的表現在於對成為神仙的自信與肯定，即成仙開始具有一種普遍性。不同於先秦至兩漢時期，能夠成仙或與神仙交流多是帝王，到了魏晉時期已開始出現人人皆可成仙的傾向。此一時期，相信神仙是否存在與能否求得長生，在士人心中游移拉扯。相信神仙存在，但是神仙不一定可學；否定神仙存在，卻又流露對不死的渴望，就算無法不死，至少也希望能健康長壽。以道教立場，必定得肯定神仙可學，這樣修煉傳授才有意義，如《太平經》便清楚指明神仙可學，其云：「夫人愚學而成賢，賢學不止成聖，聖學不止成道，道學不止成仙，仙學不止成真，真學不止成神，皆積學不止所致也。」㉕積學能致神仙，是神仙理論的一大突破，在漢代氣化論中尤其突出。但是士人

㉕ 見《太平經鈔·癸部》之〈賢不肖自知法〉，引自《太平經合校》，王明編，北京：中華，1997.10，頁 725。另外，《太平經鈔·丁部之十三》也有類似說法，原文為：「奴婢賢者得為善人，善人好學得成賢人；賢人好學不止，次聖人；聖人學不止，知天道門戶，入道不止，成不死之事，更仙；仙人不止入真，成真不止入神，神不止乃與皇天同形。」（頁 222）從這些論述中，皆可見強調學習的重要。學習，必出於主動，相信所學能有所改變，《太平經》已顯露此人具有自我意識的觀念，經文有云：「人命近在汝身，何為叩心仰呼天乎？有身不自清，當清誰乎？有身不自愛，當愛誰乎？有身不自成，當成誰乎？有身不自念，當念誰乎？有身不自責，當責誰乎？」（庚部之八，卷一百一十，頁 527）人是否行善，可自行決定，而行善又能得壽，如此一來，生命的長短竟是自己所能掌握，同經文云：「善自命長，惡自命短，何可所疑所怨乎？」（頁 525）《太平經》中將生命長短連結行善與否，對人民積極向善有極大的推動效果，葛洪也用此說，將行善積德列為成仙的必要條件。

對神仙可學一直持懷疑立場，除了前述兩漢士人批評神仙可學，魏晉時也是如此，甚至認為神仙存在的嵇康，也曾明確指出神仙「非積學所能致」。從嵇康身上，仍可見得兩漢以來士人對神仙可學的懷疑態度，儘管嵇康不同於兩漢士人否定神仙存在，但也同樣不認為神仙可學。他僅認同養生術，以為延年可得，長生不能，此為承襲兩漢氣化論所致。❷❻ 以葛洪而言，雖然也承襲兩漢氣化宇宙論，主張人稟受先天之氣而有天生不同，但又提出「仙之可學致」，既然仙可學，則先天氣命的決定論就出現缺口，換言之，後天的學習可以成為神仙，也間接肯定人人都可以學習成仙。葛洪與嵇康最大的不同，在於葛洪認為神仙存在，人可成仙，故得不死，養生與長生之法並不相同。❷❼ 只不過，他雖已有仙可學的講法，但又無法擺

---

❷❻ 嵇康在〈養生論〉中提到：「夫神仙雖不目見，然記籍所載，前史所傳，較而論之，其必有矣。似特受異氣，稟之自然，非積學所能致也。至於導養得理，以盡性命，上獲千餘歲，下可數百年，可有之耳。而世皆不精，故不能得之。」（戴明揚：《嵇康集校注》，北京：人民文學，1962.7，頁 144）嵇康相信神仙存在，卻不認為可學而得之，因為能成仙者「特受異氣」，非人人可得。此說明顯是氣化論的立場，但嵇康對養生的功效卻持正面肯定的態度。

❷❼ 葛洪堅信長生可學得，且以金丹大藥為唯一能得不死之術，其餘養生方術僅得延年，此說於《抱朴子內篇》多處可見，可參考第四章所論。從這個立場言，葛洪認為要學就得學長生不死的金丹之法，反對僅學習養生術，〈金丹〉有言：「世人之常言，咸以長生若可得者，古人之富貴者已常得之，而無得之者，是無此道也。而不知古之富貴者，亦如今之富貴者耳。俱不信不求之，而皆以目前之所欲者為急，亦安能得之耶？假令不能決意，信命之可延，仙之可得，亦何惜於試之。試之小效，但使得二三百歲，不猶愈於凡人之少夭乎？天下之事萬

脫兩漢先天氣命論的傳統，從他身上可看到兩種思想交錯的情形。表面上看來是葛洪思想中的矛盾，事實上，這是為道教立定「神仙可學」並調合兩漢氣命論的嘗試，可說為道教建立一個完整的神仙理論。

另外，當成仙的方式也從接受神仙所贈予的不死藥，轉變成能自行煉成而不假他求，象徵自力成仙的可能，這也是神仙理論的一大突破。小南一郎曾指出葛洪《抱朴子》代表的是一種「自力本願」的神仙思想，為魏晉時期知識分子所支持的「新神仙思想」的精華；而《神仙傳》則表現出向「他力本願」的民間神仙信仰的傾向。❷❽雖然其論述是為證明現行本《神仙傳》應非葛洪所作原本，但我們可從其論點看出魏晉神仙思想一方面出現「我命在我不在天」的自我修煉傾向；另一方面自先秦起藉由神仙接引（獲得不死藥）而成仙的思想，在魏晉仍有延續。姑不論以此區分《神仙傳》作者的立論是否正確，至少葛洪在《抱朴子》中充分肯定立志求仙，並且化被動為主動，使得成仙得操之在我之精神更形穩固，突出了個人自主意識在求仙的重要性。以下詳論之。

端，而道術猶難明於他者也。何可以中才之心，而斷世間必無長生之道哉？若正以世人皆不信之，便謂為無，則世人之智者，又何太多乎？今若有識道意而猶修求之者，詎必便是至愚，而皆不及世人耶？」（頁73）葛洪此段近似獨白的論述，頗有眾人皆醉我獨醒的感慨，也是對懷疑神仙存在以及不信長生術的觀點做一回應，更以為只得二三百歲的養生術仍不得不死，故其主張要學就學不死之術，因為養生與長生並不相同。

❷❽ 前引書，頁 166-231。

第二節　葛洪論「神仙是否可學致」──從「定命」到「自由意志」

　　葛洪所建構的神仙思想體系有一個根本的關鍵問題，即「神仙是否可學致」？如果神仙可藉由後天的學習努力以達成，操之在我，則其神仙學說中依金丹煉養為主的各種成仙之法方可成立；若神仙之法不可學，成仙與否為先天命定，㉙則依宿命論，任何後天學習努力均屬無效，此先天宿命論與後天成我論在立場上的不同。㉚換言之，如果是否能成為神仙在初生之時已註定，則後天的學習豈

㉙　命定論尚可細分為「命定」及「定命」。「命定」具有決定性的意味，是從結果立說，指人生的遭遇已然前定；而「定命」則指「天所命」，人所受命者為一先天的自然決定，非人力能為。兩者都指「命」無可改異，也都預設一超越意的先天立場。但「命定」指結果不能改變，但「定命」則僅指先天所賦予者。葛洪之論屬於「定命」，詳下文。若詳細分析可得「命定」與「定命」的差別，但是在兩者語詞實際使用上，似乎並無如此區別，《抱朴子內篇》僅有一處使用「定命」，即〈辨問〉中云：「人生本有定命，張車子之說是也。」（頁 226）張車子命中註定有錢千萬，此事屬於「命定」，先天註定，後天無法改變，葛洪引之為論仙命偶值，似又有「命定」傾向，然其卻用「定命」一詞。唯語詞使用或許無別，但葛洪所論已動搖「命定」而屬「定命」，為本文論證之。

㉚　一般來說，「命」是否可知可改，是論命者討論的重心，也是分類的依據。傅斯年先生將命分為五類：「命定論」、「命正論」、「命運論」、「非命論」及「俟命論」。（傅斯年：《性命古訓辨正》，收入《傅斯年全集》第二冊，台北：聯經，1980.9，頁 305-307）其中「命定論」與「命運論」皆以命已前定，有其必然而不可改易。「命定論」

非枉然？葛洪在《抱朴子內篇》中有著看似矛盾的說明出現，他一方面說「仙人之無種」（〈至理〉）、「仙之可學致」（〈勤求〉）；一方面又說神仙「皆其受命值神仙之氣，自然所稟」（〈辨問〉）。此兩者之衝突，向為論者証明葛洪思想矛盾的論據之一。❸❶「神仙

<hr />

有一人格神主宰的意味，民間多從此說以釋禍福；「命運論」自「命定論」出，以命之轉移在潛移默化中有一必然之公式，鄒衍五德終始說為其發展。而「命正論」與「俟命論」則重視道德行為，前者為周人思想，天眷無常，依人事降禍福；後者則以孟子「修身以俟天命之至」為代表。至於「非命論」為墨子所主張，反對「前定而不可變」的命運觀，但墨子卻又堅信天與鬼神能賞善罰惡。此五種分類觸及「命」的核心問題：命運主宰是否有人格性，命運是否可知，知後是否可改。陳寧便依此標準，將中國古代命運觀分為「道德命定論」（moral determinism）和「道德中性的命運前定論」（amoral pre-determinism）兩大類，後者又再分為「可預知可改變」、「可預知不可改」及「不可預知不可改變」三類。（陳寧：《中國古代命運觀的現代詮釋》，瀋陽：遼寧教育出版社，1999.1）魏晉時期承襲先秦道家的道德中性命運論，認為命運不可知不可改，與漢代天人感應屬道德命定論已有不同。唯不論從何種角度分析命運，基本上都是「天─人」關係的探討，人事（命）若已為天所定，即屬先天宿命；而人如有能力改變或創造自己的未來，則屬後天成我。

❸❶ 金正耀認為葛洪學說存在一些矛盾，主要是「神秘主義的宇宙本體論與實踐理性思維的方法論的不協調。」其仙道思想雖主「仙可學致」，但又無法擺脫宿命論。（金正耀：〈葛洪與魏晉丹鼎道派〉，為《中國道教史》第三章，任繼愈主編，上海：上海人民，1990.6）而熊鐵基認為葛洪既認為「仙可學致」，又強調人生有定命，是其矛盾處。（熊鐵基：〈人皆可以為神仙──葛洪神仙論的現代詮釋〉，收於《道教文化十二講》，熊鐵基、劉固盛編，合肥：安徽教育，2004.11，頁355）另外，大淵忍爾也認為葛洪一方面強調學習與技術練習，但又

是否可學致」來自於「神仙是否命定」的命題，前者是對於「命」採取的行動方式，後者則是對「命」的認知。即神仙若是命定，後天求仙方法的努力與否便顯薄弱，甚至無關緊要；若神仙並非先天命定，則後天學習的重要性以及意志力便因而突出。若然，葛洪一方面承認先天命定，卻又強調後天學習重要，這兩者如何能同時並存？

在討論葛洪如何調和「神仙命定」與「神仙可學」兩者之前，我們可先處理在「神仙是否可學致」這一論題之後，還有一個更根本的「神仙是否存在」的問題。葛洪在《抱朴子·內篇》中有精彩的論辯及討論過程，他大量使用演繹與歸納論證法，證明神仙是存在的，並且在神仙可確信存在的基礎上，進一步論證成為神仙是可能的。❷ 葛洪的論辯或許有一些漏洞，所舉例證也有可討論之處，但是葛洪主張神仙確實存在，並堅信神仙存在，在這個基礎上方能進一步談論如何透過努力學習以成仙。神仙既然存在，則「凡人」是否可成為神仙？葛洪在這個問題上，有許多肯定的說法，如〈對俗〉中設一問難者謂：「人中之有老彭，猶木中之有松柏，稟之自然，何可學得乎？」（頁 46）依命定論的觀點，「稟之自然」即先天已定，則後天學習亦將徒然。葛洪辯曰：「仙道遲成，多所禁

有稟氣論的命定論觀點，顯示葛洪思想的某種矛盾性。（大淵忍爾：〈抱朴子における神仙思想の性格〉，《初期の道教：道教史の研究 其の一》，東京：創文社，1991.11）

❷ 李豐楙曾整理葛洪神仙說的論辯方法，指其採先破後立，「懷疑眾說以存疑」；以及從素樸的科學觀察與神秘的巫術性思考原則，「博徵載籍以定論」兩大論辯過程。（前引書，頁 142-160）

忌。自無超世之志,強力之才,不能守之。其或頗好心疑,中道而廢,使謂仙道長生,果不可得耳。」批評懷疑神仙之說的人意志不堅,中途而廢,當然不可能明白成仙之道。因此,「仙之可學致,如黍稷之可播種得,甚炳然耳。然未有不耕而獲嘉禾,未有不勤而獲長生度世也。」(〈勤求〉,頁260)「仙之可學致」是葛洪對「神仙是否可學致」的肯定答案。然而,應注意葛洪在「仙之可學致」之後所譬喻的「如黍稷之可播種得」,如果沒有黍稷之種,將無可播之,自然也不會有任何收成。所以「仙之可學致」並非全然否定先天命定,而是得有先天之「種」,後天之勤方為有效。此處已是「定命」之論,有先天受命,但仍須後天努力,故學仙道者雖必須勤勉堅定,不得中途而廢,但卻得視其是否有「仙種」。此又不同於相信「人定勝天」,強調後天意志的成我論。

如神仙可學,具體實行的方法,則有立志、明師與得其法三要項。學道之要,首在立志,葛洪在《抱朴子內篇》中多所論及,或自我論述,或以論難形式,舉例說明,一再強調。〈論仙〉篇便直言「夫求長生,修至道,訣在於志,不在於富貴也。」(頁17)求仙不是權貴所能為,意味「高位厚貨」反而造成求仙的累贅,有志於仙者,世俗富貴當為所賤。〈極言〉篇設問:「古之仙人,皆由學以得之,將特稟異氣耶?」葛洪明確回答能成仙者「莫不負笈隨師,積其功勤。」(頁239)〈釋滯〉篇亦設問「人道多端,求仙至難,非有廢也,則事不兼濟。」葛洪答以「要道不煩,所為鮮耳。但患志之不立,信之不篤,何憂於人理之廢?」(頁148)強調立志之重要。而立志為仙當持之以恆,修煉得勤勉不懈,故〈極言〉篇有云:「非長生難也,聞道難也;非聞道難也,行之難也;

非行之難也，終之難也。」復云：「凡聚小所以就大，積一所以至億也。」（頁 240）堅定求仙決定，不容三心兩意或中途而廢，故「凡學道當階淺以涉深，由易以及難，志誠堅果，無所不濟，疑則無功，非一事也。」（〈微旨〉，頁 123）學道有一自淺入深的過程，立志堅定至為重要，而意志是否堅定亦為明師擇選弟子重要條件，《抱朴子內篇》反覆申述其理。除了立志，是否得遇明師以及是否學到正確的方法也是學仙者必須把握的，〈釋滯〉篇說求仙至要之「寶精」、「行炁」與「服大藥（金丹）」的修煉方法，「復有深淺，不值明師，不經勤苦，亦不可倉卒而盡知也。」（頁 149）❸❸遇明師才能得其法，立志、明師與得法是一組連環關係的條件，堅守其志才能得師之傳授，得遇明師才能傳授金丹大法，成仙方有可能。葛洪在〈金丹〉篇中將這層關係說得很清楚，其云：「然萬一時偶有好事者，而復不見此法，不值明師，無由聞天下有斯妙事也。」

---

❸❸ 葛洪以金丹為得仙之至要方法，其有言：「不得金丹，但服草木之藥及修小術者，可以延年遲死耳，不得仙也。」（〈極言〉，頁 243）另在〈金丹〉、〈黃白〉、〈地真〉等多篇中皆言及此。但葛洪非僅守金丹之法，而是在比較各種成仙之術後，以金丹為要，但並不盡廢其他，反而主張應綜合各家。〈微旨〉篇云：「九丹金液，最是仙主。然事大費重，不可卒辦也。寶精愛炁，最其急也，並將服小藥以延命年，學近術以辟邪惡，乃可漸階精微矣。」此即「藉眾術之共長生也」。（頁 124）因此在《抱朴子》中不但述及避穀食氣、導引吐納、寶精行氣與存思守氣各種長生成仙之術，甚至亦論及各種除妖辟邪法術。李豐楙早已指出葛洪為博綜主義者，《抱朴子》所述各種養生術為東晉以前神仙家論養生之法的總結，並一一加以詳析。（前引書，頁 222-248）

（頁 72）還丹金液為「仙道之極」，至為隱密難學，非真正得道之士不傳此道，故葛洪批評許多偽道士為圖名聲財富，誑言妄語以欺學者。葛洪一方面言明師之重要，一方面嚴詞譴責偽道士之害，〈勤求〉、〈怯惑〉等篇描述偽道士徒具虛名、欺瞞詐騙的醜態，並警告偽道必受天譴，亦反映當時道教情況。

　　神仙如果可學，學仙之人就應無條件限制，即人人皆可學而成仙，然《抱朴子內篇》中卻有多處論及仙人於受命時便具神仙之氣，而有命定論意味，這樣一來，似與其「仙人可學致」之說相抵觸，此須加以深究。在「仙人可學致」的命題下，葛洪又有言「仙人無種」，故論者多引之為強調葛洪肯定人人皆可學仙。然此論有誤。葛洪於〈至理〉云：「微妙難識，疑惑者眾。吾聰明豈能過人哉？適偶有所偏解，猶鶴知夜半，燕知戊巳，而未必達於他事也。亦有以校驗，知長生之可得，仙人之無種耳。夫道之妙者，不可盡書，而其近者，又不足說。」（頁 110）本段中「仙人之無種」看似否定先天命定，然觀全文可知，葛洪欲描述神仙境界之高妙，一般人難以盡見全貌，故此處的「種」與其解為「根源」，不如釋為「類別」。即能成仙者不限於王侯貴人，各個階層都有可能，因先天稟受神仙之氣是隨機的，凡人無法預知，故成仙者不問出身，端看是否努力求道。因此下文引庚桑楚和文子刻苦努力，方得以修道成仙，並批評時人未能信仙，亦未能得到真正的修煉方法，指出世人眼光淺短。一方面仙學微妙，難以盡識；一方面修道者意志不堅或方法錯誤，但「亦有以校驗」能知長生神仙是確實存在。所以，「仙人無種」當與「仙人稟神仙之氣」不相衝突，仙人固稟神仙之氣，但不知是哪個人能稟具。如不明於此，而僅斷章取義，謂葛洪既言

「仙人無種」，又言稟氣受命而有矛盾，便失之偏頗。葛洪強調「仙人可學致」，但不是人人都可學，前已言學仙之人得秉「仙種（氣）」，而誰能得之則微妙難測，故「仙人無種（類）」，先仙是先天決定的。

《抱朴子內篇》中最具命定論意義的論述在〈辨問〉篇，葛洪設問周孔為聖人但不為仙道，以是否值神仙之氣及聖人與仙人不同的質疑。其文答曰：

> 按仙經以為諸得仙者，皆受命偶值神仙之氣，自然所稟。故胞胎之中，已含信道之性，及其有識，則心好其事，必遭明師而得其法，不然，則不信不求，求亦不得也。玉鈐經主命原曰：人之吉凶，制在結胎受氣之日，皆上得列宿之精。其值聖宿則聖，值賢宿則賢，……值壽宿則壽，值仙宿則仙。又有神仙聖人之宿，有治世聖人之宿，有兼二聖之宿，……如此不可具載，其較略如此。為人生本有定命，張車子之說是也。苟不受神仙之命，則必無好仙之心，未有心不好之而求其事者也，未有不求而得之者也。自古至今，有高才明達，而不信有仙者，有平平許人學而得仙者，甲雖多所鑒識而或蔽於仙，乙則多所不通而偏達其理，此豈非天命之所使然乎？（頁226）

本段論述說明是否可成神仙由先天受氣而成其命，世上聖賢文武，富貴貧賤皆於「結胎受氣」時得「列宿之精」，在生命的氣質形成中已然決定了日後成人的走向表現。這個論述應是很明確的命定論，但在這段論述中卻隱然有些曲折與論證策略值得討論。

　　首先,本段徵引文獻與仙人說法有三處,一是引不知為何的「仙經」;二是引《玉鈐經·主命原》;三是引張車子之說。葛洪有些重要的論述觀點,常引據一些道經或仙人師說等,多數不見於今日,無從對照;再者,《抱朴子》中許多可查之史事或人物敘述皆有出入,徵引誤植之處多。❸ 若不論這些道經原文如何,亦不妄測葛洪是否有意誤用,以文本詮釋的角度來看,這些徵引具為《抱朴子》文本意義的展示,可視為葛洪思想的一部分。本段第一處引一不知名的「仙經」證成其說,此段文字不見於其他道經;第二處引《玉鈐經·主命原》,《玉鈐經》亦亡佚;❸ 至於第三處引張車子

---

❸ 徵引錯誤如此之多,除了葛洪著述時缺乏資料查考或行文較不嚴謹等解釋,是否葛洪有意誤用以為其說,或可另深究其動機。

❸ 《玉鈐經》在《抱朴子內篇》中〈辨問〉、〈登涉〉亦有徵引,然此經不見各《道藏》或類書目錄著錄。劉向《列仙傳·呂尚》中言呂尚死後,「唯有《玉鈐》六篇在棺中」,《玉鈐經》託為太公所作。然據《史記·太史公自序》:「申、呂肖矣,尚父側微,卒歸西伯,文武是師,功冠群公,繆權于幽。」《正義》注云:「繆,音武彪反。言呂尚綢繆於幽權之策,謂〈六韜〉、〈三略〉、〈陰符〉、〈七術〉之屬也。」(前引書,頁3307)太公並無著《玉鈐經》。或以為《玉鈐經》即漢初黃石公傳張良之《素書》,唐代趙蕤撰《長短經》中引有《素書》之文,並稱其為《玉鈐經》,然今日所見之《素書》並無葛洪所引《玉鈐經》文字。《素書》中以道、德、仁、義、禮五者為一體,言積善立功、正道守德之理,與神仙之說無關,僅《抱朴子內篇》中〈對俗〉引《玉鈐經·中篇》:「立功為上,除過次之。」之語似有關聯,但葛洪所謂「立功」為成仙之條件,《素書》並無此意,故葛洪所引之《玉鈐經》應非《素書》,又〈遐覽〉篇中著錄之道經並無《玉鈐經》,故此經已亡佚不可考。

之說，張車子並無任何言論傳世，㊱ 雖然這三段引證都沒辦法察考，但至少清楚說明得仙者稟受先天氣命。值得注意的是，神仙之氣雖是「偶值」，非人力所能預知，但當胞胎中含有神仙之氣時，就會「信道」（相信神仙），待明白事理之時，因其先天受命自然會興起求仙之心，且「必遭明師」，命中注定得遇一位指點得仙之法的「明師」，並隨明師而求得成仙之正法。這裡在先天稟氣之說後，復增「心好其事」、「遭明師」與「得其法」三條件方得成仙，《內篇》中每每強調成仙須立志勤求，必得訪明師得金丹大道之法，㊲批評意志不堅的人，也駁斥其他方術，㊳ 顯見除先天稟氣之

㊱ 張車子之事見〔晉〕干寶：《搜神記》卷十，黃滌明譯注，台北：台灣書房，2010.3，頁348-349。故事說張車子命中有錢千萬，於其未生之時，先貸予貧而好道之周氏夫婦，待其出生長大，財富歸屬之。王明認為葛洪於此「不言張車子事，而云張車子之說者，蓋車子之事，世所共知。此言人生本有定命，若俗說張車子之事是也。」（前引書，頁233）將「說」字解為一般大眾所說，而非張車子自言，亦無礙於對本段理解。不論是張車子說或世間傳說，都清楚指出「人生本有定命」。

㊲ 〈明本〉曾提到「神仙之經，至要之言，又多不書。」既無文字流傳，乃多憑口訣，但是「苟非其人，雖裂地連城，金璧滿堂，不妄以示之。」（頁184）可見明師亦不輕易傳授成仙的方法，即成仙之法並非能以名位富貴換得。又因為仙道之「指深歸遠」，就算「得其書而不師受，猶仰不見首，俯不知跟」，光是得到仙經也沒有用，還是得有明師指點，葛洪對於明師之重視可見一般。

㊳ 葛洪屢屢言及立志之要，也提及分心多慮者不得成仙。如〈辨問〉有云：「至於仙者，唯須篤志至信，勤而不息，能恬能靜，便可得之，不待多才也。」（頁224）〈極言〉更列舉許多不能立志勤奮，心有

外，尚得後天條件俱備才能成仙。然此三項條件環環相扣，為何會發生呢？溯其源，在於先天已稟受神仙之氣。換言之，「心好其事」、「遭明師」與「得其法」雖是後天須努力者，但因其全來自於結胎時已含有的神仙之氣為背後動力，故後天的努力是得以成真的，倘若無神仙氣，則這一切都不存在。即此處論述的順序為先有結胎受氣的仙命，才能依此先天仙命而在後天相信神仙，並訪求其道；相反的，無仙命者則不信其道，不信之則不求，故不能成仙。故本段小結云「不受神仙之命，則必無好仙之心，未有心不好之而求其事者也，未有不求而得之者也。」（頁226）這裡有一個很重要的區

旁騖而不能成功者。如「或有怠厭而中止，或有怨恚而造退，或有誘於榮利，而還修流俗之事，或有敗於邪說，而失其淡泊之志，或朝為而夕欲其成，或坐修而立望其效。」（頁239）皆可見葛洪所著意者。另外，葛洪也批評當時宣揚各種成仙之術者，只得一偏，而求仙者又無所定，致仙路不成。〈微旨〉有言：「又患好事之徒，各仗其所長，知玄素之術者，則曰唯房中之術，可以度世矣；明吐納之道者，則曰唯行氣可以延年矣；知屈伸之法者，則曰唯導引可以難老矣；知草木之方者，則曰唯藥餌可以無窮矣；學道之不成就，由乎偏枯之若此也。淺見之家，偶知一事，便言已足，而不識真者，雖得善方，猶更求無已，以消工棄日，而所施用，意無一定，此皆兩有所失者也。」（頁124）同篇更嚴厲批評房中術，宣揚者將房中說的無比神奇，「此皆巫書妖妄過差之言，由於好事增加潤色，至今失實。或亦奸偽造作虛妄，以欺誑世人，隱藏端緒，以求奉事，招集弟子，以規世利耳。夫陰陽之術，高可以治小疾，次可以免虛耗而已。其理自有極，安能致神仙而卻禍致福乎？……如不知其道而用之，一兩人足以速死耳。」（頁129）可見葛洪對於過分宣揚房中術的不滿，除了他自己主金丹之法，也可見當時有方士以宣揚房中術成仙為號召的情形。

分，即葛洪在先天受仙命的論述之下，將人分成有仙命及無仙命兩種，無仙命的人則「必無好仙之心」，故無求仙的動機，沒有求仙的行動，當然不可能成仙，符合「無仙命」的先天命定；有仙命的人則信仙，但又分成「求」與「不求」兩種，信仙者復勤求，則成仙可待，然而命中雖有仙氣，但若後天不求，亦無法成仙。下列表詳之：

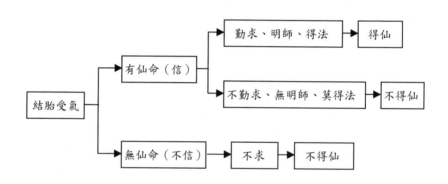

有仙命的人相信神仙之說，無仙命的人則否。有仙命者在相信神仙的基礎上，加以後天勤求、遇明師等條件，便能成仙。至於不信神仙的人，便沒有稟受仙命，自然不存在後天努力與否的問題。像〈辨問〉中這一段話便是解釋周孔雖是聖人，但命中無仙氣，故無緣仙道。值得注意的是，有仙命者仍可能無法成仙，因為後天的諸般條件必須齊備，如此一來，葛洪便能依此解釋世上許多無法成仙的例子，如秦皇、漢武雖好道，但「徒有好仙之名，而無修道之實」。（〈論仙〉，頁 18）也就是說，信仙者固然有仙命，但如果求仙意志不堅，或求仙不得法，或不親自努力為之，後天條件無法齊備，

仍然無法成為神仙。先天命定說在後天條件的影響下出現了變化，不再是命中受氣便決定了一切，還得在許多因素齊備下方能成仙，如果後天努力的程度與條件可以使先天稟異氣者無法成仙，則命定就不再是先天了。因此在這裡出現了兩個問題，其一，所謂的命定論在後天條件的影響下，已非「命中註定」，混合了自我意識決定的自力說；其二，有仙命者信仙，無仙命者不信仙，但是如何可知有仙命與否？判斷的標準在於是否堅信神仙之道。不信神仙者，肯定無仙命，相信神仙者則有仙命。這個看似清楚的分判，實則在邏輯上出現了循環論證的問題。

　　從第一個問題來看，葛洪一再強調每個在「結胎受氣」之時已決定了是否稟受仙氣，有仙氣者具有成仙的本質，無仙氣者當然不可能成為神仙。而受仙氣與否是隨機的，不是自己所能決定。但是為了使後天求仙的各種方法能夠成立，此處顯然只有「定命」的意味，而非必然的「命定」。真正的關鍵在於第二個問題，有仙氣者不保證一定成仙，因為後天如果不努力將稟具的仙氣發揮，仙氣仍只能是一團混沌原始之氣，一如有其種，但不能成其果。可是沒有人知道自己是否初生已稟受仙氣，如果沒有稟仙氣，則後天的努力豈非無效？葛洪排除了這個可能，以為沒有稟受仙氣者已自始不信仙，後天當然不會求仙。會求仙的全是信仙者，故只有後天努力與否的分別。顯然，葛洪一方面以先天定命的角度來看待稟受仙氣，卻又以「信仙」此一具自我意識的條件來區分是否具仙氣，而成其結論：「苟不受神仙之命，則必無好仙之心，未有心不好之而求其事者也，未有不求而得之者也。」這是典型的「循環論證」（Petito Principii），無神仙之命則不信仙（稟有仙氣者信仙），沒有不信

仙卻求仙者，沒有不求而成仙者（信仙者必求仙，求仙而成仙者稟有仙氣）。問題便是在這個論證上出現，以前提為結論，視結論為前提，所以葛洪是在論證上出了問題，而不是有論者謂葛洪同時肯定先天與後天而有所矛盾。但是論證上雖有問題，卻無礙理解葛洪的主張，他為了突破先天稟氣可能產生的消極宿命觀，故將先天稟氣視為「定命」，在其中確立後天努力的可能，故堅信其道，依正確之法修煉，神仙當可學致。原本在命定論中並沒有的個人自由意志，在此處取得了主導權，只要「肯」信，就有仙命，就能成為神仙。籠罩魏晉時期的先天命定觀在這裡出現鬆動，畢竟長生成仙若全然交由先天氣命所決定，則道教一切修煉之法將完全掛空，再無任何努力的理由。由此可看出，葛洪真正的問題不在於混雜儒道而出現衝突，也不是一會兒主張命定論，一會兒否定，而是為了圓滿解釋「成仙是否可能」、「仙術是否可學」、「仙聖如何區別」等諸般問題，在論證上採取一些曲折迂迴策略，才有看似矛盾衝突的主張出現。

與前引〈辨問〉篇相同，同樣看似主張宿命的論點，在〈塞難〉中亦有一段清楚說明。問者質疑周孔為聖人卻不能久壽，何以王子喬、赤松子等卻受不死之壽。葛洪答曰：

> 命之脩短，實由所值，受氣結胎，各有星宿。天道無為，任物自然，無親無疏，無彼無此也。命屬生星，則其人必好仙道。好仙道者，求之亦必得也。命屬死星，則其人亦不信仙道。不信仙道，則亦不自修其事也。所樂善否，判於所稟，移易予奪，非天所能。譬猶金石之消於爐冶，瓦器之甄於陶

> 竈，雖由之以成形，而銅鐵之利鈍，甕罌之邪正，適遇所遭，
> 非復爐竈之事也。（頁 136）

這一段亦多為論者引證葛洪思想為先天命定之論，而我們依然可注意到葛洪在此區分了兩種先天受命，屬生星或死星，由此決定是否信仙道，也造成是否成仙的結果。但是好仙道者仍得「求之」，才能「得」仙，暗指若不求之，亦無所得。值得注意的是，葛洪於此論「天道無為」，命中屬生星或死星純任自然的氣之聚化，非有一主宰的天神為之。這種觀點顯然承襲漢代宇宙氣化論，[39] 但葛洪並未將「道」視為一具普遍意義的形上存在，亦不同於《太平經》和《老子想爾注》中將「道」神性化為一具意志的神，而是從一偶然定命論的角度論「天道」。論難者於下續問「天之神明，何所不為」，故人生所值當由上天決定，故不同意葛洪之論。難者此處所說，有一超自然的神明決定人世一切，葛洪不從此論，復以上天無所為答

---

[39] 東漢王充提出「元氣自然論」，承襲老子、荀子天道自然無為思想，以氣一元論解釋萬物生成，其言：「天地合氣，萬物自生。猶夫婦合氣，子自生矣。」（《論衡·自然》，頁 775）此「天地合氣」復形成「有生死夭壽之命，亦有貴賤貧富之命」，又云：「人生性命當富貴者，初稟自然之氣，養育長大，富貴之命效矣。」（《論衡·初稟》，頁 124）至魏晉時期，嵇康與阮籍亦持相同觀點，如阮籍於〈達莊論〉云：「天地生于自然，萬物生于天地。自然者無外，故天地名焉。天地者有內，故萬物生焉。」（《阮籍集校注》，陳伯君校注，北京：中華，1987.10，頁 138）葛洪的自然主義命定論與王充相似，也依此提出神仙稟氣之說。不同的是，王充以為氣必有聚散變化，生命也必是生死流轉，絕無長生可能；而葛洪則認為透過正確的修煉方法可使氣命永恆。

之。從此處問難來看，葛洪將壽命長短歸之於偶然，雖是為回答問難者對周公、孔子之聖為何不能長壽的質疑，但也清楚說明了他對人有先天稟賦的差異的肯定。由此觀之，葛洪主張神仙於先天稟異氣，這本已構成一種成仙的條件或障礙，但他又進一步論述稟神仙之氣者不一定可成神仙，如此一來，先天命定實已被其瓦解，再加上只要堅信神仙存在並持續修煉，便是稟神仙之氣之人，是否成仙的決定權仍回到了個體的自我意識。〈塞難〉篇中尚云：

> 渾茫剖判，清濁以陳，或升而動，或降而靜，彼天地猶不知所以然也。萬物感氣，並亦自然，與彼天地，各為一物，但成有先後，體有巨細耳。……天地雖含囊萬物，而萬物非天地之所為也。……夭壽之事，果不在天地，仙與不仙，決在所值也。（頁137）

葛洪指出萬物的形成純屬氣之自然流動聚合，並無一有意識的造物主加以控制，從先天的角度來看，萬物稟受何種屬性皆為偶然。由此推知，壽命長短與能否成仙，亦為自然而成。故葛洪於後云：「聖人之死，非天所殺，則聖人之生，非天所挺也。賢不必壽，愚不必夭，善無近福，惡無近禍，生無定年，死無常分。」（頁138）推導至此，生死全憑偶然，受氣結胎之時已定。若從此論，則為一先天命定論。可是葛洪從上天的無意志尋找出一個論點的突破口，天地雖無為，卻給予人們有為的機會；即人的壽命及仙氣雖是初生之始便已成形，但是後天的修行與積善行德卻可以改變先天的限制，決定權在自己。於是原本消極的先天命定，一變為積極的「我命在我不在天」。先天稟氣說應該形成的「命定論」，在此反變成「定

命論」，神仙可學，長生可得，與其先天稟氣相結合，構成獨特的道教修行論。

葛洪曾藉其師鄭隱之口，引不知為何之《龜甲文》曰：「我命在我不在天，還丹成金億萬年」（〈黃白〉，頁287）以證金丹術的重要。論者常以「我命在我不在天」一句，謂道教肯定人人皆可成仙，但又與葛洪所述的仙人稟異氣相矛盾。單就「我命在我不在天」此句，的確充分肯定了後天修煉的意義，直接訴諸自我意識的決定權。葛洪引《龜甲文》欲證明金丹大藥必得自行煉成，世人多疑，金丹當無法煉成。復引古仙經：「金銀可自作，自然之性也，長生可學得者。」（頁287）以及《玉牒記》：「天下悠悠，皆可長生也，患於猶豫，故不成耳。」（〈黃白〉，頁287）但是葛洪仍不忘強調成仙仍需配合許多條件，本篇亦云：「又黃白術亦如合神丹，皆須齋潔百日已上，又當得閒解方書，意合者乃可為之，非濁穢之人，及不聰明人，希涉術數者所辨作也。其中或有須口訣者，皆宜師授。又宜入於深山之中，清潔之地，不欲令凡俗愚人知之。」（頁285）可見葛洪所說的「我命在我不在天」，並非「人人皆可為神仙」的肯定，是否能修煉成仙仍未獲得一個普遍性的保證，濁穢之人，不聰明人以及希涉術數者都不具有修煉成仙的可能，也因此不能僅以「我命在我不在天」一句便指葛洪已完全將「命」從天之決定轉換為人之自由意志。

至於成書應在晉代的《西昇經》亦有「我命在我，不屬天地」的句子，❹與《抱朴子》引文相較，《西昇經》所指天地具有不生

---

❹ 見《西昇經》卷下〈我命章〉第二十六：「老君曰：我命在我，不屬

不滅的自然義，人之修煉與天地無涉，故有此論。因此很難說在東晉之時，道教已全然肯定無條件的「眾生皆能成仙」。但是在道教宣教發展的需要以及與佛教的接觸，對於成仙的肯定是必然趨勢。我們看到葛洪在這個時期對於宿命論所造成的階級分別已有所轉變，他雖將成仙與否歸因於先天定命，但又巧妙地從「信／不信」連結「有／無」仙命，將先天定命的決定權移轉到修煉者的手上，對神仙是否深信不移，反成為是否具備仙命的關鍵。相信神仙即具仙命，懷疑神仙便無仙命。如此一來，在仙人是受天稟異氣的定命論包裝下，葛洪其實肯定了修道者自我意識的重要，唯有相信成仙的可能，才具有先天仙命，方得持之以恆，進而成仙。**❹①**〈對俗〉有言：「苟無其命，終不肯信，亦安可強令信哉！」（頁 47）這

天地。我不視、不聽、不知，神不出身，與道同久。吾與天地分一氣而治，自守根本也。非效眾人行善，非行仁義，非行忠信，非行恭敬，非行愛欲，萬物即利來。常淡泊無為，大道歸也。故神人無光，聖人無名。」（《道藏》第 11 冊，頁 507）本經藉老子西行印度，於函谷關為尹喜說《道德經》為引，闡述淨心守一之養神修煉。

❹① 胡孚琛已注意此點，他說：「葛洪把宿命論與先驗的人性論相互連繫起來，又把宿命論跟神秘的胎氣說結合在一起，認為一個人先有神仙之命，才會有信仙道之心。『苟無其命，終不可信』（《塞難》），而且只有信仙道，才能求仙而後成仙。」（胡孚琛：《魏晉神仙道教——抱朴子內篇研究》，北京：人民，1991.12，頁 141）葛洪使用否定的全稱表述，表示正面的全稱命題，「苟無其命，終不可信」，故先有神仙之命，才有信道之心。在這個基礎上，葛洪試圖證成有信道之心者，必得有神仙之命，以此確立信仙修道。至於胡孚琛進一步申述葛洪「散布『仙人有種』的迷信，讓修道者把能否成仙的責任歸結到自己的命運上面。」似與前論有衝突，可商榷之。

裡清楚將「無仙命者」，推導出「不信仙」的結論；實也反證「有仙命者」故「信仙」。這個論證以「有無仙命」為天生先決，與「我命在我不在天」表面上看似相反，但實際上「信不信仙」才是葛洪要強調之處，換言之，「有仙命即信仙」，已悄悄轉變為「信仙即有仙命」，在內容上已往「我命在我」傾斜，這個轉變對於道教推展具有重要意義。雖然葛洪並不直接說出「人人皆可成神仙」，「我命在我不在天」也曲折引用，但實際上已透露出葛洪對於自我意志的肯定。而其仍保留「仙人稟異氣」之說，可以對「聖／仙」之別，以及成仙之人不多等質疑留下一個可供解釋的空間。

　　最後，我們可以再從《太平經》、《老子想爾注》兩個東漢時期重要的早期道教文獻，來看定命論在能否成仙這個論題上的意義。《太平經》強調人是否能成為神仙，為天生註定，後天無法強求。「故人生各有命也，命貴不能為賤，命賤不能為貴也。」❷這種人生各有命的說法，明顯是兩漢氣生成論的觀念，「氣」生成萬物，人既由氣所生，當成形之時，命已決定。《太平經》中屢言「氣」生成萬物，如「元氣乃包裹天地八方，莫不受其氣而生。」❸人也是由氣聚合而成。僅管《太平經》明確認定人生各有命，但是並不

---

❷　引自〈致善除邪令人受道戒文〉第一百八，《太平經》戊部之三，卷七十一，頁 289

❸　引自〈分解本末法〉第五十三，《太平經》丙部之六，卷四十，頁 78。同卷之〈努力為善法〉亦有言：「人生乃受天地正氣，四時五行，來合為人，此先人之統體也。」（頁 73）此外，經中尚云：「夫物始於元氣。」（〈六罪十治訣〉第一百三，卷六十七，頁 254）凡此所說，皆為氣生成論。

因此而否定人不能成仙，反而提到如果能學而不止，就可以成仙。❹
《太平經》相信人各有命，又肯定積學可以成仙的說法，明顯與葛
洪一致。雖不能因此證明葛洪一定受《太平經》影響，至少兩者說
法相同，且葛洪應見過《太平經》。❺此積學能成仙的想法自《太
平經》已萌發，但是《太平經》並無從解釋為何人既已受命，卻又
能積學成仙的矛盾，葛洪則將積學成仙連結受命說，完善了這個說
法。至於東漢末年的《老子想爾注》卻反對仙有骨祿，主張仙可
學致。「今人無狀……不勸民真道可得仙壽，修善自勤。反言仙
自有骨祿，非行所臻，云無生道，道書欺人。此乃罪盈三千，為

---

❹ 參見本章註 25 之引文。另可參考林富士：〈《太平經》的神仙觀念〉，
《中央研究院歷史語言研究所集刊》，80:2，2009.6，頁 217-263。林
文中提及《太平經》整合了善惡報應論、儒家習經與師傳的傳統以及
各種神仙方術，開創出一套具有系統性的神仙理論，並似乎影響了六
朝時葛洪與陶弘景。姜守誠也詳論《太平經》兩種命論：命乃天定與
命由自身，但其云這兩種對立的命論被《太平經》合理地揉合在一起，
卻有商榷的必要。（姜守誠：《〈太平經〉研究——以生命為中心的
綜合考察》，北京：社會科學文獻，2007.10）若從《太平經》的成書
與內容看，其中所顯示的各種觀點或有相衝突處，以先天氣命和後天
積學此一對立而言，並不見《太平經》如何連結二者，而是在不同經
文處分別論述，除了成書非一人一時之外，經中各篇各有所用，也可
能是原因之一。整合這兩個對立觀點，應至葛洪才現端倪。

❺ 葛洪於《內篇·遐覽》著錄有《太平經》五十卷及《甲乙經》一百七
十卷，王明認為《甲乙經》不是皇甫謐所撰醫經，而是東漢于吉所獻
《太平清領書》一百七十卷，而《太平經》平十卷則可能為《包元太
平經》。（王明：《抱朴子內篇校釋》，頁 340）

大惡人。」**❹** 這是一個非常特別的說法，在兩漢幾乎一片主張氣化生成論的風氣下，此處竟然反對之，甚至嚴厲的批評「仙自有骨祿」。《老子想爾注》站在推動道教修煉的立場，主張人可學而得仙壽，唯可自學得仙必然與先天稟氣受命的說法相衝突，葛洪所論即為解決兩者的對立。《老子想爾注》也並非不講氣生成論，如「一者道也」，「一散形為氣，聚形為太上老君。」**❹** 但是在傳教時，必須說服信眾修仙可成，必然得反對「仙自有骨祿」。從《老子想爾注》中的這個差異，恰可反映漢末道教傳教時所面臨的問題，道教為吸引教眾並推廣神仙思想，解決命定論所帶來的限制，是一個必先解決的課題。這也是葛洪為何在氣化形成論的籠罩下，試圖為積學可得，「我命在我」安放一個位置。

黃忠慎曾指出葛洪肯定了神仙命定，使得後天操作層次的修煉方法價值無法獲得保障，降低了後天努力的重要性；更因其形上理論並沒有一個有意識的神性出現，無法保證命定的決定權，故形成其神仙思想與形上理論相矛盾。**❹** 然而，葛洪思想中的「玄」、「道」

---

❹ 《老子想爾注》「絕聖棄知，民利百倍」（《老子》河上本第十九章）句下注文。（饒宗頤：《老子想爾注校證》，上海：上海古籍出版社，1991.11，頁 21）

❹ 《老子想爾注》「載營魄抱一能無離」（《老子》河上本第十章）句下注文。前引書，頁 12。

❹ 參見黃忠慎：〈葛洪《抱朴子·內篇》之形上理論與神仙思想〉，《國文學誌》第七期，2003.12，頁 163-183。

並非一有意識的至高神，㊾沒有至高神決定的命雖是偶然隨機，即生命稟氣是偶然非強制性的，看似與命定說之宿命論相一致，但兩者實有分別，葛洪在這裡找到了一個神仙可學的可能。依前文分析可知，葛洪既然將先天受命視為「定命」，則此氣將加強受仙氣者求仙道的意志，對於後天修煉的重要性不但不因此降低，反而更加強了「學」的重要性。即未受稟仙氣者既不信仙，當然不會有勤求之事。葛洪一再強調儘管稟神仙之氣，若無後天勤求仍無法成仙，就在這裡突破了命定論的限制，而出現「仙可學致」之論。由此可見，我們實難將葛洪歸於命定論或成我論，可說其是以命定論為基礎，但是加入成我論，具有調合兩者的意味。

就葛洪而言，氣化論仍是其看待萬物形成的根據，當結胎受氣時便已決定是否具有仙氣，而有無仙氣則是能否成為神仙的關鍵。而這種先天氣化論又連結人之命運，非人力所能轉移。此論的難處在修道者如何知道自己有無仙氣，若無，則所有修煉努力皆是空談。葛洪為了解決這個難題，將信仙與否視為是否具仙氣的評斷標準，立志求仙而不疑，就有仙氣，反之則無。如此一來，原本先天已定的稟氣不同，轉變為可由人為意志決定，神仙也成為可學的目標，而道教傳授各種修煉方式也可藉以落實。

㊾ 在〈暢玄〉、〈道意〉等篇，葛洪描述了「道」、「玄」、「一」神妙難測的屬性，並以之為萬物的本源或本體概念，但是並沒有將其視為具意識的至高神意味。

第三節 「聖人是否可學致」與「神仙是否可 學致」之別

　　正始時期，王弼曾駁何晏、鍾會等人的「聖人無情」論，而另立「聖人有情」之旨。聖人是否有情？意味聖人是否如同常人，有喜怒哀樂？此一論題顯然分為兩種不同看法。而此論又關聯「聖人是否可學致」此一問題，蓋聖人若與常人不同，則聖人天生自備，為之學之皆不可得。但聖人若與常人同，則聖人為何是聖人？聖人是否可由學習而成？這個論題涉及萬物如何生成的宇宙論，生命如何安頓的道德實踐論，人物品鑒的才性理論之學，以及背後還有著魏晉時「自然」與「名教」關係的根本問題。葛洪討論「神仙是否可學致」，深入生命是否天生而成，後天學習的定位等，與「聖人是否可學致」的論題有高度相似性，湯一介已注意到這個地方，他說：「『成仙是否可能？』這個問題本來同魏晉玄學關於『聖人是否可學可致』有關係，當時不少玄學家都討論致聖人的學致問題。」❺「聖人是否可學可致」是「聖人有情無情」論題的延伸，而「神仙是否可學致」也是在同樣的問題意識下所產生。道教修煉

<hr>

❺　湯一介：《早期道教史》，北京：昆侖出版社，2006.3，頁 164。本書改寫自《魏晉南北朝時期的道教》，除了詳細地討論了《內篇》中「成仙是否可能」與「形神關係」的問題，亦論及《內外篇》中「治身」與「治國」並重的特點。而湯一介早於《郭象與魏晉玄學》中已指出相關問題，唯討論較簡略。該書雖有專章論玄學與道教，但仍著重於葛洪《抱朴子》，而未觸及其他。詳見湯一介：《郭象與魏晉玄學》（增訂本），北京：北京大學出版社，2000.7。

的目的是為求長生成仙,「成仙是否可能」便成為道教必須論證的問題,將葛洪論「神仙是否可學致」對照「聖人是否可學致」,將可看出這兩個相似的論題背後的關聯與差異,雖然葛洪是以道教立場言之,但是在氣化生成的觀念下,葛洪能突破先天定命的限制,更顯其意義。

漢魏之際論「聖人」亦從漢人氣論,認為聖人受天命,有其稟氣之特殊性,如劉劭《人物志》便是從氣質之性詮釋聖人,他所言的「聖人」兼有「中和之質」與「聰明之氣」,此兼材之氣稟屬天命自然,非人力所及。既然聖人之異於眾人在於其資質稟賦,因此必然限制了後天從學以致聖的可能。❺這種氣化命定的觀點還引發聖人是否有情的爭論,何晏承漢人之聖人象天說,主張聖人與天地合德,故聖人不受外物牽累而無喜怒哀樂之情,鍾會等人從之。聖人無情論的重心在於聖人與自然為一,故順理任性,不以情感應物也不受物所累,所以聖人異於常人,常人有情,受物所累。以此而

---

❺ 劉劭:《人物志·自序》:「夫聖賢之所美,莫美乎聰明。」〈九徵〉亦云:「凡有血氣者,莫不含元一以為質,稟陰陽以立性,體五行而著形。苟有形質,猶可即而求之。凡人之質量,中和最貴矣,中和之質,必平淡無味,故能調成五材,變化應節,是故觀人察質,必先察其平淡,而後求其聰明。聰明者,陰陽之精,陰陽清和,則中叡外明,聖人淳耀,能兼二美,知微知章,自非聖人,莫能兩遂。」(劉劭:《人物志》,上海:上海三聯,2007.6)劉劭依先天稟氣區分人的才性,再以此才性之表現論人所為為之者。這個劃分已隱含了彼此的界限,特別是聖人兼陰陽二氣,非常人所及,故常人不得為聖人其意已顯。

言，何晏與劉劭皆視聖人「無名」，❷何晏並推極聖人於純善無惡之無情境地，更加突顯聖人之不同。王弼則反對「聖人無情」，認為聖人有情而無累，他以為「聖人茂於人者，神明也。同於人者，五情也。神明茂，故能體冲和以為無；五情同，故不能無哀樂以應物。然則聖人之情，應物而無累於物者。今以其無累，便謂不復應物，失之多矣。」❸「五情」是做為人的「自然之性」，故聖人與常人同，但聖人之所以能「應物而無累於物」，是因為聖人之「神明」「茂於人」，與「無」同體，故與一般人不同。依王弼言，聖人仍為「人」，當有人的情感，然聖人之所以為「聖人」，在於不受情感所牽累，其與何晏之別，即在「有情」、「無情」之應物與不應物。❹王弼以其本末論連繫聖人之「無累」（本）與「應物」（有），顯聖人之體用一如，但聖人仍是「茂於人者」，異於常人。

---

❷ 余敦康有論及此，他認為何晏理想的聖人雖與劉劭同為「聖人無名」，但劉劭是從人才學的角度來討論這個問題，而何晏將此「無名」提昇至一本體的層次，開啟玄學本體論。（余敦康：《魏晉玄學史》，北京：北京大學，2004.12，頁 90）

❸ 見《三國志·鍾會傳》引何劭〈王弼傳〉，《三國志集解》，台北：新文豐，1975.3，頁 669。

❹ 湯用彤已指明此點，並謂聖人無情論乃時人通說，王弼之說則立異之，而王弼主體用一如說，能將天道人事與性情契合一貫，所論較何晏主靜廢動之說精密。參見湯用彤：〈王弼聖人有情義釋〉，收於《魏晉玄學論稿》，《魏晉思想（乙編三種）》，台北：里仁書局，1995.8，頁 75-86。

王弼以「無」為萬物之本源，萬物雖殊異，卻都以「無」為本。❺❺ 而聖人能「體無」，常人不能。王弼雖沒有指明聖人是否可學，但其「聖人體無」之言，區別言說者，再證諸其「忘象得意」之玄學方法，實有聖人無法學也不可學之傾向。❺❻ 然不論聖人有情或無情，聖人體沖通無，非常人所能致，此已暗指「聖人不可學不可致」。

　　而在玄學諸論中，嵇康主先天稟氣之說，〈養生論〉中直云：「神仙稟之自然，非積學所致。」另於〈明膽論〉中與呂安論辯「明」（理性）與「膽」（勇氣）的關係，也提到萬物稟氣而生，其云：

<hr/>

❺❺　王弼有言：「天下之物，皆以有為生。有之所始，以無為本。」（《老子道德經注》四十章注文，引自《王弼集校釋》，樓宇烈校釋，北京：中華書局，1980.8，頁 110）復於四十二章注文云：「萬物萬形，其歸一也。……故萬物之生，吾知其主，雖有萬形，沖氣一焉。」（頁117）王弼強調「無」之本體義重於生成義，既以無為本，以本末關係言無有，故萬物之本源皆一。

❺❻　王弼有一「聖人體無」之論斷，常見引用，語出何劭《王弼傳》，為王弼年少時拜訪當時名士裴徽的對話，徽問王弼曰：「夫無者，誠萬物之所資也；然聖人莫肯致言，而老子申之無已者何？」弼曰：「聖人體無，無又不可以訓，故不說也。老子是有者也，故恆言無所不足。」（《世說新語·文學》亦引，文字略有出入，「恆言無所不足」應從《世說》為「恆訓其所不足」）王弼之說，明褒儒聖，實崇道也。（王弼此論含有會通儒道之意。關於王弼論「聖人」，可參考林麗真：《王弼》，台北：東大，1988.7，頁 31-36；154-157）唯孔子不言「無」而老子言之的說法，已將「言說」置於下乘。若再觀其引《莊子·外物》的筌蹄之喻而有「得意在忘象，得象在忘言」之論斷，（原文見《周易略例·明象》）此論重在得道之不得拘執於文字，王弼雖未盡棄經典，但已指明「象外之意」才是「意」，聖人以「體會」而得「無」，非靠「言說」而得。

夫元氣陶鑠，眾生稟焉。賦受有多少，故才性有昏明。唯至人特鍾純美，兼周內外，無不畢備。降此以往，蓋闕如也。或明於見物，或勇於決斷，人性貪廉，各有所止。㊗

嵇康於此欲說明除「至人」能陰陽二氣存一體，其餘諸人皆有所欠缺，便突出了「至人」稟賦不同，而眾人因賦受有所偏，故表現出各種不同性情。因先天稟氣不同所造成的後天差異，與之前劉劭《人物志》基本一致，唯嵇康以此基礎，明指神仙「非積學能至」，也同樣可明「至人」（聖人）不同於常人，先天已定，常人皆無從學起。至於郭象論聖人亦從氣稟賦受的角度言，並重性分之自然自得。如其云「松柏特稟自然之鍾氣，故能為眾木之傑耳，非能為而得之也。」、「特受自然之正氣者至希也，下首則唯有松柏，上首則唯有聖人。」㊙ 此言清楚說明松柏、聖人之與眾不同，在於稟受特殊之氣。又言：「俱食五穀而獨為神人，明神人者非五穀所為，而特稟自然之妙氣。」㊚ 「神人」之所以為「神人」，條件不在於五穀，而是先天所稟自然妙氣。即「神人」與常人在生理上來說相同，近似王弼所言「聖人有情」，但是聖人異於常人卻由先天稟氣決定。因此聖人既是先天稟受異氣，自然不得學習而成，故其云：

㊗ 見嵇康：〈明膽論〉，《嵇康集校注》，頁249。

㊙ 郭象此兩段注文見《莊子·德充符》：「受命於地，唯松柏獨也在冬夏青青；受命於天，唯舜獨也正。」句下注。（《莊子集釋》，頁194）

㊚ 見《莊子·逍遙遊》：「不食五穀，吸風飲露。」句下注。（前引書，頁29）

> 故世之所謂知者，豈欲知而知哉？所謂見者，豈為見而見哉？若夫知見可以欲為而得者，則欲賢可以得賢，為聖可以得聖乎？固不可矣！而世不知知之自知，因欲為知以知之；不見見自見，因欲為見以見之；不知生之自生，又將為生以生之。故見目而求離朱之明，見耳而責師曠之聰，故心神奔馳於內，耳目竭喪於外，處身不適而與物不冥矣。❻⓿

聖人之所以為聖人，乃出於自然，非所欲者即能成之。即從氣化論所構成的人之本質已先天命定，聖凡互不相通，就算力學積習亦無法成為聖人。因此郭象云：「法聖人者，法其跡耳」，❻❶聖人「遊外以冥內，無心以順有」，❻❷世人但見聖人之跡，而不能識其冥，故聖人跡本圓融，非常人能學。郭象「跡冥圓融」說雖不同於王弼「貴無」之論，但是在對聖人是否學致的問題立場上卻與王弼同，❻❸皆主聖人不可學不可致。

---

❻⓿ 〈人間世〉：「是萬物之化也，禹舜之所紐也，伏戲几蘧之所行終，而況散焉者乎。」句下注，頁 152。

❻❶ 〈胠篋〉：「曷嘗不法聖人哉。」句下注，頁 344。另〈秋水〉：「昔者堯舜讓而帝。」句下注：「尋其跡者，失其所以跡矣。」亦說明「跡」之不可尋，頁 580。

❻❷ 〈大宗師〉：「彼，遊方之外者也；而丘，遊方之內者也。」句下注，頁 268。

❻❸ 湯一介曾言及此，並謂聖人不可學不可致，是魏晉玄學家的共同看法。（見湯一介：《郭象與魏晉玄學》（增訂本），北京：北京大學，2000.7，頁 269）

　　聖人不可學致已暗示人為的局限，郭象以適性逍遙之獨化論試圖為現象界所有的事物尋求──「相因」、「相與」的和諧關係，並由此保證「適性」的可能。⑭因此郭象對於「命」的主張是一種「不得不然」的順遂安命態度，反對人的主觀意志性，因為一切都已決定。湯一介認為郭象「既從偶然性方面來反對目的論，又從命定論方面來反對目的論」，使得其「獨化於玄冥」之境的「逍遙放達」，「只能在自己『性分』所允許的範圍之內實現，因此他所謂的『能動性』是一種虛假的能動性。」⑮基本上，玄學對於人之自我意識能達到一改變命運之努力是持保留態度的，不論是因為受限於命定的理論或客觀環境的壓抑，只要從屬於氣化命定論，都已造成一種自我設限。順著王弼到郭象，掌握學的方法重於學的對象，也就是經典與言說並非「道」，同樣的，聖人也不是學習的對象，

---

⑭　關於郭象聖人論、獨化論與性分論的分析，可參見莊耀郎：《郭象玄學》，台北：里仁，1999.9。

⑮　見湯一介：《郭象與魏晉玄學》，前引書，頁 285。湯先生早年著作中即提到郭象自性逍遙的限制性，從這裡理解郭象的「獨化」論較為合理。王葆玹卻認為「物各自造，而無所恃焉」之語「肯定了萬有個體自己決定自己、自己創造自己的權利。」其「物各自造」實際上是「人各自造」，以為「在郭象哲學裡，性分的地位竟低於個體存在的自由意志，郭象竟像現代存在主義哲學家那樣，認為我們可以選擇和決定自己的本質！」（王葆玹：《玄學通論》，台北：五南，1996.4，頁 559-560）依此解釋，郭象成為一存在主義式的命運由自我決定的提倡者，是否已偏離了「獨化」的意義，有待商權。但是值得考量的是，不論是郭象試圖以獨化論消彌人在命定論下的無可奈何，或其他認同氣化論玄學家所提出的各種主張，在某種意義上反倒是對命定論所造成人生限制的一種反抗。

因為我們並不具有聖人的先天異氣，因此玄學所顯現的人生觀便會傾向於隨遇而安的消極氣味，郭象的「小大之辨」已充分展露。既然聖人不可學，也不必學，毋需同聖人一般，做常人即可。

相較於魏晉玄學家多主張聖人稟氣與常人不同，故不可學致，葛洪卻在同樣的稟氣論，尋求神仙可學的出口。葛洪認為萬物的形成是由一隨機性的清（陽）、濁（陰）二氣組合而成，並無一造物主存在，能否成仙在受胎結氣之時已決定是否稟受神仙之氣，亦是一偶然受值於天上各星宿，此論點頗近於漢代王充。然王充尚論及「時」，認為人的一生由先天稟賦之「命」與後天遭遇之「時」相「偶會」而成，「命」與「時」雖一為必然，一為偶然，但此「命」之「必然」既非由一有意志的天所決定，實為偶然。❻❻葛洪則對於後天的時機以一種更積極的方式看待，即雖稟受仙氣，但仍得努力地勤求仙法、尋訪明師，而非被動地等待時機。以這種態度來看待成仙，與魏晉時人論聖人不可學致的角度自然有所差異。就氣命論來說，葛洪的先天稟氣是一偶然隨機式的，不同於漢代天人感應的

---

❻❻ 王充主張先天偶然的命運論，也認為天上眾星皆有不同之氣，「人稟氣而生，含氣而長，得貴則貴，得賤則賤。貴或秩有高下，富或貲有多少，皆星位尊卑大小之所授也。」（《論衡·命義》，頁48）但是除了先天所稟受之氣命，王充亦云「時」，如〈禍虛〉：「凡人窮達禍福之至，大之則命，小之則時。」（頁280）；〈命祿〉：「故夫臨事知愚，操行清濁，性與才也；仕宦貴賤，治產貧富，命與時也。」（頁20）此「時」與「命」之相配合，構成了人一生之命運。是故在此命運觀下，人之命運已然注定，無可改易。關於王充命運論，可參考林麗雪：《王充》，台北：東大，1991.9；以及周桂鈿：《虛實之辨——王充哲學的宗旨》，北京：人民，1994.10。

氣命論,近於王充以及嵇康、郭象的偶然氣命論。嵇康肯定神仙存在,但又從氣化論的角度言神仙與凡人先天稟氣的差異,否定神仙能以積學而致,此與聖人不可學致的論點是一致的,這本是在氣化論的前提下所導至的必然結論,故嵇康只能從養生長壽之法入手,論述神仙不可學但養生可學。而葛洪站在道教修煉成仙的立場,當然不僅止於養生之法,而且積極肯定神仙可學。

然值得注意的是,嵇康既然主張神仙特受異氣,非積學能致,但又不是全然的命定論,特別是他認為學習養生之法能延年益壽,已觸及到壽命是否可改變的命題。這個問題在嵇康與張邈針對宅是否有吉凶的論難中有深入探討,❻❼張邈云:「壽夭不可求」、「命有制」,對於時人依各種方術妄求福壽加以批判,認為宅無吉凶,日期也無吉凶,凡百忌崇,皆因無知,因為命中早已注定;嵇康則不以為然,認為宅有吉凶,但是單有吉宅尚不能成福,還得有居住者的賢才和努力積德相配合。於是原本主張命定論的張邈也提出了「夫命者所稟之分也,信順者成命之理也」的說辭,但這樣一來,命雖前定,但成命尚須修德。嵇康抓住這點論難,言:「必若所言,命以信順成,亦以不信順敗矣。若命之成敗取足於信順……安得有性命自然也?……既持相命,復惜信順,欲飾二論,使得並通,恐似矛盾無俱立之勢,非辯言所能兩濟也。」姑不論兩人論辯技巧方法,嵇康於此點出一重要問題,如果相信人的命運前定(相命),

---

❻❼ 張邈有〈宅無吉凶攝生論〉、〈釋嵇叔夜難宅無吉凶攝生論〉兩文,嵇康則以〈難張叔宅無吉凶攝生論〉、〈答張遼叔釋難宅無吉凶攝生論〉論難。原文俱見《嵇康集校注》卷八、卷九,頁265-308。

則講信義走正道的道德要求（信順）勢必落空。所以嵇康的解決方法是「宅與性命，雖各一物；猶農夫良田，合而成功」，這個結論雖是談住宅有無吉凶的問題，卻顯示出如主張聖人不可學、神仙不可學，乃至於命數皆已前定等觀點，仍得對人事的努力有所回應。張邈所說的「壽夭不可求」是在氣命論的角度言，嵇康說神仙「非積學所能致」，其實立場一致，但是又不能完全無視後天的努力，特別是在立身修德的儒家道統要求下，如果命已前定，則所有的道德修養盡皆落空，張邈說出「性順者成命」也是一種不得不然的回應。嵇康認為宅有吉凶，著眼點其實在居住者身上，即居者修賢，宅必有吉，反之亦然。這個論述與其肯定養生方法如出一轍，神仙雖不可學，但養生延年卻是可能，換言之，壽命雖前定，但仍需後天養生配合，否則盡為傷害身體之事，壽命必不可長。特別的是，嵇康亦引：「積善之家，必有餘慶」（《易·坤·文言》）、「履信思順，自天祐之」（《易·繫辭傳上》）的說法，說明「必積善而福應，信著而後祐來；猶罪之招罰，功之致賞也」，涉及賞善罰惡的宗教報應觀。善罪報應的說法其來有自，嵇康此處藉以說明宅之吉凶，又從這個角度肯定為善的重要，相同的，士人的立德修道也有落實處。葛洪也從這一點將積善立德納為成仙的重要條件，突顯人為的重要性。

　　葛洪在「神仙稟異氣」的說法上與嵇康同為承襲氣化論，但是在論述到成仙之法時，又必須強調勤求、訪師等積極作為，可見得純然的命定說在實踐上有其困難，於是葛洪在「定命」的前提下，以是否信仙及求仙來解決這個問題。此外，依道家氣論所形成的個人先天稟氣是隨機的，此天命沒有一定法則，天命不可知，有偶然

性。但是站在道教傳教的立場，為能吸引教眾信徒，得肯定有一上天之神，中國傳統的民間宗教觀自始即是如此，而此具有人格意志的神能賞善罰惡，並且能創造萬物。此外，為給予教眾一個成仙修煉的動力，也必須保證所有修仙道者皆有成仙可能。早期道教在漢代天人感應思潮的影響下，不但以「天」為至高神，同時肯定積極修煉成仙，如《太平經》、《老子想爾注》中便反映了這些思想。❻❽但是言神仙可學，卻與天人感應氣化論相矛盾，葛洪並不同於早期道教，一是沒有至高神，神仙雖稟異氣，但不是由一至高神主宰，而是偶然隨機的氣聚合而成；二是在「仙人稟異氣」的說法下納入「神仙可學」，將信仙且立志學仙者解為有仙命，既然有仙命，學仙就能成仙。相較於葛洪的積學可成仙，嵇康並不做如此想，而其他魏晉士人對聖人是否可學也抱持懷疑的態度，一來魏晉士人並無宗教積極傳教與信仰的需要，二來當時社會政治動蕩，朝不保夕，享樂安逸的心態瀰漫，郭象隨順而處的論述正可見士人安身立命的態度。葛洪之論在成仙的企盼下，其積極性便顯得突出。

第四節 行善積德的積極意義──會通儒道的方法

　　葛洪為了使學習成仙方法可以成仙得到保證，在氣化論的宇宙生成觀下，改變天對人的影響，反過來強調人為的重要，具有天生

---

❻❽　《太平經》的論述龐雜，有關其中修煉方法與天人感應的討論，可參考王平：《〈太平經〉研究》，台北：文津，1995.10。

人成的意義。強調個人意志本是先秦儒家的主張，特別是孟子區分了「命」與「性」，將先天命定局限在生死富貴，而人格的道德實踐則操之在我。這個區別有效地將可為不可為，可學不可學分開，縱使「性」仍是由天生，但是在人人皆有四端之心的普遍性保證下，成聖與否完全取決於人自身，從而避免了氣化論的人之稟氣不同之天生差異。只不過，孟子的「人人皆可為堯舜」是道德層面的人格完成，生命的長短富貴則非人力能及，葛洪卻要突破生命的限制，就不同於只從道德層面立說。另外，在魏晉時會通儒道的背景下，葛洪不但要從氣命論對生命的限制掙脫出來，還得回應儒家的道德實踐要求，於是葛洪引進儒家成聖的自我意志，轉化為成仙的必要條件，在神仙可學的意義下，落實道德實踐，是其特殊處。

關於葛洪如何看待儒道關係，一般皆以葛洪自述的「道者，儒之本也；儒者，道之末也。」（〈明本〉，頁184）以「道本儒末」做為葛洪調合儒道的基本方法。此「道本儒末」表現在《抱朴子》中許多地方，若僅就成仙的方法而言，除了前述的勤求、明師與金丹道法等，葛洪還一再強調積善立功的重要性。〈對俗〉中引《玉鈴經》云：「為道者以救人危使免禍，護人疾病，令不枉死，為上功也。欲求仙者，要當以忠孝和順仁信為本。若德行不修，而但務方術，皆不得長生也。」（頁53）這是一段著名的文獻，常被指為葛洪將儒家的封建倫理觀納入道教教義，為了迎合統治階層需要。⑲其實，自漢代《太平經》便有倡導行善之說，「承負說」是

---

⑲　如胡孚琛、卿希泰、任繼愈等皆如此說。可參見胡孚琛：《魏晉神仙道教─抱朴子內篇研究》（前引書）；卿希泰主編的《中國道教史》

道教獨特的勸善方式，將長生與積善相連結而成為修道的重要原則，是道教入世精神的開啟，以行善立功為修行方法的「勸善成仙」，一直在道教修煉方法中有其重要的位置。《太平經》很早就點明了二者的關係：「可復得增年，精華潤澤，氣力康強，是行善所致，惡自衰落，亦何所疑。……念之復念，不順作逆，而求久生。」**⑩**《老子想爾注》也有：「奉道誡，積善成功，積精成神，神成仙壽，以此為身寶矣。」**⑪** 做善事成為修煉成仙的條件。

　　葛洪承繼了道教入世精神的脈絡，使得道教修煉不致孤立於世俗之外，也不再只是個人式的修煉，而與他人（世俗）有了連結。況且強調世俗的倫理道德，本有其宣教之作用，若以「積善立功」就是儒家封建倫理或為統治服務，並不恰當。倒是我們看到將「救人危使免禍，護人疾病，令不枉死」列為修煉成仙的根本條件，顯示了一個積極的修煉精神，這已非命定論可以涵蓋，而帶有宗教度人濟世的情懷。如此一來，先天命定說的局限性在這裡已出現更大的缺口，轉而為一更具自我意志的行動力量。從葛洪對於成仙追求所透顯的自我努力精神，至東晉時期道教更加確立了可憑藉各種修煉方式成仙的可能，甚至由自我成仙進入度人成仙的教義宣揚，這是道教擴大影響力的一大進展。日本學者小南一郎曾比較葛洪《抱

　　（修訂本）（成都：四川人民，1996.12）、任繼愈主編的《中國道教史》（上海：上海人民，1990.6）等書。

⑩　見〈見誡不觸惡訣〉第一百九十五，《太平經》卷之一百一十四。前引書，頁 601。

⑪　饒宗頤：《老子想爾注校證》，上海：上海古籍出版社，1991.11，頁16。

朴子》與陶弘景《真誥》,提出從「自力本願」到「他力本願」的神仙信仰發展,對於道教在民間傳播有重要影響。⑫其後以「仙道貴生,無量度人」思想的靈寶派興起,度人成仙思想在道教傳播中的影響更日益擴大。

魏晉時期對於「名教」與「自然」的關係之所以是玄學討論的重要命題,與政治因素造成的理想與現實脫節有密切關係。於是玄學家們紛紛提出不同的看法,企圖解決這個差異化的問題,並從調和儒道尋求一安身立命之道。⑬不論何種主張,基本上皆以「自然」做為萬物的本質狀況,人世間的道德亦復如是,於是道德便以順自然與否區分成「真道德」與「假道德」,嵇康〈釋私論〉中的「公/私」之別如從這個角度觀察,方能顯豁「越名教而任自然」之意。

---

⑫ 見小南一郎:〈尋藥から存思へ─神仙思想と道教信仰との閒─〉,收入《中國古道教史研究》,吉川忠夫編著,京都:同朋舍,1993,頁 3-54;還可參考其《中國的神話與古小說》,孫昌武譯,北京:中華書局,1993,頁 198。

⑬ 「名教/自然」看似對立的兩極,實則隱含一個因社會價值異化所造成人們於自我意識與精神境界的疏離。如嵇康在〈釋私論〉中提出「越名教而任自然」的口號,阮籍在〈達莊論〉和〈大人先生傳〉中對名教的虛妄提出抨擊,表面上加深「名教/自然」的差異,實際上則是對現實名教違反自然感到失望,即合乎自然的理想名教在現實中已不復實現。儘管嵇、阮之後尚有裴頠倡崇有論與郭象玄冥獨化論企圖超越儒道對立,但是在理論上的圓融並沒能真正解決現實的問題,理想與現實的兩難在魏晉時期仍是無法超越。相關論述可參見余敦康:《魏晉玄學史》,北京:北京大學,2004.12;蔡忠道,《魏晉儒道互補之研究》,台北:文津,2000.9;許建良:《魏晉玄學倫理思想研究》,北京:人民,2003.11。

葛洪以金丹大道為正統兼融其他修煉之法，並引入積善修德的作用，甚至視之為成仙與否的關鍵，不但是一種解決神仙定命說的方式，也在調和儒道的過程中提供一條具體可行之路。以葛洪所建立的神仙道教理論言，行善積德雖是對成仙追求的實踐，但卻是延續玄學對於道德修養如何落實於現實的討論。❼❹道教勸人為善的基本教義，即含蘊世俗道德倫理於其中，故不似玄學家意欲從「有／無」、「言／意」等各個層面溝通「名教／自然」。因玄學家們從自身的實存感體會到理想與現實斷裂，因此「自然」與「名教」必須連結，並試圖辨明「名教」的「真」與「假」，無非為當時價值觀混亂的衝突尋求一條解脫之路。

　　道教雖以長生成仙為修道目標，然教團組織成形之初即為對治社會價值的混亂，在物我一體的觀念下，世間的「名教」為「道」所生，儒家強調的倫理德行亦是修道者所必須遵循。成仙方法固然殊異，但總不離「天人合一」的基本觀念，這個人與自然密切的關係，即已含藏濟世度人的實踐精神，於此而體現一「自度度人」的宗教情懷。而此自度度人的思想在東晉末之《太上洞玄靈寶無量度人上品妙經》中，更依儒家祭祀，建立以齋醮、贊頌、持香及音樂為主的道教宗教儀式，藉由儀式祈求神明庇佑，也同時以之為度人成仙的方法。故被道教奉為萬法之宗，群經之首，《正統道藏》中排列為第一。此度人成仙的思想在六朝後日益擴大，陸修靜所編《洞玄靈寶齋說光燭戒罰燈祝願儀》中，便稱：「聖人傳授經教，教於世人，使未聞者聞，未知者知，欲以此法橋，普度一切人也。」❼❺

---

❼❹　關於葛洪思想在魏晉「儒道會通」論題上的貢獻與實踐，詳見第六章。

「普度一切人」漸成道教傳教之理想，也擴大道教的影響力，更體現了道教強調行善積德的修道方法。

第五節　小結

　　《抱朴子內篇》中關於生命的由來以及是否可學而成仙的觀點，似乎有著不同立場的矛盾。然而透過以上分析，其實可發現葛洪一方面上承兩漢氣化論的觀點，從稟氣受命的角度來論人的天生質性是一偶然所得；但若只停留在氣化的生成解釋，勢必弱化後天人為的努力，所有的修煉方式終將落空，若先天無仙命，後天修煉僅得延年益壽而不能成仙。因在在另一方面，葛洪為了使成仙的煉養之術有其成仙的保證，遂對修煉成仙加以肯定，從修仙之心是否堅定著手，調合兩者的矛盾，藉以突破先天命定論的限制。即天生雖有稟氣不同，但能有堅定求仙的意志即是有仙命者，反之，若不信有神仙，或求仙意志不堅者，即是命中無仙命。如此一來，僅管人還是由先天氣化的偶然形成，可是藉由求仙意志是否堅定來判斷有無稟受仙命，反而使人的自由意志成為決定是否成仙的關鍵。換句話說，原本是偶然先天的命定論轉而為後天人為意志的展現，成仙修煉之術才得以成為道教宣教之法，蓋成仙若無法借由修煉而

⑦　見《道藏》第 9 冊，頁 824。陸修靜另於本經中提出「三合成德」說，謂「道」、「德」、「仁」三者合而為一方得道也。陸修靜吸收儒、佛思想，制定齋儀，擴大靈寶派的內容，也更進一步將儒家倫理道德融入道教戒律之中。

· 156 ·

得，則不論何種方術盡皆落空。而葛洪更藉此申述稟有仙命者不必然能成仙，若後天意志不堅，修煉不得法，亦不能成仙。於是受命論中的消極意義，轉為後天用功修煉，勤求明師的積極意義。「我命在我不在天」確立了道教修煉方術的可能，❼❻葛洪之論於此具有關鍵地位。

　　反觀魏晉士人也多從氣化論，但是氣化的限制使人生失去向上的意義，聖人只是理想的目標，遙不可及。聖人是不可學致的，於是積極的道德實踐轉而為適性安命的生活態度。魏晉時區別聖人與常人，聖人能體道通玄，復又智慧自備，非常人所及。玄學在聖人身上賦予儒道會通的可能，將儒家的聖人改頭換面，以達到會通儒道的目的。只是，聖人固然兼通儒道，但是在先天氣命的前提下，聖人與常人距離愈遠，聖人愈是成為一個理想的典型，愈是無法學習，更不可能成為聖人。「自然」與「名教」的爭議並不因為有聖人而化解，反而愈發突顯現實與理想的衝突。葛洪雖也承襲先天氣化論而有仙人稟氣之說，但又從「我命在我不在天」的個人自由意志突破氣化論的限制，特別是引入積善立功的實踐與度人方式，讓

---

❼❻　前已有言，葛洪所引〈龜甲文〉之「我命在我不在天」，約為同時的《西昇經》也有相同文字，後世道經更屢屢言之，如約為南朝時的《真氣還原銘》有「我命在我，不在於天。」（《道藏》4 冊，頁 880）宋元間之《太上洞玄靈寶天尊說救苦妙經註解》有「我命在我，不屬於天。」（《道藏》6 冊，頁 494）元代之《養生秘錄》亦有「我命在我不由天」之句。（《道藏》10 冊，頁 718）另外，《雲笈七籤》中也多處可見。「我命在我不在天」成了道教推動自力成仙最重要信念。

「名教」與「自然」的調合走出一個新局面,在這個意義上,葛洪可說是魏晉玄學發展過程中一個重要的轉折點,至少在郭象以玄冥獨化論將玄學會通儒道理論推至一個高峰時,葛洪適時地從道教修煉角度落實儒道合一的實踐,接續玄學理論也具體實現儒道合一。

第四章　金丹成仙與服食養生

　　追求生命永恆是道教修煉的最終目的，而這個最終目的是以「仙」做為具體象徵。如何將生命的有限轉化為無限？如何通過修煉脫離死亡，進而成為不受有限時空限制的「仙」？事實上，嚮往永生或擺脫疾病的願望，是所有人的夢想，為實現這個夢想，出現各種具體修練的方術。這些方法技巧可溯源極古，在漫長流傳的歷史中，逐漸形成與長生有關的醫藥、房中與其他諸如呼吸、導引、服食等成仙方術。在諸多成仙方法中，尤以「服食」為要，❶相較其他諸法，藉服用特殊食材或藥物達成身體變化，最為簡捷方便，更重要的是此物的煉製或訪求可不必親為，於是也孕育出許多方術士。從巫到方士，是一群具備特殊能力或技術，可與仙人交流或掌

---

❶ 服食也稱服餌，是一種服用外物，藉外物屬性改變原本身體狀況而達成物質交換的目的，本屬古代養生方技之一，且醫家與神仙家皆強調之，二者有很長一段時間結合一起，必須從服藥的目的和藥物體系加以區別。（參見，李零：《中國方術考》（修訂本），北京：東方，2001.8，頁 302-306；饒宗頤：〈從出土資料談古代養生與服食之道〉，《中國宗教思想史新頁》，北京：北京大學，2000，頁 69-88）至於服食內容中的服藥，也從養生服食一般的草木金石藥到需經煉製的金丹而有不同方向。

握成仙的方法的人，不論其能力是真是假，至少關於服食的理論與技術因之逐步發展，至六朝達至高峰。六朝服食之風盛行，❷從兩漢時限於帝王諸侯追求不死藥，漸至貴族士人也紛紛加入服食，甚至形成一股服五石散的風尚。至於煉製丹藥也從原本只有方士從事，到一般士人積極參與，深化了煉丹的理論與技術。然而，服食本為了長生進而永生，但是六朝士人將服食變成流行的時尚後，其中養生的意義是否有所變化？以葛洪所代表的金丹道派在六朝時發展出較完整的理論也有具體實踐，其金丹成仙的觀念與當時士人服散之風有何關聯或影響？若士人服散是為養生，金丹成仙似乎較五石散更能達成長生的目的，為何當時士人並無群起效尤？服食在原本養生的目的下，至六朝興盛是否還有其他反映士人內心幽微的企盼？同樣的，葛洪極力鼓吹煉丹成仙，似乎也不僅只於永生而已。於是本章以《抱朴子內篇》中所見金丹修煉之術為主，對比魏晉名士的服散與養生觀點，一方面呈現兩晉之際以葛洪所代表的神仙道教之主張；另一方面則顯示魏晉名士如何看待這些長生乃至不死的修仙之術。以下分從「方術」起源演變說起，探討葛洪為何在諸多成仙理論中獨鍾金丹，同時探究五石散的來源與六朝興盛情形，從而觀察金丹與服散關係，並深入士人煉丹與服散的目的。然從魏晉乃至南北朝，士人觀點及心態有所差異，難以盡論，只能取

---

❷ 六朝服食風氣盛行的原因，有社會政治、清談玄學等各種因素影響。余嘉錫認為六朝寒食散興起之由，緣於何晏因補身故，服之見效，眾人相襲而成風。可參考余嘉錫：〈寒食散考〉，收入《余嘉錫文史論集》，長沙：岳麓書社，1997.5，頁 166-209；至於其他社會背景等因素，另可參考顏進雄：《六朝服食風氣與詩歌》，台北：文津，1993.8。

一二人為代表，於是本章以東晉王羲之為主要討論對象，其一，王
羲之與葛洪年代重疊，兩人在師承交遊都有關係；其二，王羲之在
當時是頗具影響力的士人，他的想法及作為有一定代表；其三，王
羲之有長期服散習慣，更有煉丹傳說。從王羲之身上，也可一窺兩
晉時士人服散心態。故以王羲之為魏晉時人服「五石散」之代表與
葛洪之「金丹」理論相比較，或可更清楚顯豁兩者的關係。

第一節 「方術」與《抱朴子內篇》

　　《抱朴子內篇》是六朝時詳論關於成仙方法的重要典籍，也是
對前代各種「方術」的總集。葛洪自述：「其《內篇》言神僊、方
藥、鬼怪、變化、養生、延年、禳邪、卻禍之事，屬道家。」（《外
篇·自敘》，頁 698）這些條目幾乎包含了《漢書·藝文志》中「方
技略」所列舉的「醫經、經方、房中、神仙」等全部內容，亦涉及
「術數略」中的「曆譜、五行、蓍龜、雜占」等。若不論《抱朴子
內篇》之佚文及葛洪其他失傳著作，❸至少就目前可見的《抱朴子
內篇》，已是包羅多方，所涉極廣。因此我們可以從《抱朴子內篇》
一窺兩漢方術至六朝時的發展，而眾多方術中，葛洪用力最深者當
在神仙方術，尤其重視金丹大藥。故以下先略述「方術」之名的起

---

❸ 嚴可均曾在輯《抱朴子內、外篇》佚文時，述及其殘佚之嚴重，可參
　見嚴可均：《鐵橋漫稿》卷六。另所輯佚文，參見《全晉文》卷一百
　一十七。又楊明照於《抱朴子外篇校箋》附錄三另增補三十條。（楊
　明照：《抱朴子外篇校箋》，北京：中華書局，1991.12，頁 758-761）

源及其內容演變，再論《抱朴子內篇》中以金丹為眾神仙方術之首的緣由。

一、「方術」名稱與內涵

做為道教修煉成仙的方法，道教的「方術」有其淵源。關於「方術」一名，先秦文獻已多見，唯詞意有別，如《莊子·天下》所言「天下之治方術者多矣」之「方術」，指戰國時期各家學說，因不見「道術」之全，各為一偏，故名為「方術」。「方術」之所以為「方」，〈天下〉已言「天下之人各為其所欲焉以自為方」，故「道術將為天下裂」，因此「方術」為對比於整全的「道術」得名。除了《莊子》，《荀子》、《韓非子》尚可見得「方術」一詞之使用，其義不同於《莊子》，如《荀子·堯問》贊荀子「不遇時也。德若堯禹，世少知之；方術不用，為人所疑。」此「方術」指治國的方式與荀子的學識。《韓非子·外儲說左上》：「知治之人不得行其方術，故國亂而主危。」此「方術」意指良工巧匠有其經驗技術，能使國治主安，用以對比只會以言語惑亂人主之士。另外，《呂氏春秋·論部·贊能》記沈尹莖謂孫叔敖曰：「說義以聽，方術信行，能令人主上至於王，下至於霸，我不若子也。」此「方術」指政治上的治理之法。

到了西漢《史記》，才開始出現指稱占卜、天文與醫藥等含意的「方術」。《史記·秦史皇本紀》載史皇「悉召文學方術士甚眾，欲以興太平，方士欲煉以求奇藥。」此「方術士」之稱，已與煉製不死藥有關，而「方術」之名與「方士」也有一定連結。另外〈孝

武本紀〉記齊人少翁以鬼神方術替武帝召王夫人之魂，〈扁鵲倉公列傳〉云太倉公「少而喜醫方術」，又〈淮南衡山列傳〉言衡山王入朝，「謁者衛慶有方術，欲上書事天子。」凡《史記》中所用「方術」一詞，已指各種占、醫、仙等技能。成書時代尚有爭議的《越絕書》載吳王召王孫駱解夢，對曰：「臣智淺能薄，無方術之事，不能占大王夢。」此「方術」已指占卜、解夢之技。至於「方術」一詞為何從意指特定的學問轉而為專指天文曆算、占卜醫仙等技能，應是「方術」本指非「正經」的學問，於是當學術分流並有正統形成之時，並區隔出方術之學；此外，「數術」、「方技」與「方士」、「術士」語詞的使用，也是促使「方術」詞義形成之因。必須注意的是，各種「數術」、「方技」皆有長久的歷史淵源，並非西漢才出現，「方術」之學的詞義變化正反映出兩漢達到一個高峰時期。❹而《漢書・藝文志》依劉向、劉歆父子《別錄》和《七略》的分類法，將「方術」分為「數術略」和「方技略」的不同類別，前者有天文、曆譜、五行、蓍龜、雜占、形法等；後者則有醫經、經方、房中、神仙等。❺這兩種圖書分類方式，反映了漢人文化中

---

❹ 「方術」一名，李零曾有考辨，見其《中國方術續考》，北京：東方，2000.10，頁3-10；另外關於各數術方技之學的源由及內容，可參見李零：《中國方術考》（修訂本），北京：東方，2001.8。

❺ 方技略之四支方法，《四庫全書總目提要・子部・醫家類》認為「房中」、「神仙」與「醫經」、「經方」並非同類，是漢人分類之誤，並將服餌導引刪除。（《武英殿本四庫全書總目提要》，台北：台灣商務，1983）但這個說法是從後世醫學角度所做的區分，與漢人觀點實有出入。事實上，古代神仙家與醫藥、房中的關係密切，同以營衛

「天／人」關係的對應，且「數術」與「方技」的關係相較於其他五略，更為緊密。《漢書·藝文志》對「數術」、「方技」已有界定，「數術者，皆明堂羲和史卜之職也。」即古時掌有天文曆法及占卜之術的史官，以陰陽五行、八卦干支推測國家政事和人事吉

生命為主旨。貝塚茂樹與山田慶兒皆認為方技四支都屬於「醫學」這個全體，但是兩人也都指出「房中」與「神仙」被道教吸收，逐漸與醫學領域分開。（貝塚茂樹：〈中國における古典の運命〉，《古代中國の精神》，東京：筑摩書房，1985.5，頁 185；山田慶兒：〈中醫學的歷史與理論〉，《古代東亞哲學與科技文化》，瀋陽：遼寧教育，1996.3，頁 258-259）李建民則認為方技的內容不僅是「醫學」，還包括技巧繁複的養生技術；而神仙、房中二支更與當時宗教有不解之緣。而方技在學術分科近於數術，兩者之間彼此滲透，故合稱「方術」。（李建民：《生命史學──從醫療看中國歷史》，台北：三民，2005.7，頁 327；《方術·醫學·歷史》，台北：南天，2000.6，頁 143-146）相同的觀點，還可參考 De Woskin, Kenneth J. Doctors, Diviners, Magicians of Ancient China: Biographies of Fung-shih, Columbia University Press, New York, 1983。儘管「神仙」與「醫藥」在兩漢後逐漸分成「道教」與「醫學」兩個領域，但是道教始終與醫學的關係密切，也是個值得注意的事實。如葛洪便曾言：「古之初為道者，莫不兼修醫術，以救近禍焉。」（〈雜應〉，頁 271）葛洪自己也熟讀醫書，其《肘後方》向為醫家所重。（參見丁貽庄：〈試論葛洪的醫學成就及其醫學思想〉，《宗教學研究》，1984：0，頁 13-21；郭起華：〈從葛洪和陶弘景看道教對古代醫學的影響〉，《世界宗教研究》，1982：1，頁 37-42）至於道教與中國傳統醫學的關係，學界討論極多，可參見蓋建民：《道教醫學》，北京：宗教文化，2001.4；吉元昭治：《道教與不老長壽醫學》，楊宇譯，四川：成都，1992.9；林富士：《疾病終結者──中國早期道教醫學》，台北：三民，1993.6、《中國中古時期的宗教與醫療》，台北：聯經，2008.6。

凶；「方技者，皆生生之具，王官之一守也。」所謂「生生之具」
的「生生」，具有「生育」、「生命」、「養生」及「衛生」等意
義，故〈方技略〉所收四家皆與「生命」有關。李零將數術方技之
學的範圍區分為兩方面，一為對「大宇宙」（macro-cosmos），即
「天道」或「天地之道」的認識，屬「數術之學」；一為對「小宇
宙」（micro-cosmos），即「生命」、「性命」或「人道」的認識，
為「方技之學」。後者被視為對前者的複製，前者則根據宇宙創生
的原理而來。❻古代「數術」與「方技」兩種學問往往相互交涉，
李零以「大宇宙」、「小宇宙」之分別清楚顯示漢人的天人觀。「數
術」、「方技」兩者往往相互印證，在漢時雖有所區別，但兩漢後
逐漸以「方術」合稱，並為道教吸收融合，而成為道教教義重要組
成部分。此外，道教亦承襲古代占卜之術，數術理論亦為道教所吸
收。❼

至《後漢書·方術列傳》中之「方術」則指「卜筮」之「占」
法，❽這些「方術」多是定吉凶、決懸疑之方法，主要為預測未來

---

❻ 《中國方術考》（修訂本），前引書，頁 19。

❼ 參見李養正：《道教與諸子百家》第十四章〈道教與方技〉，北京：
燕山，1993.2；《道教義理綜論》第九章〈道教義理與古代方技、術
數〉，北京：宗教文化，2009.12。

❽ 《後漢書·方術列傳》曰古有之「占」法為「先王所以定禍福，決嫌
疑，幽贊於神明，遂知來物者也。」唯此陰陽之學，尚可見諸典籍，
「然神經怪牒，玉策金繩，關扃於明靈之府，封縢於瑤壇之上者，靡
得而闚也。至乃河洛之文，龜龍之圖，箕子之術，師曠之書，緯候之
部，鈐決之符，皆所以探抽冥賾，參驗人區，時有可聞者焉。其流又
有風角、遁甲、七政、元氣、六日七分、逢占、日者、挺專、須臾、

或與天文地理有關，為《漢書·藝文志》中「數術略」的範疇，但〈方術列傳〉中所述及具方術能力者，又有醫藥養生之技。可見在東漢，「方術」一詞應包括了「數術」和「方技」，而其內容則含蓋對天地萬物與人類關係的各種知識技能，而有別於經學的「正

孤虛之術，及望雲省氣，推處祥妖，時亦有以效於事也。」（頁 2703）據李零所論，除「箕子之術」指《書·洪範》，「師曠之書」為《師曠書》，其餘多是讖緯之書，另外所列舉的十三種數術則多屬卜筮法。唯列傳中所列舉數術家往往擅長天文曆算，而方技家則涉及方藥、針術、行氣、導引、服食和各種幻術等。（前引書，頁 23-24）雖然〈方術列傳〉中並無明言區別「數術」與「方技」，但從所列舉方士所展現的各種技能，實已有此兩大類之別。另外，除「數術」、「方技」，尚有「藝術」一名，《後漢書·伏湛傳》：「永和元年，詔無忌與議郎黃景校定中書《五經》、諸子百家、藝。」李賢注云：「藝謂書、數、射、御，術謂醫、方、卜、筮。」（頁 898）此「藝術」結合古代六藝與方技，顯示儒學具有某種術的性質。《晉書》立〈藝術列傳〉，所記有方術士、道士與僧侶，皆具神通玄術，其內容亦為天文、占卜、風角以及變化、養生與役使鬼等技能。可見兩晉至唐時，尚有以「藝術」泛稱各種技能，另外，《魏書》有〈術藝傳〉，「藝術」與「術藝」兩詞有並用情形。而《三國志》、《北齊書》、新舊《唐書》至《明史》都有〈方技傳〉，所記者包含醫、卜、星、相，也有道士等，「方技」與「方術」之名已無區別。可見《漢書·藝文志》雖區別了「數術」與「方技」，但「方術」之名結合了兩者，一方面有混同的趨向，一方面從史書中的術者傳記也反映數術概念的擴大。坂出祥伸以「技術」解釋「數術」，說明史書之「方術傳」逐漸納入各種技術者，使其含意擴大，也指出儒家與術數關係，可參考之。（坂出祥伸：〈方術傳の成立とその性格〉，《中國古代の占法──技術と咒術の周邊》，東京：研文出版，1991.9，頁 23-44）

統」，故以「方術」名之。當漢末之時，朝政、社會與學術皆發生重大變動，士人對於經學傳統也有所反省，最特別的是對「方術」的態度有所變化。六朝士族的基本教養是玄、儒、文、史，同時對佛、道、方士皆有興趣。谷川道雄曾指出六朝士族多習方術，「不僅因為方術源於上古的六藝，而且還在於方術在現實生活中具有一定的實際效用。」因此「方術進而普及到了一般士人，這是六朝時代思想史的一個特徵。」❾「方術」雖別於經學，然因士人的學習提倡，逐漸建立起相關技術的理論內容，對後世有重要影響。

二、《抱朴子內篇》中的神仙方術

葛洪喜好方術，他曾自言：「余少好方術，負步請問，不憚險遠。每人異聞，則以為喜。雖見毀笑，不以為戚。」（〈金丹〉，頁 72）可見葛洪對「方術」的追求非常熱衷，且此「方術」一詞實包含古代各種「數術」與「方技」。查考《抱朴子內篇》其餘使用「方術」之處，可見「數術」與「方技」之意兼而有之，但葛洪使用「方術」一詞，仍多指長生成仙之術。如〈對俗〉云：「若德行不修，而但務方術，皆不得長生也。」（頁53）〈微旨〉：「或曰：『方術繁多，誠難精備，除置金丹，其餘可修，何者為善？』」

❾ 谷川道雄：〈六朝士族與方術〉，收入《文化的饋贈（哲學卷）——漢學研究國際會議論文集》，北京：北京大學，2000.8，頁 72、73。吉川忠夫也曾指出六朝士大夫以兼習眾術為目標，並由此申述當時士人的精神生活是豐富多樣的。（吉川忠夫：《六朝精神史研究》，京都：同朋舍，1984）

（頁 124）〈塞難〉中批評孔子「忖其用心汲汲，專於教化，不存乎方術也。」（頁 139）〈釋滯〉言上士能「以六經訓俗士，以方術授知音。」（頁 148）這幾處的「方術」皆指長生術。而〈道意〉中問者以「世有了無知道術方技，而平安壽考者」提問，葛洪則答以「任自然方術者，未必不有終其天年者也。」但這只是偶逢之，不能以此「誤晚學之散人，謂方術之無益。」（頁 177）這一段對話將「道術方技」概約為「方術」，更清楚見得葛洪使用「方術」指長生成仙的方法。另外，〈仙藥〉援引《神農四經》、《孝經援神契》說明服上藥可成仙，「皆上聖之至言，方術之實錄也。」（頁 196）此「方術」之用法，顯指醫藥之意，也可引證「方技」中之「神仙」與「醫經」實有密切關係。此外，〈論仙〉云：「夫方術既令鬼見其形，又令本不見鬼者見鬼，推此而言，其餘亦何所不有也。」（頁 20）此「方術」之意屬方技的幻術。可見「方術」一詞兼有「方技」與「數術」，葛洪在使用時多偏於「方技」的神仙術。葛洪尚於《抱朴子外篇·自敘》言其廣涉群書，意志不專，故不成純儒，但他對「河洛圖緯，一視便止，不得留意也。不喜星書及算數、九宮、三棋、太一、飛符之屬，了不從焉，由其苦人而少氣味也。晚學風角、望氣、三元、遁甲、六壬、太一之法，粗知其旨，又不研精。」（頁 656）由此可見葛洪雖好「方術」，然重「方技」而輕「術數」。葛洪所好且發揚者，仍偏重於古「方技」一類，著重於修煉成仙的各種方法。

《抱朴子內篇》中涉及各種成仙方術，但大致以「寶精」、「行炁」和「服藥」三種最為重要，但深淺有別，服藥為最，行氣次之，寶精為後。其云：

抱朴子曰：欲求神仙，唯當得其至要，至要者在於寶精行炁，

服一大藥便足，亦不用多也。然此三事，復有深淺，不值明

師，不經勤苦，亦不可倉促而盡知也。（〈釋滯〉，頁 149）

何為「寶精」？即房中術也。❿依葛洪主金丹大藥的立場，並不特

---

❿ 〈釋滯〉此引文之後，解釋「行炁」、「房中」與「服藥」各有百千
種方法，須由淺而深，復得明師，力行勤修方可得致神仙。可見葛洪
所云之「寶精」指「房中」。葛洪還提到「房中之法十餘家，或以補
救損傷，或以攻治眾病，或以采陰益陽，或以增年延壽，其大要在於
還精補腦之一事耳。」（〈釋滯〉，頁 150）點出房中術以「還精補
腦」為宗旨。所謂「還精補腦」之「精」，學界多以「精液」視之，
故「還精補腦」為一控制精液射出的技巧。（如李零，前引書，頁 426。
但李零也指出「精」既為「精液」，也可指存於體內的「精氣」，復
有用於女姓而為「女之精」者。頁 408）亦有一說將「還精」視為「氣」
的流動，以導引、氣功的角度解釋。（如高羅佩（R.H. van Gulik）：
《中國古代房內考：中國古代的性與社會》，李零、郭曉惠等譯，台
北：桂冠，1991.11）以「氣」之精華為「精」，其說應自戰國後期形
成，《管子·內業》：「精也者，氣之精者也。」《文子》、《呂氏
春秋》、《淮南子》都有人之體氣最精者為「精氣」的說法。（參見
杜正勝：《從眉壽到長生——醫療文化與中國古代生命觀》，台北：
三民，2005.4）而「精氣」、「精液」還涉及與「精神」的關係，原
田二郎曾指出即以「精」對應「房中」，「氣」為「胎息」，「神」
則是「存思」的道教修行方式，以養生家最重視的「精」為核心，有
一「神」→「氣」→「液」的變遷過程。（原田二郎：〈養生說にむ
ける「精」の概念の展開〉，收入《中國古代養生思想の總合的研究》，
東京：平河出版社，1988.2，頁 342-378）而房中的陰陽相交與內外丹
的龍虎交媾，皆涉及精、氣的轉化，使身體純淨不死。（參見石田秀
實：《氣·流動的身體》，楊宇譯，台北：武陵，1996.2）不論如何，

別強調房中術，之所以與行氣、服藥並列，一方面以房中主陰陽調和，不可盡廢；一方面在當時有眾多的房中術，葛洪認為可以為成仙之輔，特別是房中有延壽的功效。其實葛洪對房中術也不甚了了，因其神秘的性質，所以採取較保留的態度。葛洪對於房中術的態度頗堪玩味，他一方面批評過分宣揚房中術的功效，一方面又不排斥以房中為成仙的方法。基本上，葛洪是肯定房中術的，其云：「人復不可都絕陰陽，陰陽不交，則坐至壅閼之病；故幽閉怨曠，多病而不壽也。任情肆意，又損年命。唯有得其節宣之和，可以不損。」（〈釋滯〉，頁150）又於〈微旨〉云：「人不可以陰陽不交，坐致疾患。若欲縱情恣欲，不能節宣，則伐年命。善其術者，則能卻走馬以補腦，還陰丹以朱腸，采玉液於金池，引三五於華梁，令人老有美色，終其所稟之天年。」（頁129）葛洪一再強調人不可陰陽不交，正視本能之性，但站在養生的立場，必需節宣有法。葛洪並不排斥房中術，他反對的是單行房中術就可致神仙，或可以移災解罪之說，並將這些說法斥為「巫書妖妄過差之言」或「姦偽造作虛妄」。（頁128、129）換言之，房中術不能單行致神仙，但又有其必要，所以能為成仙之輔。還有，因房中術的隱密性，故以口訣相傳而不及於書，葛洪其師鄭隱亦未傳其法，葛洪自己「復未盡其訣矣。」（頁150）可以判斷葛洪對房中術並不深入，之所

以葛洪的理解，房中術可「補救損傷」、「攻治眾病」，如同治病之方；「采陰益陽」可視為一種陰陽調合的方法，但主要是站在男性角度言；「增年延壽」則是房中術最重要的目的，也是葛洪肯定房中術的主要原因。

以一再將房中（寶精）與行氣、服藥（金丹）並列，其因或可解釋為房中術的起源甚早，在兩漢已有一定的理論與技術，並且發展成一種重要的養生方技，否則《漢書‧藝文志》不會在「方技略」立「房中」一支，葛洪也不會提到「房中之法十餘家」，（〈釋滯〉，頁150）而〈遐覽〉著錄了《玄女經》、《素女經》等房中典籍。**⑪** 另可證於馬王堆出土的古房中經典，房中術不單是一種專門之學，且至葛洪之時，房中術極盛，同時有各種誇大不實以炫惑人心之說。葛洪一方面從養生的角度採取肯定的之場，另一方面又以金丹大藥為正宗，對房中術的氾濫予以駁斥。由此可見得早期道教在成仙的目的下吸收房中術，或肯定、或貶抑，是道教發展的一個重要現象。且相較於六朝其他道派，如上清派主張絕欲而反對還精補腦的房中術，以葛洪為代表的「葛氏道」對於房中術還是抱持肯定的態度。**⑫** 但是值得注意的是，葛洪雖肯定房中，可是仍持保留態度，至少反對單行房中術即可成仙的說法。

至於「行氣」之法，則是先秦兩漢氣化論的發揚，包含吐納、調息、胎息等各種呼吸功法，葛洪屢稱道之。「服藥」之「藥」或云「大藥」，即「金液還丹」，或名「金丹」，其法承古代練冶之術，葛洪視為成仙的最重要方法。文中所謂「此三事，復有深淺」，指「寶精」、「行氣」與「大藥」（金丹）各有深淺多方，學者宜

---

⑪ 據李零之說有八種，前引書，頁 384-385。李零也討論了馬王堆出土的房中書，可參考。

⑫ 林富士：〈略論早期道教與房中術的關係〉，《中國中古時期的宗教與醫療》，台北：聯經，2008.6，頁 333-402

從淺入深，非云此三者有高下之別，顯見葛洪將此三者並列為求神仙之「至要」，有其理據。除上引〈釋滯〉，〈雜應〉也提到「養生之盡理者，既將服神藥，又行氣不懈，朝夕導引，以宣動榮衛，使無輟閡，加之以房中之術，節量飲食，不犯風濕，不患所不能，如此可以不病。」（頁271）為道者之所以不病，「服藥」、「行氣」、「導引」以及「房中」之法。另外，〈微旨〉論養生方術，分為房中、行氣、導引和藥餌四門。其中以呼吸吐吶的行氣和體位運動的導引都與人體之「氣」有關，蒙文通認為早期「吐納導引未必分途，以皆歸於行氣耳」，故改葛洪四門為行氣、藥餌、寶精三類。❸ 不論「行氣」與「導引」是否同為一類，葛洪詳論這些方法時，又屢言「寶精」、「行氣」無法單行之而成仙，只有煉得金丹可服之成仙，如此一來，「寶精」、「行氣」與「大藥」又不僅只於深淺之別，甚至有獨尊「大藥」的傾向。葛洪指出因「金丹」最為難得（煉），相較之下，寶精行氣較易施行。〈微旨〉云：「九丹金液，最是仙主。然事大費重，不可卒辦也。寶精愛炁，最其急也，并將服小藥以延年命，學近術以辟邪惡，乃可漸階精微矣。」

---

❸ 參見蒙文通：《古學甄微》，成都：巴蜀書社，1987.7，頁 337。行氣與導引早期的確不分，但葛洪從具體實行的方法分別，也可見得養生理論的變化。此外，房中術與氣論也有密切關係，亦可由此觀察中國養生術的發展。（可參考坂出祥伸：《氣と養生：道教の養生術と咒術》，京都：人文書院，1993.1，頁 95-100；Henri Maspero, "Methods of Nourishing the Vital Principle in the Ancient Taoist Religion," in *Taoism and Chinese Religion*, trsnslated by Frank A. Kierman, Jr. Amberst: The University of Massachusetts Press,1981）

（頁 124）煉製金丹既然最困難，以由淺入深的觀點，當然列為最後。而且，最難得者最為有效，否則人人皆可輕易成仙，故以大藥為主，其他方法為輔。除此之外，葛洪又於〈至理〉云：「服藥雖為長生之本，若能兼行氣者，甚益甚速，若不能得藥，但行氣而盡其理者，亦得數百歲。然又宜知房中之術，所以爾者，不知陰陽之術，屢為勞損，則行氣難得力也。」（頁 114）以「服藥」為本，其他「行氣」與「房中」等法可為輔助，但僅「行氣」，只得延壽，可見「寶精」、「行氣」與「金丹」仍有高下之別。

　　若「金丹」是成仙最重要的方法，其他只為輔助，是否僅專心煉丹即可？葛洪似乎又不如此認為，以為眾術皆應兼修。我們並不以為葛洪自相矛盾，細玩其文意，求仙之術在當時可謂眾矣，如能兼修各種，對於成仙都有助益。以葛洪師承言，金丹之術佔有重要位置，但是以求仙者的心態言，各種可能的方法都值得一試，前引「寶精行氣，服一大藥便足」，但在他處，葛洪又屢言其餘長生之方，甚至也以「至要」說之。如〈對俗〉引《仙經》云：「服丹守一，與天相畢；還精胎息，延壽無極。此皆至道要言也。」（頁47）「服丹」即金丹大藥，「還精」即寶精，「胎息」為一行氣之法，此三者屢為葛洪所言，但此處又以「守一」之法為「至道要言」，似與前三者並重。「守一」，又稱之「守真一」與「守玄一」，葛洪也多言其重要性，守一又為存思之法，在兩晉時也是道教上清派的重要功法。❹此外，葛洪也強調道德實踐的重要性，〈對俗〉云：

---

❹　「守一」之說可溯及《老子》：「聖人抱一為天下式。」（二十二章）河上公注云：「抱，守。法，式也。聖人守一，乃知萬事，故能為天

「欲求仙者，要當以忠孝、和順、仁信為本。若德行不修，而但務方術，皆不得長生耳。」（頁 53）德行不但成為一種修煉功法，甚至不修德行，還不能成仙，道德實踐竟變成能否成仙的必要條件，似乎一躍而成為眾術之首。換言之，修德行雖非方術，但卻是在面對世俗倫理時無法迴避的問題，葛洪之所以將修德行視為成仙必要條件，並非放棄金丹大藥，而是將德行納入修道之中。一方面可解釋世俗對修道需捨棄倫理的質疑，一方面也可以為修道建立一個不離世俗的方向。如此一來，修道並非離俗，既不捨棄忠孝倫理，更以度人濟世拉高修道的層次。

所以，葛洪除了強調「金丹」、「寶精」、「行氣」之法，還重視「守一」與積善立功等各種方式，可以看出葛洪對其他修煉方術，基本上也都採取正面對待，即金丹大藥雖為成仙之最重要者，但其他方術亦不可偏廢。〈微旨〉批評各得一方者為「淺見方家」，只主張「房中」、「行氣」、「導引」者，都蔽於一隅而不能成仙，故「凡養生者，欲令多聞而體要，博見而善擇，偏修一事，不足必賴也。」（頁 124）葛洪博採眾術的看法，由此可見，只不過葛洪

下法式也。」河上公以「抱一」為「守一」，另於注「載營魄抱一」（《老子·十章》），更詳論「守一」之法。「守一」之說在兩漢進一步發展，從東漢至六朝時逐漸將「一」視為具體之神祇，化為人身三丹田（三宮）之守宮神，六朝上清派據以為守一存思之法，為其修持重要法門。葛洪亦論及「守一」之法，可見在當時已是一種重要的修煉方術。關於六朝道教「守一」之法，可參見蕭登福：《六朝道教上清派研究》之陸〈道教及上清派「守一」修持法門之源起及其演變〉，台北：文津，2005.11，頁 345-417。

儘管認為應博通各種成仙方法，但仍以金丹大藥為主。煉製金丹，必然得涉及實際操作的方法，但是我們需注意其中所蘊藏之「道」，即如何藉由技術層次的修煉達到超驗的神仙，便得建立足以說服他人的修煉理論。葛洪之所以具有影響力，其整理並論述金丹理論至為關鍵。

第二節 金丹理論及其重要性

在道教長生方術中，金丹可說是服食的一種。服食亦稱服餌，泛指服用藥物或任何有助於長生的物品，以藥物言，可大略分為草木藥和金石藥，草木藥以植物和菌類為主，偶有動物的血肉；金石藥指用爐鼎燒煉礦物，配製成藥餌，做成長生不死的金丹，由此而產生各種煉丹術，又因煉製過程中可得藥金、藥銀，故發展出黃白術。煉丹術包含黃白術和金丹術兩個部分。所謂「黃白術」指將鉛、錫等金屬冶煉成貴金屬如黃金、白銀而得名，這些煉製而成的藥金有幾種用途：一為財富的獲取；一為服用以治病養生；一為役使鬼神，還可以之施行各種法術。關於習黃白術以求致富者，葛洪曾批評之，並以其師鄭隱之口云：「真人作金，自欲餌服之致神仙，不以致富也。」（〈黃白〉，頁 286）由於黃白如同金丹術之修煉需齋戒、守禁忌，不可心術不正，且道士以修煉成仙為日的，更不能藉黃白術斂財，所以道士多貧窮。至於「金丹術」則是將某些金屬和非金屬礦物按一定比例與操作程序，反復煉製，最後所得的化合物呈金、赤色，所以稱金丹，服用金丹可延年益壽乃至成仙。唐宋

內丹術興起後，煉製金石的方術又名外丹術。⑮ 對於外丹術，學界一般從掌握化學冶煉的角度給予肯定，⑯ 但又從服食致死的角度斥為迷信。⑰ 亦即煉製丹藥所涉及的各種原料、劑量、製程等皆有一

⑮　學界一般認為外丹術源於戰國時期，以不死藥的各種傳說為代表，如《戰國策・楚策》中「有獻不死之藥於荊王」而引發搶食的故事；《史記・封禪書》有齊威王、宣王與燕昭王使人入海中神仙求藥之事，因為相傳「諸仙人及不死之藥皆在焉」。這些傳說都有一個「不死藥」的關鍵，將仙人與不死藥的連結在兩漢更是盛行，促使方士努力試驗各種煉丹方法。關於中國煉丹術的發展歷程，可參考容志毅：《中國煉丹術考略》，上海：三聯，1998.5。

⑯　如英國科學史家李約瑟（J. Needham）對中國古代科學的研究中，論及道教煉丹與冶金技術發展的關係。（李約瑟：《中國科學技術史》（第 2 卷），北京：科學，2005.8）日本學者吉田光邦〈中世の化學(煉丹術)と仙術〉一文，則詳細說明煉丹術與中國古代化學的發展，（是文收入《中國中世紀科學技術史の研究》，藪內清編，京都大學人文科學研究所研究報告，東京：角川書店，1963）書中另有一篇山田慶兒〈中世の自然觀〉，甚至稱葛洪是近代化學的先驅。而胡孚琛直接以「道教科學」為名，將金丹、醫藥、房中、武術和兵法等全納入中國科學之範疇。（胡孚琛：《魏晉神仙道教──抱朴子內篇研究》第六章〈《內篇》中的道教科學〉，北京：人民，1989.6）至於以「道教科學」為研究對象的論著，還可參考《中國道教科學技術史（漢魏兩晉卷）》，姜生、湯偉俠編，北京：科學，2002.4。另外，道教煉丹與中國化學、金屬工業的關係，可參見《中國古代金屬化學及金丹術》，王璡等著，上海：中國科學圖書儀器，1957.4；Nathan Sivin, *Medicine, Philosophy and Religion in Ancient China: Researches and Reflections.* Aldershot, England: Variorum, Ashgate Publishing, 1995. pp.1-72.

⑰　唐代外丹術大盛，但許多皇帝因服食金丹致死，（趙翼《廿二史箚記》

定，看似與西方化學實驗相近，故學界多以為促成中國科學技術的發展。然而，道士煉丹的目的是為求長生不死藥，各種煉丹記載並不為建立客觀實驗數據，且煉丹還涉及陰陽五行理論，與科學技術在生活日用中的理論與實用目的實有出入。❸如果我們不從科學技

卷十九〈唐諸帝多餌丹藥〉）當時已引起許多非議，學界一般也多認為這是外丹術由盛轉衰的關鍵。（陳國符在〈中國外丹黃白術考略論稿〉中論及外丹術至唐代臻於極盛，然餌食金丹中毒者時有所見，此乃唐代之後，外丹術衰微的重要原因。是文收入《道藏源流考》下冊，台北：中華書局，1963，頁 370-437）外丹術衰而內丹術起，宋人於內丹已多不復置信，外丹與黃白之法遂逐漸排除於道教長生修煉方術，至現代學者論外丹黃白之術多以中國早期化學試驗視之，而排除於人體養生之外，如洪丕謨分類道教十大長生術，便剔除外丹、服石、服散等所謂違反科學之法。（洪丕謨：《道教長生術》，杭州：浙江古籍，1992.2）陳耀庭等編《道家養生術》，也認為外丹術雖影響了中國古代化學和醫藥，但是不能做為今日養生之用，故僅編「金石方」於「服食類」的附錄。（《道家養生術》，陳耀庭、李子微、劉仲宇編，上海：復旦大學，1992.8）

❸ 黃白術嘗試從礦物原料提煉金銀，西方多以「煉金術」（Alchemy）視之。若比較道教黃白與西方煉金，實有相似之處。包括中國、印度、埃及、中東與歐洲等世界古文明，皆有煉金術傳統，雖然文化背景、地理環境有極大差異，但是煉金術士企圖透過各種煉製方法將物質提昇至另一層次，甚至追尋一個理想中的「哲人石」（philosopher's stone），似乎有著神秘的共同性。亦即東西方的煉金術不只是一種化學實驗或財富的追求，而有一種超越現實的嚮往。相關問題可參考舒特（Hans-Werner Schutt）：《尋求哲人石：煉金術文化史》，李文潮等譯，上海科技教育，2006.10；馬歇爾（P. Marshell）：《哲人石：探尋金丹術的秘密》，趙萬里等譯，上海科技教育，2007.06。近代心理學大師榮格（C. G. Jung）甚至利用煉金術與道教內丹學，在晚年將

術的角度讚揚煉丹術，也不以金丹大藥能得不死為無稽，而回到道
士之所以煉丹以求成仙的目的，嘗試探求葛洪為什麼如此重視金丹
大藥。

　　葛洪在《抱朴子內篇》中一再申明「金丹」為所有修煉長生不
死方法之最重要者。關於「金丹」之重要，〈金丹〉有云：「余考
覽養性之書，鳩集久視方之方，曾所批涉篇卷，以千計矣，莫不皆
以還丹金液為大要者焉。然則此二事，蓋仙道之極也。服此不而仙，
則古來無仙矣。」（頁 70）「服神丹令人壽無窮已，與天地相畢，
乘雲駕龍，上下太清。」（頁 74）「九丹者，長生之要，非凡人
所當見聞也。」（頁 74）「長生之道，不在祭祀事鬼神也，不在
道引與曲伸也，昇仙之要，在神丹也。」（頁 77）另外，〈仙藥〉
亦云：「上藥令人身安命延，生為天神。」又云：「仙藥之上者丹
砂。」（頁 196）〈極言〉：「不得金丹，但服草木之藥及修小術
者，可以延年遲死耳，不得仙。」（頁 231）〈黃白〉：「朱砂為
金，服之昇仙者，上士也；茹芝導引，咽氣長生者，中士也；餐食
草木，千歲以還者，下士也。」（頁 287）「金丹」或名「還丹」、
「神丹」與「九丹」，皆指服之能成仙的丹藥。同樣是服藥，與其
他諸多成仙藥材相較，金丹是唯一服之能昇仙者，其他藥或得地
仙，或得長壽，皆不如金丹。此外，若與其他成仙方術相較，葛洪
博采眾說，但金丹仍是最重要者。就服食而言，金丹勝過所有其他

　　其心理學進行現象學式的分析，揭示了煉金術中的象徵意義。參見芮
　　夫（Jeffrey Raff）：《榮格與煉金術》，廖世德譯，台北：人本自然，
　　2007.8。

礦物和草木藥；就養生方法言，服食金丹最為重要，其他導引、胎
息、房中諸法僅收輔佐配合之效，即服食金丹大藥便可成仙，其他
修煉方式皆不能單獨成仙。相較於其他長生方術，吃不死藥顯然更
為具體，且功效立見。是以早期道教追求長生成仙的方式，便以不
死藥最為重要，而如何取得或煉製不死藥，也成為方術士的重要技
能。關於「不死藥」的神話傳說由來已久，對於生命永恆的追求自
古有之，而長生不死的關鍵，在於人通過「服食（吃藥）」這個象
徵，達到形體轉化，從人變為仙，即藉助藥物幫助，擺脫肉體有時
的限制。是故，「不死藥」在神話傳說中的出現，有先民對生命永
恆渴望的心理背景，也蘊含著物質轉化的可能性，更具有變形神話
中改變的象徵意義。❶ 至於道教的金丹術，可說是不死藥傳說的具

---

❶ 卡西勒（E. Cassirer）以「變形」（metamorphosis）解釋神話中的連
續時間觀，不同生命並無絕對的差異，而是以流動的形式連結時間，
空間也是。（卡西勒：《人論：人類文化哲學導引》第七章〈神話與
宗教〉，甘陽譯，台北：桂冠，2005.6）若我們藉卡西勒的論述來觀
察中國神話，當有一定啟發。王孝廉即認為許多中國變形神話所呈現
的，是古人的「圓形循環」的時間觀，即死亡不是生命的終了，而是
到達再生的過渡，變形神話中的「死與再生」主題就是在這種形體的
改變中完成。（王孝廉：《中國的神話世界》（下冊），台北：時報
文化，1987.6，頁565-598）另外，有關中國變形神話的研究，還可參
見樂蘅軍：〈中國原始變形神話試探〉，《古典小說散論》，台北：
純文學，1984.6，頁1-38。在變形神話中，死亡不再是生命的終結，
而「不死藥」的出現，實為連結生命與死亡兩者的關鍵。葛洪論金丹
與黃白術之所以成立，在於萬物可相互轉化的基礎上，延續了原始神
話中生命藉由不同形式達到永恆與連續的意義；所不同的是，原本是
屬於神所擁有的「不死藥」，人也可以憑一己之力煉製。

體實踐,也可說不死藥與神仙傳說開啟了早期道教追求長生的一個具象化理想。從先秦時向海外仙山尋求不死藥,到西漢時已有方士進行煉丹,至東漢末已有一定的經驗與理論。葛洪在〈金丹〉和〈黃白〉篇記載了左慈傳下的丹法,有許多實際操作的記錄。在這些丹法的記錄中,我們可以深入追尋葛洪特別重視金丹的種種原由。

一、氣、變化與類推

首先,服食金丹為何可得長生成仙?李豐楙曾直指「煉丹術的中心思想就是氣與變化」,並謂「變化思想為葛洪仙學體系的中心,凡神仙變化,丹道變化等胥以此說為其基本觀念。」[20]服金丹能成仙,在於服下金丹後身體產生變化,從原本有時空限制的肉體變化成不受這些限制的仙人。變化的理論基礎在於各種物類是可以相互轉化,而物與物之所以能轉化,在於萬物的構成皆由氣之聚散,即氣凝聚而形成事物,當氣流動時便能易形。〈黃白〉有一段論述闡述此理,其云:

> 夫變化之術,何所不為。蓋人身本見,而有隱之之法。鬼神本隱,而有見之之方。能為之者往往多焉。水火在天,而取之以諸燧。鉛性白也,而赤之以為丹。丹性赤也,而白之而為鉛。雲雨霜雪,皆天地之氣也,而以藥作之,與真無異也。

---

[20] 李豐楙:《不死的探求——抱朴子》,台北:時報,1998.12 四版,頁 263、116。變化涉及氣的流通概念,且變化形體是成仙理論的根據,本書尚詳論中國古代變化思想的形成及其意義,可參看之。

至於飛走之屬，蠕動之類，稟形造化，既有定矣。及其倏忽
而易舊體，改更而為異物者，千端萬品，不可勝論。人之為
物，貴性最靈，而男女易形，為鶴為石，為虎為猿，為沙為
黿，又不少焉。至於高山為淵，深谷為陵，此亦大物之變化。
變化者，乃天地之自然，何為嫌金銀之不可以異物作乎？譬
諸陽燧所得之火，方諸所得之水，與常水火，豈有別哉？蛇
之成龍，茅穢為膏，亦與自生者無異也。然其根源之所緣由，
皆自然之感致，非窮理盡性者，不能知其指歸，非原始見終
者，不能得其情狀也。狹觀近識，桎梏巢穴，揣淵妙於不測，
推神化於虛誕，以周孔不說，墳籍不載，一切謂為不然，不
亦陋哉？（頁284）㉑

本段所言變化之事，雖明黃白術之可能，實可與金丹術比並觀之。
歸納重點如下，其一，萬物有各種互相變化的情形，從有生命的動
物到無生命山谷皆是，而葛洪從傳說和史書所載說明人可以變成各
種東西。其二，物類能互相變化的根據在於萬物皆是「氣」。其三，
物類既能互相變化，不僅存在於大自然中，人也能掌握變化的方
法，「以藥作之」，且成品「與真無異」。其四，宇宙無窮，如人

㉑　李約瑟引此段論葛洪的科學思想，而稱其「是個道地的巴拉塞耳士
（Paracelsus），雖然他較狂熱的實驗家 Finsiedeln 早一千年。他因耽
於其事，而深信萬物無奇不有。」（《中國科學技術史》，北京：科
學，2008.5，頁 155）李約瑟稱讚葛洪是中國歷史上傑出的煉丹師，
儘管《抱朴子》中仍有許多荒誕不經的論斷，但是葛洪的成就是無疑
的。

囿於所見，以為聖人不言，典籍不載，便不信變化之可能，是蔽陋無知的。葛洪認為從變化的觀點來看，黃白術是可以成立的。

《抱朴子內篇》尚有其他地方談到變化之事，葛洪曾說明形體並非固定，生命也非一定，其云：

> 夫存亡終始，誠是大體。其異同參差，或然或否，變化萬品，奇怪無方，物是事非，本鈞末乖，未可一也。夫言始者必有終者多矣，混而齊之，非通理矣。謂夏必長，而薺麥枯焉。謂冬必凋，而竹柏茂焉。謂始必終，而天地無窮焉。謂生必死，而龜鶴長存焉。……萬殊之類，不可以一概斷之，正如此也久矣。……若謂受氣皆有一定，則雉之為蜃，雀之為蛤，壤蟲假翼，川蛙翻飛，水蠆為蛉，符苓為蛆，田鼠為駕，腐草為螢，黿之為虎，蛇之為龍，皆不然乎？若謂人稟正性，不同凡物，皇天賦命，無有彼此，則牛哀成虎，楚嫗為黿，枝離為柳，秦女為石，死而更生，男女易形，老彭之壽，殤子之夭，其何故哉？苟有不同，則其異有何限乎？（〈論仙〉，頁 13-14）

這一大段論述主要從事物的差異變化著手，批評莊子的齊物思想，也否定王充從有始必有終推論有生必有死，以為天地之大，經驗之有限，不能窮盡各種事物，既然我們不能盡知所有事物，就不可能否定神仙必然不在，所以神仙的存在是有可能的。從經驗論來看，導向不可知論是一種安全的論述，但同樣的，也無法由此證明神仙就一定存在。換句話說，經驗的有限性固然可以推論神仙可能存在，但同時也包含了神仙不存在的可能。在證明神仙是否存在的論

題上既然存有一定缺陷，葛洪為了說明人為什麼能變為神仙，仍得落在氣化論所形成的變化觀上。萬物雖受氣而成形，但正因為氣是不固定的，所以萬物之形也是暫時性的，可以變化成別的事物。所謂的「受氣」，在成就形體之後，因氣變動流轉，還有變化的可能。也因此葛洪雖認為人稟受自然之氣，雖在先天上已有命定的傾向，但透過後天的努力，成仙仍有可能，這也是葛洪突破命定觀的一個重要論點。另外，〈對俗〉也有云：

> 按玉策記及昌宇經……蛇有無窮之壽，獼猴壽八百歲變為猿，猿壽五百歲變為玃。玃壽千歲。……虎及鹿兔，皆壽千歲，壽滿五百歲者，其毛色白。熊壽五百歲者，則能變化。狐狸豺狼，皆壽八百歲。滿五百歲，則善變為人形。鼠壽三百歲，滿百歲則色白，善憑人而蔔，名曰仲，能知一年中吉凶及千里外事。如此比例，不可具載。（頁 47-48）

此言動物活到百千歲之壽便能變化，尤其是能變成人形，此說也反映了魏晉時人對生物的一種認知，故於後世神怪小說中屢屢可見事物因長壽而化為人形之精怪故事。這種事物可相互變化的觀念，承兩漢以來對事物認識的傳統，也是從氣化宇宙論所形成的。❷❷若不去

---

❷❷ 兩漢在氣化論的影響下，皆持氣生成說，萬物因氣而有變化的可能。然而，贊同變化卻延伸出兩種不同結論，一持變化之無窮而長生神仙可期，如《淮南子》所論；一主形變神滅而否定長生之說，如桓譚、王充皆持此觀點。這兩種觀點也延續至六朝，如葛洪便持氣可共通流動的看法，所以服食更能藉物之性而獲得長生；楊泉、何承天與范縝等皆持神滅論，以為人死就形神皆亡。關於形神的論述，可參見第二章。

細究葛洪所舉的這些變化事證是否都能成立，問題的關鍵在於萬物固然有變化的情形，但人類不必然擁有改變萬物的能力與方法。亦即從變化觀只能說事物的變化有可能而已，但不能證明黃白術必然可行。儘管如此，葛洪於此融入了強烈的自我意志，只要堅信神仙存在，則黃白術、金丹術或其他方術都是成為仙人的可行之途。

　　從變化連結氣論，的確是葛洪對於服金丹能成仙之說堅信不疑的理論根據。而我們還可以再加上「玄道」之論，構成一個由「道一氣」所產生的變化觀，使其金丹論更為完整。❷❸如前所言，葛洪認為萬物感氣而成形，然「氣」從何而來？依兩漢氣論，「氣」是構成萬物的元素，相較於「道」之無相無狀，「氣」可說是「道」的具象化，葛洪言「道」，謂「道也者，所以陶冶百氏，範鑄二儀，胞胎萬類，醞釀彝倫者也。」（〈明本〉，頁185）此「兩儀」應為陰陽二氣，由「道」（無形）至「氣」（有形）而成萬物的宇宙論，形成一個以「道」為本源，以「氣」化為物，且能包蘊萬物的「道—氣」架構。也就是說，以「道」觀之，萬物皆一體；以「物」觀之，雖萬物有別，然在此「大體」中，萬物卻能相互流動。如此一來，在這個架構下，人能突破形體的限制，得以成仙，此「仙」即是一得「道」者。❷❹至於金丹如何成為「昇仙之要」？胡孚琛認

---

❷❸　葛洪論「氣」，不僅止於以氣變化說明服食成仙的可能，還將「道」與「氣」結合。關於「道」與「氣」的關係，參見本書第一章。

❷❹　葛洪曾如此描述仙人，其云：「夫得仙者，或昇太清，或翔紫霄，或造玄洲，或棲板桐，聽鈞天之樂，享九芝之饌，出攜松羨於倒景之表，入宴常陽於瑤房之中，曷為當侶狐貉而偶猿狖乎？所謂不知而作也。夫道也者，逍遙虹霓，翱翔丹霄，鴻崖六虛，唯意所造。魁然流擯，

為金丹是「道」的象徵，道士煉丹是將「道」物化成金丹，服食金丹即是將道輸入體內，合道成仙。即「道」→「一」→「道」構成一個循環，「一」是道士存思守一、煉製金丹的修煉過程，而「道」從形上本體通過道士的實踐再上昇至抽象的神仙境界。㉕這個說法將金丹與道的關係連繫成一個整體，替葛洪建立起一個完整體系，葛洪雖然不見得有意識於此，但服食金丹的確有一個「返還」的象徵意義，服食不僅只是單純的「假求於外物以自堅固」，還有藉由此物以完成返回的過程。

「金丹」又以「還丹」為名，實暗喻一個「返」的過程，葛洪曾說：「長生之要，在乎還年之道。」（〈極言〉，頁245）所謂

未為戚也。犧牖聚處，雖被藻繡，論其為樂，孰與逸麟之離群以獨往，吉光坆偶而多福哉？」（〈明本〉，頁189）這段描述著重於仙人的悠遊與享樂，且有將「道」實體化的傾向，衡諸於〈明本〉論「道」能「陶冶百氏，範疇二儀，胞胎萬類，醞釀彝倫」，能「內以治身，外以為國，能令七政遵，二氣告和」，（頁185）再觀〈道意〉所述，葛洪所論的仙人是一「得道者」，所得之「道」並不是道理或原則，而有獲得「某物」（道）之意。而這個「某物」，可推論就是金丹。「道」與「金丹」可說是同一物，或云「金丹」為「道」之具體化身。即道雖具有形上意味，但更是成仙的關鍵，在這個意義上，「得道」與「得金丹」產生連結。雖然葛洪並未明指「金丹」即「道」，可是在其論述中，「金丹」為昇仙之要，得金丹即成仙，而得道者即成仙者，不論葛洪是否有意識地將「金丹」視為「道」，至少「服金丹」與「得道」的連結，已為神仙道教建立一個極為重要的理論基礎。

㉕ 前引書，頁 200-202。胡孚琛並稱「葛洪的道教哲學本身是漢代道家黃老之學的宗教化和方術化，它是一種以道為本的可體得哲學。」（頁202）

「還年」，即返老還童，也就是不使生命老去。〈黃白〉記錄一種「務成子法」，煉成之後日服三丸，盡一斤，則「老者即還年如三十時」，（頁 291）這就是服還丹的具體成效。❷而「還」也有道家哲學中的返回原初，回歸素樸之義。老子云：「反者，道之動。」（《老子》四十章）道之能動性表現在「反」與「返」的雙重意義，老子常言「朴」，以「朴」對比於遭世俗人文化的混濁世界，得道者終將「復歸於朴」（《老子》二十八章），且「見素抱朴，少私寡欲」（《老子》十八章）更是葛洪引之為書名之源。可見金丹術之「還丹」固然有返老還童的具象意義，還蘊含了回歸素樸之意，綜觀道教修煉術中屢以「還」言之，實具有回到生命原始與返回素樸心靈境界的雙重意義。如此一來，服金丹能成仙立基於變化論，再透過煉製時的返還象徵，完成一個變化歸於大道的過程，而確立人能突破形體限制達於無窮的仙人境界。

金丹大藥固然有氣與變形的理論為基礎，但在金丹煉製與服食變化的關係與過程，葛洪所代表的金丹神仙道派似乎仍欠缺一些說

---

❷　「還丹」一詞，最早見於《周易參同契》，該書的上篇末了部分謂：「金來歸性初，乃得稱還丹。」在《周易參同契》中，所謂「還丹」尚無大小之分，也無內外之別。在《抱朴子內篇》中常見「還丹金液」並稱，「還丹」即「金丹」之名。此外，〈金丹〉篇中記載了「九丹」之名，得九丹任一丹即可成仙，「還丹」是第四丹之名，成為一特定的丹名，可見葛洪在使用「還丹」一名時，有泛稱「金丹」或特指某一丹。還有，不只「丹」須「還」，「精」也要「還」，葛洪引仙經云：「服丹守一，與天相畢，還精胎息，延壽無極。此皆至道要言也。」（〈對俗〉，頁 47）房中之「還精」，即「返還精氣」之意，所謂「還精補腦」即讓「精」不洩，方能還補「腦」（元氣）。

服力與更深刻的理論。也就是說，葛洪對於如何煉製丹藥的興趣，似乎高於探究服金丹為何能成仙，更遑論將煉丹術提昇至理論層次。盧國龍曾提出金丹術與神仙信仰在漢末六朝之時傳播，因缺乏基礎理論，一直受到懷疑，然而漢末《周易參同契》中已具有的丹道理論竟未受到注意，一直到唐代才受到道教重視而成為由外丹轉向內丹的關鍵。這個奇怪的歷史現象，或許是「晉南北朝道教丹術對於技術層面的重視，掩蓋了對於理論層面的應有關注。」❷ 金丹術的確重視煉製的技術、條件與實際操作，葛洪自己晚年隱居羅浮時亦親自試煉。以葛洪之博覽，竟未注意《周易參同契》，或與其師承有關。總之，重視技術層面固然可為忽略理論層面的原因之一，然從《抱朴子內篇》觀之，葛洪並非不談理論，其試圖為金丹術建立一套理論的用心隨處可見，只是不夠深入，是其可惜之處。

二、「金」的象徵意義與煉丹的隱密性

葛洪對金丹的效驗至為推崇，但為什麼是服食金丹而不是其他藥物？為何以丹砂鉛汞為原料？繁雜的煉丹程序有何理論根據？關於這些問題，葛洪以直接的類推方式加以論證。如〈金丹〉篇以金丹為長生之法最重要者，其理由引述而下：

> 夫五穀猶能活人，人得之則生，絕之則死，又況於上品之神藥，其益人豈不萬倍於五穀耶？夫金丹之為物，燒之愈久，變化愈妙。黃金入火，百煉不消，埋之，畢天不朽。服此二

---

❷　盧國龍：《道教哲學》，北京：華夏出版社，2007.1，頁 359。

> 物，鍊人身體，故能令人不老不死。此蓋假求於外物以自堅
> 固，有如脂之養火而不可滅，銅青塗腳，入水不腐，此是借
> 銅之勁以扞其肉也。金丹入身中，沾洽榮衛，非但銅青之外
> 傅矣。（頁 71-72）

這一段論述是葛洪說明還丹金液之所以為仙道之極的原因，歸納言
之，其一，五穀是人所必需，藉由外物以延續生命，如果服食一種
本身長久不變的藥物，則人便能因此而長生，其理為「假求於外物
以自堅固」。其二，為何是黃金而不是其他藥石，因黃金不壞之性，
在各種草木礦物中獨不懼火燒。❷❽ 其三，煉製金丹無法速成，要燒
煉愈久，「變化」之效方得顯著。其四，金丹必得服食，才能在體
內起作用，這種由外入內的方式，便是借用外物以改變生理限制最
快也最直接的方式。這個論述中，僅以金丹不同於草木的物理性
質，言人服之也能得其長久之效，直接以類推方式說明金丹之重
要。❷❾ 然而，神仙不只是長生不死而已，還具有超越時空的飛昇能

---

❷❽ 關於草木藥與黃金之別，〈金丹〉尚云：「凡草木燒之即燼，而丹砂
燒之成水銀，積變又還成丹砂，其去草木亦遠矣。故能令人長生。」
（頁 72）；「草木之藥，埋之即腐，煮之即爛，燒之即焦，不能自生，
何能生人乎？」（頁 74）葛洪以經驗論草木會腐朽而金丹則否，藉此
判斷兩者高下之別。

❷❾ 弗雷澤（Frazer）所論之「交感巫術」（sympathetic magic），言原始
巫術以事物所具有相同或相類的性質能達到互相傳遞或影響的原則施
術。（弗雷澤：《金枝──巫術與宗教之研究》第三章〈交感巫術〉，
汪培基譯，台北：桂冠，1991.2）葛洪之金丹依據的也是事物同類相生
概念，可參證之。

力，❸ 這就不是黃金長久的屬性所能類比。再者，雖黃金不朽，但想稟受或轉移此特性，需經過什麼樣的過程或機制，即直接服食黃金為何無效，必得經過煉製？若僅吃下金丹即可成仙，則是否任何人只要得到金丹便能成仙？最後，金丹若僅是藉外物的性質來改變肉身的狀態，看似簡單的方式，卻不見有實證之例，除了金丹難煉的說詞外，是否還有更好的解釋？

關於神仙除長生可類比黃金之性，能飛昇或擁有各種變化能力，該如何從「外物」以求得之？葛洪提出不同藥物各有特性，以說明服食不同東西所得之功效不同。〈仙藥〉中指稱：「仙藥之上者丹砂，次則黃金，次則白銀，次則諸芝，次則五玉。」（頁196）仙藥有礦物，有草木，葛洪並詳言各藥物外觀、產地、藥性與服食之法等。尚引《神農經》曰：「上藥令人身安命延，昇為天神，遨遊上下，使役萬靈，體生毛羽，行廚立至。……中藥養性，下藥除病。」（頁196）藥分等級，仙藥亦有不同原料，以其不同屬性及特質，所煉之藥效便有不同。葛洪還連繫不同藥材與服之效果不同，以區別藥物的功效，如〈黃白〉云：「朱砂為金，服之昇仙者，上士也；茹芝導引，咽氣長生者，中士也；餐食草木，千歲以還者，

---

❸ 葛洪多次提到服食金丹能飛昇，如〈金丹〉中言服食「九丹」可昇天而去，「金液」之功能亦同之，又〈至理〉舉修練成仙之事，多云能飛昇成仙。除了飛昇，甚至能「返老還童」，如〈黃白〉中有「務成子法」，丹成服之，「老者即還年如三十時」。此外，〈袪惑〉記載許多欺世盜名的詐騙道士之說詞和作為，其中常見道士言自己能來去古今，或年壽千歲，葛洪雖是批判這些詭誕道士，但也可見時人相信他們的說詞，以為得道（成仙）者能穿越時空。

下士也。」（頁 287）此處所云，不只強調金丹之功效，也分指「金丹」、「茹芝」與「行氣」以及「草木藥」的高下之別。黃金能久存不化，以「金」名丹藥，便有不朽的象徵意，再兼以其他各種藥物的屬性效能，煉製時不獨一味，混合之而兼各種藥效。此外，煉製的過程所採取的方式、時日長短等，亦影響藥效，〈金丹〉中說明「丹砂燒之成水銀，積變又還成丹砂」（頁 72），前者之「丹砂」為鉛汞等礦物原料，經煉製後所成之「丹砂」即為神丹，因透過「轉」這個煉製過程，故又名「還丹」，「還」字具有返還大道之意。轉數多寡會影響藥效，〈金丹〉云：「一轉之丹，服之三年得仙。二轉之丹，服之二年得仙。……九轉之丹，服之三日得仙。……其一轉至九轉，遲速各有日數多少，以此知之耳。其轉數少，其藥力不足，故服用之日多，得仙遲也。其轉數多，藥力盛，故服之用日少，而得仙速也。」（頁 77）金丹煉製愈久，「轉」數愈多，愈得奇效。最具神效者為「九轉丹」，「九」為陽數之極，數起於一成於九，丹至九轉而道成。從一「轉」至九，此「轉」亦蘊涵轉化、變化之意。可見「金丹」又名「還丹」、「九轉丹」，一方面反映出煉製之不易，一方面也賦予金丹數字神秘之意，更有歸返於大道而突破時空限制等多重象徵意義。

如果金之性為久，服黃金便可，為何還得燒煉？且煉金丹之原料並非黃金而是丹砂，可見以「金」為名，實取其長久的象徵意義。❸而煉製不同於自然，〈黃白〉有云：「又化作之金，乃是諸

---

❸ 葛洪所述各種金丹之法並無直接以黃金為原料者，僅「金液」之原料有「古秤黃金一斤」，並說「合金液唯金為難得耳」。（〈金丹〉，

藥之精，勝於自然者。」（頁286）煉製為何勝於自然？這裡顯示
了燒煉的一個重要象徵意義，即神仙並非輕易可得，煉製所需各項
條件得齊備方可，復增金丹大藥之難得，愈難得的東西愈見其價
值，這也是葛洪一再提及煉丹需要許多條件的原因。此外，金石藥
之所以勝過草木藥，也在於煉製的過程，葛洪云：「然小丹之下者，
猶自遠勝草木之上者也。凡草木燒之即燼，而丹砂燒之成水銀，積
變又還成丹砂，其去凡草木亦遠矣。故能令人長生。」（〈金丹〉，
頁72）草木藥不能燒，燒之即盡便無所類推於長久不滅的象徵意
義，而金石藥得燒煉，就是取其能長久之意。

　　然而，金丹既具如此神效，豈不人人皆嚮往之，為何不見煉成
之例。葛洪列舉許多理由，諸如金錢開銷，宜入名山，須得明師，
煉製得法等種種必須配合的條件，藉以增加金丹煉製不易的印象。
相關論述，於〈金丹〉、〈仙藥〉皆可見得。葛洪尚在〈黃白〉篇
中述及自己既得明師，又得方法，為何不能煉製，徒增妄言之譏，
蓋「貧苦無財力，又遭多難之運，有不已之無賴，兼以道路梗塞，
藥物不可得，竟不遑合作之。」（頁281）這些理由是葛洪無法立
即煉丹之因，但他晚年隱入羅浮山煉丹，終能親身實踐之。細究葛

頁84）因合「金液」諸藥材中，唯黃金較為貴重，花費較多。只不過
合「金液」的原料雖多，但煉製較金丹為易，服之亦能成仙。唯此「金
液」，並非單純的液態金，胡孚琛曾指明此點，並認為「道士們的金
液只是一種被認為具備金性的溶液，這種溶液對金的溶解作用或稱作
對金性的汲取效應實際上大多是象徵性的。」（前引書，頁245）「金
液」不但只是取「金」之名的象徵用法，在後來的內丹修煉中，更作
為「肺液」使用，也可見得「金液」一詞的變化。

洪一再提及的煉丹條件，我們可以注意到訪明師、得藥材、入名山等全都是屬於「外在」的，即煉丹者除了堅信神仙可得之外，其餘都不是自己所能掌握。也就是說，儘管堅信神仙可得，但金丹能否煉成，並沒有一定把握。葛洪之所塑造金丹難煉的印象，一方面為解釋歷史上少見金丹成仙之例，一方面也為突顯金丹的神秘性。

金丹術重師承口訣，不著於道書與使用隱名，其神秘性也限制了金丹術的流傳。葛洪一再提及一般道士竟不知金丹大藥的重要，於〈金丹〉云：

> 余問諸道士以神丹金液之事，及三皇內文召天神地祇之法，了無一人知之者，其誇誕自譽及欺人，云己久壽。及言曾與仙人共游者將太半矣，足以與盡微者甚尠矣。或有頗聞金丹，而不謂今世復有得之者，皆言唯上古已度仙人，乃當曉之。或有得方外說，不得其真經。或得雜碎丹方，便謂丹法盡於此也。（頁 70-71）

為什麼諸道士無一人知金丹之事？❷葛洪解釋「故凡作道書者，略無說金丹者也。第一禁，勿令俗人之不通道者，謗訕評毀之，必不成也。」（〈金丹〉，頁 84）金丹之用非人人可知，道書之所以

---

❷ 《抱朴子內篇》中尚有他處指明當時道士不明金丹之要。如：「夫為道不在多，自為已有金丹至要，可不用餘耳。然此事知之者甚希，寧可虛待不必之大事，而不修交益之小術乎？」（〈微旨〉，頁 125）「世間道士，知金丹之事者，萬無一也。」（〈勤求〉，頁 256）「今雜猥道士之輩，不得金丹大法，必不得長生可知也。」（〈勤求〉，頁 259）

不著金丹之事，為避免不信道者據以毀謗。葛洪將俗人謗毀列為第一禁，認為煉丹之時，「尤忌利口之愚人，凡俗之聞見，明靈為之不降，仙藥為之不成，非小禁也。」（〈明本〉，頁187）且煉丹之時，「若不絕跡幽僻之地，令俗閒愚人得經過聞見之，則諸神便責作藥者之不遵承經戒，致令惡人有謗毀之言，則不復佑助人，而邪氣得進，藥不成也。」（〈金丹〉，頁84）煉丹忌俗人，故入深山可避之。因此，煉丹「宜入深山之中，清潔之地，不欲令凡俗愚人知之。」（〈黃白〉，頁285）選擇入山林的目的是避俗人，「山林之中非有道也，而為道者必入山林，誠欲遠彼腥膻，而即此清淨也。」（〈明本〉，頁187）是故入山林成為煉丹一個必要條件，不能入山林者就不能煉成丹藥，葛洪曾舉劉向及史子心在宮中煉丹，無法禁俗人故丹不成之事為鑑。（〈黃白〉，頁285-286）此外，入山還得擇名山，蓋不僅為免其謗言，更可得神明之佑，使丹藥煉成。名山中有神明，「若有道者登之，則此山神必助之為福，藥必成。」（〈金丹〉，頁85）而不可入小山，因「凡小山皆無正神為主，多是木石之精，千歲老物，血食之鬼，此輩皆邪焉。」（〈金丹〉，頁85）故修道煉丹者隱入山林，避免招致不必要的詆毀，也避免不欲不潔之人污染清淨之地，觸怒神明，更因入名山或海中島嶼，方可得神明之助。神明降臨以助煉丹，實與巫術講求隱秘之禁忌有關。李豐楙曾指出這是「出於巫術性的思考原則，將煉丹視為神秘、潔淨的儀式行為。」因為「煉丹一事，在煉丹士的觀念中即是神聖的作業，故講究其儀式性。」❸❸巫術的隱密性為顯

---

❸❸　《不死的探求──抱朴子》，前引書，頁256

其神聖且難得,非俗人所能窺之,且名山與小山之別也是一種聖凡的區別。故葛洪論煉丹一禁俗人毀謗,次忌精怪犯之,故得行齋戒、祭諸神,入名山,絕人事。禁忌會增加隱秘性,禁忌愈多,愈能突顯所戒之事之神聖。葛洪曾說:「仙道遲成,多所禁忌。」(〈對俗〉,頁46)就是這個意思。

金丹術固然隱密,但如此隱匿是否又會阻礙世人求仙信仙,甚至造成對金丹的誤解?蓋宣傳神仙可求是《抱朴子內篇》的宗旨,金丹之妙用應盡量著之於書,宣之於言,為何怕不通道者謗毀之?而且葛洪作〈金丹〉一文已極力突顯金丹大用,《抱朴子內篇》也不斷指出金丹是所有成仙方術最重要者,實已冒著被不通道的俗人謗毀之風險。葛洪之所以著書說明金丹大道,卻又以金丹術不見於道書是為免俗人謗毀之,看似自相矛盾之說,實有其深意。葛洪一方面指出一般道士皆不知金丹,藉以突顯自己得傳大道,加強了師承口傳的重要性;另一方面也藉此使金丹術保有神秘性,增加其具有成仙神效的渲染力。事實上,保持神秘性通常是某種神聖化的必要方式,金丹黃白之術本有以隱名秘密傳授之傳統,如〈黃白〉有云:

> 神仙經黃白之方二十五卷,千有餘首。黃者,金也。白者,銀也。古人秘重其道,不欲指斥,故隱之云爾。或題篇云庚辛,庚辛亦金也。然率多深微難知,其可解分明者少許爾。世人多疑此事為虛誕,與不信神仙者正同也。(頁283)

金丹術不但不著於道書,還使用隱名,顯然是故意為之。為什麼要讓世人不明所以而起疑呢?正因世人不明隱名,增加了金丹術的神

秘；因為金丹術的神秘，突顯成仙得道的不易。更因為金丹術傳授的特性，限制了煉丹者廣求各種煉丹術的可能。雖然從秦至兩漢都有煉丹記錄，❸但多是帝王諸侯召集方士為之，煉丹技術掌握在少數方士手中而秘密流傳，也因此《周易參同契》之所以未被葛洪重視，除了六朝道教丹法多重視技術，或與金丹術的隱密傳承也有一些關係。

第三節　服散之風與金丹大藥

相較於神仙方術中的「服食」成仙，醫藥家對「服食」也採取正面的態度，雖不見得同意神仙存在或人可以長生不死，但服食有益身體健康，甚至可以延年益壽的觀點，在中國醫學中也由來已久。事實上，從早期醫經與神仙的密切關係，「服食」很難區分屬

---

❸ 《史記》、《漢書》中記有諸多方士言不死藥或煉丹之事，如少翁、樂大、寬舒、公孫卿等人，而李少君曾向漢武帝提出：「祠灶則致物，致物而丹砂可化為黃金，黃金成，以為飲食器則益壽，益壽而海中蓬萊仙者可見，見之以封禪則不死，黃帝是也。」於是漢武帝「始親祠灶，遣方士入海求蓬萊安期生之屬，而事化丹砂諸藥齊為黃金矣。」（《史記·封禪書》，頁 1385）與漢武帝同時的淮南王劉安也「招致賓客之士數千人，作內書二十一篇，外書甚眾，又中篇八卷，言神仙黃白之術，亦二十余萬言」。此外，「有枕中鴻寶秘苑書，書言神仙使鬼物為金之術，及鄒衍重道延命方，世人莫見。」（《漢書·楚元王傳》，頁 1928）史書中所見煉丹記錄，多是帝王諸侯為之，且未明確區分煉製不死藥或黃金，而這些技術掌握在少數人手裡，一般人不得見之。

於哪一個類別，彼此之間也相互影響。六朝士人盛行服「五石散」，「五石」之說，自古已有，葛洪主張金丹成仙，其煉丹的重要原料也是「五石」。究竟葛洪的煉丹「五石」與士人服「五石散」之「五石」有何關聯？六朝士人服「五石散」之目的雖然不在於成仙，但服散之所以成為風尚，其理論與背景是否與道教有關？葛洪對「五石散」又持何種態度？至於士人選擇服散的心態，除了保健養生，是否還有其他？葛洪主張煉丹為了成仙，但是他對於丹成之後，是否服之而立即成仙卻流露些許遲疑，這個遲疑似乎透顯出對世間的不捨，此點與士人服散以得人間之「樂」有何關係？以下先討論葛洪之「金丹」理論，再申述六朝服「五石散」的風尚，並比較「煉丹五石」與「服散五石」，最後舉王羲之為例，討論士人服散心態。

一、服散風尚與「五石」成分

「五石」之名，起源甚早，最晚在戰國時期已有。從文獻來看，《史記・扁鵲倉公列傳》記載齊王侍醫遂因病自煉五石散服之，淳于意見而阻止，兩人對話中顯示扁鵲曾論以陽石、陰石治病，也提及醫論中有「中熱不溲者，不可服五石」之語，可見戰國時期已有服「五石」治病的情形。❸❺除了內服，「五石」尚有外用之例，鄭

---

❸❺ 《史記・扁鵲倉公列傳》：「齊王侍醫遂病，自練五石服之。臣意往過之，遂謂意曰：「不肖有病，幸診遂也。」臣意即診之，告曰：「公病中熱。論曰『中熱不溲者，不可服五石』。石之為藥精悍，公服之不得數溲，亟勿服。色將發癰。」遂曰：「扁鵲曰『陰石以治陰病，陽石以治陽病』。夫藥石者有陰陽水火之齊，故中熱，即為陰石柔齊

玄注《周禮・天官・瘍醫》：「凡療傷以五毒攻之」句云：「五毒，
五藥之有毒者，今醫人有五毒之藥，作之合黃礬，瞿石膽、丹砂、
雄黃、礬石、慈石其中，燒之三日三夜，其煙上著，以雞羽掃取之
以注創，惡肉破骨則盡出。」㊱鄭玄注語言及五種有毒石藥，名為
「五毒」，此「五毒」成分與葛洪所言煉丹「五石」有四味相同。
不論內服外敷，均顯示「五石」曾在戰國至兩漢時已有醫療上使用
的記錄，且明確為補陽氣與療毒的功效。除文獻記載，考古研究所
見的「五石」，更明確證實漢人曾服用五石。東漢鎮墓文中有「五
石會精」、「五石之精」語，且明白標示出「慈石、礬石、雄黃、
曾青、丹砂」五種成分，此方亦見於《抱朴子內篇・金丹》，劉昭
瑞據此而言「魏、晉以前的五石配伍，還是流傳有緒，並被葛洪等
道教中人繼承且完整地記錄下來，……魏、晉時代的五石散，完全
可能是繼承了東漢甚至西漢時期的中國早期丹藥傳統。」㊲另外，
葛洪所記煉丹五石亦見《道藏》中《太清石壁記》記淮南王劉安所

治之；中寒，即為陽石剛齊治之。」（頁 2810-2811）
㊱ 《周禮注疏》，〔漢〕鄭玄注、〔唐〕賈公彥疏，台北：藝文印書館，
1993。
㊲ 劉昭瑞：〈東漢鎮墓文中所見到的「神藥」及其用途〉，《考古發現
與早期道教研究》，北京：文物，2007.6，頁 293。劉昭瑞認為東漢
鎮墓文中的「五石之精」，其五石配伍不但被葛洪等道教中人繼承下
來，六朝時的五石散也是繼承這個傳統。現在所知的五石散配方是經
過唐代孫思邈為減輕毒性所改造，不是隋代以前配方。（其所據為姜
生等編《中國道教科學技術史（漢魏兩晉卷）》，北京：科學，2002.4，
頁 310-312）本文以為，葛洪的五石配伍固然前有所承，然六朝士人
所服「五石散」之「五石」應不同於這個配方。詳下文。

配「五石丹方」，**❸❽** 此方不見得劉安曾配用，但至少可顯示此五石在煉丹術士間的流傳。另外，東漢時以五石為藥，還與殺鬼解注有關，或可推測天師道的起源。**❸❾** 由此可見，「五石」的使用在漢代已普遍，且其配方與使用並不限於醫療，和後世道教煉丹也有密切關係。

至於六朝士人好服之「五石散」，六朝文獻多提及「五石散」為藥的用法出於漢代，如《世說新語‧言語》有劉孝標注引秦丞相《寒食散論》云：「寒食散之方雖出於漢代，而用之者寡，靡有傳焉。魏尚書何晏首獲神效，由是大行於世，服者相尋也。」**❹⓿** 又，

---

❸❽ 原文為：「五石者是五星之精。丹砂，太陽熒惑之精；磁石，太陰辰星之精；曾青，少陽歲星之精；雄黃，后土鎮星之精；礜石，太陰少白之精。右以此五星之精，其藥能令人長生不死。」（《道藏》第十八冊，頁 767）《太清石壁記》為隋道士蘇元明撰，其云淮南王之「五石丹方」不見其他文獻，然此「五石」與葛洪煉丹五石相同，可見此五石煉之能成不死藥之說，從漢至隋唐有一定的承傳。另外，此段文字以五行之說附會五石，葛洪所記九轉金丹燒煉之法也有類似說明，也可見兩漢五行思想對煉丹的影響。

❸❾ 參見張勛燎、白彬：《中國道教考古》，北京：線裝書局，2006.1，頁 36-42。

❹⓿ 余嘉錫：《世說新語箋疏》，台北：華正，1993.10，頁 74。秦丞相為秦承祖之誤，秦承祖為南朝劉宋時醫家，去魏晉未遠。這條資料指出兩點，一、漢代已有寒食散方，唯少有人知；二、經何晏服用獲神效，始流傳廣遠，此與何晏在當時的身分地位有關。此外，隋代巢元方《諸病源候總論》卷之六《寒食散發候》引皇甫謐語：「近世尚書何晏，耽聲好色，始服此藥，心加開朗，體力轉強。京師翕然，傳以相授。歷歲之困，皆不終朝而愈。眾人喜於近利，未覩後患。晏者之

隋太醫巢元方等人著之《諸病源候論》引皇甫謐之《寒食散論》以為寒食之方出自漢末名醫張仲景，有「侯氏黑散」草方及「紫石英方」石方，此兩方見《金匱要略》，所用藥材多不同。❹ 至於六朝時服寒食散蔚為風尚，文獻中多有提及，可參見余嘉錫：〈寒食散考〉所錄。❹ 魏晉士人尚服「五石散」，初流行於北方，後隨東晉南遷也擴及江南士族。服食後會出現燥熱麻癢的症狀，需寒食、冷浴以輕其苦，故五石散又名「寒食散」。❹

後，服者彌繁。」（〔隋〕巢元方：《諸病源候校注》，丁光迪主編，北京：人民衛生，1991.12，頁 177）皇甫謐是西晉醫家，曾著《寒食散論》、《寒食散方》等與寒食散有關作品，惜均亡佚。巢元方所引皇甫謐佚文，亦指出六朝流行寒食散，是從何晏服食後開始。

❹ 原引文：「然寒食藥者，世莫知焉。或言華陀，或曰仲景。考之於實，陀之精微，方類單省；而仲景經有侯氏黑散、紫石英方，皆數種相出入，節度略同。然則寒食草石二方，出自仲景，非陀也。」（前引書，頁 117）證諸相傳為張仲景所著的《金匱要略》，可見此二方，皇甫謐所言應有其本。（〔漢〕張仲景：《金匱要略》，北京：人民衛生，2000.10，頁 160）

❹ 前引書，頁 171-189。

❹ 「五石散」與「寒食散」之名有混用現象，前引《世說新語・言語》何晏服散一事，劉孝標直接將「五石散」注為「寒食散」。孫思邈《千金翼方》卷二十二〈解石及寒食散並下石第四〉論曰：「凡是五石散，先名寒食散者，言此散宜寒食，冷水洗取寒，惟酒欲清熱飲之，不爾，即百病生焉。服寒食散，但冷將息，即是解藥熱。」（〔唐〕孫思邈《千金翼方》，卷第二十二〈解石及寒食散並下石第四〉，瀋陽：遼寧科學技術，1997.8，頁 224）另外，《醫心方》卷十九引許孝崇論云：「凡諸寒食草石藥，皆有熱性，發動則令人熱，便冷飲食，冷將息，故稱寒食散。」（（日）丹波康賴：《醫心方（日本醫學叢書活

魏晉士人為何服用五石散？一般來說，不外乎生理與心理兩種原因，從生理上說，五石散本是一種藥物，能助陽益氣，亦有養生之效；❹ 而從心理上言，服用後產生精神暢快之感，能於心理上達到某種超脫的想像。據《世說新語‧言語》載：「何平叔云：『服五石散，非唯治病，亦覺神明開朗。』」❺ 何晏此語實已透露服五石散的兩種作用，一是治病，一是精神上的舒暢感受。五石散的藥性強烈，有助陽之效，服之立覺身輕體健，精力充沛，故而造成「神明開朗」的感覺。這種混合了生理與心理的雙重功效，使服散在六朝時成為一種流行。魯迅認為，自何晏改良藥方並提倡服食，❻ 當

字本）》，大阪：オリエント出版社，1991.1，頁 277）寒食散的藥性強烈，孫思邈言此方「大大猛毒，不可不慎也。」（〔唐〕孫思邈《備急千金要方校釋》卷二十四〈解五石毒第三〉，北京：人民衛生，1998.6，頁 519）五石散能補陽氣，會導致全身發熱，故服後需將熱氣發散，寒食之名由此得之，但也可見此藥之猛烈。另外，飲酒有助於發散，故服散與飲酒結合一起，也更增士人好酒之風。

❹ 關於服用寒食散與養生的關係，可參考赤堀昭：〈寒食散と養生〉，收入《中國古代養生思想の總合的研究》，東京：平河出版社，1988.2，頁 116-143。

❺ 前引書，頁 74。

❻ 余嘉錫也認為何晏取張仲景紫石英方與侯氏黑散兩方，「以意加減，並為一劑」。（前引書，頁 191）而何晏之所以改良古方成「五石更生散」，因何晏耽情聲色，故以之補精治傷。此論有一定證據，以五石散的藥性言，的確具有壯陽功效。但細察何晏所說服散「非唯治病」，則「神明開朗」，應非全然指補身益氣，尚有因藥物造成精神亢奮的效果，似乎又顯示五石散在提高生理精力之餘，也連帶具有使精神奕奕的效果。

時士人跟隨服用，進而影響了整個六朝時期社會風尚。如服散者因皮膚容易磨破，故當時衣著趨於寬大；衣服不能常洗而多蝨，捫蝨而談竟傳為美事；穿鞋也不方便，故不穿鞋襪而著木屐。❹ 魯迅之說對後來學界論六朝士風的影響很大，從服散及飲酒切入討論魏晉士人之風尚，確實可得出一些頗具新意的觀點，儘管學界對其說或有不同意見，❹但魏晉士人以服散為一種「時尚」，的確是當時重

---

❹ 參見魯迅：〈魏晉風度及文章與藥及酒之關係〉收於《魏晉思想（乙編三種）》，台北：里仁書局，1995.8。魯迅從藥、酒及服飾的關係討論魏晉士人的心理與風尚，這個切入角度對學術界頗有啟發。近人王曉毅便據魯迅之說詳述「藥」（寒食散）、「酒」與「寬衣裸袒」三者內容，並稱許魯迅提出士人寬衣之風與服散有關的看法。（王曉毅：《放達不羈的士族》，台北：文津，1990.7，頁 138）並以為服散流行之因為治病、尋求刺激與趕時髦。其中的「尋求刺激」或可修正為士人逃避現實的一種心理，即士人不單純為刺激而服散，實則藉服散以追求精神超脫。

❹ 如張海英、張松輝著有一文：〈《魏晉風度及文章與藥及酒之關係》的知識性錯誤〉（《中國文學研究》2008 年第三期，頁 55-58）文中指出魯文中人名、史實及文獻出處等問題。但魯文最重要的論點，因服散而著寬衣與木屐之說，張文亦予以否認，便有商榷之處。事實上，服散或許不必然是直接原因，但服散與魏晉士人的服飾確有一定關係。（可參見楊曉菁：〈五石散考究——兼以《世說新語》為輔，看魏晉士人之服散風氣〉，《嶺東通識教育研究學刊》，3：2，2009.8，頁 79-99）又，寧稼雨指出魯迅以為服散導致士人穿寬衣只是客觀原因，主觀因素是穿寬衣可表現出名士灑脫高逸的風采。（見寧稼雨：《魏晉名士風流》，北京：中華書局，2007.11，頁 153。另外，本書尚論及魏晉士人服食五石散不為治病，而出於精神超脫、美容、逃避政治漩渦等種種原因，可參看之。）寬衣木屐是當時服飾的現象，其

要的風氣。既然成為一種風尚,則服散原本的醫療作用逐漸弱化,取而代之的是一種群眾的集體心理現象,即在六朝社會階層的化分下,服散具有一個身分表徵或認同的象徵意義。如《太平廣記》有一則詐稱「石發」的〈魏市人〉故事,❹五石散的製作繁複,加以

因可能多元,或其來有自,或與當時社會環境、地理氣候等各種條件皆有關係,雖不能獨以服散推之,但因服散所造成的身體反應,仍需著寬舊衣服與木屐以助發散,服散與服飾仍有一定關聯。此外,六朝士人崇尚服散與飲酒,企求從中尋求解脫現實之道,實從性命不由人所引發。這種心態從漢末之《古詩十九首》中〈驅車上東門〉可見端倪,詩云:「人生忽如寄,壽無金石固。萬歲更相送,賢聖莫能度。服食求神仙,多為藥所誤。不如飲美酒,被服紈與素。」詩中雖棄服食而飲酒,但也反映出漢末動盪中,士人對死生的悲哀無奈,服食與飲酒都是一種希望解脫與逃避心理的反射行為。魏晉名士更是沉浸在飲酒之中,《世說新語·任誕》引王孝伯言:「名士不必須奇才。但使常得無事,痛飲酒,熟讀離騷,便可稱名士。」其中「痛飲酒」正是名士解憂、避禍乃至達於精神自由境界之途,「痛飲酒」實為魏晉名士的人格特質之一。此論可參見李清筠:《魏晉名士人格研究》,台北:文津,2000.10。

❹ 《太平廣記·詼諧三》卷二百四十七引《啟顏錄》之〈魏市人〉,原文如下:「後魏孝文帝時,諸王及貴臣多服石藥,皆稱石發。乃有熱者,非富貴者,亦云服石發熱,時人多嫌其詐作富貴體。有一人,於市門前臥,宛轉稱熱,因眾人競看。同伴怪之,報曰:『我石發。』同伴人曰:『君何時服石?今得石發。』曰:『我昨在市得米。米中有石,食之乃今發。』眾人大笑。自後少有人稱患石發者。」(《太平廣記》,北京:中華,1995.6,頁 1912)非富貴人學石發,雖藉以抬高自己,卻也有暗諷之意,取笑富貴人石發之態。

原料取得與長期服用，若非富貴人家難以負擔，於是有從眾者無能力服散，卻假石發以炫人，可見服散為一種身分地位的表徵。

葛洪對於服寒食散的風氣有所批評，蓋江東以京洛為模仿對象，「其好事者，朝夕放效。」（《外篇·譏惑》，頁 11）從思想觀念到飲食服飾，模仿者的理由為「此乃京城上國，公子王孫貴人所共為也。」（《外篇·疾謬》，頁 625）葛洪不以為然，以為「上國眾事，所以勝江表者多，然亦有可否者。」（《外篇·譏惑》，頁 12）眾人盲目跟從，所學者有時僅得皮毛，更是風俗穢亂之因。❺其中針對服散之風，論及：

> 又聞貴人在大哀，或有疾病服石散，以數食宣藥勢，以飲酒為性命。疾患危篤，不堪風冷，幃帳茵褥，任其所安。於是凡瑣小人之有財力者，了不復居於喪位，常在別房，高牀重褥，美食大飲，或與密客引滿投空，至於沈醉。曰：「此京洛之法也。」不亦惜哉！（《外篇·譏惑》，頁 16-17）

可見服散之風從京洛進入江左後，士人效尤之，甚至無病服散，最後尚有不服散者卻仍奢侈華靡，喪禮背俗。換言之，仿效者假借模仿京洛之風，實則炫耀財富。葛洪的批評即針對服散所所衍生出的不好風氣，一如他反對玄風末流對江東社會帶來的影響。❺葛洪雖

---

❺ 葛洪對當時江左士人仿傚京洛之風多所批評，尤其是許多只學其形，不得其意的刻意模仿。甚至《外篇》中有〈酒誡〉一文，勸誡人們不要酗酒，亦可見當時飲酒之風盛。

❺ 葛洪對玄學有批評，但他所反對的是清談流於空泛。《外篇》中〈勗學〉與〈崇教〉嚴屬批判漢末清議與玄學名士清談，以為是造成社會

然批評服散之風，但是如果從養生的角度來看，葛洪對「五石散」抱持何種態度？《抱朴子內篇》並未直言服「五石散」是否有益養生，倒是屢屢言及「五石」於煉丹時之重要，如《內篇·金丹》提及一種「九光丹」，煉製時轉五石為五色丹，五石者，為「丹砂、雄黃、白礬、曾青、慈石」五種成分。❷ 此外，〈金丹〉中尚載有「太乙招魂魄丹法」、「墨子丹法」、「綺里丹法」與「李公丹法」等，皆需使用五石為原料煉製，可見其重要性。葛洪煉丹本重石藥而輕草木藥，丹砂更是重要原料，故所述各種丹法使用「五石」自有其理據。

唯葛洪所述的「五石」與當時流行的「五石散」相較，五種石藥成分竟無一相同。葛洪所言「五石」為「丹砂、雄黃、白礬、曾青、慈石」，而士人所服「五石散」之「五石」為「紫石英、白石

風俗敗壞，禮教淪喪的主因。

❷ 《內篇·金丹》：「又有九光丹，與九轉異法，大都相似耳。作之法，當以諸藥合火之，以轉五石。五石者，丹砂、雄黃、白礬、曾青、慈石也。一石輒五轉而各成五色，五石而二十五色，色各一兩，而異器盛之。」（頁78）《內篇·登涉》也有相同記載，文云：「金簡記云，以五月丙午日日中，擣五石，下其銅。五石者，雄黃、丹砂、雌黃、礬石、曾青也。」（頁307）唯〈登涉〉中所記為辟水中百害之法，非長生丹藥，也由此可見「五石」使用的範圍不局限於金丹煉製。「五石」與道教的關係甚為密切，除具有醫療的效果，在方技數術、民間信仰中，多有其神秘的象徵意義與力量。道教引為其用，並不限於服食。可參見姜守誠：〈道書所見「五色石」及其功用考述〉，《湖南科技學院學報》，30:2，2009.2，頁12-16。

英、赤石脂、鍾乳、石硫黃」。❺❸ 葛洪並非不知「五石散」的成分，
否則不會批評當時服散之風，且其著《肘後備急方》中有〈治服散
卒發動困篤方〉，言：「凡服五石護命更生及鍾乳寒食之散，失將
和節度，皆致發動其病，無所不為。」❺❹ 明白指出「五石護命更生
散」與「鍾乳寒食散」之名，並列出各種解熱發散的方法。由此可
證，六朝時流行之「五石」至少有兩個系統，一為葛洪所傳的神仙
道派為煉製成仙之金丹大藥，屬神仙類方技；一為何晏改張仲景方
而風行一時的「五石散」，為強身保健而服用，屬醫經類方技。然
葛洪之煉丹「五石」，證諸鄭玄注《周禮》提到的「五毒方」，
有四味相同，僅易「瞿石膽」為「曾青」。❺❺ 將此「五毒方」、東

---

❺❸　「五石散」緣自張仲景，「紫石英方」於《金匱要略》卷下〈雜療方〉
　　載：「治傷寒令愈不復，紫石寒石散方：紫石英、白石英、赤石脂、
　　鍾乳、栝蔞根、防風、桔梗、文蛤、鬼臼、太乙餘糧、乾薑、附子、
　　桂枝。（案：用量省去）上十三味，杵為散，酒服方寸匕。」（前引
　　書，頁 747）孫思邈《千金翼方》卷十五錄「紫石寒食散方」與《金
　　匱要略》同，唯少人參一味，桂枝作桂心而已。另《千金翼方》卷二
　　十二載「五石更生散方」內容如下：「治男子五勞七傷，虛羸著床，
　　醫不能治，服此無不愈。惟久病者服之；……紫石英、白石英、赤石
　　脂、鍾乳、石硫黃、海蛤、防風、栝蔞、白朮、人參、桔梗、細辛、
　　乾薑、桂心、附子。上一十五味，擣篩為散，酒服方寸匕，日二。……
　　若熱，欲去石硫黃、赤石脂，即名三石更生。一方言是寒食散，方出
　　何侯。」（前引書，頁 220）此處言方出何晏，所用五味石藥即為「紫
　　石英、白石英、赤石脂、鍾乳、石硫黃」。

❺❹　見葛洪：《肘後備急方》卷三，王均寧點校，天津：天津科學技術，
　　2000.8，頁 83。

❺❺　「瞿石膽」不明何藥，文獻中並無記載，故亦不詳其屬性用法。

漢鎮墓文之「五石方」與葛洪所言之煉丹「五石」並觀，顯示兩漢時已有「五石」（五毒）用於醫療，亦見於神仙方技等不同用途，至於六朝士人所服之「五石散」則源自東漢末張仲景所傳之「紫石英方」。所以，依所用石藥成分來看，葛洪煉丹「五石」起源自戰國，且「五石」用途廣泛，不限於醫療；而六朝士人服食的「五石散」則較為晚出，用於醫療，但在六朝盛行一時，較煉丹「五石」更廣為使用，形成消長的情形。

在六朝時流行的煉丹和養生兩種不同的「五石」，因使用的石藥不同，作用與功效都有極大差異，也使得「五石散」流行一時，而煉丹「五石」逐漸走上隱諱之路。細究這些石藥的藥性，有助於了解此一趨勢。如葛洪所用「五石」中奉為上藥之「丹砂」，主成分為硫化汞（HgS），《神農本草經》言其藥理藥性為「味甘，微寒，主治身體五臟百病，養精神，安魂魄，益氣，明目，殺精魅邪惡鬼。能化為汞。」❺❻ 丹砂性寒，入藥甚早，後世多用以清心安神或清熱解毒。《本草綱目》言其「性寒而無毒，入火則熱而有毒，能殺人，物性逐火而變。此說是也。」❺❼ 指出丹砂在燒煉後轉為有毒，且毒性甚強，足證道教外丹在歷史上多因服之致死。清代陳士鐸在《本草新編》中提到丹砂經過火煅而成水銀，水銀再變而成輕粉，後兩者有劇毒，僅得外科之用。故古來欲煉丹成仙者，無

---

❺❻ 引文見《神農本草經校注》，尚志均校注，北京：學苑，2008.6，頁16。

❺❼ 引文見〔明〕李時珍：《本草綱目：金陵初刻本校注》（上），尚志均校注，合肥：安徽科學技術，2001.6，頁304。

不中毒而死。❺❽醫家所言從藥性分析，認為丹砂經煉製有劇毒，斷無服之成仙之理。而神仙家則從丹砂經煉製能變化之象立論，如葛洪屢稱丹砂為「仙藥之上者」，著重於丹砂得以「轉」而成金丹。成仙之人難究其實，致死之例卻層出不窮，故醫家疾呼謹慎用之，形成醫藥與神仙家不同觀點的分途。至於「五石」中其他的石藥，

---

❺❽ 原文如下：「丹砂，味甘，氣微寒，生餌無毒，煉服殺人。入心經。鎮養心神，通調血脈，殺鬼祟精魅，掃疥瘰瘡瘍，止渴除煩惱，安魂定魄。水銀，即丹砂火煅而出之者也，止可為外科之用。輕粉，又從水銀而再變者也，亦外科所需。此三物，至毒者水銀，其次輕粉，又其次則丹砂也。蓋水銀、輕粉經火百煉而成。丹砂未經火者，秉南方至精之氣，可藉以安神定魄，然亦止可少服以獲益也。輕粉功專收斂，世人治楊梅風毒，用之以圖速效，誰知毒未宣揚，遽用輕粉以斂毒，顧目前片刻之快，變成終身難治之瘡，鼻落身腐而死，可不慎哉。……或問丹砂，古之真人每借之飛丹煉石，引納清和，配以金鉛，按之法象，合成金丹而成變化。青霞子及太清真君煉法，皆載之《丹經》，而錄之各《本草》也，先生略而不言，何也？曰：丹法難言，非有形之物也。古之真人，不過託言丹砂、黑鉛，以喻其金丹之妙也，何嘗取丹砂而烹煉之哉。夫丹砂最惡者火也，得火則有大毒。有唐以來，上而人主，下而縉紳，服烹煉丹砂之藥，未有不爛腸裂膚而死者。又安能長生變化飛騰升舉哉。此余所以略而不存也。或問繆仲醇註疏《本草》，謂久服水銀，神仙不死之說，必得鉛華相合，乃能收攝真氣，凝結為丹，即道家所謂「太陽流珠，常欲去人，卒得金華，轉而相合」之旨也，吾子以為然乎？否乎？曰：此繆仲醇不知丹訣而錯認之也。金丹大道，豈藉後天有形之物而成哉？況水銀生用、煉用，無非有毒，大非丹砂可比，尤不可服，古今來服水銀而死者比比。夫水銀入耳則腦爛，豈入臟腑偏能有益乎。此不必辨而自明者也。」（〔清〕陳士鐸：《本草新編》，柳長華等校注，北京：中國中醫藥，1996.7，頁256）

如「雄黃」也是硫化物，經火煆後分解為三氧化二砷（As2O3），即砒霜，有劇毒。雄黃在用藥上多為殺蟲劑，其毒性可見一般，若經燒煉更有劇毒，與丹砂一樣，使服者致死。其他三種石藥，「白礬」是由硫酸鹽類明礬石經提煉而成，具有解毒滅菌功能。❺❾「曾青」為碳酸鹽類銅化合物，主治目赤疼痛。「慈石」即「磁石」，主要含有四氧化三鐵（Fe3O4），性寒，功效為鎮驚安神。❻⓿ 從藥理上看，煉丹五石皆需小心使用，甚至經火煆之後毒性更強，不宜服食；然葛洪所傳金丹派一再言其煉製後的神效，可見與醫藥家著眼點不同。另外，為了宣揚金丹大藥成仙的功效，便需強調其隱秘性與師傳的路線，使得煉丹「五石」更為隱諱。

復觀士人熱衷的「五石散」，其主成分為「紫石英」，是氟化物類礦物螢石族螢石，主要含有氟化鈣（CaF2），性溫無毒。《神

---

❺❾ 礬亦作礜，文獻中常因形近而互誤。《本草綱目》中石部「礬石」一條已辨，（前引書，頁 356-357）可參考。另外，王奎克認為葛洪之煉丹五石即六朝「五石散」之方，而指出雄黃和礜石因含氧化砷，故能使五石散具魏晉名士所說的「神明開朗」效果，而五石散致人於死，也是這兩種藥的毒性作用。（王奎克：〈「五石散」新考〉，收入趙匡華主編，《中國古代化學史研究》，北京：北京大學，1985，頁 80-87）事實上，煉丹五石的毒性較服散五石為強，道士之金丹煉成，多服之喪命，服五石散者反而長期服用，應可證兩者之配方並不相同。此外，五石散藥物中毒的症狀與服食含汞、鉛的外丹症狀不同，也可旁證士人服散五石與煉丹五石有所區別。

❻⓿ 各藥物之性味、功效及主治用法等，參考《中華本草》（國家中醫藥管理局，上海：上海科學技術，1999.9）、《中藥大辭典》（張鴻銘鑑訂，張蘭昌校訂，台中：昭人，1979.9）。

農本草經》云:「主心腹咳逆邪氣,補不足,女子風寒在子宮,絕孕十年無子。久服溫中,輕身延年。」**⑥** 能補氣血不足,治虛寒。而「白石英」則主要含有二氧化硅(SiO_2),其功效是溫肺腎,安心神。《藥對》云:「濕可去枯,即紫石英、白石英之屬是也。」**⑥** 另據《中藥大辭典》:「白石英和紫石英均能鎮心定驚,溫肺下氣。」**⑥** 至於「赤石脂」的功效能收斂止血,《神農本草經》云其「久服補髓益氣,肥健不飢,輕身延年。五色石脂各隨五色補五臟。」**⑥** 赤石脂能治濕邪之氣,濕去則津生,故有補益之交。《藥性論》也云其能「補五臟虛乏」。**⑥** 另外,「鍾乳」亦性溫,具溫肺助陽之效,主治陽虛冷喘。《本草備要》云其「本石之精,強陰益陽,通百節,利九竅,補虛勞,下乳汁。服之令人陽氣暴充,飲食倍進,形體壯盛。然其性慓悍,須命門真火衰者,可偶用之。若藉以恣慾,多服久服,不免淋渴、癰疽之患。」**⑥** 最後,「石硫黃」性熱有毒,也具解毒補火之效,《本草綱目》言其「主虛寒久痢,滑泄,霍亂,補命門不足,陽氣暴絕,陰毒傷寒,小兒慢驚。」**⑥** 此五味皆能補虛益氣,有助陽之功。相較於煉丹五石,服「五石

---

⑥ 前引書,頁 25。

⑥ 《藥對》,〔北齊〕徐之才撰,其書已佚。引文見〔梁〕陶弘景:《本草經集注》引,尚志鈞、尚元勝輯校,北京:人民衛生,1994.3。

⑥ 《中藥大辭典》,頁 1157。

⑥ 前引書,頁 26。

⑥ 《藥性論》,〔唐〕甄權撰,尚志鈞輯釋,合肥:安徽科學技術,2006.6。

⑥ 《本草備要》,〔清〕王昂輯,魯兆麟主校,瀋陽:遼寧科技,1997.8。

⑥ 前引書,頁 393。

散」確能收一時補身養氣之功效，然久服易陰虛火旺，若體質不合或未能對症，未見其功反受其害。葛洪對士人服此方的批評，不獨於時人仿傚的醜態，尚見服散對身體的傷害，故其《肘後備急方》才會提到「若發起倉卒，不以漸而至者，皆是散勢也，宜及時救解之。」服「五石散」而喪命之例，六朝至初唐極多，孫思邈大聲疾呼服散之害，甚至勸人遇更生方即須焚之，也因此後世醫書多不收此方。❻❽ 同樣的，道教外丹煉製也不斷發生服用致死案例，遂至中唐後始有內丹學之逐漸興起。故六朝時雖有兩種五石方，一為道教煉丹所用，一為士人服食養生之用，但是都發生服用致死情形，故後世漸不傳，甚至還有混淆情形，如清代郝懿行《晉宋書故》有云：「寒食散一名五石散，五石之名，未之前聞，要不越丹砂、雄黃、雲母、石英、鍾乳之屬。」❻❾ 郝以臆測之語提到幾味石藥，顯然將葛洪所傳的煉丹「五石」與士人服食的「五石散」混同。其云「未之前聞」，也可證六朝士人嗜服的「寒食散」在唐代之後漸不為人知。

　　道士煉丹與士人服散的最大差別，在於前者是經過人工煉製的產物，後者則是自然礦物的組成。道士們之所以深信丹藥必須經過煉製才能成為長生不死之藥，關鍵就在於這個煉的程序所代表的返

---

❻❽　孫思邈於《千金翼方》卷二十二載有「五石更生散方」以及「五石護命散方」，兩方用藥全同，僅分量輕重有別。另有「更生散」，用藥略不同於「五石更生散方」，或名「三石更生散」。可見「五石散」在流傳過程中，有加減藥材用量而形成不同方子。

❻❾　《晉宋書故》（《郝懿行集》五），〔清〕郝懿行著，安作璋主編，濟南：齊魯書社，2010.5。

還之意，也就是透過煉製，才能使自然的金石礦物還原成具神祕效力的不死藥，亦即擺脫了現實世界的限制，以顯返樸歸真，返老還童的意義。而士人服散的目的或為保健養生，或跟隨潮流風尚，並非為了成仙不死。雖然煉丹所煉之丹砂為五石散的原料，但是在煉製的程序與服用的目的顯示煉丹與服散的分化與區別。❼ 此外，五石散與金丹的「效力」不同，也對服食者的意志產生些微差異。以葛洪來說，當其晚年絕意仕途，歸隱山林，專心煉製金丹大藥，希望服之以解除死亡的束縛，此時，對金丹大道的信仰，早已超越世俗功名利祿的人事羈絆。對於選擇服散的士人而言，五石散並非不死藥，六朝服散之風也不是為了成仙，最重要的目的仍是希望藉由服散達到精神的超脫，但是服散後復飲酒所帶來的飄然若仙之感終有時效性，待藥效酒力消退，士人又得面對現實與理想不得調合的

---

❼ 呂思勉說神仙家與醫藥家相出入之處，在於：「服食（藥）與煉藥，又有不同。煉藥必有待於煉，服食則自然之物也。」（呂思勉：《先秦學術概論》，北京：東方，2008.1，頁 151）另外，《中國醫學通史·古代卷》也說：「服石和煉丹的顯著區別，在於所服的藥物一是自然礦物，一是礦物的人工煉製品，在觀念上二者雖不等同，但又存在著密切的聯繫。這不僅在於二者的手段、目的和興衰過程具有基本的一致性，更重要的是煉丹術正是在服石基礎上產生的，『煉丹』的最初含義是煉丹砂，而丹砂正是服石的首選藥品。服食自然丹砂無疑屬於服石，而煉服丹砂活動的出現也就標誌著煉丹術的起源。」（《中國醫學通史·古代卷》，李經緯、林昭庚主編，北京：人民衛生，2000.1，頁 217）從自然與人工言煉丹與服散的區別，是表象上的不同，從來源或手段等言其具一致性也可以成立，但從兩者的心理因素來看，或更能見其細微差異。

衝突與無奈。也就是說，服散不論是為了保健養生或其他目的，效果是一時的，士人在服散、發散的循環中，仍深陷看似逃離復又清醒的苦悶。而道士煉丹的長生成仙目的，本就是為了超越肉體與現實的限制，儘管不似服散可一再為之，也不見得真有服食金丹而成仙的事例，但是在成仙的終極信念支持下，似乎有更強烈的動力一仍其志。另外，此時道士煉丹的重心還是在超越肉體限制的層面，亦即修命仍重於修性，反觀士人服散更多是從養性的角度來從事，這也是兩者差異之處。

二、煉丹與服散心態——以王羲之為例

做為服散之風的開創者，何晏所說：「服五石散，非唯治病，亦覺神明開朗。」此說值得推敲。服散之所以成為風尚，與當時士族社會、風俗文化都有關聯，也有其治病、養生等作用，但追究士人服散的最重要目的，仍在於精神超脫。所謂精神的超脫，就是何晏所謂的「神明開朗」，或以王羲之所言稱之，即一「樂」字而已。《晉書·王羲之傳》載：

> 又與道士許邁共修服食，採藥石不遠千里，遍游東中諸郡，窮諸名山，泛滄海，歎曰：「我卒當以樂死。」**⑦**

服散之風從何晏至王羲之，已數十年。由京洛至江東，士人服散的原因及目的多有變化，然不論是為養生或跟隨潮流，服散所帶來的

---

⑦ 《晉書·王羲之列傳》卷八十，頁 2101。

精神之「樂」，實此風尚之根本基調。王羲之與道教關係密切，⑫
他信奉五斗米道，與道士許邁共修服食，《晉書》中雖未明言所
服者為何，但從其書簡中，可知王羲之長期服五石散。⑬ 雖然《晉
書》本傳中的「服食」不一定指服散，但他與道士「共修服食」，
應也包含服散在內，而採藥與游歷，讓王羲之感到一種精神上的超
越昇華，此為人生之「樂」，死而無憾。這個記事反映了王羲之的
深層心理，他似乎明白人終將一死，但能在快樂的心情下死亡，方
不枉此生，這與道士追求不死有著根本上的差異。也就是說，魏晉
士人服食或許仍希望長生不死，但他們對於服食是否能長生不死仍
有存疑，服藥可能更多是為治病養生、時尚流行、疏離政治或昇華

---

⑫ 《晉書·王羲之列傳》中記王羲之家族「世事五斗米道」，不獨王氏
家族，六朝世族與道教關係密切者眾，陳寅恪考琅邪王氏、高平郗氏、
吳郡杜氏、會稽孔氏、義興周氏、陳郡殷氏、丹陽葛氏與東海鮑氏、
丹陽許氏、丹陽陶氏、吳興沈氏等，皆為六朝時天師道世家，且多與
濱海地域有關。（陳寅恪：〈天師道與濱海地域之關係〉，《陳寅恪
集──金明館叢稿初編》，北京：三聯，2001.6，頁 1-46）祁小春認
為此時士人所事之「五斗米道」與漢末張陵所創之「五斗米道」及其
後所傳之「天師道」已有所不同，陳寅恪先生似混同源於四川地區的
早期天師道與分佈於東南沿海地區的仙道系統。另外，王羲之雖曾與
道士許邁共遊並為好友，但當其退官隱居時，許邁已不在人世，《晉
書》中所云之共遊者，疑許詢之訛誤。（祁小春：《邁世之風：有關
王羲之資料與人物的綜合研究》，台北：石頭，2007.8，頁 47-51；
507-512）
⑬ 因王羲之留下大量書帖，可見其長時間服散。關於王羲之服散情形，
可參見佐藤利行：〈王羲之と五石散〉，《廣島大學大學院文學研究
科論集》，第 65 卷，2005，頁 1-13。

精神的需求，與葛洪堅信服藥是長生最重要方式的理由顯然有所不同。王羲之雖然與道士過從甚密，也傳有煉丹的事蹟，❼ 但王羲之是否真的相信人可以不死？或者，五石散是否具有長生的功效？魏晉士人服散的目的是為追求不死嗎？

　　余嘉錫認為寒食散是一種毒藥，六朝人服五石散是飲鴆止渴，雖有服之以治病的例子，如嵇含之子、王羲之親友、王微、王懸等，但其藥性甚劇，治癒之例反不如致死者多。但是六朝時服寒食散成為流行，其效甚至誇大為可治百病。余嘉錫羅列了五十餘條六朝服散事例之後指出：「當時士大夫翕然從之，宋尚更推廣之以治一切之病，由是自西晉至南北朝，爭相服餌，幾成風俗，豈皆有勞傷之疾哉？以為護命散無病不治，且久服可以長生故也。」❼ 宋尚是西

---

❼　《晉書》未記王羲之有煉丹之事，浙江新昌的《琅琊王氏宗譜》和《梅山王氏宗譜》均收錄唐人路應與陳永秩撰《唐越州剡縣鼓山王右軍祠堂記》，有云：「（王羲之）早鎮金庭，晚遁鼓山……創金庭道院於功嶺，晚年托跡煉丹鼓山，創紫芝庵，置山市田。其孫相國尚之居剡，立祠於麓，以奉祀事，輪奐鞏飛，成一方千古之壯觀。」同書另收有王羲之《鼓山題辭》：「致政金庭，南明別墅，光鼓西涯，剡邑東鄙，絕巘周垂，崇崗頓起。鼓宏對旗，巔夷若砥。其地可鋤，有藥堪餌。奚翹沃洲，豈讓天姥。結庵紫芝，爰居樂土。」可見王羲之曾在鼓山煉丹、采藥、還置有田宅，居住時間相當長。唯後人追述王羲之之行跡，或有臆測傳說之語，王羲之晚年是否真有煉丹一事，尚有爭議。以上所引文獻，轉引自梁少膺：〈王羲之晚年歸隱剡東考——兼及墓葬問題〉，《中國書法》，2008 年 6 期。

❼　余嘉錫：〈寒食散考〉（前引書），頁 193。文中所謂的「長生」應非生命永恆，得以不死，而是指生命的延長而已。他也提到：「寒食散本以治病，後常人亦服之，然未聞有言其為仙藥者。」（頁 186）

晉初年人，改「更生散」之名為「護命散」，以此藥可治百病廣而推之，甚至傳言可長生不死，致一時風尚，爭相服食。唯服散以治病或有例可循，但服五石散卻未見長生之事，反而毒發身亡者眾。❼❻ 依余嘉錫所列六朝時服散之例，六朝士人服散多為強身健體，也以為服食可延年益壽，然而，可養生延年，卻不能長生不死。也就是說，士人服食五石散，究竟有沒有將其當成不死藥？答案應是否定的。當時士人服食儘管蔚然成風，但是五石散並非不死藥，魏晉士人心中其實清楚明白。如王羲之雖服食久矣，但仍年老體衰，他對於服食的想法，從書簡中可窺之，如：

依目前所見文獻，六朝士人服五石散並非求不死成仙，道士也不把五石散當做不死藥，五石散固然能強身健體、袪病延年，但仍不是成仙不死之藥。

❼❻ 長期服五石散會有藥物中毒的徵狀，學界多已指明。舉例言之，帶起服散風氣的何晏，在長期服散後，其原本俊美的外形有所變化，管輅曾形容何晏：「魂不守宅，血不華色，精爽煙浮，形容槁木，謂之鬼幽。」（《三國志·魏書·方技傳》注引〈管輅別傳〉，頁 820）另外，西晉皇甫謐研究寒食散，自己也服散七年，自云：「服寒食藥，違錯節度，辛苦荼毒，於今七年，隆冬裸坦食冰，當暑煩悶，加以逆咳，或若溫瘧，或類傷寒，浮氣流腫，四肢酸重。於今困劣，救命呼嗟。」（《晉書·皇甫謐傳》，頁 1415）服寒食散帶來的副作用由此可見。余嘉錫認為從晉至隋唐，服散以至死者應有數十百萬人，但也有持不同意見者，如馬伯英指出現有史料可證實服散致死者不過二十餘人，余先生的結論是誇大的。（馬伯英：《中國醫學文化史》，上海：上海人民，1994，頁 430）服散究竟是士人死亡之直接或間接因素，或難斷定，史料未必清楚指出，然以五石散的藥性之烈，以及服散風氣之尚，因服散而致死的人數，就算不致百萬人，應也不在少數。

> 服食而在人間。此速弊分明。且轉衰老。政可知。(〈彥仁帖〉) **⑦**

> 吾服食久。猶為劣劣。大都比之年時。為復可耳。足下保愛為上。臨書。但有惆悵。(〈服食帖〉,頁 123)

此兩帖透露出王羲之對服食的懷疑,《晉書》本傳既言其與道士共修服食,顯見在各種道教修煉方術中,服食是王羲之主要養生方法,五石散更是長期服用。可是五石散雖有保健養生的功效,但長服之後仍然年老體衰,甚至對健康並沒有幫助。**⑧** 在這種情況下,王羲之亦有停止服食之時,如〈寘諸人帖〉云:「然以故有時嘔食不已。是老年衰疾。更亦非可倉卒。大都轉差為慰。以大近不復服散。當將陟釐也。此藥為益。」(頁 221)從此帖可見得王羲之晚

---

⑦ 引文見《晉王右軍集》,〔清〕張溥集,明崇禎間刊漢魏百三家集本景印本,台北:台灣學生書局,1971.8,頁 228。以下所引王羲之帖文均據此,不另注出,只標頁碼。有關王羲之帖文的真偽性,歷來頗多爭議,本文無法涉及於此,僅以清代張溥集本為據。

⑧ 關於王羲之服散之因,郭廉夫提出王羲之自幼體弱,爾後病痛纏身,故服食主要為改善體質,治療疾病。(郭廉夫:《王羲之評傳》,南京:南京大學,1996.9)此說自有其證,且王羲之所服者不僅限於五石散,各種藥物或具療效之食材均有服用。對於五石散,他應該相信服散有一定療效,此於其書帖中可見,如「袁妹極,得石散力,然故不善,佳疾久尚憂之,想野久恙,至善分張,諸懷可云。」(〈野大帖〉,頁 218)「知道長不孤。得散力。疾重而邇。進退甚令人憂。念遲信還知問。」(〈道長帖〉,232-233)然而,當長服而效果有限時,王羲之亦不免對五石散的效力有所質疑。總之,服散的真正作用還是在精神層面的滿足。

年氣衰體弱，有段時間不服散而改用「陟釐」，㊉ 這件事顯示服散的效用有限，或是長期服散對王羲之的身體造成一定的傷害，因為陟釐能清熱解毒，服用後反而對症，故以為益。王羲之明白服散並不能不死，甚至也無法阻止衰老。執此之故，服散固有醫療功用，唯久服將藥物中毒，對身體反而無益。從王羲之書簡中可見他服散已久，服散固然與治病有關，但是功效又有限，因此我們可以合理推測王羲之奉道服食，與道士同遊，或許更為了追求一種優雅從容，高情遠韻的瀟灑境界。㊀ 此外，〈東書堂帖〉言「服足下五色

㊉ 「陟釐」是一種水藻，本名為「水綿」，多作「陟厘」，其功效為清熱解毒，主治丹毒、癰腫、燙傷、泄瀉。《本草綱目》記：「陟厘有水中石上生者，蒙茸如髮；有水污無石而自生者。纏牽如絲綿之狀，俗名水綿。」（前引書，頁 837）《備急千金要方》卷十五記有「陟厘丸」，主治「百病下痢及傷寒身熱，頭痛目赤，四肢煩疼不解，協熱下利，或醫已吐下之，腹內虛煩，欲得冷飲，飲不能消，腹中急痛，溫食則吐，乍熱乍冷，狀如溫瘧，或小便不利，氣滿嘔逆，下痢不止方。」（前引書，頁 337）《千金方衍義》注云：「陟厘生水中，蒙茸如髮而性甘溫，能利水散邪，猶浮萍之利水發汗也。」（〔清〕張璐，《千金方衍義》，王忠云等校注，北京：中國中醫藥，1995.11，頁 326）

㊀ 羅宗強指出東晉士人留連山水，縱情藝術，不像兩漢士人壯偉方正，不同於建安時的慷慨悲涼，也非西晉時的世俗，「他們瀟灑風流地追求一個寧靜的精神天地，風度翩翩地處世。」（羅宗強：《玄學與魏晉士人心態》，天津：天津教育，2005.1，頁 256）他認為王羲之思想傾向與儒家一致，但他的生活情趣與人生理想又是老莊任自然的表現；與嵇康樸素的生活理想接近，但又不同於嵇康強烈地反名教思想。（前引書，頁 237）這其中關聯著兩晉士人在面對不同的社會政治局勢的心理變化，也與兩晉的玄學發展有關。

石膏散，身輕、行動如飛也。」（頁333）服散後因精神暢快，彷彿全身充滿活力，有身輕如燕、騰雲駕霧之感。顯見服散能造成某種精神亢奮，彷彿精力充沛，也容易產生「返老還童」之感。王羲之雖然在晚年漸漸無法從服散中獲得身輕如燕的快感，但至少在其服散的過程中，得到如何晏的精神開明之感。此種或因生理或為心理造成的人生之「樂」，在兩晉時期「名教」的壓力下，服散能忘卻塵俗，恍若興奮劑的快感，或許是王羲之乃至當時士人服散的重要原因。

服散之風盛行固然因服散能感到精神暢快，事實上，也因為六朝士人大多顛沛流離，對人生的無常與生命的無奈，致使士人企求從服食中暫時忘卻塵俗，獲得心靈滿足。我們如果再參照王羲之晚年辭官的隱逸思想，或可更進一步明白他服散的心情。《晉書》本傳載王羲之「雅好服食養性，不樂在京師。初渡浙江，便有終焉之志，會稽有佳山水，名士多居之。」王羲之雖少年之時便已慕道服食，但他真正能全心追求隱逸修道，只有在致仕後的晚年。只是王羲之雖嚮往隱逸生活，也修道服食，但他卻沒有拋棄家庭，絕跡塵俗，而是在自己的莊園中享受安樂的生活。本傳所收〈與謝萬書〉，反映王羲之心目中的隱逸生活，其文云：

> 古之辭世者或被髮陽狂，或污身穢跡，可謂艱矣。今僕坐而獲逸，遂其宿心，其為慶幸，豈非天賜，違天不祥。……衣食之餘，欲與親知時共歡宴，雖不能興言高詠，銜杯引滿，語田里所行，故以為撫掌之資，其為得意，可勝言邪！常依陸賈、班嗣、楊王孫之處世，甚欲希風數子，老夫志願盡於

此也。⑧

王羲之對於古之隱者「污身穢跡」並不贊同，即隱居不需刻苦，反而是能享人間之樂，卻又無功名之責，官場人事之難。若隱而艱困，便無飄逸可言，王羲之以「坐而獲逸」為兩全其美的生活方式。王羲之從小體弱，長年病痛，雖出身世族，卻必須和官場保持距離，以免賈禍。幾次重大的政治事件與親友遭遇不測，都讓他心生遠禍避世之思。然其隱逸卻非藏身山林，而是享受山林，並與親友同樂，若從這個角度來看，王羲之服散除用於疾病治療外，也成為享受生活的一部分。服食養性，還有遊山玩水，家人常在，這才是王羲之追求的生活。

反觀葛洪，竟也有類似的想法。葛洪曾說若神藥可以煉成，則「可以舉家皆仙，不但一身耳。」（〈金丹〉，頁 74）這是一種很特別的說法。⑧ 蓋葛洪一再強調金丹煉製之不易，為何煉成可以

---

⑧　《晉書・王羲之列傳》卷八十，頁 2102。

⑧　「舉家皆仙」的說法由來已久，西漢公孫卿曾描述黃帝攀龍背升天成仙，還連同他的隨從及七十多個妻妾也一起升天。（《史記・孝武本紀》卷十二，《史記・封禪書》卷二十八）而這種帶有極大世俗意味的成仙方式還從帝王擴大至貴族與平民，如淮南王劉安就傳說服了不死藥，不只全家，連雞犬也隨之升天。《論衡・道虛》記此事云：「王遂得道，舉家升天，畜產皆仙，犬吠於天上，雞鳴於雲中。」（頁 317）葛洪《神仙傳》也記載淮南王服藥，「骨肉近三百餘人，同日昇天。雞犬舐藥器者，亦同飛去。」（《神仙傳》卷六）還有一個〈仙人唐公房碑〉，記唐公房與妻兒服藥成仙，連同房舍六畜都一起仙去。（嚴可均：《全後漢文》卷一百零六）余英時曾分析這種渴望成仙又不放棄世俗欲望的想法，來自西漢方士為了說服統治者求仙，於是「將傳

舉家成仙呢？這裡似乎透露出葛洪在面對個人獨得長生的某種內心焦慮。蓋金丹煉成，服食即仙，然家人友朋仍受死亡制約，待所有親人老死之後，唯得仙者獨活，那將是另一種孤獨寂寞。葛洪在論成仙的去處時便已透露出這種不捨的心理，所以理想的成仙者，並非飛昇儦去，反而是留在人間，方得逍遙自在。此說一方面強調神仙已解除時空限制，一方面又不離棄世俗欲望，反映了葛洪對神仙的期待卻又憂慮的心理。若能舉家皆仙，自然最好不過，金丹大藥就成了最佳的成仙方式，蓋其他諸法更重視個人修煉，顯然不能達到舉家皆仙，金丹大藥若成，則人人服之即仙，這或許也是葛洪重視金丹大藥的一個原因。因此葛洪認為金丹煉成不必立即昇仙而去，尚得留在人間享受人倫之樂，相較於王羲之的人生之樂，兩者有一定相通之處。⑧

統的彼世之仙轉變成為世間之仙，從而符合世俗統治者的世俗欲望。」（余英時：《東漢生死觀》，上海：上海古籍，2005.9，頁 34。以上所舉之例尚可參考余文解說。）相較於早期「儦」所帶有的離世意味，世俗化的「仙」有更大的吸引力，而這些舉家皆仙的例子中，服藥是最簡捷的方式，葛洪承繼之且強調金丹可自煉不待仙人施給，加深「仙可學致」的理論基礎，藉以鞏固求仙者的信心。另對照六朝「朝隱」觀的興起，隱逸與求仙世俗化在六朝時更具時代意義，隱逸不再是孤獨刻骨於山林，「在世成仙」也毋須拋家棄子，這種世俗化的方式，更容易解釋成隱逸與求仙不廢人倫，能立功立業，也可視為是會通儒道的具體實踐。關於「朝隱」，可參見第五章。

⑧ 祁小春曾比較王羲之與葛洪的隱逸思想，認為兩人有相通之處，即兩人追求隱逸的動機都是立基於對神仙思想的信仰，也都在晚年辭官隱居；但兩人亦有對立一面，王羲之主張「坐而獲逸」，但是以修仙道的角度來看，這種行為並不徹底也不真誠，無法放下現實的享受是不

　　由此觀之，服散也好，煉丹也罷，若從服食的深層心理來看，服五石散帶來神明開朗，服食金丹能永生成仙，都是藉由服藥而改變體質，對有限生命的一種轉換想像。對魏晉士人而言，嚮往神仙的逍遙自在，其實更多的是精神自由的投射，不見得人人都相信或追求成仙，但是希望獲得人生幸福安逸，卻是所有士人共同願望。若再證諸早王羲之約半世紀的嵇康，他也是一位好服散的名士。❽
　　嵇康相信神仙存在，但仍有所存疑，故退而求其次，認為可透過

能成仙的。（祁小春：《邁世之風：有關王羲之資料與人物的綜合研究》，台北：石頭，2007.8，頁533-544）祁小春提出王羲之可能受葛洪影響，並從隱逸的角度論之甚詳。他認為「王羲之與許邁的隱逸是根本不同的，而葛洪所主張的隱逸，應該說是介乎於王、許之間的一種較為易於實行的方式。對葛洪來說，他也有家庭，而且也曾經出仕做官，所以他對許邁那樣的拋棄家庭、訣別妻子的極端絕情的做法並不贊成。……雖然葛氏不認同許邁式的做法，但不等於他就贊成王羲之的隱逸。」（前引書，頁543）以葛洪的立場，隱逸是為了屏除世俗的干預而專心修道，物質生活也會阻礙修道信心，但是對於親情人倫，也並不完全放棄。因此葛洪雖不贊同王羲之的「坐而獲逸」的隱居態度，但又提出得仙者不必立即昇仙。本質上，葛洪認為今之修道者必須入山林，捨棄世俗名利，方得專心修煉，但又對現實人生不捨，所以在成仙後可以自由選擇是否留在人間。這種企求「仙／俗」兩全的想法，與王羲之代表的東晉士族的隱逸觀確有一定關連。關於葛洪與王羲之的隱逸觀，參見本書第五章。

❽　《晉書》中載嵇康「常修養性服食之事，彈琴詠詩，自足於懷。」（《晉書·嵇康列傳》卷四十九，頁1369）另其兄嵇喜稱嵇康「性好服食，常采御上藥。」（〈嵇叔夜養生論〉李善注引，《文選》卷第五十三，頁741）服食不見得是服五石散，然何晏是嵇康的姑父，五石散因何晏而風行，嵇康應該也有服食。此外，嵇康在〈與山巨源絕交書〉稱

積極的養生方法延年益壽。❽ 嵇康相信養生，其養生理論也造成影響，但他畢竟沒走上煉丹之路，反而更著意於精神的超脫，這個取向或許是六朝士人追求精神之「樂」的重要意義。葛洪固然一再強調煉丹成仙，但對人世也流露出不捨，這種「在世成仙」的想法，也是一種追求身心平衡的反映。五石散並非長生不死藥，士人服食也不是為了成仙不死，雖與道士煉丹求仙的目的不同，但是在當時士人心中，不論是服食或煉丹，都希望獲得一個平安和樂的生活，至少，能藉服散或服丹達到一個超脫現實的境界。

第四節 小結

道教各道派宣揚不同成仙方術，各有所重，但在所主的修煉方法外，又多可見其他方術的影響。以葛洪為代表的金丹道派在眾多神仙方術中獨尊金丹大藥，但又認為須輔以「行炁」、「寶精」之術，且不廢「守一」與其他修練方法，並強調積善立功的重要，顯

自己「多病困」、「復多病」，雖是推諉之詞，但與其好服食應有一定關聯。養性服食與彈琴詠詩同為嵇康所好，能從其中「自足於懷」，即體會其「樂」，是服食能達致的效果。

❽ 嵇康在〈養生論〉中提到：「夫神仙雖不目見，然記籍所載，前史所傳，較而論之，其必有矣。似特受異氣，稟之自然，非積學所能致也。至於導養得理，以盡性命，上獲千餘歲，下可數百年，可有之耳。而世皆不精，故不能得之。」（戴明揚：《嵇康集校注》，北京：人民文學，1962.7，頁 144）嵇康相信神仙存在，卻不認為可學而得之，但是對養生的功效持正面肯定的態度。

見成仙之法雖有輕重之別，如能兼修之當更為有效。從這個角度來看，葛洪傾向博採眾術，以金丹為主，兼修不同方術是其特色。至於服金丹能成仙的根據，在於氣生成論與變化觀。即萬物由氣所生，氣之流動聚散能變易其形，因此事物可相互轉化，而氣由「道」而來，萬物皆為一體。在這個「道—氣」架構下，金丹能轉化人的形體，突破生命的限制而長生不死。而「道—氣」為生命之源，成仙即是「得道者」，服食金丹亦能成仙，故「道」與「金丹」產生連結，賦予「金丹」一個理論基礎。「金丹」又名「還丹」、「九轉丹」，一方面反映出煉製之不易，一方面也呈現金丹數字神秘之意，更有歸返於大道而突破時空限制等多重象徵意義。而金丹與黃白術以隱名神秘傳之，也說明了成仙之難與師承之重要。

　　六朝士人流行服散，煉丹也同樣盛行。**⑧⑥** 葛洪的煉丹理論不斷強調「五石」的重要，六朝時人服「五石散」也用「五石」，同樣的「五石」之名，然所用石藥不同，功效有異，呈現出道教煉丹五石與服散五石的差異。煉丹五石的淵源極早，「五石」的使用，除了醫藥還有神仙方術的使用，帶有神密的色彩；而「五石散」的服用則是何晏帶起的風潮，並經不斷渲染下，逐漸誇大其養生保健的療效，遂致風靡一時。不論煉丹五石或五石散，雖然服食的目的不

---

⑧⑥ 六朝煉丹之風亦盛，廖育群曾由「腳氣」之病因，論及服食外丹所引發的中毒現象，並論及葛洪南行求丹，見嶺南當地因餌丹砂或煉製、生產水銀導致慢性中毒所引起的多發性神經炎，而有「腳弱之疾，先起嶺南」（《肘後備急方》卷三〈治風毒腳弱痹滿上氣方〉）之說，由此證外丹煉製方術流行地區。見廖育群：《醫者意也——認識中國傳統醫學》，台北：東大，2003.8，頁145-169。

同，作用也不一樣，但是從士人追尋與服食的過程，顯示企圖藉由藥物以擺脫現實的限制，渴望精神自由的想法卻如出一轍。此外，從葛洪與王羲之兩人服食心態，又可見士人不捨世情的一面，葛洪有「在世成仙」的想法，王羲之則希望服散與生活能和諧為一，成仙不必離世，服散毋須忘情，是一個六朝時煉丹與服食可互相參照的交會點。

第五章 隱逸之風與神仙品第

　　「會通儒道」是六朝士人談論的重要議題,此議題不僅僅是理論上的證成,更是士人立身處世的實存問題,尤其在「仕」與「隱」的取捨上,出處進退關涉個人功業與理想抱負實現,但又受制當時外在環境的政治紛爭,甚至牽連身家性命與家族存續。文人仕宦本有歷史傳統,不止是為稻粱謀,更有責任與使命於其中。然而,六朝士人面對權力傾軋與價值失序的情況,又遠比先秦兩漢複雜。從東漢建安二十五年(西元 220 年)魏王受封,獻帝遜位,至南朝禎明二年(西元 589 年)隋師入建康,陳後主投降止,共計三六九年,其間政治的混亂分裂與戰亂頻仍,在中國歷史上幾無出其右。在這樣一個社會背景,不同於先秦兩漢士人在「仕/隱」之間的選擇猶有自由意志,六朝的隱逸思想更發展出「朝隱」之論,看似調合仕隱出處而會通儒道,實則有其不得不然之無可奈何。

　　出處進退既然有許多身不由己的無奈,則對神仙自由的嚮往就因應而生。六朝時有許多描述仙境的詩賦、小說以及各種神仙故事,反映出士人掙脫人生桎梏的欲望,❶ 而仙境的構築在文學渲染

---

❶　六朝文學與神仙道教關係密切,文學中有大量關於神仙世界的描述,神仙道教的發展也提供文學創作的素材。不論是遊仙詩或志怪小說,

下也逐漸形成一個高遠自由的世界。然而，如果士人因為對現實束縛感到無奈，理應轉向修道成仙，但事實並非如此，儘管六朝士族中慕道者眾，但也不必然走上修仙之路。對神仙世界的嚮往不見得成為求仙的理由，換言之，士人羨慕神仙和是否求仙是兩回事。反而六朝時的士人更多地思考隱逸之事，建構理論並實踐之。這裡隱藏著幾個值得探討的問題，首先，隱逸與求仙究竟有何關係？隱逸與求仙的起因皆有對現實的不滿，對生命限制的無奈，兩者也都企求達到自由的境地，則隱逸與求仙是同源異途，還是殊途同歸？如果隱逸與出仕是一個對立關係，求仙也與出仕相對，則隱逸與求仙都站在出仕的對立面，兩者是否因為有共同「反對」的對象而產生相近的關係？其次，隱逸與求仙在理論的發展上，都出現了「朝隱」與「在世成仙」的想法。如果說調和「仕／隱」是士人在掙扎兩者間所走上的必然之路，則求仙理論是否也是如此？從隱居山林到大隱於世、隱於朝，從修道山林到上士能兼修儒道，或者能在世成仙，隱逸與求仙的理論有著微妙的相似性。但是相似並不相同，其間的差異何在？最後，六朝士人既嚮往隱逸，也羨慕神仙，但真正走上修仙一途者並不多見，這其中的關鍵為何？或者說，隱逸與求仙有許多相似性，但兩者畢竟有所不同，士人面對兩者如何取捨？

都可從中一窺六朝士人心態。相關研究可參見李豐楙：〈六朝道教洞天說與游歷仙境小說〉，收入《仙境與遊歷──神仙世界的想像》，北京：中華書局，2010.10，頁 349-386；趙益：《六朝南方神仙道教與文學》，上海：上海古籍，2006.4。

　　深入以上問題，是本章的重心。綜觀六朝文獻，葛洪是當時唯一對隱逸與求仙皆有完整論述的士人，儘管歷來多視葛洪為六朝神仙道教的理論建立者，但是他在《抱朴子外篇》中對於「隱逸」多有論述。六朝士人身處一個特殊的時代，時政變動巨大，天災人禍不斷，禮教限制僵化，對比之前更嚮往隱逸，也發展出當時獨特的隱逸文化，甚至企圖結合隱逸與出仕。葛洪一方面呼應當時士人的看法，一方面也從道教治身與理國的傳統來分析這個問題。另外，六朝士人對於神仙也嚮往之，葛洪則堅定求仙之志，並有修煉之實踐。然而，成為神仙真能消解對現實的失望與無奈嗎？神仙世界畢竟是一個想像的現實世界投射，仙界是否也有不為人知的問題？此外，長生成仙是修煉的終極目標，修煉必須隱遁，成仙亦須離世，隱遁離世意味放棄現實人際關係，這就得面對來自名教的質疑，即修道者如何行孝盡忠？再者，如果成仙雖脫離了時空的限制，生命得以永恆，但離開現世而進入另一個「仙境」，反而犧牲了許多現實的「享受」，仙境真的比人間好嗎？修道時必須隱逸，修煉成功後更得捨棄一切，看似極端個人主義式的修煉，如何能圓滿個人與家庭社會的關係以說服當時士人？或者，葛洪得先說服自己。

　　有鑑於此，葛洪在《抱朴子內篇》的〈對俗〉、〈釋滯〉、〈明本〉諸篇，談論修道成仙所必須面對的個人與外在環境的各種關係。透過這些論述，我們可藉以一窺在兩晉之際，這個「博聞深洽」的士人何以選擇以修道求仙為最終之志。❷ 綜觀葛洪一生，其年少

---

❷　《晉書·葛洪傳》贊葛洪：「博聞深洽，江左絕倫，著述篇章，富於班馬。」（頁1913）這段話說明葛洪有可觀的著述，且其學識廣博。

時便已從鄭思遠學道，照理應自此奠定修煉基礎，然而，葛洪一力面欲效二陸入洛，一方面於避禍廣州時又辭拒一切官職；年少時因緣參與平定石冰之亂，並於《抱朴子外篇》中諷刺批判時局，實可見其抱負，然復又對亂世中任官出仕之不易多有感嘆。〈自敘〉中之「余以庸陋，沈抑婆娑。用不合時，行舛於世。」（頁721）看似自謙之辭，實流露積鬱不得志之慨，如此一來，葛洪晚年專心修道，亦可視為追求功名不成後的轉變。這種情形不獨葛洪如此，六朝士人多有類似之人生與心路歷程。出處進退在葛洪心中的拉扯，亦表現在成仙遲速的決擇。他一方面企求成仙，一方面又對登仙流露出遲疑，擔心成為仙人便得捨棄人世一切。這種欲迎還拒的衝突心理，實與六朝士人在或仕或隱中的掙扎如出一轍。

　　六朝士人自我意識覺醒，正與兩漢群體意識對比，即漢末士人逐漸萌生之自我意識，為掙脫群體之束縛，乃逐相標榜個體之自由與特立獨行，士人以任誕為尚，於是引發個人與群體的衝突。有衝突，故需調和，這正是漢魏兩晉思想史之背景。於是修仙與隱逸之自我精神實現，突顯六朝士人渴望自由的追尋。❸ 成仙也好，隱逸

更自言「貪廣覽，於眾書乃無不暗誦精持。」（《外篇·自敘》，頁655。）他雖自謙因此而不成純儒，但六朝士人玄儒兼治本為常態，不僅在著書立說中可見，行事風格亦呈現如是情形。（可參見秦躍宇：《六朝士大夫玄兼治研究》，揚州：廣陵書社，2008.4）

❸ 余英時認為漢晉之際有一士大夫自覺的情形，其中又分為「群體自覺」之發展而為兩晉南北朝之世族；「個體自覺」則表現在人物評論、清談、文學、藝術諸領域，尤其是「對於個體自我之生命與精神之珍視」。（余英時：〈漢魏之際士之新自覺與新思潮〉，《中國知識階層史論》，

也罷,這是脫離群體的個人自我意識興起,希望在形體或精神上有所突破,但是世族門閥所形成的群體意識乃至整個社會環境,都使士人仍深陷其中。換言之,標榜獨行或尚誕,一方面可為個體獨立之象徵,另一方面表示既然與眾不同,就必須有相當勇氣違眾。於是乎,當時士人之所以掙扎於出處之間,實因一自覺意識之萌發,欲從群體束縛掙脫而出,但又受限於歷史的、社會的層層約制,難以完全捨離。這或許可以解釋為什麼葛洪乃至一些士人不得不以「朝隱」之說調和仕隱,以及葛洪在面對登仙的遲疑,發展出「在世神仙」以解釋不必捨棄人世又可成仙,復以「神仙三品說」加強這個論述。葛洪「神仙三品說」分神仙為天仙、地仙、尸解仙,與六朝隱逸理論所分之大隱、中隱、小隱恰可比並觀之。本章便從葛洪對於隱逸與神仙品第的論述為中心,從葛洪延伸至兩晉時的士人的觀點,藉由相互比較闡述隱逸與求仙的關係。必須辨明的是,葛洪的隱逸之說與其求仙理論具有整體關係,《抱朴子內篇》雖闡明神仙理論,但《內篇》與《外篇》都論及隱逸,應相互參證之。為論述方便,本章先論隱逸,再述求仙。

台北:聯經,1980.8,頁 252)此說突出士大夫既「貴生」,復又尋求精神逍遙,欲達至形體與心靈和諧的人生理想。

第一節 「朝隱」之說由來及其意義

隱逸之思，其來已久。《隋書·隱逸傳序》云：「自肇有書契，綿歷百王，雖時有盛衰，未嘗無隱逸之士。」❹ 有隱逸之思，故有隱逸之作，復有隱逸之行。歷來正史幾乎都有隱逸傳，❺ 可見隱逸之思的起源與流傳廣遠。雖然隱逸思想的起源甚早，❻ 但「隱逸」一詞的內涵及其所指涉的對象隨著時代有所變化，且「隱逸」作為一種行為的概念，必有「隱者」實踐之。然「隱者」所指為何？什麼人可稱為「隱者」？「隱者」的心態及動機該如何掌握？所謂「隱

---

❹ 引文據《隋書》，〔唐〕魏徵等撰，台北：鼎文，1980，頁 1751。

❺ 自《後漢書》即有〈逸民列傳〉，《晉書》首立「隱逸傳」之名，《宋書》亦從之。《南齊書》立〈高逸列傳〉，《梁書》亦有〈處士列傳〉。歷代正史多為隱逸者立傳，唯傳名有所差異，這些傳名的差異，反映出「隱逸」指稱的對象、內涵有所變化。而史傳所收的隱逸人物與文學中的隱者並不全然相同，史傳具有「道」之傳承與維護的基本立場，而文學中則多見好詠「逸」的想像情調。此中差異，可參見林育信：《製作隱士：六朝隱逸史傳之歷史敘事研究》，國立清華大學中國文學系博士論文，2007。

❻ 隱逸思想的起源，一般多認為起自《易經》、《詩經》。其興起之背景與原因，應與政治社會變化中貴族的流動有關。相關論述可見王仁祥：《先秦兩漢的隱逸》第二章〈隱逸的起源〉，台北：台大出版委員會，1995.5。另外，文青雲（Vervoon）卻認為在孔子前沒有隱逸思想，自孔子宣講個人道德才有隱逸的可能，而戰國游士的興起才提供隱逸的背景。（Ant Vervoon, The Origins of Chinese Eremitism,《香港中文大學中國文化研究所學報》，15 期，1984）如果我們回到隱者的根本判準──不仕，則孔子之前應已出現隱者與隱逸思想。

者」，謝大寧曾指出：「隱士之所以為隱，其本質仍只是在追求某種人生超越價值的貞定，捨此便無以名之為隱，至於隱居之形，不過是成全其人生價值之一手段而已。」❼ 這裡分析出隱士之「隱」的關鍵在於「本質」，即人生價值的「超越」，此「超越」意為不停留在世俗的功名，亦包含道德實踐在內，隱士之「隱」為一種相對於「顯」的行為表現。換言之，「隱居之形」是方便於追求人生價值的方法，如果徒有其形，就不是真的隱士。許尤娜由此啟發再加上「內在價值」，而對「隱逸」有此描述：

> 隱逸就是：個體自覺到人的某種價值（內在價值、或超越價值），為了追求之，實現之，貫徹之，因而對世俗價值，尤其名利價值，自動地疏離，甚至揚棄的態度或行為表現之。❽

這個描述，除了劃分出人的「生命價值」與「世俗價值」的不同，還強調「自覺」的意識，故表現出對「世俗價值」的揚棄而追求「生命價值」。此「生命價值」不論是內在或超越，都是自我精神獲得滿足之實現，即由「隱」而體會到「逸」之「樂」。❾「隱逸」的

---

❼ 謝大寧：〈儒隱與道隱〉，《國立中正大學學報·人文分冊》，1992，3:1，頁 140。

❽ 見許尤娜：《魏晉隱逸思想及其美學涵義》，台北：文津，2001.7，頁 21。

❾ 「隱」與「逸」於字義有些許不同。根據《說文》：「隱，蔽也。」段玉裁注：「艸部曰蔽，茻小貌。小則不可見，故隱之訓蔽。」另據《玉篇》、《爾雅·釋詁》，「隱」之本意為藏匿，又有微小或藏匿而不可見之義。而「逸」字，《說文》：「逸、失也。從辵兔。兔謾

「隱」與「逸」隱含著行為（形）與感受（心）的區別，形必須配合著心而發動，所謂的「疏離」與「揚棄」之行為，必得是「自覺」而「自動」地出自於心之發動。「隱」之行為若無「逸」之心情，此「隱」只是相對於「仕」的行為表象而已。換言之，逸者必隱，隱者不必然為逸。問題是，當「隱／逸」已然二分，強調隱與逸、形與心必須統一的論述，則隱含「重心輕形」的取向，若套用魏晉玄學「本末」的術語，即是「心本形末」，如此一來，當形只是心的表現與附屬，則「隱」便可以有多種形式出現，不再只是隱山林一途而已。山林可隱，市井亦然，朝廷又有何不可。「朝隱」之說得以在此「心／形」二分又意圖統一的理論背景下，完成不同於「仕／隱」二分但又企圖結合兩者的論述基礎。

依目前所見文獻，「朝隱」一詞應源於西漢。揚雄於《法言·淵騫》中對世人盛贊東方朔為隱者頗不以為然，問者提出「柳下惠

地善逃也。」段玉裁注云：「亡逸者，本義也。引申之為逸遊、暇逸。」「逸」為失去，逃出的動作，後來引申為「暇逸」，即一種安詳自得，怡然自在的心境。可見「隱者」若無「逸」，或帶有目的，此「隱」之行為便非「真隱」；換言之，是否具有藏匿之行為並非是否為真正隱者的判準，而在於內在之心是否具有「暇逸」，即能「自得其樂」。此「心／形」二分是六朝士人隱逸觀的重要基礎，樂廣云：「名教內自有樂地。」（《晉書·樂廣傳》，頁 1245）在名教中亦有「樂」，顯然將「名教」視為「形」。王羲之也曾云：「我卒當以樂死。」（《晉書·王羲之傳》，頁 2101）當王羲之因採藥而遊名山、泛滄海，此「樂」即從讚歎大自然而得以提昇自我精神境界。不論從「名教」或「山水」，此「樂」之得，顯然是「心／形」二分後的重「心」之論，「形」既不重要，不論山林或廟堂皆有「樂地」。

非朝隱者與」，揚雄答曰：「君子謂之不恭，古者高餓顯，下
祿隱。」❿世人視東方朔為「朝隱」者，柳下惠亦同。⓫揚雄並
未正面回答東方朔是否為「朝隱」，但他藉柳下惠之例指出「祿隱」
不如「餓顯」，僅稱東方朔為「依隱玩世」的「滑稽之雄」。⓬在

---

❿ 此問答原文如下：「世稱東方生之盛也，言不純師，行不純表，其流
風遺書蔑如也。……或曰：『隱道多端。』曰：『固也。聖言聖行，
不逢其時，聖人隱也。賢言賢行，不逢其時，賢者隱也。談言談行，
不逢其時，談者隱也。……』或問：『東方生名過實者，何也？』曰：
『應諧、不窮、正諫、穢德，應諧似優，不窮似哲，正諫似直，穢德
以隱。』請問名，曰：「談達。」「惡比？」曰：『非夷尚容，依隱
玩世，其滑稽之雄乎！』或問：『柳下惠非朝隱者與？』曰：『君子
謂之不恭，古者高餓顯，下祿隱。』」〔漢〕揚雄《法言》，見汪寶
榮：《法言義疏》，北京：中華書局，1987.3，頁 484。

⓫ 將柳下惠視為「朝隱」，應自西漢始。《論語》、《孟子》皆有論及
柳下惠，並對比伯夷、叔齊，伯夷以身殉名是「求仁得仁」，孟子甚
至稱其為「聖之清者」，與孔子並列為「四聖」之一。（《孟子·萬
章》）但是對柳下惠則以「降志辱身」（《論語·微子》）與「不恭」
（《孟子·公孫丑下》）評之。東方朔反以伯夷為「拙」，柳下惠為
「工」，不同於傳統儒家的評價，並以其獨特的言行創造一種特殊的
「隱」之型態。從揚雄《法言》中言「世稱東方生之盛也」，可見東
方朔的「言不純師，行不純表」顛覆傳統「士」的性格，使得當時以
「朝隱」看待東方朔，連同柳下惠一併屬之。揚雄對時人之言有不同
看法，然而其批評柳下惠與東方朔看似承繼儒家的觀點，但是揚雄的
行為處世卻又替「朝隱」立下一個不同東方朔的典範。關於「朝隱」
一說的由來，可參見小林昇：〈朝隱の説について──隱逸思想の一
問題〉，《中國·日本における歷史觀と隱逸思想》，東京：早稻田
大學，1983.1，頁 253-272。

⓬ 揚雄語「依隱玩世」出自東方朔〈誡子詩〉：「首陽為拙，柱下為工；

揚雄看來，「朝隱」、「祿隱」雖有隱避於朝之意，但畢竟不如堅決不仕之隱者，甚至為了堅持氣節而以身殉道才為「高」，此高下之判，顯然與「朝隱」欲「全身」之目的相抵觸。然而，不是人人皆得以成就聖人之隱，揚雄並未反對「隱道多端」，其評東方朔「名過其實」，並不輕許為「朝隱」者，或可推論揚雄對「朝隱」自有定義，非如東方朔詼諧滑稽之型態。揚雄的處境雖不同於東方朔，但欲上諫君王以求時用的想法則為一致，只是當他入京從召卻不受重用，又不願仿傚東方朔，只能從著述中另闢一條「朝隱」之途。❸從揚雄對隱之型態的區分，已清楚可見士人在面臨「仕／隱」

飽食安步，以仕易農；依隱玩世，詭時不逢。」（《漢書·東方朔傳》，〔漢〕班固撰、〔唐〕顏師古注，台北：鼎文，1986，頁 2874）其中「柱下為工」一句，唐顏師古注引東漢應劭語：「老子為周柱下吏，朝隱，故終身無患，是為工也。」本句或作「柳惠為工」，見〔明〕張溥輯：《漢魏六朝百三家集·東方太中集》，上海：上海古籍，1994.8，頁 139）嚴可均《全上古三代秦漢三國六朝文》從之。又，小林昇考証「柱下」為「柳下」之誤，揚雄因王莽置柱下史官名，誤「柳」為「柱」，班固因之。（前引書，頁 259）

❸ 揚雄早年隱居，中年出仕，因不受成帝重用，又不願如東方朔為俳優，故奏請三年不受俸當值，以便觀書石室，完成《太玄》、《法言》、《方言》等著作。《漢書·揚雄傳》記其事蹟頗詳，班固贊其不趨炎附勢，清貧自守，「恬於勢力乃如是。」然王莽篡漢後，揚雄曾作〈劇秦美新〉稱頌之，後人對此頗有質疑。然而，揚雄著書立說，始終抱著淑世理想，針砭時事。揚雄固然不認同東方朔，但是當面臨官場現實，一方面希望勸諫國君，卻又不獲重用；一方面又不願隱居不仕，使道術不顯。於是留有官職以待時命，著書立說以保全身，成為一個不得不然的選擇。自東漢桓譚、班固、王充、張衡以降之文人均以此

取捨中,有個「全身」的條件必須考慮其中。換言之,雖嚮往「餓顯」之隱士,並以之為高,但是當生死之事關係到家族群體而非個人,或是連選擇隱居的自由都受到限制時,保全身家性命的考量便相形重要。揚雄對「祿隱」雖不以為然,但是他自己卻在「朝隱」中全身而退,❹這種不得不然的選擇,顯然為「仕/隱」的衝突打開了一條融通之路。

事實上,「朝隱」為求「全身」而不在乎形跡的做法,其思想源頭可上溯至莊子。《莊子》書中有各式隱者,其中在〈則陽〉篇

盛譽之,葛洪亦數度引揚雄之說,如《內篇·論仙》為證明史書中關於神仙記載,言揚雄稱《史記》為實錄;《外篇·吳失》中提到其太先師左思言:「孟軻揚雄,亦居困否」,藉以說明「有德無時」;另外,《外篇·酒誡》也有贊語:「揚雲通人,才高遠思;英瞻之富,稟之自天。」葛洪著本雖引諸書,很難依此說揚雄對葛洪有多大影響,但至少王充肯定揚雄,而葛洪又以王充為學習對象,這其間多少有些關聯。更重要的是葛洪屢屢強調著書立說,並視為是隱者不仕的要務,揚雄著作的影響力,當是葛洪效法的對象。

❹ 方介認為東方朔與揚雄代表「朝隱」的兩種典型,一為狂者,一為狷者,「他們都遇上了難以擺脫的困境,而不免『降志辱身』,受到輕視或譏嘲,但,終究保全了性命,也成就了盛名,使『道』得以彰顯於言行、著述中。因此,班固為他們作了專傳,予以表彰,後人也往往寄予同情、共鳴,而把他們視為『朝隱』的典範,有所取法。」(方介:〈東方朔與揚雄——傳統知識分子『朝隱』的兩種典型〉,《台大中文學報》第 27 期,2007.12,頁 69)這個評價中指出了一個重點,儘管東方朔與揚雄的「朝隱」方式有所不同,但兩人都因而「全身」。對於六朝身陷政治鬥爭,為遠禍避害卻又難以自決的士人,不啻為重要的學習對象。

中有一位市南宜僚，是「自埋於民，自藏於畔」的「陸沈者」。「陸沈」之說，似乎影響了東方朔。❶ 隱於塵世相較於遁隱山林，更能不拘執於形跡，莊子對「山谷之士」與「江海之士」的評價並不高，因其仍有偏執，有所不忘便不能達至逍遙境地。❶ 莊子心中理想之隱者，能與世合一，若為了不願出仕而隱遁山林，為隱而隱，反而

---

❶ 西漢褚少孫補《史記·滑稽列傳》，將東方朔描述為一個放浪形骸，有意避世於朝的「狂人」。其中記其酒酣而據地歌曰：「陸沈於俗，避世金馬門。宮殿中可以避世全身，何必深山之中，蒿廬之下。」（《史記》，〔漢〕司馬遷撰、〔劉宋〕裴駰集解、〔唐〕司馬貞索隱，台北：鼎文，1981，頁 3205）姑不論褚少孫之補記所據為何，東方朔特立獨行的形象，顯已深入人心。「陸沈」一詞，典出《莊子》，東方朔不拘泥於形體，似得莊學之旨。晉朝夏侯湛作〈東方朔畫贊〉云：「先生其道如龍，染跡朝隱，和而不同。」（《文選》，〔梁〕昭明太子撰、〔唐〕李善等注，台北：藝文印書館，1989.1，頁 681）「其道如龍」典出《莊子·山木》，「和而不同」之贊語，又可證諸《莊子·人間世》中所言「形莫若就，心莫若和」，且「就不欲入，和不欲出」，能「形就心和」，卻又無心無形，方為處「人間世」之最佳方式。兩晉時流行朝隱之思，東方朔以「狂人」之姿避世的形態，儼然成為朝隱之典範，其行事風格超脫傳統隱士限制而得「全身」，當時士人嚮往之，甚至將東方朔神化為「太白星精」，（《文選》李善注引應劭《風俗通》於〈東方朔畫贊〉「神交造化，靈為星辰」句下注）後世也將東方朔傳為神仙。（《太平廣記·神仙六》）東方朔的地位上昇，反映出隱逸觀至兩晉時，從「形隱」到「心隱」的改變。

❶ 《莊子·刻意》中列舉五種人格型態，有「山谷之士」、「平世之士」、「朝廷之士」、「江海之士」與「導引之士」，這五種人皆有所偏，有所累。而聖人「無不忘」而「無不有」，方得無跡而達逍遙之境。

著了形跡。至於士人為何選擇「隱」之一途？《莊子‧繕性》有一段重要論述，引之如下：

> 世喪道矣，道喪世矣。世與道交相喪也，道之人何由興乎世，世亦何由興乎道哉！道無以興乎世，世無以興乎道，雖聖人不在山林之中，其德隱矣。隱，故不自隱。古之所謂隱士者，非伏身而弗見也，非閉其言而不出也，非藏其知而不發也，時命大謬也。當時命而大行乎天下，則反一無跡；不當時命而大窮乎天下，則深根寧極而待；此存身之道也。（頁554-555）

「隱，故不自隱」至為關鍵。文中述及上古之時，萬物和諧，人於混沌芒昧之中，無為而自然，但後世道喪德衰，心靈被俗學蒙蔽，故聖人因「時命大謬」而不得不隱。「時命」之說，反映出對現實的無奈，也指出上古之時根本無所謂「隱」或「不隱」，後因世衰道微而隱之。以「時命」說解「隱，故不自隱」，為其旨一。另「雖聖人不在山林之中，其德隱矣」為其旨二。聖人既然因時命而隱，隱之處所不必然在山林，仍能隱其德。換言之，此處已顯示若刻意隱於山林，反著了形跡。莊子主逍遙，欲揚棄一切「名」之束縛，更否定一切有意之「名」，「隱」既是時命，故不當是為隱而隱。《莊子‧大宗師》中謂「藏天下於天下而不得所遯，是恒物之大情」，因「藏舟於壑，藏山於澤」皆為「藏小大有宜，猶有所遯」，只要想藏東西，任何隱藏的地方都有可能被找出，唯有以不藏為藏，物我兩忘才得真正有所藏。由此證之，隱者亦然，是否隱於山林並非重點，「伏身」、「閉言」顯然都是為藏而藏，真正的隱者是「藏

天下於天下」，因此隱之關鍵在於「時命」與「全身」。**⑰** 當時命則「反一無跡」，不當時命則「深根寧極」之「存身之道」，為其旨三。莊子既明「時命」，故以「安時處順」應之。**⑱** 人生在世，「無所逃於天地之間」既是事實，就應隨順之，「知其不可奈何而安之若命」。**⑲** 蓋「絕跡易，無行地難。」**⑳** 隱者縱使隱於山林，

---

⑰ 王仁祥論述莊子的隱逸思想時亦標舉這兩點，可參考之。前引書，頁78。

⑱ 「安時處順」一語，兩見於內篇〈養生主〉：「安時而處順，哀樂不能入也，古者謂是帝之懸解。」（頁128）以及〈大宗師〉：「且夫得者，時也；失者，順也。安時而處順，哀樂不能入也。此古之所謂懸解也。」（頁260）「懸解」為解脫倒懸之苦，外物紛紛，生（得）與死（失）皆非人能掌握，亦非人力能改變，故安之若命，方得悠然自由。劉笑敢曾指出「安命論」是莊子重要理論，「安命無為是莊子哲學向逍遙遊過渡的基礎，安命方怡然輕鬆，無為則悠然自得，安命無為是取得人生自由的唯一途徑。」（劉笑敢：《莊子哲學及其演變》，北京：中國社會科學，1993.3，頁149）可再補充一點，藉知命安命以達精神自由，必然蘊含「全身」想思，即若因違命而有損性命，便無逍遙可言。

⑲ 見《莊子·人間世》，文中藉孔子之口闡述「命」為天下之大戒，既然「無所逃於天地之間」，如能「自事其心者，哀樂不易施乎前，知其不可奈何而安之若命，德之至也。」（頁155）所謂「自事其心」，即認清此「命」之必然，隨順而「忘其身」，就不會患得患失而焦慮難耐。同語亦見〈德充符〉，申徒嘉言：「知不可奈何，而安之若命，唯有德者能之。」（頁199）有德者不在意「命」之限制而安之，能安之故哀樂不能入，進而能悠遊全生。

⑳ 見《莊子·人間世》，頁150。此句言走路不留痕跡容易，但要無地而走卻是難事。換言之，要自絕於人群容易，反而在人群中能悠遊自得難。釋德清注曰：「逃人絕世尚易，獨有涉世無心，不著形跡為難。」

仍無法自絕於天地，甚至可能因此而損傷性命。㉑為全身保性，當不拘泥於形跡。換言之，當天下有道時，無隱或不隱之別，既大行之又能無跡；但天下無道時，便需隱之，但此隱又非隱於山林以顯隱逸之跡，而是「深根寧極」，不著形跡之隱以待有道之時。可見莊子所主張的「隱」，並非一般的「小隱」，而是物我兩忘，能「全身」之「大隱」。㉒

（見〔明〕釋德清：《莊子內篇注》，黃曙輝點校，上海：華東師範大學，2009，頁78）此解頗得莊子之旨。

㉑ 《莊子・駢拇》言：「伯夷死名於首陽之下，盜跖死利於東陵之上，二人者，所死不同，其於殘生傷性均也，奚必伯夷之是而盜跖之非乎！」（頁323）將伯夷與盜跖並舉，實為突顯為「名」而殉與盜跖為「利」而死都將損傷性命。雖不必推論莊子重生甚於一切，但至少「養生」對莊子而言是很重要的事，如果為了名利而害生，便非自然。

㉒ 莊子並無「大隱」、「小隱」之語。但證諸〈齊物論〉中「大知／小知」、「大年／小年」之別，著於形跡之隱山林，與藏天下之無形跡者，確有「小隱」與「大隱」區別之意。「大隱」一詞的使用，最早可見文獻應為《昭明文選》收於「反招隱類」中之東晉王康琚〈反招隱詩〉，詩云：「小隱隱陵藪，大隱隱朝市。」明確依隱之處所區分為「小隱」、「大隱」，王詩之「大隱」，有其時空背景下之全身避禍，乃至為入朝為官尋求一種說解，不同於莊子依形跡之境界形態區分隱之大小。至於史書中遲至隋唐方可見得，如《梁書・處士列傳》開篇論隱者高下之別，以為古之隱者，「輕生重道，希世間出，隱之上也。」其次則為「大隱隱於市朝」。（《梁書》，〔隋〕姚察、〔隋〕謝炅、〔唐〕魏徵、〔唐〕姚思廉合撰，台北：鼎文，1986，頁731。）《梁書》以重道輕生為標準，將隱於市朝之「大隱」列為第二等隱士，又不同於莊子和王康琚。另外，白居易曾作〈中隱〉詩，以「大隱住朝市，小隱入丘樊。……不如作中隱，隱在留司官。」在「大隱」、

　　莊子以「全身」為隱之基調，對於「朝隱」之思有一定啟發作用。❷ 只是莊子基本上反對出仕，仕宦是殘害身心之事，能悠遊於山林方能無所拘束，唯莊子不僅止於形體處山林，更超越「仕／隱」而達至精神上絕對自由的境地。兩漢以後的政治型態與先秦並不相同，士人得面臨更多來自政治上的壓力，希冀隱逸又能全身並不一定可行。於是從「聖人不在山林之中」，逐漸發展出「祿隱」、「朝隱」的觀念，藉出仕以求保全性命。因此在兩漢隱逸人物中，對於「仕」的態度有所變化，出仕不全然是隱逸的對立，「以仕為隱」

「小隱」之別又增一「中隱」，此「中隱」即兩晉時之「朝隱」。（《白居易集》第二冊，北京：中華書局，1985.10，頁 490）

❷ 莊子固然重視全身，但他視現實政治為傷生害性之處，所以根本不願涉入政治。劉紀曜言莊子的政治思想是「反仕」或「非仕」，「事實上，就莊子的理想——逍遙世界而言，本無所謂『仕』或『隱』，因它已超出『仕』與『隱』的層次。然而，就其與現實政治的關係，或是從現實政治的層次觀之，仍可稱之為『身隱』，亦即為追求個人的養生、適性與逍遙而隱。」（劉紀曜：〈仕與隱——傳統中國政治文化的兩極〉，收入《理想與現實——中國文化新論·思想篇一》，黃俊傑主編，台北：聯經，1982.10，頁 307-308）將莊子定位於「反仕」與「身隱」，基本上可突顯與儒家「道隱」（時隱）、法家「反隱」之對比。然而，誠如劉文所說，莊子逍遙的境界已超出「仕」與「隱」的層次，既然如此，理論上的無心無形，反而為現實的「仕／隱」對立尋得一個突破的缺口，換言之，當「仕／隱」的界線已模糊不清時，隱者何必山林的「朝隱」之思，便從中得到理論的支持。退一步說，儘管莊子反對出仕，但是他很清楚人在天地之間有許多身不由己的無奈之處，故以「安時處順」方得「全身」，也為「朝隱」之說提供一個可供解釋的依據。

的「朝隱」成了兩漢隱逸者的一種特殊類型。❷ 莊子之隱因「時命」而求「全身」，但兩漢時之「朝隱」者，轉而為求「全身」以待「時命」。若以東方朔為兩漢「朝隱」之圭臬，其「依隱玩世」之處世態度，即是藉保全性命以待有朝一日能得國君之重用。換句話說，東方朔以「朝隱」為全身的手段，更有待時命的目的。揚雄踵繼其後，東漢張衡更自云：「庶前訓之可鑽，聊朝隱乎柱史。」❷ 從東方朔、揚雄、至張衡等，莫不有淑世之思，之所以為「朝隱」，不是為了精神上的超越，既希求全身，在心態方面就很難有「逸」之感受，更何況還有不逢時命的感慨。可見兩漢士人在出仕與隱逸兩

---

❷ 王仁祥以學術淵源與出處行止來判斷分析隱逸人物之類型，其本上以儒、道之不同傾向為劃分。然而，此種分類方式受限於史書之記載，以及隱逸者之事蹟不明，更因自西漢時黃老之學影響，東漢士人多兼治儒道，實難釐清其儒道傾向。王仁祥論及東漢隱逸人物時，亦感「以儒術作為隱逸分類的範疇，並不十分恰當。」（前引書，頁 207）於是對兩漢隱逸人物分類時，只好回到以人物事蹟為主，分為先隱後仕、先仕後隱與終身不仕三類。值得注意的是，這樣的劃分並無法處理「朝隱」一類人物，王文似乎有意略而不論。如果增加「以仕為隱」的分類，東方朔、揚雄、王充、張衡等應可為此類的代表人物。

❷ 語出〈應閒〉一文。（《後漢書·張衡傳》，〔劉宋〕范曄撰，〔唐〕李賢等注，台北：鼎文，1987，頁 1908）張衡在文中傳達不慕榮利，不交權貴，能「奉順敬篤，守以忠信。得之不休，不獲不吝。」雖守身如此，然才高遭嫉，故「常思圖身之事」，作〈思玄賦〉以顯超逸之思，正可明其心志。關於張衡隱逸之思，可參見楊清之：〈招隱·朝隱·歸田——從《七辯》、《應間》、《歸田賦》看張衡的隱逸心跡〉，《海南師範大學學報（社會科學版）》，2010 年第 5 期，頁110-113。

條不同道路中，另闢「朝隱」一途以求全身，立志雖高，卻不逢其時，雖在朝為官，卻難獲重用。因此兩漢可為「朝隱」者，雖所處時空環境不盡相同，生平遭遇亦或有所出入，但是因時命不繼而莫可奈何，為求全身而有委曲之意，為其共通處。值得注意的是，從東方朔至張衡，不論其行跡為何，既然在仕途上有所困蹇，又無法隱逸山林，故轉而著書立世，一抒胸懷。即時命所限無法「立功」，便轉而為「立德」、「立言」。以此觀之，兩漢時所謂「朝隱」者，既不同於《後漢書·逸民傳》中「絕塵不反」之「逸民」，也非《後漢書·周黃徐姜申屠傳》中因種種考量選擇隱而不仕之人。所不同者不全然為形跡上「不仕」，而是處於既明仕宦險惡，又有澄清之志；不隱於山林以絕世，又待時以圖顯世。其本上，「以仕為隱」是「朝隱」之處世方式，而求「全身」以待「時命」是其目的。

「朝隱」思想在六朝時有進一步發展，其關鍵在於東漢後期的兩次黨錮事件，使清議之士普遍轉向「隱逸君子」。❷❻東漢中葉以後，朝政為外戚或宦官把持，清議之士在兩次黨錮事件之後多隱而不仕。唯此時期的「隱逸君子」與東漢之「逸民」有所不同，東漢隱逸風盛，「逸民」為一種德行氣節的表徵，完全棄絕仕進之途；而東漢末年之「隱逸君子」則歷經動盪，既議論政治以待時命，又恐生命之威脅，選擇隱居多為不得已。余英時指出黨錮之禍轉變了

---

❷❻ 參見侯外廬等著，《中國思想通史》第二卷，北京：人民，1957.4，頁 331-422。本書從階級鬥爭，唯物史觀的角度談兩漢末年，姑不論其評價黃巾，至少對黨錮之禍與士大夫轉向清議乃至清談的討論，以及影響六朝士人的部分，可有一定參考價值。

魏晉之際的士風與學風，並引孔融〈汝潁優劣論〉一文說明士人雖存東漢士大夫以天下為己任之遺意，但已轉而為以保全身家性命之務。❷ 士人氣節已衰，復又因九品中正之人才任用制度，使清議之士與高門世族有著流動結合的關係。❷ 如此一來，「士」一方面藉由「士族」形成一個影響六朝政治、經濟與社會的勢力，一方面又與當權者保持一種相互利用的依存關係。換言之，士族一方面較平民百姓享有更多物質生活，另一方面又深陷政治旋渦而難以自全。時代背景既與兩漢大一統全然不同，加之對才性之重視改變了東漢尚名節之士風，故對於「隱逸」的看法也起了變化，其中最值得注意的，便是「仕／隱」界限的模糊。許尤娜曾指出魏晉隱逸有「名士化」與「貴族化」的傾向，隱逸者出現與貴族周旋的情形，時人對此行徑不僅不以為意，且有讚賞之舉。❷ 這個現象顯現魏晉時人

---

❷ 《中國知識階層史論》，前引書，頁 222。余英時引漢末仲長統〈樂志論〉與嵇康〈養生論〉討論士人從關心身家性命，到重視養生修道，進而獲得內在之自足自樂，是士大夫內心自覺的重要表現。（頁 256）

❷ 川勝義雄認為，開創六朝貴族制社會主要是清流系士大夫，而非逸民或在漢末受到鎮壓的黨人，但所謂「清流系士大夫」，其「內部又存在著所謂權道派、隱逸派及其他傾向各異的派別。」（川勝義雄：〈六朝貴族制社會的成立〉，收入《日本學者研究中國史論著選譯》，北京：中華書局，1992.7，頁 29）這意謂著士階層的形成流動與當權者的關係複雜，士大夫階層也有著許多細微的分別。

❷ 許尤娜指出魏晉士人對隱逸的期待，除了傳統的道德情操與君子之節，六朝時還發展出一種終身不仕卻交游貴盛的人物，如戴逵、許詢，弔詭的是傳統難以認同，當時人卻讚賞之。（前引書，頁 66）。對於這種現象，若與「朝隱」對比便可明白，既然「心隱」重於「形隱」，不論隱山林或隱朝市，不論「安於衡門」或「交游貴盛」，都不值一

偏向精神層次，甚於隱居的形式。其深層心理實來自於對世事無常，生命有限的哀歎，尤其是處於身不由己的情境下，追求精神的自由成為人生的目標。在這種風氣影響之下，六朝的「朝隱」繼承了「時命」與「全身」的內涵，更在「以仕為隱」的作法上擺脫了兩漢「朝隱」的無奈與限制，反而更能呈現一種自得其樂的「逸」之情緻。下節便依此詳論六朝「朝隱」之思。

第二節 兩晉「朝隱」觀念的轉變

如前所論，「朝隱」之說源於兩漢，甚至可溯及先秦，然而六朝士人雖與兩漢同樣以「全身」為「朝隱」的理由，可是相較於兩

哂。《世說新語》中的戴逵接受郗超華屋，但《晉書·隱逸列傳》載戴逵堅不出仕，時人美之「通隱」。這個看似衝突的形象，其實便是當時隱逸觀念的一種新趨勢，對於形式的看輕，表現出某些反傳統的行為。《世說新語·巧藝》中一段對話頗堪玩味，原文為「戴安道中年畫行像甚精妙，庾道季看之，語戴云：『神明太俗，由卿世情未盡。』戴云：『唯務光當免此語耳。』」（余嘉錫：《世說新語箋疏》，台北：華正，1993.10，頁 720）庾龢說戴逵「世情未盡」，正反映出戴逵此類隱者不捨人世的心情。固然有許多隱者不仕，且安於貧困，但也有如戴逵不仕，卻不放棄物質生活享受，這種接受饋贈或享受物質生活的隱者，或可稱之為隱逸的「世俗化」。隱者既出現「世俗化」，自然能接受「朝隱」型式，在這個意義下看，兩者其實一體兩面。至於隱逸的「名士化」與「貴族化」的傾向，日本學者村上嘉實也曾指出隱逸之風到了東晉發展出一種貴族的隱逸，與古之逸民有所不同，可參考之。（村上嘉實：《六朝思想史研究》，東京：平樂寺書店，1974.3，頁 250-263）

漢士人在實踐「朝隱」時多以待「時命」為目的，六朝時的「朝隱」
之風更多以「認命」的心情將人生的困境平淡化，反而從享受人生
中將「朝隱」賦予新的理論意義。換言之，兩漢時的「朝隱」雖有
許多無奈與不得已，但仍期待有朝一日為明君所用，「朝隱」不過
是一種暫時性的手段；而六朝時的「朝隱」，則放棄了待時命的期
望，從接受現實的無奈轉而為安適於任何處境，從仕宦中尋找隱逸
的因子。雖然此時「朝隱」的理論與實踐已不同於莊子超越的精神
境界，但是從莊子思想中演繹為以各安其命尋找人生解脫的出口，
反而安頓了現實與理想的衝突，也調合了「仕／隱」的差異。

　　一般論及六朝時的「朝隱」思想，多以王康琚〈反招隱〉詩為
代表，❸ 王康琚的詩反應了一部分的士人心態，葛洪的神仙理論中
也有「朝隱」之說，郭象在《莊子注》中也對「朝隱」提供了理論
解釋。文學、道教與玄學所呈現的不同面象，可以互相參照，以彰
顯「朝隱」在兩晉時期的意義。先看王康琚〈反招隱〉一詩，其云：

　　　小隱隱陵藪，大隱隱朝市。伯夷竄首陽，老聃伏柱史。昔在
　　　太平時，亦有巢居子。今雖盛明世，能無中林士。放神青雲

❸　王康琚〈反招隱〉明指「大隱隱朝市」。（王詩收於《文選》第二十
　　二卷，頁 317-318）在此之前，嵇喜於〈秀才答四首〉之三有詩句云：
　　「達人與物化，世俗安可論。都邑可優遊，何必棲山原。」（戴明揚：
　　《嵇康集校注》，北京：人民文學，1962.7，頁 23）此詩應答嵇康希
　　企隱逸之詩，已明確透顯在朝市亦可「優遊」，同時反指「出處因時
　　資，潛躍無常端。保心守道居，視變安能遷。」徒守隱山林者，反而
　　是不知變通之士。可見對是否「隱山林」才是「隱」的思考，在當然
　　已有議論。

外，絕迹窮山裡。鵾雞先晨鳴，哀風迎夜起。凝霜凋朱顏，
寒泉傷玉趾。周才信眾人，偏智任諸己。推分得天和，矯性
失至理。歸來安所期，與物齊終始。

此詩從隱之處所，以「陵藪／朝市」區分出「小隱／大隱」，小與
大已有高下之別，即隱者離俗避世，以不仕為其志，在這裡成為格
局狹小之「偏智」者。這種對比已然切斷了「隱」與「不仕」的關
係，也打破了隱者入山林的隱士傳統。兩漢固然已有「朝隱」之思，
但「朝隱」畢竟是不得已的選擇，揚雄還是肯定伯夷以身殉道之隱，
「祿隱」遠不及「餓顯」，唯王康琚於此翻轉了「隱陵藪」與「隱
朝市」的高下，顯示「朝隱」思想在兩晉之時出現重大轉變，「朝
隱」反而以「大隱」的姿態勝過傳統的隱者。王文進認為本詩是「一
篇極盡狡辯之能事的歷史文獻。對發展中的隱逸文化帶來極大的曲
解性和侵蝕性。」❸¹ 若以「仕／隱」的對比性來看，「大隱隱朝市」

❸¹ 見王文進：《仕隱與中國文學——六朝篇》，台北：台灣書店，1999.2，
頁 31。王文進嚴厲的批評六朝興起的「朝隱」之說，是「隱逸的變調」，
也是「最大的歧途」。雖然王文進也認為六朝之所以出現這種變調，
是士人面對現實環境的殘酷，與玄學發展下的不得不然，但他將「隱」
與「仕」對立，「隱士就是指有資格出仕，但是因為基於客觀環境的
因素或是個人性格的堅持與執著卻不肯出仕的理想主義者。」（頁 14）
如果入仕，就絕非「隱士」。這樣的解釋，或可明確「隱」與「仕」
的分別，但卻無法安置「朝隱」，只好說是「最大的歧途」。另外，
劉紀曜亦持相似意見，他認為「市隱猶可說，朝隱則嚴格說來並不算
隱，因為既仕則非隱。事實上，所謂朝隱只不過是欲兼得仕祿與隱名
的投機觀念，徒然成為『終南捷徑』的合理化辯解。……這是魏晉南
朝隱逸思想盛行之後，才發展出來的一個歧路，已完全喪失隱逸思想

的抗議精神。」（前引書，頁323）王康琚的「隱朝市」之說兼有在朝為官與混跡人群兩者，「隱市」不見得為官，與傳統對隱者不仕的要求衝突不大，但「隱朝」上承「祿隱」，如果既仕則非隱，「朝隱」當無容身處。然而，「朝隱」思想正是從「心／形」二分中，以「心隱」一途捨棄是否出仕的分界，如此一來，依出仕與否劃分隱與仕，對「朝隱」而言便無意義。東晉鄧粲也曾說：「夫隱之為道，朝亦可隱，市亦可隱。隱初在我，不在於物。」（《晉書·鄧粲列傳》，頁2151）闡明「朝隱」、「市隱」在「我」（心），而非外在的行為。正可見得在兩晉之時，「隱」之概念已明確從「仕」之行為釋放出來，朝可隱，市可隱，山林亦可隱，只要「心隱」便是隱。劉紀曜引《梁書·處士列傳》序以說明「隱市朝」或稱「心隱」，是隱逸思想的一大轉折。然而，值得注意的是，《梁書·處士列傳》將隱士分為三等，第一等為「輕生重道」；第二等則為「處污而不愧其色」之「大隱隱於市朝」；第三等為「棄禮樂以反道」而得「全身遠害」者。顯然《梁書》預設一重「道」立場，此「道」以儒家角度立論，並以此對比「沒身亂世，爭利干時」者。「隱於市朝」同為《梁書》所讚揚，很難說「朝隱」是一個歧路。證諸《處士列傳》中所舉諸人，皆為拒不出仕或先仕後隱者，其行多安貧知足，並著述傳道，不與權貴交遊，並無「或托仕監門，寄臣柱下」者，勉強只有何胤於貴顯時已萌退隱之心，陶弘景則是「雖在朱門，閉影不交外物」，而劉慧斐則是遇隱士張孝秀而有終焉之志，這幾個人最後也都辭官，終身不仕。這些處士言行多與《晉書·隱逸傳》所載諸隱者相類。另考《南齊書·高逸列傳》，序言雖提及隱者避世型態多種，其中「有入廟堂而不出」、「仕不求聞」者，也有「朝隱」之意。（《南齊書》，〔梁〕蕭子顯撰，台北：鼎文，1980，頁925）然考《南齊書·高逸列傳》所列舉十餘人，皆拒不出仕，並無所謂「仕不求聞」，反而被譽為「朝隱」之王瓚之另書別傳。可見蕭子顯修《南齊書》時，儘管承認「朝隱」為隱逸型態之一種，但能入〈高逸列傳〉仍以不仕為準。南朝時既出仕又有隱者之心者，宋齊時有兩人明確被譽為「朝隱」，一為《南齊書·列傳第

的確模糊了出仕與否的界限,但如果深入了解王康琚藉這首詩所反映當時士人的心理,㉜ 應不只是全然狡辯無理之言。畢竟,本詩題為「反招隱詩」,所寫內容實為「招隱」;而當時許多的「招隱詩」,實為「反招隱」,這兩種不同題名與內容所造成的反差,呈現出一個奇特的對比。這個對比,即為六朝士人心理的矛盾之處。㉝《昭

二十七》記王裕、王瓚之與王秀之「三世不事權貴」,南朝宋文帝大臣江湛曾語何偃曰:「王瓚之今便是朝隱。」(頁 800)另有南齊王儉從兄王僧祐,齊高帝謂王儉曰:「卿從可謂朝隱。」(《南史·列傳第十一》,〔唐〕李延壽撰,台北:鼎文,1981,頁 580)王僧祐亦「不交當世」、「不與公卿遊」。王瓚之與王僧祐皆被贊為「朝隱」,其言行均為出仕卻不與權貴交遊,此獨善其身之做為,比隱避山林不交權貴更不容易。因此,「朝隱」發展至南朝時,似乎更重視人品之表現,而非為求官的藉口或是欲兼得祿隱的投機心態。王文進與劉紀耀對「朝隱」的批評,應有重新考量之處。

㉜ 王康琚其人生平不詳。李善注云:「《古今詩英華》題云:『晉王康琚』,然爵里未詳也。」僅知王康琚是晉人而已。然王康琚此詩既為《文選》所收,顯然有其代表,可視為是當時士人對隱逸的一種觀點。另外,值得注意的是,王康琚尚有一首〈招隱〉詩存世,詩云:「登山招隱士,褰裳躡遺蹤。華條當圍室,翠華代綺窗。」(《藝文類聚·人部二十·隱逸上》卷三十六,頁 641)本詩正面描寫山林的美好,與其〈反招隱〉大異旨趣。在沒有其他可供佐證的資料下,或可推測王康琚對隱逸有不同時期的認知轉變,或可視為在他心中亦有掙扎仕隱的矛盾,也許反映出當時士人幽微的心理。

㉝ 王文進對這個現象,只說其原因「就是在於其雖名為『招隱』實乃『崇隱』,係運用其名不符實的弔詭,巧妙地反映出中國文人對隱逸世界根深柢固的嚮往之情。」(前引書,頁 26)然而,為什麼要「名不符實」?名不符實為何就可以反映出嚮往隱逸之情?事實上,「招隱詩」從《楚辭》中〈招隱士〉以來形成一種詩歌題材,〈招隱士〉藉在位

明文選》立「反招隱詩」一類，僅收王康琚此詩，而「招隱詩」有左思、陸機共三首。「招隱詩」中多呈現山林的美好，反映詩人對山水的嚮往。而王康琚這首〈反招隱詩〉將山林描述成苦寒悽愴的地方，與當時許多「招隱詩」、「遊仙詩」或「山水詩」正好相反。這個差異顯示出當時對山林有兩種不同看法，一種是延續兩漢以來避居山林以求全身的想法，「隱士託山林，遁世與保真。」❸ 從兩

者招攬隱士，反襯出隱者的心志，詩旨雖是反隱逸，卻呈現隱者幽微的隱逸心情。六朝詩人襲用此詩題，反以正面描述隱士生活及志趣，表達企慕之思，並自覺歸隱；而王康琚的〈反招隱〉詩又相對於其他〈招隱〉詩，呈現隱與仕的融合思想，雖為士人入仕說解，卻也反射出一種雖仕卻不棄隱的心態。相關討論可參見小尾郊一：〈招隱詩に就いて〉，《東方學》第九輯，1954.10，頁1-18；劉翔飛：〈論招隱詩〉，《中外文學》，7:12，1979.5，頁98-115。

❸ 此詩句為張華〈招隱〉，張華詩中尚有「藏器待無期」的懷才不遇之慨，但是之後張載〈招隱〉已明確指出「人間實多累」，故「超然辭世偽」，其心境於「得意在丘中，安事愚與智」已明歸隱之自覺。從保身與待時的無奈，到放棄出仕，而於遁隱山林中尋得精神安頓，山林也逐漸從避禍的場所逐漸轉變為安適之處，甚至有類似仙境的呈現。陸機、左思亦有〈招隱〉詩，寫景狀情，將隱逸的境界提昇至如同仙人一般。陸機言「至樂非有假，安事澆淳樸。」隱逸山林能得「至樂」，已臻形神合一境界。洪順隆曾分析陸機〈招隱詩〉，言其寫景得「色彩華麗，格調飄逸，與遊仙詩中，某些仙景近似。」（洪順隆：〈論六朝隱逸詩〉，《隱逸到宮體》，台北：河洛，1980.9，頁13）同時指出隱逸詩與山水詩在題材上有互相為用之處，而遊仙詩中的仙境與隱逸詩中的山林相近，更通過理想化的隱士與神仙之超俗精神，使隱逸思想對其他類型詩皆有所滲透。從詩歌的發展，不難發現魏晉士人從隱逸到對神仙的想像與嚮往，有一定脈絡可尋。

漢避禍的山林，到了六朝在詩人筆下有如世外桃源，飄渺超逸，宛若仙境。㉟而另一種則上承西漢淮南小山所作〈招隱士〉，力陳山林險峻，生活艱困，隱士不若想像中美好。此論一方面強調隱山林之窮苦，一方面反證「隱朝市」之合理，甚至如王康琚以「大」、「小」區別「隱」之高下，使得棄山林而隱朝市之「朝隱」思想逐漸成為兩晉及其後的一種思潮。

雖然對於「山林」有著美好與苦寒兩種看法，但這個差異並不似表面來得明顯。王康琚雖以山林苦寒論證隱山林之弊，不過「隱朝市」之說反而改變了傳統「山林」與「廟堂」的對比，即山林不僅只是避禍離世的場所，當消解其避禍的「功能」之後，山林反而

㉟ 東漢隱逸之風下的山林是避世處所，六朝士人眼中的山林已逐漸轉換成審美對象，這其中有魏晉社會經濟、政治思想與學術風尚等諸多原因影響。可參見《靈境詩心──中國古代山水詩史》第一編〈山水詩的形成〉（陶文鵬、韋鳳娟主編，南京：鳳凰，2004.4）。此外，因為對神仙的嚮往，故藉山林描寫仙境，「遊仙詩」不僅歌頌仙人，亦有對山水的讚美，並逐漸吸引文人將目光集中在山水景物，至南朝宋齊之後創作出典型的「山水詩」。可參見林文月：〈從遊仙詩到山水詩〉（《山水與古典》，台北：三民，1996.6，頁1-23）。唯本文中指出晉室東遷，山水的愛好者都是門閥貴族，「沒遭受什麼政治的壓迫，沒有體驗過人生的苦悶」，並以王羲之為例，以為「他們之所以入山林，只是為求富裕生活的新調劑、新刺激而已。」（頁14）這個推論值得商榷。王羲之固然出身高門，然其幼年喪父，仕途亦不順遂，尤其在當時動亂的政治局勢中生存不易，兼之王羲之自幼多病，因此對山林的愛好原因，應該非林文月所說。關於王羲之生平，可參考祁小春：《邁世之風：有關王羲之資料與人物的綜合研究》（台北：石頭，2007.8，頁370-461）。

恢復了單純的美感，成了士人審美的對象；而模糊了山林的「形跡」
之後，甚至可在自家莊園經營「山林」，將心情寄寓於一方庭園之
中。❸ 山林不再遠離塵市，士人可以縱情山水，又可立志仕途；或
者於仕途之餘，投身山林之遊，以獲得某種超脫情致。另外，值得
注意的是，王康琚詩末批評隱者「矯性」，似乎對依隱求名之士意
有所指，即隱士不論為何目的而隱，都是一種刻意為之，能隨順性
分（「推分」）才得「天和」。「性」之所有與「分」之所能，是
事物天生而區別彼此之特殊性。郭象以「物各有性」，「性各有分」
視之，並以「適性」、「安分」為對待事物各有性分之處理，此與

---

❸ 六朝時從宮廷到貴族多經營莊園，村上嘉實認為是出於愛好山水的精
　神，並與老莊思想相關聯，不同於漢代大規模的苑囿還有一些經濟用
　途，景觀也較自然樸素。以人工營建的山水景色一方面模仿自然，一
　方面又取代自然，成為賞玩遊憩的對象。（前引書，頁 360-394）以
　石崇為例，他生活奢華，《金谷園詩序》中言築一別廬於河南界金谷
　澗中，其中有「清泉茂林」，種花草、養魚鳥，諸物皆「娛目歡心」。
　（《世說新語・品藻》第五十七條劉孝標注引，前引書，頁 530）石
　崇築金谷園，已然將人工庭園替換自然山水，並宴飲賦詩，和以絲竹
　管絃，全然不類隱逸山林者。但石崇又有〈思歸引〉、〈思歸歎〉詩
　作，表達其慕隱之思。（《先秦漢魏晉南北朝詩》，逯欽立輯校，北
　京：中華，1983.9）劉勰曾於《文心雕龍・情采》中譏其「為情造文」，
　然近人范文瀾認為劉勰批評太過，蓋石崇因「塵俗之縛愈急，林泉之
　慕彌深。」以為魚與熊掌不能兼得，故有慕隱之心。（范文瀾：《文
　心雕龍注》，北京：人民文學，1958.9，頁 541）姑不論石崇是藉金
　谷園以炫其財富，或是真的希望能隱身於其中，至少，石崇之舉反映
　出士人遊於山林的願望，「以隱為高」的風尚由此可見。

王康琚之說不謀而合。雖無直接證據可說王受郭的影響，但至少兩者思路有相通之處。

與其說「朝隱」是為出仕尋找藉口而成為「隱逸的變調」，不如說是呈現出對「有所為」的「隱」所採取的一種反轉意識。也就是說，當「隱」成為具象徵意義的行為標誌時，必然出現「以隱為高」的時尚而流於形式的追求，或以隱居博取名聲，或雖隱居卻仍交遊權貴。東漢末年的郭林宗，不出仕卻名震朝廷，甚至被譽為「亞聖之器」。可是葛洪寫〈正郭〉一文，批評他「有耀俗之才，無固守之質」，雖不仕，卻交遊權貴，「實欲揚名養譽而已」，故評其為「游俠之徒，未合隱逸之科」，「非真隱也」。（《外篇》，464、453）並引述諸葛恪、殷禮、周昭等前賢批評之言，以顯示對郭林宗行事風格的質疑。郭林宗雖為東漢末年之人，葛洪的批評，實影射兩晉之時世家子弟行為敗壞良善風俗，以及一些「尚隱」者只為追求名聲而非真隱，同時也為「隱者」立下一個避世且不慕榮利的標準。只不過，葛洪之所以要強調隱者之標準，正反映當時出現不同以往的看法，即世人對於不仕卻交遊貴盛者，如戴逵、許詢等，不見得如葛洪持負面之批評。也就是說，六朝士人看待「以隱為仕」、「不隱不仕」之人，不見得都認為是「假隱士」，反而以一種更寬闊的角度看待之。從郭林宗以降，這一類「不仕不隱」者，實與「朝隱」的興起有異曲同工之處。如果這些僅有隱的形式之人並非真隱士，則「小隱／大隱」的區別從根本處瓦解了徒具形式的「假隱士」，在安順性命時達到「與物齊終始」的境界。王康琚的「朝隱」思想雖然也可能造成假藉「朝隱」之名為出仕合理化，但不能否認的是，在調合儒道的學術風氣下，「朝隱」所含有的「即

仕即隱」觀念，的確為士人在理想與現實的矛盾衝突中，尋得了一個精神解脫的出口。

　　王康琚在「與物齊終始」中欲藉莊子以消弭隱山林之形式，與王康琚同時期的郭象，也在《莊子注》中充分顯示出「各適其性」的思想，從「各當其分」中泯滅「仕／隱」的對立。郭象論「性」為「自然」，**❸⑦** 此「自然」是不知其然，更毋需知其所以然。既然「性」是天生如此，物各有其性，因此在對待事物時就必須各安其天性，不得強為之，此即「無為」之意。換言之，郭象的「無為」實際上是一種特定的有為，只要事物能各司其職，各適其性便是「無為」。**❸⑧** 郭象自小大之辨中，強調「各安其分，則大小俱足矣。」（〈秋

---

❸⑦ 郭象云：「不知其然而自然者，非性如何？」（〈則陽〉「而不知其然，性也。」句下注）；「言自然則自然矣，人安能故有此自然矣？自然耳，故曰性。」（〈山木〉「人之不能有天，性也。」句下注）郭象視「性」為「自然」，各種事物之所以有其「性」，為自己如此，非一超自然主宰或任何外因所造成，具氣質之性的意味，也使性為一偶然命定。莊耀郎有專文論郭象「性分」，可參考之。（莊耀郎：《郭象玄學》第五章〈性分論〉，台北：里仁，2002.8 修訂版）

❸⑧ 郭象如此解釋「無為」，與莊子不同。莊子視一切「人為」為「有為」，郭象則認為只要「任性自為」就是「無為」。湯一介對此有詳論，並認為郭象「把某種特定的『為』解釋為『無為』是為了給『無為』找到一條更能發揮作用的根據，……他的思想仍然是沿著莊子的思路發展的，只是企圖把某種『有為』與『無為』統一起來。……莊子認為，『游外』高於『游內』，『內外不相及』，最高理想人格的人應是屬於姑射山上的神人，郭象卻認為『內外相冥』，聖人『常游外以弘內』，『身在廟堂之上，心無異於山林之中』，現實生活可以為超現實的精神世界所容納，但郭象所看重的仍是『游外』，即更看重的是『心無

水〉「由此觀之，又何以知毫末之足以定至細之倪！」句下注。）
物既殊性，各依其所稟受而安之，既安於其性，其性分因此相符應
而俱足，事物的差異從各適其性中得到消解。如此一來，「仕／隱」
雖然不同，但安於「仕」或「隱」之分，則由性而言，皆是俱全自
然。前引王康琚詩中表達出應「推分」而不該「矯性」，亦即順性
而安分，郭象之意亦是如此。郭象雖無直接論及「朝隱」，但對於
「聖人」卻有此論：

> 夫聖人雖在廟堂之上，然其心無異於山林之中，世豈識之
> 哉！徒見其戴黃屋，佩玉璽，便謂足以纓紱其心矣！見其歷
> 山川，同民事，便謂足以憔悴其神矣！豈知至至者之不虧
> 哉！（〈逍遙遊〉「綽約若處子」句下注）

世人不見聖人之「心」，只見聖人在廟堂之「跡」，便以此「跡」
誤為聖人亦有憔悴之心。郭象謂世人不識聖人之心，徒見其跡而
已。而聖人之所以為聖人，在於能「游外宏內」，並得以「外內相

異於山林之中』的超越境界，因為雖『內外相冥』，而『游外』乃是
「游內」的基礎，這無疑仍是莊子思想在特定歷史條件下的新發展。」
（湯一介：《郭象與魏晉玄學》，北京：北京大學，200.7，頁 178）
湯一介清楚點出郭象試圖融會「游內」與「游外」，唯此統一仍以「外」
（隱）為重。換言之，其理想中的「聖人」非離人群、超世俗，而是
能「游外以弘內」者也。如此一來，「仕／隱」的對立，在聖人的「無
心」中消弭，依郭象來看，帝堯之「無心而順有」方是真正「無為」。
此論雖是針對統治者（聖人）而言，但為「朝隱」提供一個重要的理
論基礎。

冥」。郭象並依此比較堯與許由，謂堯能治天下是不治之治，世人
僅見堯為堯，而不能識其冥；許由則以棄世為高顯，反執著於一偏，
故「若謂拱默乎山林之中而後得稱無為者，此莊老之談所以見棄於
當塗，當塗者自必於有為之域而不反者，斯之由也。」（〈逍遙遊〉
「天下既已治也」句下注）莊子從超越的角度泯滅「仕／隱」之別，
郭象則從適性逍遙詮釋「朝隱」，兩者取向不同。郭象言許由失之
遠矣，就在於看重於隱之形跡，誤以居山林為「無為」，所以許由
不及堯。郭象顯然將「聖人」置於「山谷之士」與「江海之士」之
上，而賦予聖人能使萬物自爾獨化之無為心境，莊子雖亦貶低僅有
形式之隱者，但莊子理想之聖人是物我兩忘，能藏於天下之「大
隱」。可是郭象之「聖人」實指儒家之堯舜，因此其理想中的聖人
雖「遊外宏內」，但仍著落在能治天下，此與莊子實有不同。郭象
之「內／外」預設為「山林／廟堂」對舉，也可視為「自然／名教」
的關係，在郭象各適其性的獨化理論中，企圖使「山林」與「廟堂」
各安其性分，既各得其性之至，便無「山林／廟堂」之別，隱山林
可得逍遙，隱廟堂亦可得逍遙，此即「物冥其極」，山林即廟堂，
廟堂即山林。㊴郭象此解不同於莊子實明矣，莊子從超越的境界消
弭小大之別，郭象則從性分之圓極論之。這樣一來，不必隱山林的

㊴　郭象對出處之際，既不主張隱居避世，亦不拒絕仕宦，強調「虛心應
　　物」，由此而保全性命。此論已轉化兩漢「朝隱」所含有之「待時」
　　用意，以「各適其性」為兩晉士人尋求應世的方式，也顯示從竹林時
　　期之「仕／隱」衝突有了轉圜的契機。關於魏晉士人於出處抉擇的心
　　境變化，可參考蔡忠道：《魏晉處世思想之研究》，台北：文津，2007.2.

「朝隱」在「內外相冥」的解釋下,為出仕取得正當理由,也化解了「仕／隱」的衝突對立。「朝隱」說至郭象,理論臻於完善。

第三節 葛洪「朝隱」觀與隱逸思想

　　兩晉時期,葛洪在《抱朴子外篇》中有〈嘉遯〉、〈逸民〉等專文討論隱逸,並借懷冰先生、逸民先生、居冷先生、潛居先生、樂天先生與玄泊先生等具象徵意義的虛構人物之口,宣揚隱逸思想。學者多留意於此,謂「葛洪是兩晉南朝時代唯一以專篇討論隱逸思想之人。」[40] 或贊其「發展了隱逸的社會理論,提出一套新的價值觀念。」[41] 然而,葛洪固然在《外篇》中對隱逸進行各個層面的討論反省,但與其神仙理論是否有關?許尤娜論葛洪隱逸思想,避談《抱朴子內篇》,而據蕭振邦所論,謂隱逸與求仙有著「本質上的差異」。[42] 這個「本質上的差異」,在於隱逸是「實現人之本

---

[40] 劉紀曜言,前引書,頁 318。

[41] 胡孚琛:《魏晉神仙道教──抱朴子內篇研究》,北京:人民,1989.6,頁 89。許尤娜更進而以葛洪為代表,謂其從「立德立言」建立「隱逸的社會性價值」,前引書,頁 107。另外,日本學者神樂岡昌俊也提及葛洪隱逸思想中重視「傳道」的特點。(神樂岡昌俊:〈抱朴子における隱逸思想〉,《東方宗教》,55 期,1980.7,頁 51-69)

[42] 許尤娜認為「山林隱逸與求仙之間,從疏離世俗社會的部分而言,存在某種相似性,故我們亦可從求仙主旨的內篇,看到隱逸的論述」(前引書,頁 136)並引蕭振邦所論,以為神仙方術不依主體修養進路,對人作本質性轉化。(蕭振邦:《從後設美學論先秦至魏晉儒道美學規模》,文化大學哲學所博士論文,1990)

質」，神仙思想是在「改換人之本質」。然而，「實現」與「改換」
並非「本質上的差異」，而是面對「人之本質」所採取的作法不同。
若論「人之本質」，隱逸與神仙思想所面對的「人之本質」實不相
同，此處似有概念置換之嫌。依其論，隱逸思想欲實現的「人之本
質」，為捨棄名利而獲得精神價值之實現；而神仙思想改換的「人
之本質」為「成為仙」，即生命形體的轉化，兩者的「人之本質」
意義並不相同。既然概念已然不同，更遑論使用「實現」與「改換」
的方法差異所造成的誤解。姑不論六朝時各道派求仙方式的不同，
若以葛洪為討論對象，他認為山林是煉丹必要場所，知足無欲與清
靜不仕都是修煉成仙的必要條件，全身保真更是成仙的目的，隱逸
與求仙不論在形式、心境或是目的等都有相似或相近處，甚至在葛
洪的理論與其生平實踐中還可見得一定程度的重合。論葛洪隱逸
思想若捨其神仙理論，不但有所缺漏，亦失去觀察兩者關係的契
機。❸ 此外，葛洪亦論及「朝隱」，有別於兩漢至魏晉時的「朝隱」
觀，他站在道教角度，以「朝隱」回應社會對修道者不仕的質疑，
更提出「士三品」的理論，藉以解釋入山林與否的質問。不同於王
康琚之「朝市／山林」或郭象之「廟堂／山林」的對比，「山林」
對於道教而言，不僅僅是避禍全身之處，或是審美悠遊的對象，更

---

❸ 村上嘉實曾指出《抱朴子外篇》的隱逸思想與《內篇》中的神仙理論
有關，而其中對於現實的關注，是隱逸和神仙思想共有之傾向。（前
引書，頁 83-97）另外，武鋒也指出葛洪以《內篇》統《外篇》，強
調治身高於治國，但又把兩者結合；在出處的態度上，也協調出世與
入世。可參考之。（武鋒：《抱朴子外篇研究》，北京：光明日報，
2010.8，頁 289-307）

是修煉的場所。葛洪在看待「山林」時，一方面以山林是煉丹修養之處，因而一再強調入山林的重要性；另一方面，葛洪又得面對來自於士人必須成就功名的傳統要求，必須對入山林的質疑有所回應。因此在如何看待「山林」這個議題時，援用「朝隱」之說並賦予一個道教範疇下新的意義，這是葛洪理論的特殊處。以下便綜合《抱朴子內篇》與《抱朴子外篇》論述葛洪隱逸思想，同時與魏晉時期隱逸和「朝隱」比並觀之。

前述郭象以「內外相冥」之理想中的「聖人」為「仕／隱」對立解套，葛洪亦論聖人，並將聖人區分為「治世之聖人」與「得道之聖人」。（《內篇·辨問》）「治世之聖人」是世俗所謂之「聖人」，即儒家所讚揚的周孔，而「得道之聖人」則是以道教立場而論之黃老。如此區分，自是為了突顯道教之聖人能得道昇仙，唯葛洪特別強調黃帝先治世而後登仙，兼兩者之才。相較郭象從「無心而任物」論聖人，葛洪則直接從「治世／得道」分別出兩種不同類型的聖人，並以得道之聖人為高。依葛洪之論，「得道之聖人」仍得有治世之功，非僅修煉成仙而已。換言之，葛洪設定的道教理想聖人典型，是治身與理國合一。❹ 此養生於「內」，治世於「外」

---

❹ 湯一介指出道教的特點在於既要求超世的「長生不死」，又要求現世的「治國安民」，《抱朴子內、外篇》正反映了道教「治身」與「治國」並重的特點。（《早期道教史》，北京：昆侖出版社，2006.3）《內篇·明本》云：「夫道者，內以治身，外以為國。」（頁185）〈釋滯〉亦云：「內寶養生之道，外則和光於世，治身而身長修，治國而國太平。」（頁148）而〈地真〉篇則以人身比附自然，謂：「一人之身，一國之象也。胸腹之位，猶宮室也。四肢之列，猶郊境也。

的論述，雖不如郭象「外內相冥」深入，但也可看出葛洪企圖結合治身與治國所樹立的道教聖人典型，提出屬於道教角度的會通儒道的理論。

　　道教本有兼治身與治國的理想，「朝隱」正可充分顯示兩者得兼的可能。葛洪在《內篇·釋滯》藉「朝隱」說明上士既得道又不廢經世之業，回答關於修道者難以兼治之質疑。原文如下：

> 或問曰：「人道多端，求仙至難，非有廢也，則事不兼濟。藝文之業，憂樂之務，君臣之道，胡可替乎？」抱朴子答曰：「要道不煩，所為鮮耳。但患志之不立，信之不篤，何憂於人理之廢乎？長才者兼而修之，何難之有？內寶養生之道，外則和光於世，治身而身長修，治國而國太平。以六經訓俗士，以方術授知音，欲少留則且止而佐時，欲昇騰則凌霄而輕舉者，上士也。自持才力，不能並成，則棄置人間，專修道德者，亦其次也。……古人多得道而匡世，修之於朝隱，蓋有餘力故也。何必修於山林，盡廢生民之事，然後乃成乎？亦有心安靜默，性惡諠譁，以縱逸為歡，以榮任為戚者，帶索藍縷，茹草操耝，玩其三樂，守常待終，不營苟生，不憚速死，辭千金之聘，忽卿相之貴者。無所修為，猶常如此，況又加之以知神仙之道，其亦必不肯役身於世矣，各從其

骨節之分，猶百官也。神猶君也，血猶臣也，氣猶民也。故知治身，則能治國也。」（頁 326）此說承漢代天人感應論，將「身／國」視為一體，可見葛洪神仙道教的身體觀。而道教將「養生」與「治世」合一的論述，亦反映出道教不棄世的一面。

志，不可一概而言也。」（頁 148-149）

問者先以「人道多端」為前提，而修仙者「事不兼濟」為第一層提問，其後更直指有些事情是不能捨棄的，其雖舉「藝文之業」、「憂樂之務」與「君臣之道」為例，實集中在「君臣之道」不可廢，是為第二層提問。而葛洪答覆的重點首要在「長才者兼而修之」。道教若溯源自漢代《老子河上公注》及《太平經》，皆可發現治身與治國合一的論述。❹❺葛洪以修道者能兼得論之，並舉許多傳說或歷史上的人物為例，指出「古人多得道而匡世，修之於朝隱，蓋有餘力故也。」由此證成修道者不必隱於山林，更能兼顧生民之事，當然也就不廢君臣之道。故其「朝隱」之意，顯然指得道者不離人事，能在修道之餘行經世濟民之事。相較於東方朔的「朝隱」之玩世態度，葛洪並沒有特別說明如何實現「朝隱」，也沒有像王康琚以「大隱／小隱」區別「隱朝市／隱山林」，更沒有郭象以內外、跡冥為隱之「心」與「形」建立一套完整的理論，而僅以治身與治國兼得論「朝隱」。換言之，葛洪並未關注於從莊子以來論「隱」之「心／形」關係，也不討論「朝隱」所蘊含化解「身隱」與「心隱」衝突的意義，只從能「得道而匡世」看待「朝隱」。於是「朝隱」在葛洪這裡，全然只是兼修儒道的表現，他關心的是如何修煉成仙，在「仕／隱」關係上，他傾向隱逸全身的逍遙之道，反對積極出仕，

---

❹❺ 《老子河上公章句》於注文中常把「治身」與「治國」並列；《太平經》中立「承負報應」說，強調「治身」與「治國」和諧一致的太平社會；《老子想爾注》亦以「積善立功」、「忠孝仁義」為修道成仙之「道誡」。關於道教與葛洪兼通儒道的思想，可參考第七章。

因此，對他而言，「朝隱」觀所涉及的「待時」與化解「仕／隱」的哲學意義皆無關緊要。^❹⁶ 從時間點來看，葛洪所謂能兼修之「上士」是在得道成仙後，「欲少留則且止而佐時」，隨時都能飛升而去。換言之，在葛洪的立場，「朝隱」並非為了「待時」，並不存在有朝一日為明君所用的期盼，而是為了實踐得道而匡世的世俗要求；也沒有「心隱／形隱」的分別，能得道之上士已然長生不死，或仕或隱皆不成其問題。但是能「修之於朝隱」的「上士」或「長才者」實為少數，於是葛洪以「古人」稱之，有意與「今人」區別。「古人」為一過去的理想，故能得道匡世，至於「今人」則可「自持才力」，「專修道德」，不必盡如古人一般。而此一來，葛洪以能兼修者為修道之最高理想，呈現修道不廢俗務；二來，今人或許能力不足，故不必非得兼修不可，葛洪區別古人、今人，分別上士與其次，替兼修的問題留下一條退路。

「上士」是葛洪的理想，既能佐時經世，又能飛昇成仙，尤其是能「修之於朝隱」，又能為官治國，又能修煉身心，但這畢竟是「長才者」；換言之，能成為最上等的修道之士畢竟是個理想，並非人人皆是上士，於是次一等者便專心修道。這一論述，依修道者

---

❹⁶ 葛洪並非不明白「朝隱」一詞所含有的「待時」或「全身」之意，如《外篇·漢過》言漢末小人當道，所以「繫制者曲從而朝隱」。此處「繫制者」選擇「朝隱」，是「曲從」之，為保身的權宜之計。另外，《外篇·君道》言昏君不識人才，致使「良才遠量無援之士，或披褐而朝隱。」此處的「朝隱」，也有「全身」、「待時」的用意。只是相較於葛洪從修道論古人能「修之於朝隱」，顯然「朝隱」一詞的傳統用法並非他所關心，能成仙，有餘力而不廢俗務，才是其理想。

的能力才性做出區別，分成上士與其次者，兩者的差異於上士能兼修治身與治國，其次者則專修治身即可。顯見道士所重者仍在修身，治國只是為回應傳統對士人的要求，且這一區分為修道者留下一條退路，避開了修道又得經世的困難，所以「學仙之士，未必有經國之才」。（《內篇·釋滯》，頁152）不能強求學仙者必得兼治國之事，反過來說，聖人也不必得為仙。《內篇·釋滯》篇末云：

> 若聖人誠有所不能，則無怪於不得仙，不得仙亦無妨於為聖人，為聖人偶所不閒，何足以為攻難之主哉？聖人或可同去留，任自然，有身而不私，有生而不營，存亡任天，長短委命，故不學仙，亦何怪也。（頁155）

葛洪反覆申述儒家的「聖人」與道家的「仙人」並無必然關係，儒家有其關懷，經世濟民為著力處，不必得為仙長生才是「聖人」。為聖或成仙與各人星宿所值之先天稟氣有關；修道是否兼善治世，亦端視各人之才能，這都是以先天氣命論為基礎的解釋。此外，《外篇·嘉遁》也藉懷冰先生與赴勢公子的對話，傳達「出處之事，人各有懷。」（頁58）入朝與隱居並無對錯之別。而《外篇·逸民》亦指出「物各有心，安其所長」、「嘉遁高蹈，先聖所許；或出或處，各從攸好。」（頁85、86）清楚說明「出世」、「入世」皆無可厚非，兩者並不相衝突。葛洪從修道者因才能而有高下分別，以合理解釋為何修道者不必然皆得兼修儒道，也為修道者若無法治世的質疑解套。除此之外，葛洪還特別以古今對比，欲藉時空的不同來說明今之修道者無法與古人相比。前引〈釋滯〉云：「古人多得道而匡世，修之於朝隱，蓋有餘力故也。」明指「古人」能「得

道」也能「匡世」，言下之意，「今人」便不得如此。〈明本〉曾
針對這個問題有過一番論述，原文如下：

> 或問曰：「昔赤松子、王喬、琴高、老氏、彭祖、務成、鬱
> 華皆真人，悉仕於世，不便遐遁，而中世以來，為道之士，
> 莫不飄然絕跡幽隱，何也？」抱朴子答曰：「曩古純樸，巧
> 偽未萌，其信道者，則勤而學之，其不信者，則嘿然而已。
> 謗毀之言，不吐乎口，中傷之心，不存乎胸也。是以真人徐
> 徐於民間，不促促於登遐耳。末俗偷薄，雕偽彌深，玄淡之
> 化廢，而邪俗之黨繁，既不信道，好為訕毀，謂真正為妖訛，
> 以神仙為誕妄，或曰惑眾，或曰亂群，是以上士恥居其中
> 也。……彼有道者，安得不超然振翅乎風雲之表，而翻爾藏
> 軌於玄漠之際乎？山林之中非有道也，而為道者必入山林，
> 誠欲遠彼腥羶，而即此清淨也。夫入九室以精思，存真一以
> 招神者，既不喜諠譁而合污穢，而合金丹之大藥，鍊八石之
> 飛精者，尤忌利口之愚人，凡俗之聞見，明靈為之不降，仙
> 藥為之不成，非小禁也，止於人中，或有淺見毀之有司，加
> 之罪福，或有親舊之往來，牽之以慶吊，莫若幽隱一切，免
> 於如此之臭鼠矣。彼之邈爾獨往，得意嵩岫，豈不有以乎？
> 或云：上士得道於三軍，中士得道於都市，下士得道於山林，
> 此皆為仙藥已成，未欲昇天，雖在三軍，而鋒刃不能傷，雖
> 在都市，而人禍不能加，而下士未及於此，故止山林耳。不
> 謂人之在上品者，初學道當止於三軍都市之中而得也，然則
> 黃老可以至今不去也。」（頁 186-187）

本段藉設問者以古之真人皆「仕於世」而今之為者道皆遁入山林的質疑，答以古今環境不同，古代民風純樸，仙人不急於登遐，但今人不信仙且謗毀之，故修道者不願居於其間，仙人也不再於人間出現，其關鍵即在於古今之人心不同。除了古今異俗之外，上士、中士與下士之別，也表現在他們面對不同環境的處理能力，入山林者為下士，以其修行尚不足故。如此一來，「仕／隱」不再是兩難，「仙／俗」也獲得調合。

　　區分出「上士」、「中士」與「下士」，是葛洪重要的理論，將「士」分三品，不但區別了修道者的資質能力，也分別出修道者的成就。如上士得避鋒刃，中士能遠人禍，故其居處雖險，於性命不損。然下士不具備這種能力，故得隱於山林。所以上士能兼修仙道與人道，故可隱於朝，但下士無法同時為官與修仙。這樣的區分，能解釋修道者所面臨的各種質疑，完善其神仙理論。相較於王康琚區分「小隱／大隱」，葛洪之士三品論亦有相似之處，只不過，王康琚是肯定大隱而貶抑小隱，葛洪則是推崇上士，但也肯定下士。因此從仕與隱的選擇來看，葛洪反而傾向隱居山林，因為隱於山林可避俗人，得仙人之助，並專心修煉，尤其是其所主金丹大藥，更得入山煉製。❹ 修道成仙是葛洪追求的第一要務，相較之下，治國經世顯然不在其念，故其自述云：

---

❹　《內篇·明本》云：「山林之中非有道也，而為道者必入山林，誠欲遠彼腥羶，而即此清淨也。」（頁 187）《內篇·金丹》亦云：「合丹當於名山之中，無人之地，結伴不過三人，先齋百日，沐浴五香，致加精潔，勿近穢污，及與俗人往來，又不令不信道者知之，謗毀神藥，藥不成矣。」（頁 74）合丹必入名山的說法，〈金丹〉中屢言之。

予忝大臣之子孫，雖才不足以經國理物，然疇類之好，進趨之業，而所知不能遠余者，多揮翮雲漢，耀景辰霄者矣。余所以絕慶弔於鄉黨，棄當世之榮華者，必欲遠登名山，成所著子書，次則合神藥，規長生故也。俗人莫不怪予之委桑梓，背清塗，而躬耕林藪，手足胼胝，謂予有狂惑之疾也。然道與世事不並興，若不廢人間之務，何得修如此之志乎？見之誠了，執之必定者，亦何憚於毀譽，豈移於勸沮哉？聊書其心，示將來之同志尚者云。後有斷金之徒，所捐棄者，亦與余之不異也。（《內篇·金丹》，頁86）

依葛洪自身的追求及其立場，很明確的指出「道與世事不並興」，其人生旨趣唯有求道成仙，故得「廢人間之務」。換言之，葛洪基本上已預設「經國理物」的「人間之務」與修道求仙是相衝突的，對於仕宦功名如果不能放下，是有礙求仙的，所以葛洪批評許多不捨權位的帝王不可能真的成仙。[48] 可是，假如求道與世事相衝突，

歸結之，其一，煉丹需清淨之地，避免閒雜人等；其二，入山中可避兵禍；其三，名山中多神仙，可助煉藥；其四，煉丹之草木金石原料於名山中較能尋得，所以，「古之道士，合作神藥，必入名山，不止凡山之中。」（頁85）煉丹不僅得入山，還得選擇名山。故葛洪另載適合煉丹的名山山名多處，並有海中仙島，皆得遠離人世之優點。此論並將諸山神仙化，逐漸形成道教洞天福地之說。

[48] 葛洪在〈論仙〉中，極力批評秦始皇、漢武帝等君王不願捨棄帝位，隱於山林修煉，卻又企望長生不死。若無法放棄世俗名利，又不能堅定求仙之志，或訪求之師不當，當然不能成仙。故從神仙道教的立場言，求仙必得捨棄俗務，此即「道與世事不並興，若不廢人間之務，

則兼修之論豈非空談？於是乎，士三品之論於此得以合理解釋仕與隱的關係。蓋以葛洪立場，入山不仕，合藥著書是其人生之志，但為了回應社會對士人事功的要求，故以「上士」得以兼修答之。至於葛洪自己則從不以上士自居，上引文自言「才不足以經國理物」，雖或自謙之辭，然好登名山、著子書與合神藥，實已明志。他晚年隱居煉丹，世傳尸解成仙，依其神仙三品之說，尸解仙居下品，❹與下士得道於山林正相符合。

葛洪將神仙三品結合士三品，構成一個對應關係，在這個關係中，修道者依不同能力而成就不同品第的神仙。❺《內篇》中有兩則引古仙經之語，列舉如下：

何得修如此之志乎？」葛洪所謂的「人間之務」，包含棄絕交遊應酬，放下榮華富貴，以免干擾求仙，故於《外篇·自敘》言其志，「將登名山，服食養性。非有廢也，事不兼濟，自非絕棄世務，則曷緣修習玄靜哉！」（頁 693）離俗避世是修道的必要條件，也因此「為道者必入山林」。

❹ 神仙三品在兩漢逐漸形成，《太平經》已有士三品說，天師道系也有三品仙之說。葛洪提出的神仙三品說，與太平道、天師道不盡相同，也與上清經系的神仙分級有別，除了反映神仙三品說在初期的分歧情況，也可突顯葛洪金丹道的立場。關於道教中「仙人」的內涵及品級，可參見李豐楙：《不死的探求——抱朴子》，台北：時報文化，1998.12四版，頁 160-186。

❺ 除了修道者的能力之外，還涉及所服藥力之不同，《內篇·黃白》云：「朱砂為金，服之昇仙者，上士也；茹芝導引，咽氣長生者，中士也；餐食草木，千歲以還者，下士也。」（頁 287）

> 上士舉形昇虛，謂之天仙。中士遊於名山，謂之地仙。下士
> 先死後蛻，謂之尸解仙。（〈論仙〉，頁 20）

> 上士得道，昇為天官；中士得道，棲集崑崙；下士得道，長
> 生世間。（〈金丹〉，頁 76）

上士成天仙，中士為地仙，下士則尸解仙。此上、中、下之分，也
暗含三品仙的活動範圍，上在天，中為地，下則在地下。與前引「下
士得道於山林」相較，此兩則古仙經所說的中士得道遊於崑崙名
山，則為一種天、地、地下三分的宇宙觀，與下士得隱於山林，強
調遠離人事才得以清淨修道，兩者區分的方式不同。唯葛洪對尸解
仙的活動範圍與當時其他道派不盡相同，尸解仙並不昇天，而遊於
人間。不論如何，下士與上士不僅才能不同，所成就之對象不同，
故上士既為長才，可舉形昇天，當能兼治身與治國；至於下士則得
遠離人世，避走山林修道，得仙後還不能飛昇，當留人間。唯依葛
洪所論，下士得道已能長生不死，不必非得天仙不可，甚至還寧可
停留在人間，不急於昇天。葛洪一方面從個人能力而論，只求長生
不死，另一方面也顯露對昇天成仙的遲疑，此點下節再詳論之。

　　從神仙與士三品的區分，葛洪理想中的「上士」方得以「朝隱」，
修煉而成「天仙」，但「上士」畢竟極少，故多數修道者還是得隱
於山林。從這裡來看，葛洪仍是重隱輕仕。元代道士趙道一評葛洪
為「遁世無悶，樂道全真」，❺¹ 正是葛洪隱逸思想的總論。「無悶」，

---

❺¹ 趙道一對葛洪在兩晉政局混亂之時能體道全身，大為讚揚，並以之為
　　後世表率。其云：「《道德經》云：『寵辱若驚，貴大患若身。』」葛

即不依外物無累於心，❷「全真」則是全身之旨。❸ 如果心有不安或不甘，則此「遁世」便是假的，如果形體不能保全，便無法「樂

洪以才學之優，棄功名之貴，夫豈無故哉？蓋晉世自東遷以後，奸臣構禍，王道衰微，奇士異人不一二作，紛紛江左，何時定乎？葛洪之見可謂出於類拔乎萃矣。是以遁世無悶，樂道全真，遺寵而辱不及，忘身而患不至，卒能終始於學，仙道克成。後之道者宜取則焉。」見〔元〕趙道一：《歷世真仙體道通鑑》卷二十四〈葛洪〉，收《道藏》第五冊，頁 237。

❷ 「無悶」之意，葛洪曾於《內篇·明本》比較儒道之別，以為「儒者汲汲於名利，而道家抱一以獨善」，道之「靜」為「善居慎而無悶」。（頁 187-188）「慎」字，孫星衍校為「真」。守真一故無欲，因無欲故無煩惱。另於《外篇·名實》云：「且大賢之狀也至拙，其為味也甚淡，蕭然自足，泊爾無知，知之者稀而不戚，時不能用而不悶。」（頁 499）此處所云「大賢」之所以「不悶」，在於自足無知，能「樂天知命」、「安時處順」，但其中卻隱含著「待乎將來」之意，即有才者雖不計較名聲於一時，仍被動地期望於有賞識者。《外篇》此處的說法，與《內篇》似有不同之意，下文將說明。

❸ 「全真」之「真」，是道教重要用語。「真」字據《說文解字》解為：「僊人變形而登天也。」歷來文字學家對此解有許多不同意見，姑不論「真」字本義為何，至少許慎採用神仙之說解釋「真」，明顯是兩漢仙道思想的反映。段玉裁雖說這是「真」字本義，但指出「真人」較「真」字後起，即文獻中「真」字為真實、真誠等意，後來老莊鑄成「真人」一詞以示理想人物，並與至人、神人等並稱，使「真人」漸為神仙的一種品級，許慎即作如此解。至於「全真」一詞，起源甚早，《莊子·盜跖》有「詐巧虛偽事也，非可以全真也。」（頁 1000）此處為盜跖斥孔子的詐偽之言，「全真」與之對比，正如《莊子·漁父》中，孔子問「何謂真」？漁父答曰：「真者，精誠之至也。……真在內者，神動於外，是所以貴真也。」（頁 1032）漁父批評孔子宣

道」。因此，身心安頓或形神俱全，才是葛洪追求的目標。「無悶」，來自於自足知止，心中無名利之求，故其取向仍在於隱。知足，不僅止於對功名的無欲，還有滿足生命的保全。當功名或官場皆被視為有害身心，則遠離仕宦方得以「全真」。「知足」方得保身的想法，在《抱朴子》常見，如《外篇‧安貧》言：「匹夫枉死於懷璧，豐狐召災於美皮。今吾子督余以誨盜之業，敦余以召賊之策，進鴆酒以獻酬，非養壽之忠益。」（頁216）生命遠比財富重要，此處重生輕物的判斷，自然能「安」於貧。不慕名利，便少欲望，無欲

揚禮教，無益修身，反而「苦心勞形以危其真」，故莊子中的「全真」、「貴真」、「保真」有保養真性意味，保真方能如盜跖所言「養其壽命」，「全真」亦有「全身」之意。六朝時「全真」一詞開始流行，如嵇康〈憂憤詩〉：「託好莊老，賤物貴身，志在守樸，養素全真。」（前引書，頁27）「全真」與「貴身」相對，似有內外之別。唐代張銑於《文選注》曰：「全真，謂養其質以全真性。」將「全真」解為「全性」，後世幾乎皆作此解。又六朝史書中亦有「抱德煬和，全真保性」，（《宋書‧顧顗之列傳》，頁2085）「全真」與「保性」連用，可解「真」為「性」，似又可解「真」為「身」。葛洪亦使用「全真」，如「含醇守樸，無欲無憂，全真虛器，居平味澹。」《內篇‧暢玄》，頁3）「若擁經著述，可以全真成名，有補末化。」（《外篇‧嘉遁》，頁59）「藏器全真，以待天年之盡。」（《外篇‧名實》，頁497）此三例中，「全真」為保全真性以養其身，「真」兼有「性」與「身」意。六朝時道經中亦有「全真」一詞，如「保氣全真，安穩如故。」（《赤松子章曆》）；「上士修之，全真延命。」（《太上老君養生訣》）。此時道經中的「全真」似乎仍兼有「性」、「身」二義，唯六朝後道經大量使用「全真」一詞，已逐漸轉為與「命」相對之「性」，「全真」作「全性」解，而後「全真道」之創立，更使「全真」詞意確立。

欲求，對功名便不在意。反過來說，因為重視生命，便不會強出頭，更不會蹈赴官場之險境。因此，在仕與隱的取向上，葛洪自然偏向隱居之途。又如《外篇·知止》申述知足的重要，讚揚歷代隱士能保全生命，其云：「禍莫大於無足，福莫厚乎知止。抱盈居沖者，必全之籌也；宴安盛滿者，難保之危也。」（頁586）又如《外篇·博喻》：「利豐者害厚，質美者召災。……金玉崇而冠盜至，名位高而憂責集。」（頁289）《外篇·廣譬》：「重載不止，所以沈我舟也，昧進忘退，所以危我身也。」（頁359）「知足」之說，亦見於《內篇》，如〈暢玄〉云：「其次則真知足，知足者則能肥遯勿用，頤光山林。……藏夜光於嵩岫，不受他山之攻。沈鱗甲於玄淵，以違鑽灼之災。」（頁2）葛洪不斷申述「知足」之重要，以知足能遠禍全身，此不啻其個人寫照。當然，宣揚「知足」，亦為了批判當時奢華風氣之不當，也為隱居山林不慕榮華之行為加以註解。

　　能知足，自然減低因欲望帶來的爭奪，其目的顯然是為了「全身」。相較於兩漢以來「朝隱」觀所強調委屈以求全身的目的，葛洪的隱逸觀，更從道教修煉角度強調生命的保全。即保全性命為第一要務，當修煉成仙而得長生不死時，所有人事爭鬥或高官厚祿皆無關緊要。《內篇·勤求》有如此闡述：

> 凡人之所汲汲者，勢利嗜欲也。苟我身之不全，雖高官重權，金玉成山，妍豔萬計，非我有也。是以上士先營長生之事，長生定可以任意。若未昇玄去世，可且地仙人間。若彭祖老子，止人中數百歲，不失人理之懽，然後徐徐登遐，亦盛事也。（頁254）

衡量生命與名利，長生之所以為先，在於有了生命，名利才有意義。
尤其是得到長生之後，可不必急著昇天，一方面長生不死，不懼人
事災難；一方面又可享人間各種美好，這種特殊的成仙想法，反映
出當時士人微妙的心理。此點下文再論。至少，依葛洪的觀念，生
命最為重要，如果死了，就什麼都沒有。因此，再從「隱」的目的
論，不論隱山林或朝廷，都有避禍以「全身」的目的，如果隱山林
如伯夷叔齊還得以身殉，顯然與全身相違。葛洪對伯夷叔齊之隱居
求志表示讚賞，但是對其恥食周粟之舉卻評為「不合變通」，以為
「彼之硜硜，何足師表哉！」（《外篇·逸民》，頁 102）由此可
見，葛洪不同意伯夷叔齊的激烈行為，雖不求錦衣玉食，卻也不必
餓死，更不必假意衣褐食糗，而遭邀偽之譏。故藉逸民之口云：「饘
粥糊口，布褐縕袍，淡泊肆志，不憂不喜，斯為尊樂，喻之無物也。」
（頁 96）可明其志。

　　如果無損於生命，出仕與否所限定的隱或非隱便不具意義，兩
漢以來的「朝隱」觀在「全身」的目的上，葛洪亦認同之，但是「全
身」不是因委曲而獲得，更是一個積極努力的目標。亦即選擇「朝
隱」一途者，不論如何強調心隱，當形體投入官場時，就進入名利
競逐的修羅場，西漢東方朔類似弄臣的做法，後世難以模仿，但是
不與權貴交往或如揚雄閉門著述的方式，也不是人人皆可得之。於
是，葛洪基本上仍以修道成仙為先，能獲得長生不死，官場凶險已
不是問題。葛洪雖也認同「身名俱全」，❺但其根本仍以「身」為

---

❺　葛洪有云：「身名並全，謂之為上。」（《外篇·逸民》，頁 87）但
　　能達到「身名俱全」者不多，其云：「是以身名並全者甚希，而折足

先。另外，葛洪心目中的「名」與當時主張「身名俱全」之「名」者不同，❺ 葛洪所主張的「名」為著述、教化，而非出仕之「名」，更否定為利之「名」。他捨「立功」不言，僅以「立德」、「立言」為「名」，將士人的「三不朽」轉變為「二不朽」，這是一個很重要的概念轉移。他說：

> 蓋士之所貴，立德立言。若夫孝友仁義，操業清高，可謂立德矣；窮覽《墳》、《索》，著述粲然，可謂立言矣。夫善卷無治民之功，未可謂減於俗吏；仲尼無攻伐之勛，不可以為不及於韓、白矣。」（《外篇·逸民》，頁 87）

覆餗者不乏也。」（《外篇·知止》，頁 611）；「是以身名並全者甚稀，而先笑後號者多有也。」（《外篇·嘉遯》，頁 42）雖然「身名俱全」一如「上士」是個理想，並非人人可得，但葛洪有意將「名」之意義重新界定，捨「立功」不言，其言「道存則尊，德勝則貴，……何必須權而顯，俟祿而飽哉！」（《外篇·嘉遯》，頁 45）這樣的區分，使隱者不仕有了更充分的理由。

❺ 東晉至南朝時，「身名俱全」之說盛行，士人所求者無非生命與名聲得以同時保全。如「（石崇）嘗與王敦入太學，見顏回、原憲之象，顧而嘆曰：『若與之同升孔堂，去人何必有間。』敦曰：『不知餘人云何，子貢去卿差近。』崇正色曰：『士當身名俱泰，何至甕牖哉。』其立意類此。」（《晉書·石苞傳附子崇傳》，頁 1007。《世說新語》亦載此事。）石崇所謂的「身名俱泰」，顯然相對於貧困而言。不論後世對石崇評價為何，至少顯示出當時一種觀念和做為。南齊謝瀹也對褚貫說：「事之不可得者身也，身之不可全者名也，名與身俱滅者君也，豈不全之哉！」（《南史·褚裕之傳附彥回子貫傳》，頁 754）褚貫雖不慕身名，謝瀹所言卻正反映時人之見。

孝友仁義，以德行教化鄉里，是隱者重要特徵。立德立言不亞於為官吏治之功，勤於著述、教化鄉里為葛洪理想的「士」之典型。立言，其云：「擁經著述，可以全真成名，有補未化。」（《外篇·嘉遁》，頁 59）立德，其云：「今隱者潔行蓬蓽之內，以詠先王之道，使名知退讓，儒墨不替，此亦堯舜之所許也。」（《外篇·逸民》，頁 102）「大儒為吏，不必切事。肆之山林，則能陶冶童蒙，闡弘禮教。」（外篇·逸民），頁 82）如此一來，「立德」、「立言」方為「名」，這個對於「名」的界定，迴避了功名利祿的追求，也為隱者另闢一條「身名俱全」之路。葛洪即有志於此，稱許揚雄，模仿王充，其〈自敘〉亦歷數個人著作，由此可見一般。❺❻

　　除了重新對「名」定義，葛洪將「仕」與「隱」的取向解釋成「殊途同歸」，也把求仙視為一條「同歸」的途徑，藉以安適各種選擇以消弭衝突。葛洪數度言及仕與隱是殊途一致的，隱者「雖無

---

❺❻　許尤娜曾統計《晉書·隱逸傳》而分隱者有八項行事特徵，其中除了「不知何許人」、「隱於山林」以及「與鳥獸和諧相處」者，其餘五項則為「人與人」的關係，表現出仁愛、德化、著述、教學等種種儒者行徑。（前引書，頁 55-59）除了《晉書·隱逸傳》所列，另有虞喜、劉兆、范宣等人亦博學不仕，有隱遯之行，反收入〈儒林傳〉，其隱逸型態更傾向不出仕，但博通經學，以教學著述傳承儒家道統。此外，《梁書·處士傳》中亦多文章著述與傳道鄉里者，如何胤、阮孝緒、陶弘景、庾詵、庾承先等人都是如此。由此觀之，葛洪將「德、言」與「功」分開，以「擁經著述」定義「名」，使「身名並全」的理想不必非出仕不可。值得注意的是，將儒家之德行與傳經納入隱者的界定，在某一方面也呈現出兩晉之時儒道會通的趨勢。

立朝之勳，即戒之勞；然切磋後生，弘道養正，殊塗一致，非損之民也。」（《外篇·嘉遯》，頁 59）而「在朝者陳力以秉庶事，出林者脩德以厲貪濁，殊塗同歸，俱人臣也。」（《外篇·逸民》，頁 100）隱逸修道與在朝為官不但不相衝突，還殊途同歸。《外篇·任命》更指出：

> 蓋君子藏器以有待也，稸德以有為也。非其時不見也，非其君不事也，窮達任所值，出處無所繫。其靜也，則為逸民之宗；其動也，則為元凱之表。或運思於立言，或銘勳乎國器。殊塗同歸，其致一也。（頁 481）

出仕還是避世，端看時運以定，君子隨時都能出處進退，亦皆能為人表率。這本是傳統儒家的出處觀，但葛洪並非從窮達的不同時運論出處，而是並列「在朝者」與「出林者」都可為士之取向，其所憑據者即為「殊途同歸」。然而，同歸者為何？即隱者立德立言，在朝者立功，皆有益於國。如此一來，或仕或隱，各有所懷，不必以仕非隱，也毋需以隱難仕。也就是說，仕與隱各有其功用的說法，即以「物各有心，安其所長」、「人各有懷」之論，將仕與隱解釋成不同的選擇而已。而這個選擇是各有所「安」，而非徘徊於仕、隱間，也不必藉仕為隱。此說證諸郭象「各適其性」、「各當其分」的說法，幾乎如出一轍，❺而嵇康也有相類之說，❺這種各取所需

---

❺ 葛洪在引述《莊子》以說明「人各有懷」時，顯然採取郭象的立場。如《外篇·嘉遯》：「一枝足以戢鷦羽，何煩乎豐林。」（頁 47）《外篇·逸民》：「夫斥鷃不以蓬榛易雲霄之表。」、「物各有心，安其

而不必相互非難的看法，應流行於魏晉時期。然郭象從適性逍遙建構一套消解小大之辨的跡冥論，葛洪並無相應的理論深度，其旨趣也不在此。基本上，葛洪贊同人之秉氣有別，性分殊異，因此或仕或隱均予以尊重之，此一觀點更為確立求仙亦是人生一途，其論「仕／隱」，實則亦論「仕／仙」，也就是求仙者與出仕者亦是一種人生選擇，❺⑨故葛洪反覆申述「仙人」與「聖人」、「隱逸」與「出仕」皆各有所長，不必對求仙者強求亦須兼顧人事。因此，葛洪的「朝隱」論只為說明具長才之「上士」能兼營之，與兩晉時人論「朝隱」有所不同。

所長。」（頁 85）「腹仰河而已滿，身集一枝而餘安。」（頁 96）與郭象注《莊子·逍遙遊》的「小大之辨」義同。

❺⑧ 嵇康有言：「故君子百行，殊塗而同致，循性而動，各附所安，故有處朝廷而不出，入山林而不反之論。」（〈與山巨源絕交書〉）除嵇康外，此論亦可見庾峻：「是故聖王之御世也，因人之性，或出或處，故有朝廷之士，又有山林之士。朝廷之士，佐主成化，猶人之有股肱心膂，共為一體也。山林之士，被褐懷玉，太上棲於丘園，高節出於眾庶。」（《晉書》，頁 1392）晉元帝也有詔云：「夫百行不同，故出處道殊，因性而用，各任其真耳。」（《晉書》，頁 1826）認為出處各因性之不同，且同時肯定之，在當時應是流行的看法。

❺⑨ 葛洪所論述的隱逸與仙人有一定程度的關聯，已有日本學者注意於此，可參見下見隆雄：〈「抱朴子」に於ける逸民と仙人〉，《東方宗教》，29 期，1967.7，頁 36-52。此外，唐君毅曾依隱者「蔽履世俗」，將之歸於「宗教性人物」。中國隱者疏離世俗價值以追求生命終極解脫，是隱逸與仙道的共同目標。（唐君毅：《中國文化之精神價神》，台北：正中，1975 台十版，頁 303-304）此論似乎也可說明六朝士人既嚮往隱逸，又多與道士相遊的情形。

　　葛洪一方面區別了「仙人」與「聖人」修煉目的的不同，一方面又希望「仙人」能兼善儒道，顯示出在「道本儒末」的前提下，葛洪嚮往成仙，卻又不廢經世的態度。然而，要兼顧修仙與經世並非易事，以葛洪金丹道派的立場，煉丹必須遠離人群，隱沒山林方得修道，故「朝隱」只是理想，「全身」方為葛洪所追求。因此為了回應世俗對求道者不求仕宦，不應功名的質疑，一則以「士三品」之說區別不同才能者；復以「立德、立言」取代「立功」的要求，以合理說明求道修仙不必然進於仕途；又以仕、隱各有所為，殊途同歸，以安適兩者衝突。就不仕與隱山林而言，神仙道教與隱逸思想有一定關聯，兩者可比並觀之。

第四節　「在世成仙」的理論形成及其意義

　　葛洪傾向隱而不仕，在面對士人必須建功立業的要求下，一方面以士三品之論，為求仙不必出仕說解；也以「立德立言」為士人之功業解套。但是，世俗卻又不能也無法全然放棄，隱者尚可以「朝隱」或先仕後隱的方式，完成一定的社會期許，可是葛洪希望修煉成仙，修煉的過程更必須捨離世俗干擾。於是除了得面對士人有功於國家社會的要求外，還得處理各種人倫關係。兩晉之時極為重「禮」，求仙如果必須捨離在世的一切，就違反傳統觀念，必然遭受質疑與反對。葛洪一方面批評君主不能捨帝位修道，一方面又得替這個問題解套，若違反倫理，神仙理論必定無法推廣。此外，葛洪論述神仙理論，表達堅決求道的意志時，卻又不時露出一絲遲疑，成仙真如想像中美好嗎？這個遲疑，透露了兩晉士人在面對出

世與入世取捨時欲兼得兩者的幽微心態。兩晉士人強化「朝隱」理論，實有兼得「仕／隱」兩者的用意；葛洪也發展出一套獨特的「在世成仙」理論，又要成仙，又要不離於世。儘管葛洪是從求仙的角度論述，但也可藉此對應兩晉「朝隱」理論，從中探索當時士人如何從屏除「隱」之形式的限制中，一方面得以出仕或享有一定的物質生活，一方面又能從遊山玩水中追求「逸」之心情。以下先從葛洪對登仙的遲疑，詳論其「在世成仙」的想法，再依此對應各種人倫關係，以完善葛洪隱逸論。

一、登仙遲速的遲疑

道教建構了一個想像的神仙世界，在這個世界中，可以超脫時間與空間的限制，生命得以不死，形體不但可以自由穿越時空，還能任意變化，乃至役使鬼神，更遑論能享受錦衣玉食，食衣住行皆非人間所能比擬。葛洪描寫神仙能「登虛躡景，雲輿霓蓋，餐朝霞之沆瀣，吸玄黃之醇精，飲則玉醴金漿，食則翠芝朱英，居則瑤堂瑰室，行則逍遙太清。」（《內篇・對俗》，頁 52）滿足了感官功能之極致，行動也能自由自在。葛洪尚云：「夫得仙者，或昇太清，或翔紫霄，或造玄洲，或棲板桐，聽鈞天之樂，享九芝之饌，出攜松羨於倒景之表，入宴常陽於瑤房之中。」（《內篇・明本》，頁 189）除此之外，神仙不受君主束縛，也沒有宦海沈浮的感慨，擺脫了名利的爭奪困擾。這個想像世界對時人心理影響之深，從當時小說、遊仙詩等文學作品皆可見得。為了這些「好處」，所以求仙者才願意經歷千辛萬苦的修煉過程。照理來說，一旦完成這個過

程可以成仙，應該莫不欣喜立即昇仙而去。然而，事實似乎並非如此。神仙世界儘管如此美好，但是葛洪卻對成為神仙流露出一些遲疑，若說不捨人世，葛洪卻又批評君王欲求仙又不捨人世，是什麼樣的動機和心情，讓葛洪在論述上出現矛盾和疑惑？

　　葛洪在《內篇·對俗》中引其師鄭隱之語，提到仙人不見得一定昇天，也可能留在人世間。而且還丹金液煉成後，先服一半，可得不死而留人間，待爾後欲求昇天，再服剩下的一半便可。這是很有意思的說法，飛昇成仙是所有修煉者的嚮往，也是葛洪一直強調的最終目標，為什麼金丹大藥已成，不立刻服之昇仙，還要留在人間？為什麼得仙藥者還有所保留，竟然要在昇天或住地兩者做選擇？以下先引〈對俗〉原文：

　　　　或曰：「得道之士，呼吸之術既備，服食之要又該，掩耳而聞千里，閉目而見將來，或委華駟而轡蛟龍，或棄神州而宅蓬瀛，或遲迴於流俗，逍遙於人間，不便絕跡以造玄虛，其所尚則同，其逝止或異，何也？」抱朴子答曰：「聞之先師云，仙人或昇天，或住地，要於俱長生，去留各從其所好耳。又服還丹金液之法，若且欲留在世間者，但服半劑而錄其半。若後求昇天，便盡服之。不死之事已定，無復奄忽之慮。正復且遊地上，或入名山，亦何所復憂乎？彭祖言，天上多尊官大神，新仙者位卑，所奉事者非一，但更勞苦，故不足役役於登天，而止人間八百餘年也。又云，古之得仙者，或身生羽翼，變化飛行，失人之本，更受異形，有似雀之為蛤，雉之為蜃，非人道也。人道當食甘旨，服輕暖，通陰陽，處

官秩，耳目聰明，骨節堅強，顏色悅懌，老而不衰，延年久視，出處任意，寒溫風濕不能傷，鬼神眾精不能犯，五兵百毒不能中，憂喜毀譽不為累，乃為貴耳。若委棄妻子，獨處山澤，邈然斷絕人理，塊然與木石為鄰，不足多也。昔安期先生、龍眉甯公、修羊公、陰長生，皆服金液半劑者也。其止世間，或近千年，然後去耳。篤而論之，求長生者，正惜今日之所欲耳，本不汲汲於昇虛，以飛騰為勝於地上也。若幸可止家而不死者，亦何必求於速登天乎？若得仙無復住理者，復一事耳。彭祖之言，為附人情者也。」（頁 52-53）

問者指出得道成仙者或離世，或逍遙於人間，有不同選擇。其疑問即在於仙人理應離世而居仙山，仙境不同於人間，為何還有仙人要選擇留在人間？問者所提的「其所尚則同，其逝止或異」其實已反映出當時士人又想避世又不願離世的心理衝突。而這個衝突該如何調合呢？葛洪藉先師鄭思遠回答，其一，得仙者既已成仙，或去或留當可自由決定。還丹金液可先服一半，得不死之身而留人間，其後欲昇天再服另一半，並列舉安期生等人皆如此。不論一次服盡，或先服其半，關鍵都在於先得不死。即身既不死，是否能飛昇登天，反而次要。其二，天上已多神仙，新成仙者若昇天，位卑言輕，更為勞苦。⑥葛洪引彭祖言，指出神仙須按成仙早晚論輩排序，資淺

---

⑥ 關於甫登仙者因資淺需相奉事的說法，傳為葛洪所作的《神仙傳》，亦有相類者。卷二中記一位白石先生，已二千餘歲，不肯修升仙之道，但求不死，彭祖問其故，答曰：「天上復能樂比人間乎？但莫使老死身；天上多至尊，相奉事更苦於人間。」（葛洪：《神仙傳》，北京：

者需侍奉資深者，而天上資深者眾，故不急於飛升。此說分明將人間的官職類比於仙境，而官場文化自然反映在職等高低上。其三，得仙者雖得羽翼變化，反失人形，既非人形，便不能行「人道」。所謂「人道」，即「食甘旨，服輕煖，通陰陽，處官秩」等，細究此「人道」的內容，既要避免病痛苦難，又要能滿足感官功能，還可以出處任意，簡直就是集所有美好於一身。若能留於人間，不但多享樂之事，且得仙者可免病痛勞苦，又毋需拋妻棄子，得人倫之樂，故長生者不急於昇天。為何不必儘速登天呢？答案皆在「人情」兩字。成仙離世被視為拋家棄子，「斷絕人理」，然而妻兒是人倫關係中的重要一環，也是情感所繫。如果成仙意味著得放棄這些關係而獨處山林，葛洪顯然並不做如此想。所謂「人道」、「人理」與「人情」，都是為了闡明屬於「人」的好處，仙人固然在食衣住行有別於人世，但這些憑空的想像畢竟不如眼前的實在。換言之，成仙者飛升離世，看似脫離了人間的束縛限制，相對的也放棄了人世的各種欲望享受。為了不放棄人間之樂，求仙者在面對離世與否的抉擇兩難時，企圖兼顧兩者的優點，既能得長生不死，又不放棄人道。

除了〈對俗〉中闡發成仙而留人世的「在世成仙」想法，〈金丹〉中亦論及「九丹」之名及其效用，並謂「凡此九丹，但得一丹

中華，1991）另外，《內篇·微旨》亦有天上「百二十官，曹甫相由」（頁 128）之說，將人間官職投射至天上神仙位列，是一種秩序規範的心理反映，也是後來道教建立神仙譜系的重要依據。如此一來，仙官既有品第，便有高下之別；成仙者既有新舊，便有資歷深淺差異，是故成仙者不急於登天，就有理由可說了。

便仙。不在悉作之,作之在人所好者耳。凡服九丹,欲昇天則去,如止人間亦任意,皆能出入無間,不可得之害矣。」(頁 76)煉得「九丹」任一丹皆能成仙,且欲昇天或留人間亦任意。另外,服「金液」而成仙,也可選擇是否離世。文曰:

> 若未欲去世,且作地水仙之士者,但齋戒百日矣。若求昇天,皆先斷穀一年,乃服之也。若服半兩,則長生不死,萬害百毒,不能傷之,可以畜妻子,居官秩,任意所欲,無所禁也。若復欲昇天者,乃可齋戒,更服一兩,便飛仙矣。(頁 83)

當金液煉成,服一兩飛昇,服半兩則不死,且能留在人世。不但可以「畜妻子」,還可以「居官秩」,人世間的功名與家庭皆能兼顧,又因不死且百毒不侵,當真可「任意所欲」。比起飛昇登天,還得面對未知,留在人間看來更具有吸引力。於是從這個觀點構造神仙不同品級等第,留在人間者可作「地仙」、「水仙」,並非一定得成為「天仙」。另外,這種說法也可解釋為什麼道士仍會「死亡」且留下屍體,而以「尸解仙」之名呼應「在世成仙」的想法。神仙三品說的出現,與登仙遲速的想法連成一體,藉由道士修煉程度的不同,發揮留在人間「任意所欲」的觀點。除了神仙三品,尚有「道士三品」之說,上士昇天,下士長生世間。不但成就的結果有三品之別,修煉者本身也有三品之分,如此一來,「在世成仙」的理論就更形完善。

葛洪論「九丹」據引《黃帝九鼎神丹經》,❻ 今《道藏》所見,

---

❻ 今《正統道藏》「洞神部眾術類」收有《黃帝九鼎神丹經訣》二十卷,

極言神丹金液之重要，欲長生成仙必得之，其餘導引服食諸法皆僅得延壽而已，此說可代表葛洪所傳承金丹之一脈。然本經僅於第九丹最後謂得此丹者，可「飛行上下，出入無間，不可拘制，坐在立亡，輕舉乘雲昇天矣。」⑥ 與葛洪說明九丹之後，言「凡服九丹，欲昇天則去，如止人間亦任意，皆能出入無間，不可得之害矣。」有所出入。如果《黃帝九鼎神丹經》在葛洪之前，則本經還未有「在世成仙」的說法，葛洪將「出入無間」進一步發揮成可留在人間，於是後來《黃帝九鼎神丹經訣》便引葛洪之說，先得服半劑不死與成為地仙都連結一起。⑥ 雖然《黃帝九鼎神丹經》未見「在世成仙」之說，其他六朝道經卻有類似說法，如《太微靈書紫文琅玕華丹神真上經》提到煉製「琅玕華丹」之法，並云：「華丹既成，一兩為一僵劑，若且欲居世俗之間，聽服半兩。」⑥ 此處服半兩可居世俗

卷一與《抱朴子·金丹》所引文字基本相同，可能為漢魏兩晉時古道經。

⑥ 引文見《道藏》十八冊，頁 799。

⑥ 本經卷二云：「臣按金液還丹法合成者，依經服一兩便昇仙。若未欲去代，且住世為地仙者，齋一百日，服半兩，則長生不死，萬害百毒不能傷，可以畜妻子。若居官秩，在意所欲無所禁。若後欲昇天者，乃齋更服九丹滿一兩，便即飛仙矣。凡欲昇天，皆先斷穀過一年，方服之也。臣又按《真人九昇經》云：『凡服九丹欲昇天者，如正經上法所服日數也。若欲地仙者，可如上之半者，以數減之，雖減亦長生無間，不可得害。後若欲昇天者，更服上藥。』臣按此說，凡服神丹大藥，依經日數，即輕舉昇天。減半服之，即長生不死，即是地仙，無疑也」（同上註，頁 800）此段經文前半與《內篇·金丹》文字大致相同，可見作此訣者，依葛洪之說。

⑥ 《道藏》四冊，頁 555。本經末云：「皇天上清後聖君自少學，所受

之間，與葛洪說法一致。本經相傳為太極左仙公（葛玄）上啟金闕
帝君所集撰，葛玄為葛洪從祖，兩人有師承關係，似可藉此推論服
半劑先得不死而在人間的說法，是葛洪傳承金丹學說一脈的觀點。
摘錄六朝道書的《太清金液神氣經》亦提及煉製「紫藥明珠之丹」，
丹成而「以五月五日及夏至日、二月八月朔日清朝，以寒水服一丸，
則白日昇晨矣。若不樂昇者，可服半劑，則使鬼神真人來降，運上
清之廚，乘龍上昇，所須隨意，命曰無極真人。」❻⑤ 經文言及服食
丹藥一丸可昇仙，服半劑則有役使鬼神之能。經中雖未明「不樂昇
者」為何「不樂」，但顯然是否昇仙可以隨意選擇。本經成書年代
或為隋唐之時，但抄摘六朝道經，似也可反映出服金丹可選擇服半
或盡服之的想法，在六朝時已有之。

　　為什麼煉成金丹卻不急於昇天的說法出現在六朝道經？若對
照六朝時對隱逸態度的變化，或許可提供一個解釋。前述六朝時隱
逸觀出現「名士化」、「貴族化」與「世俗化」的傾向，有些隱者

施行秘要，得為金闕之帝者也。五老上真太極左僊公上啟撰集為靈書
紫文，命付方諸東宮青童大君。」（頁 557）本經成書應於六朝，屬
上清經。《真誥・甄命授第一・道授》載有四十七種上清道經，其中
有云：「仙道有琅玕華丹，服之化為飛龍。右此十七條，在《靈書紫
文》中，並琅玕丹之所變化也。」（《道藏》二十冊，頁 516）此處
所說可能就是《太微靈書紫文琅玕華丹神真上經》所記「琅玕華丹」
之丹法。上清經法以存思為主要修煉法門，不主金丹，唯葛洪與上清
一系傳承有所關聯，似也可藉此看出上清經法留有金丹之餘續。

❻⑤ 《道藏》十八冊，頁 778。本經撰著不詳，分三卷。上卷假託清虛真
人，言「三丹要道」；中卷列舉天神地神姓名及各種丹方，摘自《三
皇經》；下卷則摘抄《真誥》。

不再拘守貧困，雖不願出仕，卻又與高門交遊，享有一定的物質生活，如戴逵、許詢便是典型之例。一方面不仕以免官場競爭，也不必負責；一方面又結交權貴，享有一定物質生活。不難想見這種欲盡得好處的做法，難免為人所羨，更遑論另有藉隱居以博取聲名者。而「朝隱」之說打破隱者不仕的傳統，也可說是這種想兼得各種好處的一種方式，士人希望能有隱逸的自由，但是對功名又無法放棄，或者說，雖然強調「心隱」而不拘形跡，但出仕為官畢竟是事實。葛洪欲兼得神仙與俗情的想法應非憑空而得，證諸兩晉隱逸觀與「朝隱」之說，葛洪儘管自己傾向傳統的隱逸，也以不仕、知足等自我要求，可是在成仙態度上出現「在世成仙」的想法，實可見得與當時魏晉時期的思潮有一定關聯。士人在自然與名教的拉鋸中，如何兼得兩者一直縈迴在心中，出仕又希望有超逸的心靈；不仕卻又希望享受物質生活與世人尊敬；想要成仙卻又不捨世俗。不論是「朝隱」或「在世成仙」的理論，都反映出六朝士人處身於「仕／隱」、「仙／俗」對立之間，一種同宗兩者的心態。

此外，對登仙遲速的選擇，一方面有著對成仙的渴望，一方面又顯示對人世的留戀。對人世的不捨，其實反映一種對未知的恐懼，也就是神仙是個想像的世界，與現實相對顯得陌生，既然陌生未知，則必然存在一旦成仙是否得放棄世俗的疑慮。無怪乎葛洪曾說若神藥可以煉成，則「可以舉家皆仙，不但一身耳。」❻❻（〈金

---

❻❻　前引《黃帝九鼎神丹經訣》卷一，亦有同樣文字。因本經卷一與葛洪所引文字基本相同，不論是否就是葛洪所見之《黃帝九鼎神丹經》，或是後人從葛洪書中輯出再加以改寫，渴望舉家成仙的念頭顯然在煉

丹〉，頁 74）蓋葛洪一再強調煉製所需的種種條件，極言其不易，為何竟然說出金丹一旦煉成可以舉家成仙呢？這裡似乎暗示著葛洪在面對個人獨得長生的某種內心焦慮，蓋金丹煉成，服食即仙，然家人友朋仍受死亡制約，待所有親人老死之後，唯得仙者獨活，那將是另一種孤獨寂寞。葛洪在論成仙的去處時便已透露出這種不捨的心理，所以理想的成仙者，並非飛昇僊去，反而是留在人間，方得逍遙自在，並享有人倫之樂。「舉家皆仙」說前有所承，**❻⑦** 顯見服藥能舉家成仙具有莫大吸引力，此說一方面強調能得到長生不死，一方面又不離棄世俗欲望，反映了葛洪對成為神仙的期待卻又憂慮的心理。既然一人成仙可能得面對孤獨寂寞，若能舉家皆仙，自然最好不過，相較於其他修仙之法重視個人修煉成仙，金丹大藥能多人服之的特色就成了最佳的成仙方式。金丹大藥若成，則人人服之即仙，這或許是葛洪重視金丹大藥的一個原因。相較於隱逸的世俗化，「舉家皆仙」也是道教世俗化的發展，而「朝隱」與「在世成仙」在六朝時更有時代意義，隱逸不再是孤獨刻苦於山林，「在

丹者心中頗為重要。

❻⑦ 「舉家皆仙」之說法，見於《史記·孝武本紀》與《史記·封禪書》記載西漢公孫卿描述黃帝攀龍背升天成仙，連同隨從及七十多個妻妾也一起升天。另外，相傳淮南王劉安也服了不死藥，不只全家，連雞犬也隨之升天。（《論衡·道虛》）葛洪《神仙傳》也記載了這個事蹟。（葛洪：《神仙傳》卷六）另有〈仙人唐公房碑〉，記漢人唐公房與妻兒服藥成仙，連同房舍六畜都一起仙去。（嚴可均：《全後漢文》卷一百零六，頁 1042）

世成仙」也毋須拋家棄子，這種世俗化的方式，更容易解釋成隱逸與求仙不廢人倫，也能立功立業，可視為是會通儒道的具體實踐。

二、出世之思與世俗人倫關係

對人世的不捨，也反映在葛洪處理人倫關係上，尤其是成仙既然離世，如何面對忠孝禮教？修仙道者希望能飛昇成仙並獲長生不死，可是一旦飛昇就表示將離開人世進入仙境，不但脫離各種倫理關係，也捨棄傳統對文人經世立功的要求。這樣的結果，勢必招致質疑，葛洪在《抱朴子內篇》中，以問答方式說明修道者如何看待倫理關係與功名等問題。飛昇成仙若被理解為離世，首先得面對無法祭祀祖先與侍奉父母的責難，簡言之，就是在「禮」的範疇下，人倫關係是無所逃避的，道教修煉者如何面對這個問題呢？葛洪對此有所說明，〈對俗〉中有如此問答：

> 或曰：「審其神仙可以學致，翻然凌霄，背俗棄世，烝嘗之禮，莫之修奉，先鬼有知，其不餓乎！」抱朴子曰：「蓋聞身體不傷，謂之終孝，況得仙道，長生久視，天地相畢，過於受全歸完，不亦遠乎？果能登虛躡景，雲轝霓蓋，餐朝霞之沆瀣，吸玄黃之醇精，飲則玉醴金漿，食則翠芝朱英，居則瑤堂瑰室，行則逍遙太清。先鬼有知，將蒙我榮，或可以翼亮五帝，或可以監御百靈，位可以不求而自致，膳可以咀茹華璃，勢可以總攝羅酆，威可以叱吒梁成，誠如其道，周識其妙，亦無餓之者。得道之高，莫過伯陽。伯陽有子名宗，仕魏為將軍，有功封於段干。然則今之學仙者，自可皆有子

弟，以承祭祀，祭祀之事，何緣便絕！」（頁 51-52）

本段答問中，問者以修仙者若成仙，便無法行禮質疑。設問者的問題點在於成仙者「背俗棄世」，因離棄世俗所以不能行禮。葛洪之答可分三個部分，其一，以成仙者「身體不傷」，便不違孝道；其二，成仙者享仙境之美妙，為光宗耀祖之事；其三，以伯陽為例，謂成仙者尚有子孫可行祭祀之事。這三點雖然皆與「禮」有關，但如此回答是否真能解決質疑？葛洪所答第一點，直接以成仙者能「身體不傷」，所以不違孝道。為何身體不傷就不違孝道？此典出於《孝經》，《孝經》於〈開宗明義章〉有云：「身體髮膚，受之父母，不敢毀傷，孝之始也。」[68] 此「孝之始也」指身體受到傷害會讓父母擔心，對自己愛護的想法，以身體來自父母，若父母親難過，便是不孝。這其中的關鍵在於奉養父母不只有養其身，還需樂其心。《禮記·祭義》記曾子提出「敬身」的觀念，其云：「身也者，父母之遺體也，行父母之遺體，敢不敬乎？」[69] 敬愛自己的身體不只是不使受損，還必須敬於居處、事君、涖官、朋友與戰陣五

---

[68] 引文見〔唐〕玄宗明皇帝御注、〔宋〕邢昺疏，《孝經注疏》，台北：藝文印書館，重刻十三經注疏本，1997，頁 1。首篇〈開宗明義章〉原文如下：「仲尼居，曾子持。子曰：『先王有至德要道，以訓天下，民用和睦，上下無怨，汝知之乎？』曾子避席曰：『參不敏，何足以知之？』子曰：『夫孝，德之本也，教之所由生也。復坐，吾語汝。身體髮膚，受之父母，不敢毀傷，孝至始也。立身行道，揚名於後世，以顯父母，孝之終也。夫孝，始於事親，中於事君，終於立身。大雅曰：無念爾祖，聿修厥德。』」

[69] 引自〔清〕孫希旦：《禮記集解》，北京：中華書局，2007.8，頁 1372。

者，也就是將敬愛己身發揮至仁、義、禮、信、勇諸德行，方是孝的體現。由此可見，身體不傷僅只是孝的一種表現，而非孝的全部，換言之，不敢毀傷身體只是孝之始，還得「立身行道，揚名於後世，以顯父母」才是「孝之終」。除此之外，曾子也提出「終身之孝」，即「孝子之身終，終身也者，非終父母之身，終其身也。」（《禮記‧內則》，頁 57）所謂「終身」非僅父母在世時之奉養，父母歿後仍需持續以顯揚父母。《孝經》之〈紀孝行章〉認為居、養、病、喪、祭五個時期皆需盡其心方得事親，❼⓿ 即侍奉父母於生至歿皆需持續為之。如此一來，對於成仙離世便無法盡孝的疑問，葛洪以成仙即愛身答之，顯然避重就輕，但也不失為一種解套的方式，讓成仙在身體不死的意義上回應了傳統孝道的要求。值得注意的是，葛洪面對成仙無法行禮的質疑，集中在「孝」的範疇，反映出兩晉時期重視孝道，執政者重孝尚禮，但徒務虛名反而造成表裡相違的情況，這也是兩晉士風變化的一個關鍵。❼⓵

---

❼⓿ 本章原文如下：「子曰：『孝子之事親也，居則致其敬，養則致其樂，病則致其憂，喪則致其哀，祭則致其嚴。五者備矣，然後能事親。事親者，居上不驕，為下不亂，在醜不爭。居上而驕則亡，為下而亂則刑，在醜而爭則兵。三者不除，雖日用三牲之養，猶為不孝也。」

❼⓵ 六朝承漢代對《孝經》的重視，名士皆重之。關於《孝經》在六朝時的流傳，可參考陳鐵凡：《孝經學源流》，台北：國立編譯館，1986；朱明勛：〈論魏晉六朝時的《孝經》研究〉，《華中科技大學學報（社會科學版）》16 卷 3 期，2002。然而，對《孝經》乃至禮學研究的興盛，雖反應六朝學術的一個面向，唯禮文又與當時尚老莊的反禮風氣相牴觸，魏晉名士對「禮」的態度呈現一種矛盾現象。張蓓蓓指出，一方面「禮」僵固為「禮法」，故為士人反對；另一方面，「禮」的

　　至於葛洪所答之第二點，以成仙為榮耀之事，回應《孝經》中「立身」之說。然而，以儒家言孝的觀念，事親、事君與立身是一體的，從修身、齊家、治國乃至平天下都涵攝在孝道中，這是從道德實踐立說。葛洪則以成仙者得天地之玄妙，居處飲食皆不同凡俗，甚至可役使鬼神，以顯其成就，此與儒家立足於修身以德，立功於世的說法全然不同。《孝經·感應章》有言：「孝悌之至，通於神明，光于四海，無所不通。」孝之極至可感通神明，但這是從修身慎行，宗廟致敬等各種合於禮的規範下之成就，在本質上與修仙者從煉製金丹與各種修煉方式以成仙的途徑與意義皆不相同。葛洪將成仙等同於立身，雖是比附，但對於修仙者而言，也不啻為一種可以回應孝道的說解。但是第三點以成仙者尚有子弟可繼承祭祀，又顯見葛洪對於成仙後無法親自盡孝行禮的質疑無法解釋，只得以學仙者尚有子弟為由，以迴避這個問題。綜觀以上三點，葛洪以成仙者不背離孝為主軸回答質疑者，雖然回答並不全面，但以第二點將成仙等同於功業最值得注意。傳統對士人的要求以「三不朽」

背後為「情」，又為士人所重，而且「禮」又與士族門第，人物品鑑以及清談風氣皆有關係，所涉既複雜，故不能簡化以守禮或非禮來指稱魏晉名士。（張蓓蓓：〈魏晉學風窺豹〉，《中古學術論略》，台北：大安，1991.5）由此也可見得葛洪在面對成仙是否違背「禮」的質疑時，需仔細提出辯答，尤其不能違背孝道，否則成仙之說必然無法獲得支持。若從《外篇》來看，葛洪對「禮」是支持的，以為「人之有禮，猶魚之有水矣。魚失水，雖暫假息，然枯麋可必待也。人之棄禮，雖猶睨然，而禍敗之階也。」（《外篇·譏惑》，頁7）人不能無禮，故成仙亦不廢禮就成了葛洪結合兩者的重要論證。

為重要標準與成就，《孝經》也以德行的實踐與影響為大孝，葛洪視成仙得道為一成就，將「成仙得道」等同「立身行道」。儘管此「道」非彼「道」，且葛洪亦未明言此即為大孝，但「先鬼有知，將蒙我榮」的說法，實已在概念上進行轉換，使修仙者得以在這個意義下，也能實現大孝，而不侷限於是否侍奉父母的要求。

修仙者希望能修成不死之身與自由來去時空的能力，然而，成仙者果真從此「背俗棄世」嗎？如果「仙／俗」是個不可跨越的鴻溝或對立，一來得面對來自傳統禮文的要求，難以圓滿解釋；二來當時士人在「仕／隱」的選擇上一直有著兩難的衝突，一方面對於立功立業的要求期許，一方面又失望於現實政治環境。於是自然與名教的衝突與調合，同樣也反映在成仙者是否「離世」的態度上。前述葛洪提出「在世成仙」的說法，強調成仙者不急於離世，事實上也解決了「背俗棄世」的質疑。這個雖仙卻不離世的說法，有效地化解了「仙／俗」的對立，也反映了魏晉士人在「仕／隱」兩難中希望「既仕又隱」的心理，葛洪以「朝隱」釋之，就突出了這個意義。隱者不必隱於山林之野，而可以隱於廟堂之上，如此一來，環境不必然影響隱者心境，同樣的，成仙者不必然得羽化登仙，兩者的道理是相同的。

修仙除了得面對人倫中「孝」的質疑，還得處理社會倫理中的君臣之道，即「忠」的問題。前引《內篇·釋滯》開篇一段，問者即以「人道多端，求仙至難」立論，以為仙既難求，「君臣之道，胡可替乎」？葛洪即答以「長才者兼而修之」，並以「古人多得道匡世，修之於朝隱」答之。儘管如此，具長才之上士畢竟少數，則大多數的修仙者還是得面對君臣問題，〈釋滯〉有如此一段問答：

或曰：「聖明御世，唯賢是寶，而學仙之士，不肯進宦，人皆修道，誰復佐政事哉？」抱朴子曰：「背聖主而山栖者，巢許所以稱高也；遭有道而遁世者，莊伯所以為貴也；……四老鳳戢於商洛，而不妨大漢之多士也；周黨麟跱於林藪，而無損光武之刑厝也。夫寵貴不能動其心，極富不能移其好，濯纓滄浪，不降不辱，……非躬耕不以充饑，非妻織不以蔽身，千載之中，時或有之，況又加之以委六親於邦族，捐室家而不顧，背榮華如棄跡，絕可欲於胸心，淩嵩峻以獨往，侶影響於名山，內視於無形之域，反聽乎至寂之中，八極之內，將遽幾人？而吾子乃恐君之無臣，不亦多憂乎？」

（頁 151-152）

葛洪對問者以修仙者不仕，則天下恐無輔政之士的質疑，此一回答與其說是站在修仙的立場，不如說是以隱逸為論。蓋葛洪所舉之例盡是上古至西漢隱者，這些隱士的共同點均為不仕，葛洪依此論不仕者仍是少數，並不影響君王施政。不仕之隱者既少，更況何能「捐家室」、「背榮華」而獨往於名山中的修仙者更是少數。以修仙者為少數答以君臣之道的質疑，仍不是正面回應，故問者續問，其問答如下：

或曰：「學仙之士，獨潔其身而忘大倫之亂，背世主而有不臣之慢，余恐長生無成功，而罪咎將見及也。」抱朴子答曰：「夫北人石戶善卷子州，皆大才也，而沈遁放逸，養其浩然，昇降不為之虧，大化不為之缺也。況學仙之士，未必有經國之才，立朝之用，得之不加塵露之益，棄之不覺毫釐之損者

乎？方今九有同宅，而幽荒來仕，元凱委積，無所用之。……
濟濟之盛，莫此之美，一介之徒，非所乏也。……彼誠亮其
非輕世薄主，直以所好者異，匹夫之志，有不可移故也。夫
有道之主，含垢善恕，知人心之不可同，出處之各有性，不
逼不禁，以崇光大，上無嫌恨之偏心，下有得意之至歡，故
能暉聲並揚於罔極，貪夫聞風而忸怩也。……況乎學仙之
士，萬未有一，國家咎此以何為哉？然其事在於少思寡欲，
其業在於全身久壽，非爭競之醜，無傷俗之負，亦何罪
乎？……一世不過有數仙人，何能有損人物之鞅掌乎？」（頁
152-153）

本段之答，除了仍扣緊修仙者人數並不多的主張，還從才能的角度
立論，以為「學仙之士，未必有經國之才」，勉強為之，未必對國
家朝廷有利。此說輔以《外篇》之〈嘉遁〉、〈逸民〉論出處進退，
「人各有懷」的觀點，可以更清楚葛洪區分修仙（隱逸）與出仕是
為了強化修仙之正當性，更藉「殊途同歸」以合理化求仙之志，況
且隱者尚可立德立言，求仙者亦無害於世道人心。此外，葛洪並以
「有道之主」不會禁絕學仙，以顯君王心胸寬大為論，拉開君臣關
係不必非以為官出仕為唯一。如此一來，君臣之道可解。

　　葛洪不斷強調學仙之人不多，對社會不造成負擔，而最直接的
君臣關係問題，在於學仙者不仕。不仕，是隱者最重要的行為特徵，
而不仕方有利於追求精神的自在消遙，就此點而言，葛洪理想的修
仙仍是遠離官場而入山林。他雖一再論述上士可兼而修之，但上士
之才畢竟極少，且上士之兼修似皆傾向於成仙之後留在人間，故仍

有一先後次序。基本上，葛洪認為今之修道者必須入山林，捨棄世俗名利，方得專心修煉，但又對人倫家庭有所眷戀，所以能修煉成仙又留人間是最好選擇，更何況以成仙之身盡臣道也無懼官場競逐而傷身。所以從不仕的角度而言，學仙與隱逸有著重要的共同點，王文進指出，隱逸與遊仙有微妙疊合的關係，因為「對中國文人而言，仕宦生涯的浮沈奔波，就是人生焦慮不安的最大根源。」**⑦** 也因此隱逸不仕固然遠離官場是非，但能成仙更是從根本解決生命保存的難題。從兩漢至六朝的隱逸人物來看，傾向於道家者，多有養生修煉乃至成仙的事蹟。神仙和隱逸都是面對生命的限制欲突破或改變之方式，背後有著深層對現實無奈與尋求出路的渴望，但是現實與理想又不是斷裂二分的，於是從葛洪嚮往成仙又不捨家庭，企盼永生又難離世情，對照六朝士人希望調和理想與現實，在「仕／隱」關係上取得平衡的想法，當可明白其中關鍵。

第五節　小結

回顧六朝士人在面對「仕／隱」的衝突時，藉由對「朝隱」概念注入新的詮釋與實踐，有效地回應出仕與否的爭議。士人對出仕既期待又害怕，希望隱居又不一定如願，於是從「心隱」消弭「形隱」之別，而以「朝隱」化解「仕／隱」衝突，就成了最佳選擇。而葛洪建構的神仙道教理論，在相關議題上也有所相應。如以兩晉之交為魏晉南北朝的中點，葛洪大約身處此時，隱逸的理論與實踐

---

⑦　前引書，頁 75。

都達到一個高峰,而其中關於出仕與否的思考,發展出「朝隱」與隱者「貴族化」與「世俗化」的傾向,葛洪也在建立金丹道派的神仙理論時,同樣面臨成仙與世俗關係是否斷絕的疑問。若從服金丹則舉家皆可成仙的這個角度來看,當可明白葛洪在談隱逸與得道成仙關係時,為何一再說明成仙者不必然飄逸而去。這其中的關鍵在於成仙若必須捨棄與家人社會的關係,斷絕人情世故以利個人修煉,則必遭致傳統倫理道德觀的批評,此點與佛教傳入中國時所面臨的批判如出一轍。佛教後來在濟世度人的意義上企圖超越出家與否的爭議,也以出家不違孝道的解釋以緩和中國士人的挑戰。葛洪在處理這個問題上,顯然依循了道教本有的「治身」與「治國」合一的淵源,認為修煉成仙雖是個人之事,但又必須不廢人倫。而他雖強調隱者之立德立言,看似迴避立功的要求,實則仍是在士人「三不朽」的框架中思考。然而修煉又是隱密之事,尤其是煉製金丹大藥非得入名山,避俗人不可,更何況,也並非所有修煉者皆能兼顧「治身」與「治國」,若無治國之事功,是否就不能成仙?如何在理論與實踐上能合一而不相衝突,對於葛洪來說顯然是個重大的關鍵問題,從《抱朴子內篇》中許多不同篇章反覆設問並申論之,即可見得。

在面對「仙／俗」兩難的選擇,葛洪一方面以成仙者不必離世解釋,一方面又以兼修之說,企圖調和修仙與人倫難以並存的情形,但不是所有修仙者皆能兼修,故其設計了士三品與神仙三品,將個人與群體關係依此區分而得以合理化兼修與無法兼修皆能同時並存。修道能兼身與國,為「上士」,若非上士,無法兼顧,但也能修仙,只是成仙品第不同。這種藉由六朝士族品第的制度延伸

至神仙世界中，將神仙分成不同品第有助於陶弘景建立《真靈位業圖》的神仙譜系，更重要的是以神仙有高低級別不同，而圓成對於修仙者如何兼身與國的質疑。換言之，葛洪藉由仙人有高下品第之別，以解決成仙是否必須兼修以及是否隱入山林的問題。此外，他又立定實踐倫理道德為成仙與否的重要條件，也就是將濟世度人也成為修煉的方法之一，在這個意義上可以解決各種修煉方法所顯示的強烈個人行為。❸於是，當葛洪試圖解決「仙／俗」與「仕／隱」的衝突對立時，最終又回到魏晉「會通儒道」的議題。

---

❸ 葛洪以「道本儒末」調合儒道，相關論述可參考拙作〈葛洪《抱朴子》「道本儒末」與魏晉玄學「會通儒道」之關係〉，《世界宗教學刊》，13 期，2009.6，頁 69-108。並於下一章有深入討論。

第六章 「道本儒末」與 「會通儒道」

　　「會通儒道」是魏晉玄學的主要論題，道教在這個論題的發展與玄學有重要關係。一方面道教本有「治身」與「治國」合一的淵源，《老子河上公章句》於注文中常把「治身」與「治國」並列；《太平經》中立「承負報應」說，強調「治身」與「治國」和諧一致的太平社會；《老子想爾注》亦以「積善立功」、「忠孝仁義」為修道成仙之「道誡」。從這些構成早期道教思想的源流觀察，可以看出道教吸收儒家的道德與治世主張不但有長遠的歷史背景，也早已構成道教獨特的「會通儒道」方式。迨至魏晉玄學思潮興起，玄學家談論「會通儒道」，「名教」與「自然」的關係等議題，道教對於儒道關係的看法提供一個獨特的觀察點。另一方面，經過魏晉玄學建構了「會通儒道」議題的本體論及方法論，對於道教教義的形成提供一定的理論依據。葛洪《抱朴子》中便吸收玄學而為道教行善積德的修道方法建立一個具本體論意義的系統，如此一來，玄學會通儒道的論題在道教教義中也獲得了具體實踐的成果。前面章節已分從「玄」、「道」與「氣」，以及「形／神」、「服食」等議題，討論《抱朴子》與玄學「本／末」、「無／有」論題之關

係，本章則著重於葛洪如何看待儒道，他提出的「道本儒末」說在玄學「會通儒道」議題下有何重要性，與其他玄學家的主張有何異同，對道教的發展又有什麼影響。以下先略述玄學「會通儒道」的內容發展，以及早期道教「治身」與「治國」合一觀點，再分析葛洪「道本儒末」命題的內涵及其實踐精神，同時比較葛洪此命題與其他玄學家論點之異同，並論及葛洪在玄學中的定位。

第一節　魏晉「會通儒道」及早期道經「治身」與「治國」合一觀

　　魏晉時期的思想發展有一核心課題，即儒道關係。從東漢末至西晉，「自然」與「名教」的分合一直是玄學討論的主題，涉及士人出處進退，以及理想與現實的衝突對立。士人一方面嚮往隱逸之「出世」，一方面又有「入世」的抱負，兩者便涉及儒道關係的論辯。道教修煉的終極目的為長生成仙，此一目的雖是「出世」的，但道教的興起與發展過程卻又是「入世」的。早期道教經典《老子想爾注》與《太平經》中已有「道戒」之論，道戒之律雖與佛教有關，唯其中亦雜有儒家道德觀。❶融合儒釋一直是道教發展的重要動力，至宋元之後新道教成立，有了更積極入世的具體實踐。道教通過勸善化俗，藉由此世的道德修煉以成就長生成仙的條件，此「入

---

❶　關於早期道教戒律的形成與發展，可參考伍成泉：《漢末魏晉南北朝道教戒律規範研究》，成都：巴蜀書社，2006.12。

世」與「出世」的結合，在道教教義中一直具有重要地位。以下先簡述魏晉玄學與道教中呈現的儒道關係。

一、玄學課題──「會通儒道」

魏晉玄學家尚清談，其言談以《老子》、《莊子》與《周易》為中心；其論題則以「本／末」、「無／有」、「意／言」與「自然／名教」等為其內容。目前研究魏晉玄學的重要著作，也多依這些論題進行論述。而在這些眾多論題中，學界多以為「自然與名教」之辨所形成的「會通儒道」是貫穿魏晉思想的主線，如湯用彤先生提出：「魏晉時代『一般思想』的中心問題為：『理想的聖人之人格究竟應該怎樣？』因此而有『自然』與『名教』之辨。」❷牟宗三先生亦直指「會通孔老」是魏晉玄學的主要課題，❸其他諸如錢賓四先生、唐長孺先生皆做如是觀，❹直至許抗生、余敦康等，都同意調和自然與名教關係，是魏晉玄學的主題與基調。❺僅管諸家於名稱使用上有「會通儒道」、「匯通儒道」、「調和儒道」、「儒道兼綜」、「綜合儒道」與「儒道互補」之不同，然以儒道思想會

❷ 湯用彤：〈魏晉思想的發展〉，《魏晉玄學論稿》，收於《魏晉思想（乙編三種）》，台北：里仁書局，1995.8，頁127。

❸ 牟宗三：《中國哲學十九講》第十一講〈魏晉玄學的主要課題以及玄理之內容與價值〉，台北：台灣學生書局，1983.10，頁230。

❹ 參見錢穆：《莊老通辨》，台北：東大出版社，1991；唐長孺：《魏晉南北朝史論叢》，北京：三聯書店，1955。

❺ 參見許抗生：《魏晉思想史》，台北：桂冠圖書，1992；余敦康：《魏晉玄學史》，北京：北京大學出版社，2004.12。

通是魏晉玄學思想主題卻有一定共識，❻蓋「會通儒道」是一個觸及歷史、政治與社會等各個層面的問題，於魏晉時期產生絕不是偶然，而是在時代劇變下從漢代以來的黃老與儒家思潮在此時的交會激盪，❼故魏晉玄學家們提出關於「本／末」、「無／有」與「意／言」的論辯，企圖為會通儒道提出各種解釋與解決方式。❽

---

❻ 所使用名稱不同，顯示各家論述之差異，但基本上都同意調和儒道是魏晉玄學主題。蔡忠道曾就此點進行辨析，但以為李澤厚先生所提出的「儒道互補」方能涵蓋魏晉玄學全貌。（蔡忠道：《魏晉儒道互補之研究》，台北：文津，2000.6）唯李澤厚先生提出「儒道互補」一詞是從整個中國美學傳統立論；且蔡文以為「會通儒道」不能含蓋竹林玄學，故有所不足而不取，然嵇阮「越名教而任自然」表面上看來是詆毀名教，然其否定的是彼時受到利用的名教，故批判名教的最終目的是為了使違反自然的名教重新回復自然之理，因此仍屬於「會通儒道」的範疇。

❼ 魏晉玄學可說是漢代黃老之學的復興，唯此復興並非重複，而是與儒家、法家甚至陰陽家之間的衝突融合有密切關係。王曉毅曾稱之為「新黃老之學」，活躍在漢末社會批判思潮、早期道教和魏初形名法術之中，而黃老學中的養生方術與形名理論分別與儒家倫理結合，形成貴無本體論和元氣自然論兩大流派，並體現於魏晉士人的雙重文化性格。（參見王曉毅：〈漢魏之際儒道關係與士人心態〉，《漢學研究》，15:1=29，1997.6，頁 45-71）

❽ 除了以「會通儒道」做為魏晉玄學的主題外，亦有學者以「有無之辨」為玄學主題，如盧國龍：《道教哲學》（北京：華夏，1997.10）雖然看法各異，但在某種意義上，「會通儒道」與「有無之辨」可以相通，而為同一主題的不同面象。

　　一般而言，魏晉玄學分為正始、竹林、元康與東晉四個時期，❾
對於「名教／自然」關係各有因應時代環境改變而有不同主張。正
始時期以夏侯玄、何晏、王弼開其端，有「名教出於自然」的調和
論；竹林時期則以阮籍、嵇康詆毀名教為代表，倡言「越名教而任
自然」，使名教與自然衝突日增，同時裴頠倡崇有論，力主名教與
之抗衡；至元康時期，郭象欲以玄冥獨化論超越儒道對立，而有「自
然即名教」之命題；至東晉時期，張湛企圖結合王弼貴無與郭象獨
化之論，從自然與名教之爭轉而為解決個人生死的問題。就玄學發
展的歷程來看，「自然／名教」關係之論題在這四個階段代表著「道」
與「儒」的分合情形，其哲學上的意義在於玄學家們試圖通過對這
兩者的連繫建立起自己的論述體系，不論是王弼「崇本息末」或郭

---

❾　關於魏晉玄學的分期，始自東晉袁宏《名士傳》（《世說新語·文學》：
　　「袁伯彥作《名士傳》成」條，劉孝標注引，頁 272-273），袁宏分
　　為正始、竹林、中朝三個時期。湯一介先生承袁宏的分法，將中朝改
　　為元康，並加上東晉時期，而成正始、竹林、元康、東晉四時期。（見
　　湯一介：《郭象與魏晉玄學》第二章〈魏晉玄學的發展（上）——玄
　　學發展的階段〉，北京：北京大學，2000.7，頁 37-74）分此四時期兼
　　具玄學發展及歷史演變，目前學界對魏晉玄學的分期討論多於此為基
　　礎。如莊耀郎分為創始、分裂、轉變及衰退四期，各期代表人物與湯
　　一介相同，僅從名稱上突顯玄學義理的轉向。（莊耀郎：〈魏晉玄學
　　釋義及其分期之商榷〉，《鵝湖學誌》第六期，1991.6，頁 42）然而，
　　謝大寧對此分期提出新的看法，認為何晏、王弼為兩漢思朝的殿軍，
　　玄學主要論題的開創始自嵇康，此分法突破傳統見解，亦值得深思。
　　（見謝大寧：《歷史的嵇康與玄學的嵇康》，台北：文史哲，1997）
　　本文非專論玄學分期，僅從「會通儒道」一論題來談魏晉時期的思想，
　　故仍採一般的分期方式。

象「跡冥獨化」的提出，都是試圖調合儒道的方法。從玄學家們的論辯及對《老子》、《周易》及《論語》等儒道經典的注釋，都反映出魏晉玄學的主題在於透過新的詮釋方法，力圖使儒、道兩家融合，落實在現實世界中達成理想與現實的統一。

二、早期道教兼涉儒道的道德實踐

從道教的發展來看，行善積德的承負報應論早已有之，將養生與行善相連結而成為修道的重要原則，是道教入世精神的開啟。流傳於東漢時期的《太平經》很早就點明了二者的關係：「可復得增年，精華潤澤，氣力康強，是行善所致，惡自衰落，亦何所疑。……念之復念，不順作逆，而求久生。」❿《太平經》肯定了人可以獲得永恆的生命，唯永生之法不僅只於養生術的修煉，還得從道德修養上進行嚴格的要求，方能長壽甚至長生不死。至於道德修養的實質內容，即「孝忠誠信」。⓫《太平經》中詳細地申述孝忠誠信是天之道，此天之道藉由神靈對人的監視審判，發展出一套從道德修養以至長生的論述。《太平經》追求的理想是各個階層安於其位，和諧相處的平等、公正社會，因此以天、地、人三者衍生而成「三

---

❿ 見〈見誠不觸惡訣〉第一九五，《太平經合校》，王明編，北京：中華書局，1997.10，頁601。

⓫ 見〈大功益年書出歲月戒〉第一七九：「天下之事，孝忠誠信為大，故勿得自放恣。」（前引書，頁543）

合相通」的調合理論。⑫從儒道會通的角度言，《太平經》並沒有針對兩者進行深入的辯證和析論，而是以較素樸的方式強調和解、公正，藉以維繫社會秩序。或者說，《太平經》承繼吸收了漢代以來的黃老、儒法和陰陽讖緯各家思想，以達成治身與治國合一，成仙與致太平並進的最終目的，⑬在理論上顯得駁雜而無詳細論證。如積善行德與致神仙的關係並沒有哲理的論證，而僅以人壽天定論做連結，年壽增減由天神控制，唯有行善積德才能增年，反之則減命奪算。⑭於是儒家的倫理道德借由外在的強制主宰以達到行善的保證，其道德自覺之主體性便逐漸為一個超自然的神所取代，這是儒家道德為道教所吸收的一個必然傾向。

除了《太平經》，早期道教經典皆反映出修道與行善連結，治身與治國合一的思想內容，並突出《太平經》中「承負說」的因果論，加強了遵守道戒的力量，令修道者行善積德。約成書於東漢後期的《老子河上公注》亦把「治身」與「治國」合一，視為修道的工夫，如：「用道治國，則國民安昌，治身則壽命延長，無有既盡時也。」（三十五章注）；「法道無為，治身則有益於精神，治國

---

⑫ 《太平經》卷四十八〈三合相通訣〉中反覆申述天下事皆可一分為三，而三又「相須而立，相得乃成」，於是治國與治身亦相合為一。（前引書，頁146-156）

⑬ 《太平經》的內容雖駁雜，但可以「治太平」與「修神仙」為其兩大目標，此治身與治國並論的觀點，在《老子道德經河上公章句》、《老子想爾注》中亦可見得。

⑭ 《太平經》卷一百十一〈善仁人自貴年在壽曹訣〉及卷一百十四〈見誠不觸惡訣〉中皆有詳細說明。

則有益於萬民，不勞煩也。」（四十三章注）**⑮**對於治身與治國常
並列之。另外，在漢末之時出現的《老子想爾注》亦有這樣的思想，
如：「奉道誠，積善成功，積精成神，神成仙壽，以此為身寶矣。」**⑯**
「積善」是利人的行為，「積精」是個人的修煉，兩者結合而成
修煉成仙的條件。

　　至於魏晉時期的道經，多可見相同的論述，如《正一法文天師
教戒科經》中云：

> 諸賢者欲除害止惡，當勤奉教戒，戒不可違。……真人法天
> 無為，故致神仙。道之無所不為，人能修行，執守教戒，積
> 善行者，功德自輔。身與天道，福流子孫。賢者所樂，愚者
> 所不聞。學者勉自殷勤。天師設教施戒，奉道明訣。上德者

---

⑮　引文見《老子道德經河上公章句》，王卡點校，北京：中華書局，1993.8。
　　湯一介先生曾指出，《老子河上公注》與《太平經》一樣，都以「治
　　身」與「治國」並列為修道的方法，但《老子河上公注》更以「治身」
　　為求長生不死之根本，與《太平經》重視「治國」以為「上士」的觀
　　點不同，使道教於「養生成神」、「長生不死」更為確立。且《老子
　　河上公注》流傳於南方，影響了葛洪《抱朴子》，又論及葛洪以「一」
　　為「氣」的觀念繼承《老子河上公注》「道起於一」的思想。可參考
　　之。詳見湯一介：《早期道教史》，北京：昆侖，2006.3。

⑯　引文見饒宗頤：《老子想爾注校證》，上海：上海古籍，1991，頁 16。
　　《老子想爾注》是早期道教五斗米道誦讀的經典，注文中多涉及道
　　戒，其具體的內容主要有清靜無為、守一不爭、去惡行善、結精自守、
　　施惠散財、競行忠孝等，體現了《老子》中無為不爭、虛靜自守的思
　　想，也結合了儒家的道德倫理。

神仙，中德者倍壽，下德者增年，不橫天也。❼

經中所稱「身與天道，福留子孫」便是「承負說」的體現；並以天（道）無為而無不為，含攝所有世間的倫理關係及做人做事的道理，於是天所設下之教戒，當然嚴峻不可違。遵守教戒的多寡與內容又分為三個層次的修行成果，本經中云：「大道含弘，乃愍人命短促，故教人修善：上備者神仙，中備者地仙，下備者增年。」❽除了《正一法文天師教戒科經》，《道德尊經想爾戒》與《道德尊經戒》戒文後亦將修行者分為上、中、下三品，❾這三品的劃分雖是修行層次的差別，但卻有其重要意義。其一，道教要求行善者皆

---

❼ 引文見《道藏》第 18 冊，頁 232。《正一法文天師教戒科經》是早期天師道的重要經典，該經成於何時，學者雖有爭議，然多認為本經出於魏晉之時。相關討論可參見張松輝：〈《正一法文天師教戒科經》成書年代考〉，《世界宗教研究》，1994 年第 1 期，頁 20-26；馬承玉：〈《正一法文天師教戒科經》的時代及與《老子想爾注》的關係〉，《中國道教》，2005 第 2 期。

❽ 《道藏》第 18 冊，頁 234。

❾ 《道德尊經想爾戒》或名《想爾九戒》，戒文源出於《老子道德經想爾注》，分上中下三品，共九條。原文為：「行無為，行柔弱，行守雌勿先動；行無名、行清靜、行諸善；行無欲、行知止足、行推讓。此九行二篇八十一章，集會為道，含尊卑同科。備上行者，神仙；六行者，倍壽；三行者，增年不橫天。」文雖短，但明確可見以遵行戒律的不同，劃分成就的差異，特別是從《老子道德經想爾注》中獨立成篇，復見其作為「戒」之重要意義。《道德尊經戒》錄於《道德尊經想爾戒》之後，增加為九戒三品，共二十七戒，以持戒的難易多寡有上中下三品。見《道藏》第 18 冊，頁 218。

須積善成德，然成德之路漫長，守戒之律繁多，故從增年、倍壽至成仙之過程，可增加修道者之信心。其二，此三等以壽命增加為劃分，同樣的，對於不守戒奉道者，上天亦會減其壽命，故此處不但根植於人民對生命的渴望，亦見道教重生思想的發揮。其三，此三者的劃分顯見道教教人行善不全然在於個人生命增加的「報酬」，而是因為大道函弘，愛惜生命，故設教施戒，奉道者歸心於道，身與天通。此天人相通者，並沒有局限於個人生死禍福的層面上，更重要的是在整個重生的終極關懷下，進一步提出愛物思想。早期道教戒律，如南北朝出現之《老君說一百八十戒》便有許多尊重生命，善待萬物，與自然眾生相互不傷的戒律；也有許多關於清淨簡樸與風俗良善的生活戒律；亦有反映一些當時社會倫理道德的守禮戒律。❷⓿ 如此一來，道教藉由戒律的設計與要求，把重生的原則推及至社會層面，建立「救窮周急」的社會倫理，儒家的道德倫理要求在此尋得一個安放的位置。或者說道教藉由好生的原則構造人與自然，人與人之間的和諧生命體，於是儒家所要求的道德實踐也含蓋在內，與修道奉戒同為一事。

　　道教的行善觀從《太平經》之「承負報應」開始，便已透顯其生命倫理與神學思想的密切關係，通過以天人感應論為基礎的「身神說」，為善與成仙連接一起，但不管是《老子想爾注》中的「道戒」或《太平經》的「承負說」，皆尚未對吸收儒家道德觀有自覺的積極意識，也尚未形成較完整的道教倫理觀。及至六朝後經過一系列的道教清整過程，神仙學說與道教經書、戒律等逐漸成型，爾

---

❷⓿　見《老君說一百八十戒》，《道藏》第 18 冊，頁 218-221。

後內丹道法「性命雙修」與「三教合一」理論漸次興起，道教倫理觀才發展成熟。所以從早期道教初成至道教理論完整，魏晉南北朝便是此一積極蘊釀時期。

第二節　葛洪「道本儒末」之儒道關係

　　對於會通儒道的玄學課題，葛洪也提出了「道本儒末」之命題。其有云：「道者，儒之本也；儒者，道之末也。」（《內篇·明本》，頁184）此語上承王弼「守母存子」、「崇本舉末」之本末對舉方法，以「本／末」對儒道進行了分判與連結，並以積善立功做為成仙的重要條件。可是葛洪一方面吸收道家的玄、道本體論，使用玄學「本／末」、「有／無」方法，又承襲漢代的宇宙氣化論，卻又批評老莊，對魏晉玄風有所不滿；《抱朴子外篇》中則多論時政得失，述君臣之道，推崇儒教，甚至還主張刑法治國。綜觀《抱朴子內、外篇》，其「道本儒末」理論似乎有意融合儒道，卻又多所矛盾，究竟葛洪自言的「道本儒末」只是其矛盾的某個思想側面？還是「儒」、「道」另有他意？此「本／末」的分判究竟是否為葛洪心中對儒道的態度？

　　葛洪曾自言其著《抱朴子內、外篇》的內容屬性，此作者自道提供了我們一窺葛洪對「儒」、「道」的認知。《外篇·自敘》有云：「其《內篇》言神僊、方藥、鬼怪、變化、養生、延年、禳邪、却禍之事，屬道家；其《外篇》言人間得失，世事臧否，屬儒家。」（頁698）《內篇》內容以神仙方藥、養生延年為主，此「道家」

的認定，顯然非單指老莊或黃老，而傾向於神仙方術。不過，在後世的觀念中，老莊、黃老及神仙方術等皆屬「道家」，《抱朴子內篇》也一直著錄在「子部·道家」類。❷❶至於葛洪所謂的「儒家」為「言人閒得失，世事臧否」，針對當時西晉諸多的政治社會問題而發，與先秦「儒家」強調道德仁義也並不盡相同。當然，「儒家」的內容有其歷史流傳上的諸多派別，至少孟荀便多有差異，更遑論漢代混合道法的「儒術」。《抱朴子外篇》究竟是什麼樣的「儒家」，還需進一步討論，倒是後人在分類時，並無人認為本書屬於「儒家」，或為「雜家」或為「道家」。歸於「雜家」者，如《隋書·經籍志》將《抱朴子外篇》著錄為「子部·雜家類」。據《晉書·葛洪傳》云：「故予所著子言黃白之事，名曰《內篇》；其餘駁難通釋，名曰《外篇》。」❷❷引文與今本《抱朴子內篇·序》文句有異，❷❸但《晉書》本傳不錄《抱朴子外篇·自敘》之言，反而以「駁

---

❷❶ 自《隋書·經籍志》，幾乎所有的官方和私家著錄書目，均將《抱朴子內篇》屬之「道家」或「神仙家」類，僅《宋史》卷二百五於「雜家類」著：「葛洪《抱朴子內篇》二十卷，又《抱朴子外篇》五十卷」，顯見《宋史》將《抱朴子內、外篇》視為一整體，因內容涉及儒、道、法、神仙等，故歸於「雜家」。唯《宋史》在「道家類」另著有「《抱朴子別旨》二卷，不知作者」，鄭樵《通志·藝文略》著此書為「葛洪撰」，今《道藏》本《抱朴子內篇》後附此書一卷，文中言「導引行氣」與《內篇·釋滯》相類，或為後人依託。

❷❷ 《晉書·葛洪傳》，頁1912。

❷❸ 今本《抱朴子內篇·序》：「余所著子書之數，而別為此一部，名曰《內篇》，凡二十卷，與《外篇》各起次第也。」王明認為此序為後人所增。（頁368）

難通釋」稱《抱朴子外篇》，已不認為本書當如葛洪自言屬「儒家」。
自《隋書》著錄為「雜家」，兩《唐書》、《宋史》、《通志》、
《文獻通考》、《書目答問》等均同，顯見史書的著錄多傾向於「雜
家」。至於歸於「道家」者，如《四庫全書》著錄為「子部·道家
類」，理由為《抱朴子外篇》「論時政得失，人事臧否，詞旨辨博，
饒有名理。而究其大旨，亦以黃老為宗。」**㉔** 故與《抱朴子內篇》
一同併入「道家類」。**㉕**《四庫全書》不但將《抱朴子外篇》置於
「道家類」，還直指其大旨為「以黃老為宗」。這樣的分判是否恰
當？究竟《外篇》是否以「黃老」為宗，屬「道家」；還是「駁難
通釋」，屬「雜家」；亦或是如葛洪自稱為「儒家」？

　　清代之後，因重視樸學，對《抱朴子外篇》的評價有所改變。
如嚴可均贊本書曰：「稽古正今，於持身接物之宜，言富而理濟，

㉔ 見《四庫全書總目提要》卷百四十六，〔清〕紀昀總纂，石家莊：河
　　北人民出版社，2000，頁3761。

㉕ 早在南宋時，尤袤《遂初堂書目》已將《抱朴子內、外篇》都一併歸
　　入於「道家類」，陳振孫《直齋書錄解題》亦同。但是與其他多數目
　　錄書相較，自《隋書·經籍志》以下的目錄，幾乎都是分別著錄《抱
　　朴子內、外篇》，《內篇》多歸於「道家」，少數認為屬於「雜家」，
　　如《宋史·藝文志》、《書目問答》，亦有歸屬於「神仙家」，如《文
　　獻通考·經籍考》、《郡齋讀書志》；至於外篇除列於「道家」內，
　　其他均歸屬於「雜家」。將《抱朴子內、外篇》均屬「道家」或分別
　　著錄，都是對兩書性質的不同認定，這其中還涉及歸屬者對「道家」、
　　「雜家」的定義。另外，歷代竟然都無人贊同葛洪自述《抱朴子外篇》
　　屬於「儒家」，這是一個有趣的現象。

又頗通達治體，為政者當置左右。」❷❻ 而近人范文瀾言「《抱朴子外篇》，完全是儒家面貌，不見怪誕語句。」❷❼ 站在社會批判的立場而論，近於葛洪自敘。楊明照亦反對「以黃老為宗」的看法，認為「言人間得失，世事臧否」才是葛洪撰述《抱朴子外篇》的主要目的。❷❽ 王明也認為「在《外篇》裡，只講儒學是救世的良方，絕對沒有道本儒末的思想，也沒有調和儒道的旨趣。」❷❾ 姑不論社會批判是否即是「儒家」精神，至少本書反映並批判西晉時社會現象，有其一定意義。然而，這是否顯示評論者各自以所持之觀點檢視《抱朴子外篇》，所以有「雜家」、「道家」與「儒家」的不同歸類呢？如此一來，該如何理解葛洪所提出的「道本儒末」就更形複雜了。❸❶ 問題的根本，還是得回到葛洪自言的「道本儒末」之文獻基礎中，

---

❷❻ 見嚴可均：《鐵橋漫稿》六〈代繼蓮龕為抱朴子敘〉，《叢書集成續編·文學類》第 158 冊，據心矩齋叢書光緒乙酉長洲蔣氏重刊本影印，台北：新文豐，1989，頁 64。

❷❼ 見范文瀾：《中國通史簡編》，北京：人民文學，1965 修訂四版。范氏並以《外篇》有許多駁斥道家觀點，以及今勝於古的看法，所以將《內篇》所講的神仙術也自我否定了，故謂葛洪的思想有所矛盾。

❷❽ 見楊明照：《抱朴子外篇校箋·前言》，北京：中華書局，1991.12，頁 2。

❷❾ 見王明：《道家和道教思想研究》，北京：中國社會科學，1984，頁 66。

❸❶ 《抱朴子內篇》與《抱朴子外篇》該如何「歸屬」，至今仍是一個爭論不休的問題。如鄭全論及《內篇》與《外篇》關係時，便主張《外篇》思想為黃老道家，不可歸屬於儒家。（鄭全：《葛洪研究》，北京：宗教文化，2010.12，頁 1-13）武鋒則認為《外篇》主要針對人間世事立論，表達現實關懷，葛洪所說的「屬儒家」是強調其治世功能

分別討論葛洪思想中「儒」、「道」的意義,方能釐清葛洪思想是否充滿矛盾,還是有一定脈絡可循。以下分就《抱朴子內篇·明本》及其他篇章中有關於「道本儒末」的文句進行分疏,依次從「道本儒末」中「道」的本源與含攝性,「儒」、「道」的分判,「聖」的典型,和以「儒」體「道」等四方面加以說明。

一、「道」的本源性與含攝性

在《內篇·明本》中,葛洪明確地提出「道者,儒之本;儒者,道之末。」以「道本儒末」闡明儒道關係。本篇的主旨在論述儒、道的次序,一方面肯定「道」的本源性與含攝性,一方面批評諸子的缺失。但是他所謂的「儒」、「道」究竟為何意義?且「本/末」的說法內容為何?以下先援引本篇開頭問答段落,再做說明,引文如下:

> 或問儒道之先後。抱朴子答曰:「道者,儒之本也;儒者,道之末也。先以為陰陽之術,眾於忌諱,使人拘畏;而儒者博而寡要,勞而少功;墨者儉而難遵,不可偏循;法者嚴而少恩,傷破仁義。唯道家之教,使人精神專一,動合無形,包儒墨之善,總名法之要,與時遷移,應物變化,指約而易明,事少而功多,務在全大宗之樸,守真正之源者也。而班

而非鑽研經術,《內篇》則討論道教哲學與神仙方術,與先秦老莊哲學不同,「屬道家」是整合哲學與宗教兩個層面而言。(武鋒:《葛洪〈抱朴子外篇〉研究》,北京:光明日報,2010.8,頁104)

固以史遷先黃老而後六經,謂遷為謬。夫遷之洽聞,旁綜幽隱,沙汰事物之臧否,覈實古人之邪正。其評論也,實原本於自然,其褒貶也,皆準的乎至理。不虛美,不隱惡,不雷同以偶俗。劉向命世通人,謂為實錄;而班固之所論,未可據也。固誠純儒,不究道意,翫其所習,難以折中。夫所謂道,豈唯養生之事而已乎?易曰:立天之道,曰陰與陽;立地之道,曰柔與剛;立人之道,曰仁與義。又曰:易有聖人之道四焉,苟非其人,道不虛行。又於治世隆平,則謂之有道,危國亂主,則謂之無道。又坐而論道,謂之三公,國之有道,貧賤者恥焉。凡言道者,上自二儀,下逮萬物,莫不由之。但黃老執其本,儒墨治其末耳。今世之舉有道者,蓋博通乎古今,能仰觀俯察,歷變涉微,達興亡之運,明治亂之體,心無所惑,問無不對者,何必修長生之法,慕松喬之武者哉?而管窺諸生,臆斷瞽說,聞有居山林之間,宗伯陽之業者,則毀而笑之曰,彼小道耳,不足算也。……今苟知推崇儒術,而不知成之者由道。道也者,所以陶冶百氏,範鑄二儀,胞胎萬類,醞釀彝倫者也。……夫道者,內以治身,外以為國,能令七政遵度,二氣告和。……故道之興也,則三五垂拱而有餘焉。道之衰也,則叔代馳騖而不足焉。夫唯有餘,故無為而化美。夫唯不足,故刑嚴而姦繁。……君臣易位者有矣,父子推刃者有矣,然後忠義制名於危國,孝子收譽於敗家。疾疫起而巫醫貴矣,道德喪而儒墨重矣。由此觀之,儒道之先後,可得定矣。」(頁 184-186)

上引文是葛洪提出「道本儒末」最清楚的說明，可從時間先後、範圍大小與本末關係來理解。問者提問「儒道之先後」，葛洪藉此答問明確提出了他對道、儒的分判。唯問者問「先後」，葛洪答以「本末」，其「本末」顯帶有時序先後的意義，證諸後文「道之興也，則三五垂拱而有餘焉。道之衰也，則叔代馳騖而不足焉。」、「道德喪而儒墨重矣」，上古無為而治為道興之時，後世重忠義與賞罰為儒法興、道德喪的時期。這裡從時間先後論道、儒發生的次序，與《老子·十八章》：「大道廢，有仁義。智慧出，有大偽。六親不和，有孝慈。國家昏亂，有忠臣。」的說法一致。於是「道本儒末」實具有「道先儒後」之意味。

「道本儒末」，除了歷史發生的次序，還有兩者於治世深廣的範疇不同。葛洪援引《史記·太史公自序》所錄司馬談〈論六家要指〉中的文句，批評諸子各有所偏，獨標道家思想，以其能含攝諸子，為「全大宗之朴，守真正之源者」。司馬談論諸子要旨時，兼及優缺點，葛洪為突顯道家，僅取各家缺點而論，其意與司馬談已有出入。後又以班固在《漢書·司馬遷傳》中批評司馬遷「論大道則先黃老而後六經」的說法為非，同時論及後世重儒輕道是錯誤的。當然，司馬遷重道而班固重儒有其歷史及個人觀點等各種因素，❸重要的是，司馬遷所推崇的「道家之教」為「黃老」，葛洪

---

❸ 司馬遷較推崇道家，欲借漢初實行黃老無為之治，反映漢武帝獨尊儒術後，導致「吏民益犯法，盜賊滋起」之失當。宋人晁公武云：「當漢武之世，表彰儒術而罷黜百家，宜乎大治。而窮奢極侈，海內彫弊，反不若文景尚黃老時，人主恭儉，天下饒給，此其論大道，所以『先黃老而後六經也』。」（《郡齋讀書志》，台北：台灣商務，1978，

在這個意義上論道，故直言「黃老執其本，儒墨治其末」。顯見葛洪的「道本儒末」實為「黃老」為本，「儒墨」為末。㉜黃老之學所涉及的範圍與其內容，與先秦老莊為代表的道家之學已有許多不同，尤其重要的在於老子所言的「道」本「無為」之旨，在黃老則為「術用」，㉝且其關涉法家之刑賞法制、任賢使能的治國之道，

㉜ 從先秦至兩漢，關於「道」的體會與統治之術，「黃老」與「道家」關係密切。可參考陳麗桂：《戰國時期的黃老思想》，台北：聯經，1991.4；《秦漢時期的黃老思想》，台北：文津，1997。至於葛洪與黃老的關係，丁原明曾從「道論」、「兼綜百家之學」及「治國與治身思想」三方面討論葛洪對黃老學的援用，而謂「《內篇》『屬道家』的『道家』，已與老莊原始道家有很大的不同，而在精神實質上則與『黃老學』有著相通性。」（丁原明：〈葛洪神仙道教思想與黃老學的關係〉，收於《葛洪研究論集》，劉固盛、劉玲娣編，武漢：華中師範大學，2006.10，頁 130）此外，王曉毅認為黃老學在魏晉之際居於主導地位，一方面其形名學影響了漢末社會批判思潮、魏初形名法術到正始「貴無」本體論玄學；一方面黃老元氣論與養生學的復興，影響了漢末道教思潮到竹林玄學的元氣自然論流派。（王曉毅：《儒釋道與魏晉玄學形成》，北京：中華書局，2003.9）

㉝ 司馬談〈論六家要旨〉中論及「道家」：「其為術也，因陰陽大順，采儒墨之善，撮名法之要。」又言：「至於大道之要，去健羨，絀聰明，釋此而任術。」「其術以虛無為本，以因循為用。」已顯示司馬談眼中的「道家」有「術」之用。（所引〈論六家要旨〉見《史記會注考證》，瀧川龜太郎著，台北：洪氏，1986.9，頁 1367）

更與老子相去甚遠。但也就是從這個角度，葛洪所謂的「道」能兼有「治身」與「治國」的雙重性，而這也正是漢代黃老之學承先秦道家所發展出的面象。《內篇》中除了上引〈明本〉云：「夫道者，內以治身，外以為國。」〈釋滯〉亦云：「內寶養生之道，外則和光於世，治身而身長修，治國而國太平。」（頁148）而〈地真〉篇則以人身比附自然，謂：「一人之身，一國之象也。胸腹之位，猶宮室也。四肢之列，猶郊境也。骨節之分，猶百官也。神猶君也，血猶臣也，氣猶民也。故知治身，則能治國也。」（頁326）此說承漢代天人感應論，將「身／國」視為一體，可見葛洪神仙道教的身體觀。❸❹ 於是「道」在實踐的層面不僅「唯養生之事而已」，也不是隱逸山林，不問世事，反而「能仰觀俯察，歷變涉微，達興亡之運，明治亂之體，心無所惑」，此方為「博通乎古今」的有道之士。

　　「道本儒末」尚具有「以道為本」的本體論意味。❸❺「道」有宇宙論的先在性，也有本體論的本源義，故「上自二儀，下逮萬物」，莫不由「道」。也由於「道」具有「專一」、「無形」、「指約」的特性，方能兼攝諸家，為「真正之源」。值得注意的是，前文引〈明本〉中可見葛洪引用了三段《周易》，並組合《周禮》與《論語》文句，欲藉以證明「道」不是只有「養生」之義，而是上自天地，下及萬物，皆從道而出。然而這些引用顯有斷章取義之嫌。以

---

❸❹ 湯一介指出道教的特點在於既要求超世的「長生不死」，又要求現世的「治國安民」，《抱朴子內、外篇》正反映了道教「治身」與「治國」並重的特點。（《早期道教史》，北京：昆侖，2006.3）

❸❺ 參見本論文第一章論葛洪之「道」、「玄」、「一」等概念。

下分論之。

一、《易·說卦》：「立天之道，曰陰與陽；立地之道，曰柔與剛；立人之道，曰仁與義。」本章句說明聖人作《易》為「順性命之理」，故從天地人三方面之陰陽相對體現「道」，並加以定爻成卦，一卦之六爻分天地人三才而兩之，顯示天人和諧之整體性。本章句說明聖人立爻成卦而為《易》之原因，葛洪引此文與原義並無直接關聯，僅以本章句有三句言天地人之「道」，借以證明其所謂論「道」者，能「上自二儀，下逮萬物」，不唯養生而已。

二、《易·繫辭上》：「易有聖人之道四焉，以言者尚其辭，以動者尚其變，以制器者尚其象，以卜筮者尚其占。」此章句將《易》的實踐概為辭、變、象、占四種，謂聖人各以不同方式使《易》之「道」顯現，並贊其「至精」、「至變」、「至神」。葛洪僅引第一句，並且結合《易·繫辭下》另一段文字，重組之後的文義成為：《易》中有四種聖人之道，若不是聖人，道不會自己運行。經過重組，「聖人」成為得道者，且為「道」的實踐與顯現之人，加強了「聖人」與「道」的關係，與《易》之原義已不盡相同。

三、《易·繫辭下》：「《易》之為書也不可遠，為道也屢遷。……苟非其人，道不虛行。」本章句是說明《易》之六爻有常與變之辯證統一關係，能通達者才得以領會運用。葛洪僅使用最後兩句，結合上述第二點文句，並將本章句的「苟非其人」之「人」從「通達者」轉變成「聖人」之意。

四、《尚書·周官》：「立太師、太傅、太保，茲惟三公。論道經邦，燮理陰陽。」；《周禮·考工記》：「坐而論道，謂之王公。」三公是周代輔佐帝王的官員，而《周禮·考工記》說明各種

職業的內容性質，王公是六職之一，泛指在朝廷廟堂上討論國家政策的官員。葛洪融合了兩種文獻的文句，再加上《論語·泰伯》構成新句。亦可能抄寫錯誤，將「王公」誤為「三公」。

　　五、《論語·泰伯》：「篤信好學，守死善道。危邦不入，亂邦不居。天下有道則見，無道則隱。邦有道，貧且賤焉，恥也；邦無道，富且貴焉，恥也。」本章言出處進退之間皆須善其道。葛洪截取其中一句，稍改文字，結合《周禮·考工記》文字成新句。新句與上文合為「又於治世隆平，則謂之有道，危國亂主，則謂之無道。又坐而論道，謂之三公，國之有道，貧賤者恥焉。」意指國家興、亂，為有道、無道之時，在朝廷論政者為三公，國家有道時，貧賤者應感羞恥。這段文句與上下文相參，葛洪欲藉以說明國家政事為「道」之運行，與所引原文文意無關。

　　葛洪引用並重組了《周易》、《周禮》與《論語》的文句，為證明「道」不僅只有養生的意義，還包含了天地道萬物，凡論道或得道者，都是博通古今萬物之人。這樣的論證，使用了引文中屢屢出現的「道」字，並全部同歸於字面之意，而不管各原文脈絡下的「道」字意義，這些引用無關乎《周易》及其他文獻的本義。❸❻ 唯《抱朴子內篇》屢屢徵引《周易》，除顯示《周易》對葛洪影響，亦可見時人談《易》之風。事實上，葛洪於「道」的論述在《抱朴

---

❸❻ 葛洪著《抱朴子內篇、外篇》徵引大量文獻，唯引用多有脫漏錯簡，依己意重組文句之處亦多。徵引錯誤如此之多，除了葛洪著述時缺乏資料查考或行文較不嚴謹等解釋，是否葛洪有意誤用以為其說，或可另深究其動機。

子內篇》中的〈暢玄〉、〈道意〉等篇已有闡述,其論「道」釋「玄」,皆以之為神仙道教形上根據,並建立神仙養生的本體論。故於此強調「道」的本源與含攝性,無非說明不論在宇宙萬物的生成及根源,「道」皆為「本」為「先」,而「儒」及其他諸子皆為「末」為「後」。唯葛洪雖以「道」為重,但是在「道本儒末」的前提下,「儒」成為「道」的顯現,故「道本/儒末」與「道先/儒後」,僅為一根源與時序的分判,而無輕重、高下之別。即葛洪並非一味的崇道抑儒,或尊道賤儒,而是以「道本儒末」確立儒道關係,並從中論述儒道異同、實踐、調和等諸問題。

二、「儒」、「道」分判

「道本儒末」還表現在對儒、道內容的分判。從上引《抱朴子內篇‧明本》,已可見葛洪「道本儒末」的「道」不僅指老莊或神仙,亦傾向於「黃老」兼重治身與治國,由此觀察其論「儒」、「道」的內容,或可更清楚釐清《抱朴子內、外篇》的屬性。《內篇》中有多處論及儒道,雖將儒道定為「道本儒末」,但其意實為「以本舉末,以末顯本」的儒道合一論。《內篇‧塞難》有云:

> 抱朴子曰:「仲尼,儒者之聖也;老子,得道之聖也。儒教近而易見,故宗之者眾焉。道意遠而難識,故達之者寡焉。道者,萬殊之源也。儒者,大淳之流也。三皇以往,道治也。帝王以來,儒教也。談者咸知高世之敦朴,而薄季俗之澆散,何獨重仲尼而輕老氏乎?是玩華藻於木末,而不識所生之有本也。何異乎貴明珠而賤淵潭,愛和璧而惡荊山,不知淵潭

者，明珠之所自出，荊山者，和璧之所由生也。且夫養性者，道之餘也；禮樂者，儒之末也。所以貴儒者，以其移風易俗，不唯揖讓與盤旋也。所以尊道者，以其不言而化行，匪獨養生之一事也。若儒道果有先後，則仲尼未可專信，而老氏未可孤用。」（頁138）

葛洪從「難／易」分判「道」與「儒」，謂「道意遠而難識」、「儒教近而易見」，藉以說明為何眾人多識儒家教化，卻不明大道真理，與其論神仙難見之旨一貫。在這個分判下，葛洪延續「道本儒末」說，舉例說明一般人所見皆支微末節，不能把握根本源流，於是進一步提出「道源儒流」，清楚顯示儒道定位，以為儒自道出。從這個角度來看，「儒道果有先後，則仲尼未可專信，而老氏未可孤用」便可明白。如上節所述，葛洪認為「道先儒後」，「道」既為先為本，則老氏所云自然非僅神仙及養生之說，**㊲** 儒家所言，也不僅止於「揖讓盤旋」的繁瑣禮節。於是，從這裡開啟了儒道調合的可能。雖然葛洪於此無進一步論述，並將論題轉到「仲尼親見老氏而不從學道」的問題，但他特別指出「仲尼知老氏玄妙貴異」，只不過孔

㊲ 葛洪本段是回答問者提問：「仲尼稱自古皆有死，老子曰神仙可學。夫聖人之言，信而有徵，道家所說，誕而難用。」當然，《老子》書中並無「神仙可學」話語，「養生」也不是老子學說的核心，葛洪的回答一方面為突出儒道的差異，一方面也可見自漢代以後「老子」的內容擴大了。

子雖知卻不能行，僅能成為世俗的聖人。❸ 從「道本儒末」、「道先儒後」至「道源儒流」，不難看出儒道的連繫，「道」既然是本源，其流多變，「儒」雖是一種流向，但其源自「道」，所以儒道的關係在這裡獲得一個理論性的建立。

「道難／儒易」的區別從其本質言，但為了堅定求道者修行的信心，又提出「難中之易」與「易中之難」的不同，進一步論述儒道在實踐上的差別。《內篇·塞難》之原文如下：

> 儒者，易中之難也。道者，難中之易也。夫棄交遊，委妻子，謝榮名，損利祿，割粲爛於其目，抑鏗鏘於其耳，恬愉靜退，獨善守己，謗來不戚，譽至不喜，覿貴不欲，居賤不恥，此道家之難也。出無慶弔之望，入無瞻視之責，不勞神於七經，不運思於律歷，意不為推步之苦，心不為藝文之役，眾煩既損，和氣自益，無為無慮，不怵不惕，此道家之易也，所謂

---

❸ 葛洪據《史記》，舉孔子問禮於老子一事，說明孔子雖佩服老子，但孔子汲汲於經世之志業，非學仙之人。原文如下：「或曰：『仲尼親見老氏而不從學道，何也？』抱朴子曰：『以此觀之，益明所稟有自然之命，所尚有不易之性也。仲尼知老氏玄妙貴異，而不能挹酌清虛，本源大宗，出乎無形之外，入乎至道之內，其所諮受，止於民間之事而已，安能請求仙法耶？忖其用心汲汲，專於教化，不存乎方術也。仲尼雖聖於世事，而非能沈靜玄默，自守無為者也。故老子戒之曰：「良賈深藏若虛，君子盛德若愚，去子之驕氣與多慾，態色與淫志，是無益於子之身。」此足以知仲尼不免於俗情，非學仙之人。夫栖栖遑遑，務在匡時，仰悲鳳鳴，俯歎匏瓜，沽之恐不售，忼慨思執鞭，亦何肯捨經世之功業，而修養生之迂闊哉？』」（《內篇·塞難》，頁 139）

難中之易也。夫儒者所修，皆憲章成事，出處有則，語默隨
時，師則循比屋而可求，書則因解注以釋疑，此儒者之易也。
鉤深致遠，錯綜典墳，該河洛之籍籍，博百氏之云云，德行
積於衡巷，忠貞盡於事君，仰馳神於垂象，俯運思於風雲，
一事不知，則所為不通，片言不正，則褒貶不分，舉趾為世
人所則，動脣為天下所傳，此儒家之難也，所謂易中之難矣。
篤論二者，儒業多難，道家約易，吾以患其難矣，將舍而從
其易焉。（頁139-140）

「道難／儒易」是為了解釋世人多宗儒家之教化，卻不明「道」之
博大深遠。然而，如果在實踐上也是如此，對於「道」的推行將成
阻力，於是葛洪從人性對欲望的追求及因循苟且的習性對儒道進一
步分判。以修道言，要放棄一切世俗的功名利祿和人際關係是很困
難的，但是一旦明白這些外在事務的繁雜，以簡約虛靜行事，反不
受外物所役。同樣的，儒家看似容易，在於其典章制度已有一定規
約，出處進退皆有可循，但也難在其經典眾多，要通曉廣博並非易事，
同時在待人處事更須處處留意，不能有所鬆懈，反倒難以達成。故從
實踐處言「儒業多難，道家約易」，葛洪提倡修道之用意昭然若揭。

以「難／易」分判「儒／道」是從實行修業的角度立論，一方
面欲堅定修道者的信心，一方面也顯示了儒道不同的實踐過程，而
其間的差別，與兩者欲達至的目的有關。葛洪曾明確指出儒道著力
之處有所不同，《內篇·明本》有云：

夫升降俯仰之教，盤旋三千之儀，攻守進趣之術，輕身重義
之節，歡憂禮樂之事，經世濟俗之略，儒者之所務也。外物

皆棄，滌蕩機變，忘富逸貴，杜遏勸沮，不恤乎窮，不榮乎
達，不戚乎毀，不悅乎譽，道家之業也。儒者祭祀以祈福，
而道者履正以禳邪。儒者所愛者勢利也，道家所寶者無欲
也，道家所寶者無欲也。儒者汲汲於名利，而道家抱一以獨
善。儒者所講者，相研之簿領也。道家所習者，遣情之教戒
也。夫道者，其為也，善自修以成務；其居也，善取人所不
爭；其治也，善絕禍於未起；其施也，善濟物而不德；其動
也，善觀民以用心；其靜也，善居慎而無悶。此所以為百家
之君長，仁義之祖宗也。（頁187）

葛洪對於儒者之務和道家之業的說明，基本上以先秦儒道的學說為
基礎，突出儒家重禮樂、講仁義，以及經世濟民的志業，至於道家
則不慕榮利，少思寡欲，抱真守一。這個分判，仍歸於「一／眾」、
「簡／繁」與「本／末」的模式，道家的虛一守靜及無為不爭等，
都是葛洪藉以論述「道」為始為本的原因。值得注意的是，葛洪在
這一段對儒道的論述中，並沒有以長生成仙來說明道家，一來〈明
本〉篇從司馬遷和班固對儒道不同的看法起論，故所論儒道專指先
秦；二來葛洪欲藉儒道的分判引出兩家修行成果的不同，最終還是
回到神仙之說。故〈明本〉篇對於問者以儒家有周、孔能濟世立業，
道家隱居山林，無益世事的質疑，反駁道：「夫體道以匠物，寶德
以長生者，黃老是也。黃帝能治世致太平，而又昇仙，則未可謂之
後於堯舜。老子既兼綜禮教，而又久視，則未可謂之減周孔也。」
（頁188）葛洪以黃帝能治世又成仙，老子兼禮教又長生為例，欲
證明修道者不僅長生成仙而已，對於治世之功業亦有所貢獻。姑且

不論黃、老是否真是兼攝儒道，或者這個例證是否有說服力，至少可以顯示葛洪心中修道的最高理想，就是能儒道兼修，治身與治國並重。

三、「仙人」與「聖人」

從儒、道的分判，可看出葛洪調合兩者的用意。若再從修煉目的及欲達成的理想，更可進一步觀察葛洪心目中的儒、道地位及內涵。以《抱朴子內篇》來說，葛洪欲追求成仙的目的是殆無疑義的，成為「仙人」是所有修煉者的最終目標，但是「仙人」又不全然都「出世」，不食人間煙火。「仙人」既能得道長生，又得於人事有所貢獻，道教的「仙人」與儒家的「聖人」有何不同呢？《內篇·辨問》中有一段重要的說明：

> 夫聖人不必仙，仙人不必聖。……有入俗之高真，乃為道者之重累也。得合一大藥，知守一養神之要，則長生久視，豈若聖人所修為者云云之無限乎？且夫俗所謂聖人者，皆治世之聖人，非得道之聖人。得道之聖人，則黃老是也。治世之聖人，則周孔是也。黃帝先治世而後登仙，此是偶有能兼之才者也。……世人以人所尤長，眾所不及者，便謂之聖。……聖者，人事之極號也，不獨文學而已矣。（頁224-225）

葛洪區分「聖人」與「仙人」，是面對周、孔既為聖人，為何不修仙道之質疑。在「聖人」與「仙人」並沒有必然關聯性的前提下，又將「聖人」區分成「得道的聖人」與「治世的聖人」兩種，認為

周孔僅是「聖人」，但黃老不僅為「聖人」，也是「仙人」。❸ 也就是說，「聖人」是在世俗中某一方面有所成就，達到最高境界者，葛洪舉棋聖、書聖、畫聖等為例，而周公與孔子具治世之才，故為「聖人」；❹ 至於「仙人」則是透過修煉，達於長生久視，遨遊天地的境界。但是少數「仙人」如黃老者，兼具治世之才，故為「得道之聖人」。在這一段的論述中，葛洪將儒家中的「聖人」，視為與各種技藝專擅者為同等地位，顯然地，儒家的「聖人」不及道教的「仙人」。這仍是「道本儒末」觀念的延伸，「仙人」雖不必為「聖人」，但「仙人」得兼為治世之「聖人」，故葛洪理想中最高的「仙人」典型，是能兼攝儒道的「得道之聖人」，儘管這種兼攝只能「偶然」得之，但他並沒有將「仙人」與「聖人」完全分割，為其以「儒」體「道」的理論留下伏筆。

葛洪認為最上等的修道之士，能夠兼善儒道，治身與治國皆有所成。《內篇·釋滯》有云：

> 長才者兼而修之，何難之有？內寶養生之道，外則和光於世，治身而身長修，治國而國太平。以六經訓俗士，以方術

---

❸ 前引《內篇·塞難》中亦言：「仲尼，儒者之聖也；老子，得道之聖也。」（頁 138）同樣是「聖」，但儒家之聖與得道之聖於難易、源流皆有不同。

❹ 「聖人」一詞，有時仍須視上下文而定。如《外篇·逸民》：「聖人之清者，孟軻所美，亦云天爵貴於印綬。」（頁 87）此處之「聖人」，應為「得道之聖人」，《孟子·萬章下》：「孟子曰：『伯夷，聖之清者也。』」葛洪引孟子對伯夷的贊語，又援引「天爵」，突顯修德而不進仕之意。

授知音，欲少留則且止而佐時，欲昇騰則凌霄而輕舉者，上
士也。自持才力，不能並成，則棄置人間，專修道德者，亦
其次也。……古人多得道而匡世，修之於朝隱，蓋有餘力故
也。何必修於山林，盡廢生民之事，然後乃成乎？（頁148）

面對求仙至難，不能兼顧世事的質疑，葛洪舉了許多《列仙傳》中
記載的人物，說明這些成仙者不是隱沒山林，不問世事，而是能兼
治身與治國。「上士」是葛洪的理想，既能佐時經世，又能飛昇成
仙。當然，能成為最上等的修道之士畢竟是個理想，並非人人可得，
故次一等人便專心修道。這一論述，顯然為修道者留一退路，也避
免修道又得經世的困難，所以「學仙之士，未必有經國之才」，（《內
篇‧釋滯》，頁152）不能強求學仙者必得兼治國之事。如此一來，
聖人也不必得為仙，《內篇‧釋滯》篇末云：

若聖人誠有所不能，則無怪於不得仙，不得仙亦無妨於為聖
人，為聖人偶所不閒，何足以為攻難之主哉？聖人或可同去
留，任自然，有身而不私，有生而不營，存亡任天，長短委
命，故不學仙，亦何怪也。（頁155）

葛洪反覆申述儒家的「聖人」與道家的「仙人」並無必然關係，儒
家有其關懷，經世濟民為著力處，不必得為仙長生才是「聖人」。
為聖或成仙與各人星宿所值之先天稟氣有關；修道是否兼善治世，
亦端視各人之才能，這都是以先天氣命論為基礎的解釋。此外，《外
篇‧嘉遯》也藉懷冰先生與赴勢公子的對話，傳達「出處之事，人
各有懷。」（頁58）入朝與隱居並無對錯之別。而《外篇‧逸民》

亦指出「物各有心，安其所長。」（頁85）「嘉遁高蹈，先聖所許；或出或處，各從攸好。」（頁86）清楚說明「出世」、「入世」皆無可厚菲，兩者並不相衝突。

葛洪一方面區別了「仙人」與「聖人」修煉目的的不同，一方面又希望「仙人」能兼善儒道，顯示出在「道本儒末」的前提下，葛洪嚮往成仙，卻又不廢經世，因此在面對「出世」與「入世」，「仕」與「隱」的選擇上，採取各有所長的認同，不以相對立視之。葛洪特別提到隱者「雖無立朝之勳，即戒之勞；然切磋後生，弘道養正，殊塗一致，非損之民也。」（《外篇·嘉遁》，頁59）而「在朝者陳力以秉庶事，出林者脩德以厲貪濁，殊塗同歸，俱人臣也。」（《外篇·逸民》，頁100）隱逸修道與在朝為官不但不相衝突，還殊塗同歸。同歸者，皆有益於世道人心，亦暗含融通兩者之意。《外篇·任命》更指出：

> 蓋君子藏器以有待也，稽德以有為也。非其時不見也，非其君不事也，窮達任所值，出處無所繫。其靜也，則為逸民之宗；其動也，則為元凱之表。或運思於立言，或銘勳乎國器。殊塗同歸，其致一也。（頁148）

出仕還是避世，端看時運以定，君子隨時都能出處進退，亦皆能為人表率。「仕」與「隱」的選擇看似衝突對立，其實是士人在不同環境及局勢時的出處進退方式，所以「隱逸」與「出仕」為殊塗同歸。葛洪反覆申述「仙人」與「聖人」，「隱逸」與「出仕」皆各有所長，與郭象言「獨化」之各安其性頗有相通之處；且葛洪最高的理想是能兼善儒道，與郭象論「神人即聖人」，強調「內外相冥」

之「聖人」亦有相對照的地方，其中異同下文說明。只是葛洪雖希
冀兼有治世與成仙，但仍以修道學仙為先，成為「仙人」為修道者
的目標，❹上士雖能兼修儒道，但「上士先營長生之事，長生定可
以任意。」（《內篇·勤求》，頁254）其先後順序已明。故「仙
人不必聖」與士人出處皆各有所懷，看似同時肯定「仙人」與「聖
人」，實暗含長生之道先於在朝為官，修道學仙仍是第一要務。

四、以「儒」體「道」

葛洪既然期待能成為兼修儒道的「上士」、「得道之聖人」，
自然得說明理想的修仙者如何能兼善儒道？在「道本儒末」的架構
下，「道」是「儒」的本源，「道」能含攝「儒」，「儒」是「道」
的一種表現，也是體現「道」的一種方式。如此一來，「儒」與金
丹大藥及各種方術一樣，都是成仙得道的修煉方法，只不過，為善
積德顯得更為重要。《內篇·對俗》中藉問者提出聽聞「為道者當
先立功德」的說法是否確實的疑問，答曰：

> 有之。按《玉鈐經·中篇》云，立功為上，除過次之。為道

---

❹ 葛洪尚提到「至人」，如《外篇·嘉遯》：「至人無為，棲神沖漠。
不役志於祿利，故害辱不能加也；不躁時於險途，故傾墜不能為患也。」
（頁23）葛洪借「懷冰先生」一抒隱逸之思，懷冰先生所言之「至人」
境界為超然俗務，不求進仕。此處看似與兼治國的想法違背，但「懷
冰先生」的喻意是與篇中「趨勢公子」相對，明顯批評虛慕名利，趨
炎附勢之人，故以「出處之事，人各有懷」安頓「仕／隱」。此處之
「至人」為隱逸之代表，與「仙人」含意有所不同。

者以救人危使免禍，護人疾病，令不枉死，為上功也。欲求
仙者，要當以忠孝和順仁信為本。若德行不修，而但務方術，
皆不得長生也。行惡事大者，司命奪紀，小過奪算，隨所犯
輕重，故所奪有多少也。凡人之受命得壽，自有本數，數本
多者，則紀算難盡而遲死，若所稟本少，而所犯者多，則紀
算速盡而早死。又云，人欲地仙，當立三百善；欲天仙，立
千二百善。若有千一百九十九善，而忽復中行一惡，則盡失
前善，乃當復更起善數耳。故善不在大，惡不在小也。雖不
作惡事，而口及所行之事，及責求布施之報，便復失此一事
之善，但不盡失耳。又云，積善事未滿，雖服仙藥，亦無益
也。若不服仙藥，並行好事，雖未便得仙，亦無可卒死之禍
矣。吾更疑彭祖之輩，善功未足，故不能昇天耳。（頁 53-54）

為道者當先立功德，而這個功德是助人危急，救人性命，以及力行
忠孝仁信等德行，如果不修德行，就算精熟其他方術也沒有用。這
是一個很重要的論述，「修德行」是成仙的必要條件，也成為是否
為成仙，甚至成為何等品級神仙的關鍵。葛洪雖重視金丹修煉，也
多次強調金丹大藥是成仙諸法之首要，但是在這裡卻明確將「積善
事」與「服仙藥」並列為成仙的兩個必要方法，缺一不可，且「積
善事」比「服仙藥」更為重要。㊷善功不足，不但不能昇天，若做
壞事，還將減壽早死。如此一來，道教修煉有了積極入世的意義，

㊷　除了積善立功與金丹大藥，葛洪還提出立志勤求與訪求明師等成仙條
　　件，這些條件都顯示積極修煉的必要。

而且「救人危使免禍，護人疾病，令不枉死」，更帶有宗教度人濟世的情懷。

「積善立功」既是能否修道成仙之最重要者，便涉及何謂「善事」、「功德」，以及由誰來監督修道者的作為兩個問題。這兩個問題在上引〈對俗〉中已有論及，「忠孝和順仁信」是善功德行之本，唯「忠孝」僅是一德目，具體的行為則有待「道戒」的提出；而「司命」之神則隨所犯輕重奪其算紀，為監督修道者的角色。《內篇·微旨》則引述《易內戒》、《赤松子經》與《河圖記命符》等經，申明司命之神將隨事輕重奪人算紀，還提到人體內有「三尸」，會固定於庚申之日上天庭報告寄居人的過失，又家有竈神，當於每月上天白人罪狀。❹葛洪雖云「未能審此事之有無」，但從其引述這些流傳於民間的傳說，顯有加強人們相信鬼神存在之說。並於其後詳述「積善立功」之行為，原文如下：

> 然覽諸道戒，無不云欲求長生者，必欲積善立功，慈心於物，

---

❹ 「三尸」之說流傳已久，多謂人體中居有三蟲，此三蟲靠穀氣生存，又於庚申之日上天言人罪狀，故要益壽長生便須辟穀。此說見於許多道經，《雲笈七籤》卷八十一至八十三《庚申部》列有許多除三尸、守庚申之法。（見《雲笈七籤》，〔宋〕張君房編，李永晟點校，北京：中華書局，2003.12，頁 1841-1889）關於「三尸」的由來、作用及影響等問題，可參見《中國民間諸神》，樂保群、呂宗力著，台北：台灣學生，1991.10；陳櫻寧：《道教與養生》，北京：華文，2000.3；蕭登福：《道教與民俗》第七章〈三尸與守庚申〉，台北：文津，2002.12，頁 258-337；林禎祥：〈三尸信仰初探〉，《東吳中文研究集刊》，11期，2004.07，頁 81-98。

恕己及人，仁逮昆蟲，樂人之吉，愍人之苦，賙人之急，救
人之窮，手不傷生，口不勸禍，見人之得如己之得，見人之
失如己之失，不自貴，不自譽，不嫉妒勝己，不佞諂陰賊，
如此乃為有德，受福於天，所作必成，求仙可冀也。若乃憎
善好殺，口是心非，背向異辭，反戾直正，虐害其下，欺罔
其上，叛其所事，受恩不感，弄法受賂，縱曲枉直，廢公為
私，刑加無辜，破人之家，收人之寶，害人之身，取人之位，
侵克賢者，誅戮降伏，謗訕仙聖，傷殘道士，彈射飛鳥，刳
胎破卵，春夏燎獵，罵詈神靈，教人為惡，蔽人之善，危人
自安，佻人自功，壞人佳事，奪人所愛，離人骨肉，辱人求
勝，取人長錢，還人短陌，決放水火，以術害人，迫脅尪弱，
以惡易好，強取強求，擄掠致富，不公不平，淫佚傾邪，淩
孤暴寡，拾遺取施，欺紿誑詐，好說人私，持人短長，牽天
援地，說詛求直，假借不還，換貸不償，求欲無已，憎拒忠
信，不順上命，不敬所師，笑人作善，敗人苗稼，損人器物，
以窮人用，以不清潔飲飼他人，輕秤小鬥，狹幅短度，以偽
雜真，採取奸利，誘人取物，越井跨灶，晦歌朔哭。凡有一
事，輒是一罪，隨事輕重，司命奪其算紀，算盡則死。(《內
篇·微旨》，頁 126)

此云「積善立功」當「慈心於物，恕己及人，仁逮昆蟲。」頗有「民
胞物與」的精神。其後所詳舉的各種實踐方式，大致為儒家強調的
德行，從「樂人之吉，愍人之苦」到「不嫉妒勝己，不佞諂陰賊」
皆是有德之行為，可歸之為體恤他人以及自我反省。但是負面表列

的行為，則涉及許多方面，從「憎善好殺，口是心非」至「越井跨灶，晦歌朔哭」等諸般惡行，則包含了儒家所非難的的各種人倫關係毀棄，以及自我德行修養之不足。較特別的是兼及道教生命倫理所關注者，如「彈射飛鳥，刳胎破卵」，還有針對「謗訕仙聖，傷殘道士」、「春夏燎獵，罵詈神靈」、「越井跨灶，晦歌朔哭」等具有道教色彩與民間鬼神信仰的德目。這些內容多出現在當時道經的戒律，明顯具有儒道融合的情形。❹ 若與《外篇·行品》相參，〈行品〉一文析論行為品格，細述各種善品及劣行，其中善品有：明治亂、持節操、能勤儉、任勞怨、忠友誼、愛國家、不貪婪、不畏暴、臨危不亂與處變不驚等；劣行則為：驕傲自恣、貪得無厭、不孝、害人、怠惰、趨炎附勢等，多是儒家所重視者，這些條目與上引〈微旨〉多有契合。葛洪之所以重視這些儒家的德目，甚至在《外篇》中的〈勖學〉、〈崇教〉等篇力陳學習儒家經典及教育的重要，一方面有欲成仙者，當先立功德的道教實踐精神；一方面也顯示葛洪的理想人格內涵。

〈微旨〉同〈對俗〉篇都提到「司命」之神，隨事輕重，奪人算紀。以司命之神管理人間壽命長短，依行善做惡的次數與大小為

---

❹ 現存《道藏》中的《赤松子中戒經》應為本文引述之《赤松子經》，《赤松子中誡經》約出於魏晉時期，原經一卷，收《道藏》洞真部戒律類。經文假托軒轅黃帝與赤松子問答，討論禍福報應之理，並以世人皆與天上某一星辰相應，此星辰主管人之禍福生死，隨人言行予以禍福報應，以達勸善修道目的。

加減依據，這個說法在早期道教經典中已屢有所見。❹《抱朴子》中不斷強調為善作惡皆有一超自然力量的神明在監管著，不同於儒家訴諸自我道德意識運作，以自覺內省為實踐仁德的動力，道教則以「司命」之神查核忠孝仁信等道德行為之實踐，這些日常生活大小事與壽命長短直接有關，也是求道成仙的條件。儒家的道德雖強調個人自我意識的內省力量，卻同時受限於自我要求難以控制而約束力不足；道教以儒家倫理做為長生成仙的條件，能有效地提高行為動機，而神明的監看也積極地防止做壞事的念頭。卿希泰曾指出：「道教在宣揚這種倫理道德的時候，往往和它的長生成仙思想結合起來，所產生的實際效用比儒家更大。」❹姜生也認為：「道教這種道德說教比之儒家倫理具有更為強大的作用力，因為道教把儒家所要求人們做到的規範，化為宗教信仰的構成因素，成為信仰者得神力之佑助的前提。」❹葛洪以「司命」之神奪人算紀，雖非獨創，卻在其所建構的神仙理論中佔有重要環節，一方面肯定有一超自然的神，行賞善罰惡之事，以保證人間道德秩序的實行；一方

---

❹　〈對俗〉中提及「司命奪紀」的文字，大致與早於或與葛洪同時的《河圖紀命符》相同，日本平安時期名醫丹波康賴著《醫心方》引用許多唐代以前著作，其中卷二十六曾引用《河圖紀命符》。（北京：人民衛生，1955，頁 606）可證葛洪此說於當時已流行。另外，〈微旨〉篇中提到的各種善事惡行，與《赤松子中誡經》幾同，亦可互證之。

❹　卿希泰：《道教與中國傳統文化》，福州：福建人民，1990，頁 5。

❹　姜生：《漢魏兩晉南北朝道教倫理論稿》，成都：四川大學，1995.12，頁 131。姜生說明六朝時期道經的倫理論述多包含傳統倫理綱常，融合儒、釋的道德規範，修行人道是修仙道的基礎，可參考之。

面藉由行善為修仙的條件說,融合「仙道」與「人道」,強調欲修仙道,先修人道,使修仙不悖於世俗家庭倫理規範。❹ 更重要的是,傳統人倫道德在鬼神力量的監管下,得到更有力的實踐約束。這是葛洪從「道本儒末」所架構的儒道關係,藉「以儒體道」的實踐方式,所呈現出的積極意義。

五、儒道雙修

葛洪在「道本儒末」的架構下以實踐善功為修道的方式,使得儒家的道德有了實現的可能。因此,同時修煉長生之術與積善立功,及至自度度人,在實踐層面上已具有「儒道雙修」的意義。熊鐵基認為以「儒道雙修」或「雙重性格」來標示葛洪的思想較為恰當;❹ 李錦全亦以葛洪「儒道兼綜」的思想體現在「儒道雙修」方面。❺ 學者多同意「儒道雙修」是葛洪神仙道教思想的一個重要特色。然而,如前引《內篇》中〈微旨〉與〈對俗〉等篇顯示的「立

---

❹ 葛洪重視人倫道德的實踐,而在道教中「仙道」與「人道」的關係也一直關係密切。至元代淨明道士黃元吉記其師劉玉引古人之語:「欲修仙道,先修人道。」(《玉真先生語錄內集》,收於《淨明忠孝全書》卷三,《道藏》第 24 冊,頁 636)將「人道」與「仙道」定了修煉的先後次序,而「人道」成了修「仙道」的必要條件,強化了道教入世精神。

❹ 熊鐵基:〈論葛洪在中國文化史上的地位〉,收於《葛洪研究論集》,劉固盛、劉玲娣編,武漢:華中師範大學,2006.10,頁 206。

❺ 李錦全:〈徜徉在入世與出世之間─葛洪儒道兼綜思想剖析〉,收於《葛洪研究論集》,前引書,頁 148。

功為上」思想，常被指為葛洪將儒家的封建倫理觀納入道教教義，為了迎合統治階層的需要，其會通儒道的目的，是為統治階層服務。如卿希泰認為葛洪以「外儒內道」來調和儒道關係，「這是他儒道雙修、出處兩得的兩重人格的本質表現，也是官方道教的一個顯著特點。因為官方的神仙道教理論和儒家的理論，都是為當時的封建統治者服務的，所以二者可互相融合，可以援道入儒。」**⑤** 又如許抗生說葛洪「處處是以維護禮教為己任的，他既是一位道教徒，又是一位儒學家，道儒兩者在他那裡是結合在一起的。這樣他就把道教納入了維護封建禮教的軌道。」**⑤** 李錦全則認為葛洪將去惡從善，遵守倫理道德做為學道求仙的前提條件，有雙重含意：「一方面向統治者表明，修仙學道的人是不會違反封建綱常倫理道德的，並要求他們立功德、做善事。另一方面也警告那些民間道教，學道也要遵守封建道德教條，不能做擾亂社會秩序的惡行，從而消除那些異端教徒出現作奸犯科思想的危險。這種儒道兼綜思想在社會效應上可謂一舉兩得。」**⑤** 然而，道教入世精神本有其發源，濟世度人本有道德實踐的意味，且長生修煉之術與經世濟民之途並非對立兩面，僅士人之出任或隱逸各有取捨。葛洪承繼了道教入世精神的脈絡，強調道教修煉不是孤立於世俗之外，而且世俗的倫理道德，

---

⑤ 卿希泰：〈從葛洪論儒道關係看神仙道教理論特點〉，收於《葛洪研究論集》，前引書，頁 109。

⑤ 許抗生：〈葛洪道教思想研究〉，收於《葛洪研究論集》，前引書，頁 121。

⑤ 李錦全：〈徜徉在入世與出世之間——葛洪儒道兼綜思想剖析〉，收於《葛洪研究論集》，前引書，2006.10，頁 149。

本有其宣教之作用，非統治者獨有，不是統治者藉以鞏固其統治基礎如此簡單。再者，如果一開始就把道教視為「民間的」，在政治上與統治階層相對抗，自然造成一種線性史觀，從民間向統治者靠攏，但是道教的發展是否具有這種發展過程，還有待商榷。❺ 更何況以葛洪的生平經歷，從政為官顯非其志。他在《外篇‧逸民》中指出「士之所貴，立德立言。」（頁87）僅提古人「立德、立功、立言」三不朽中之前後兩者，而無「立功」。古之「立功」指世俗之「功名」，而非「積善立功」之關懷度人的「功德」。即葛洪強調的「立功德」主要在於人倫社會的道德理想，期許一個和平安樂的社會秩序，而非為個人的功名，也不是站在統治者的立場設想。《外篇‧自敘》言：「榮位勢力，譬如寄客，既非常物，又其去不可得留也。……未若修松喬之道，在我而已，不由於人焉。」（頁690-692）可見葛洪不重視仕途，一方面與其性格使然，嚮往修道成仙；另一方面與當時官場混亂，是非不明有關。陳啟雲曾以葛洪能以自由意志超出世俗，捨勢位而高視遠蹈，乃得以從客觀的立場

---

❺ 龔鵬程曾指出，以秩序性與合理性所架構的傳統道教發展史觀大有問題，以一個單一教系傳承的觀點看待道教發展亦不符史實。因為道教既非「一流眾流，以一個教主下衍諸派的方式相傳流，亦非雜然匯收各種術數方技於一爐，以形成『一個』（大雜膾、大拚盤式的）宗教。」（見龔鵬程：《道教新論》，北京：北京大學，2009.1，頁65）這是個重要觀察，道教本就無一共同創教的「教主」，也沒有一個共同尊奉的「神」，不同的教團組織及儀式更是紛然並呈。也因此是否得以一個「民間」向「官方」靠攏的發展說明道教，值得商榷。

批判時政，為六朝時少數具「知識分子」特色的人物。㊞《外篇》中對當時社會風氣多有批判，批判的對象為士人階層，很難說葛洪如此言行是為統治者服務。另外，《內篇·道意》批評當時「妖道」，反對這些道派欺誘百姓、縱肆奢淫，是針對這些不當行為的批判，能否將葛洪視為站在統治階層一邊，也有考量餘地。

此外，《外篇》中尚有對君臣倫理關係的論述，是否也可視為使道教從民間向上層階級轉變？至少就《外篇·君道》而言，雖以氣之清濁分立君臣，但全篇更強調為君者「必修諸己以先四海，去偏黨以平王道」，（頁 174）對明君、昏君有清楚區分，顯然是要求國君為多。又〈臣節〉一篇，則以「喻之元首，方之股肱，雖有尊卑之殊，邈實若一體之相賴也。」（頁 249）將君臣關係以頭與四肢為喻，實暗示兩者是互相依存的，其關係較近於孟子論君臣的相對關係，㊞而非絕對的君尊臣卑思想。至於在佐時治國的施政方法上，葛洪不局限於「道」或「儒」，反而主張更為有效的「嚴刑峻法」來施政。《外篇·用刑》批評老莊無為思想不能救時之弊，至於儒家之仁政只能用於「平世」，善為政者，必得掌握刑罰，收懲

㊞ 陳啟雲：〈魏晉南北朝知識分子的特色〉，《漢晉六朝文化·社會·制度——中華中古前史研究》，台北：新文豐，1997.1。

㊞ 孟子論君臣關係是相對的，而非漢代三綱五常下的絕對君臣關係。葛洪一方面反對無政府主義，肯定君王在政治上的意義；一方面又對君臣關係有所保留，對於是否出仕也採取開放態度。在君臣關係上，不似漢代絕對的君尊臣卑。若從此處觀之，葛洪更沒有使道教趨向上層統治階層的目的。

治之效，以補「仁」之不足。❺❼ 儒法並行在漢代已是重要治世方式，而從黃老思想追尋其源，其與刑名法術之學的關係也相當密切。❺❽前已論及葛洪重視治身與治國並行的「道」實近於黃老，他援用形名法術於政事正是其「道本儒末」模型中「道」的實踐方式。相較於刑法之治用，葛洪用相當多的篇章論述君臣關係，不斷提醒國君任用賢才的重要，也強調如何審度時事，出處有節；對於進德修業，學習教化亦循循劬勉，加強教育，崇尚禮教。❺❾ 他大力批評當時社會風氣敗壞，致力於社會文化中道德的維繫，這些強調教化與倫常的內容，都可見葛洪重視儒家在社會中的穩定作用。但葛洪對於煩瑣的禮儀也強調應加以「減省」，贊同墨子「譏葬厚、譏禮煩」的觀點，（《外篇·省煩》）又可見得葛洪對禮的態度，一方面反對魏晉時人毀壞禮教，一方面又主張對禮制進行改革，而非拘泥於儒家禮教。葛洪所主張的積善立功，並非純然先秦儒家的道德主體與

---

❺❼ 《外篇·用刑》言：「道家之言，高則高矣，用之則弊，遼落迂闊。」（頁361）葛洪主要針對當時玄風末流所造成的種種弊病，認為徒守老莊之學無益於世道，反而施政必須並用儒法兩者，且「刑為仁佐」，「仁為政之脂粉，刑者御世之轡策；脂粉非體中之至急，而轡策須臾不可無也。」（頁344）可見得葛洪將刑法視為治國的必要手段。

❺❽ 關於儒、法與黃老學從先秦到兩漢於政治上的合流，可參考韓星：《儒法整合：秦漢政治文化論》，北京：中國社會科學，2005.1；王曉波：《道與法：法家思想和黃老哲學解析》，台北：國立台灣大學，2007.5。

❺❾ 關於人才與君臣問題，見於《外篇》中〈君道〉、〈臣節〉、〈良規〉、〈時難〉、〈貴賢〉、〈任能〉、〈百里〉諸篇；而學習與教化，則見於《外篇》之〈勖學〉、〈崇教〉等篇。

修養論，其道德的意義更廣。於是我們似乎很難認定葛洪對於「儒」的重視，是為統治階級服務，或是使道教迎合上層階級而做的改造。

熊鐵基曾提到葛洪具「儒道雙修」與「雙重性格」，但是「『儒道雙修』這個問題，恐怕大有文章可做，不簡單是一個《外篇》儒、《內篇》道的問題，也不僅是什麼『文儒』與否的問題。」❻⓪ 這個看法是對的，葛洪具「儒道雙修」的性格，但「儒」、「道」的內涵並非單純指先秦儒、道兩家，且葛洪亦非從儒家轉向為道教，在評論葛洪思想性格時，都必須注意。李豐楙曾指出葛洪將《抱朴子》內外分篇，有一「外儒內道」、「道本儒末」的統一理念，在魏晉思想潮流中具有思想史的意義。而這個思想史上的意義，在於「魏晉時期對於儒道的合同離異，為當時學術思想的主要課題：儒重名教，講究群體的人倫綱紀；道重自然，講究個體的自由逍遙。調和儒道，其本身不僅代表思想的歸趨，也顯示其政治立場、社會身分，因而諸名士在名教與自然的調停之間，巧妙表現其思想、身分的轉變。大體而言，王弼屬儒道合、何晏屬儒道同；而嵇康則主儒道離，葛洪外儒內道、道本儒末的思想，近於儒道異一路。儒道調停說至於東晉，已進入調和、折衷的階段，以葛洪兼習儒道的治學歷程，歷經衝突，至《抱朴子》成書時終於完成其內外、本末的差別看法，

---

❻⓪　見熊鐵基：〈論葛洪在中國文化史上的地位〉，收於《葛洪研究論集》，前引書，頁 208。熊氏且對葛洪「援儒入道」的說法提出質疑，一者葛洪學儒術和仙道雖略有先後，但幾乎同時；二為《抱朴子內、外篇》的寫作雖有先後之分，但也不是絕對，從起草到修改到編定為同時進行。因此沒有「由儒入道」的先後次序。若然，在葛洪思想的歷程中並無從儒家到道教的「轉向」，也就沒有孰先孰後，孰輕孰重的問題。

但又將其置於一統一的理念之下，為探索葛洪思想極可注意的事。」❻的確，將葛洪放在魏晉玄學「會通儒道」的命題下，可看出葛洪所提出的「道本儒末」說所具有的獨特意義。但對於儒道的衝突調停，還必須進一步分析葛洪對於「儒」、「道」的解釋與其他玄學家之間的異同，以及葛洪有別於魏晉玄學諸家僅有理論的建構，從成仙修煉的道教角度將儒家吸納並實踐之，這些都是葛洪在魏晉玄學中所獨具的。

第三節 葛洪「道本儒末」與玄學「會通儒道」的理想人格及實踐意義

道教倫理觀建立在其長生成仙之目的，故勸人為善去惡以獲得成仙不死。唯對於生命短暫的哀歎轉而為延長壽命甚至長生成仙的渴望，不獨道教中人，早從先秦便已有之。魏晉時代社會動盪，文人於生死問題感受更深，如大量遊仙詩的創作，便是嚮往仙鄉的抒發；❻二六朝時人服食之風盛，道教亦有長久的服食丹藥傳統，魏晉

---

❻ 見李豐楙：《不死的探求——抱朴子》，台北：時報文化，1998.12四版，頁 96。本書分從葛洪一生經歷，東晉社會文化背景，玄學中本末、迹本的討論，以及《抱朴子》書中關於儒、道的比較等，說明葛洪以道為本體，為宇宙萬物的本源；儒家及諸子為末，故於世事現象有所表現，因而從本體論統一本末、內外，形成自己的思想體系。

❻二 遊仙詩雖出於秦漢，然卻是六朝詩歌內容的一個重要類型，其中多是對神仙的企想與進入仙鄉的渴望。雖也有藉遊仙詩批判現實，但這一對比卻更突顯出魏晉時期神仙傳說的盛行。另外，隱逸詩與山水詩亦

名士們於養生之道更是多有追求。❻ 於是不管是藉由服食、存思、積善還是其他的途徑而長生成仙，道教在追求長生的過程中，無可避免的仍得面對仙界理想與人生現實間的距離。仙鄉固然是極欲追求的理想，但仙境縹緲，悠然無方，能成仙者似乎也如鳳毛麟角，難以親證。因此道教在修煉同時，欲結合儒家道德人倫的入世精神，為成仙尋求一個得以實證的方式，此種方式與玄學所提出的各種會通儒道理論其間關係為何？在尋求安身立命的過程中有何相參之處？以下從葛洪對於「仙／聖」合一的理想人格與道德實踐中遭遇的「真／假」名教問題，比較葛洪「道本儒末」與玄學調合「自然／名教」在實踐上的意義。

一、理想人格──「仙／聖」合一

《抱朴子內篇》中屢言「長生不死」、「肉體成仙」，可以說葛洪著述《抱朴子內篇》就是為了證成神仙本有，而透過一些修煉方式可以達到長生成仙。前已有言，「仙人」是葛洪追求的最終目的，也是理想人格的典型，「仙人」能兼修儒道，在治身與治國取得平衡。細察葛洪的思路，他雖嚮往「得道之聖人」，以「道本儒

與此時厭棄塵俗的風氣有關。（可參考李豐楙：《憂與遊：六朝隋唐遊仙詩論集》，台北：台灣學生，1996.6）

❻ 道教與魏晉名士間的關係尚可從養生服食來觀察，魏晉名士多好飲酒及服食五行散，企求長生固然是一個目的，但更可藉以逃避現實。（可參考魯迅：〈魏晉風度及文章與藥及酒之關係〉收於《魏晉思想（乙編三種）》，台北：里仁，1995.8；金正耀：〈魏晉『服散』頹風與道教信仰〉，《道教與煉丹術論》，北京：宗教文化，2001.2）

末」的架構來說明上士不廢經國之事,但又退而論述人人稟氣不同,並非都能達到兼善治身與治國。所以修煉仍是以成仙為第一要務,唯仙人等級有所不同,兼修儒道只能是最高的理想。值得注意的是,葛洪對於修仙需隱居山林的質疑,提出「修之於朝隱」的概念,此與郭象「遊外冥內」之說不謀而合。

我們先略述魏晉士人在仕與隱兩難中所提出的理想「聖人」典型。當時名士在亂世中面臨出處的兩難,因此關於「自然／名教」之間的調和實為面對社會現實所必然的反省思考,❻❹「會通儒道」所呈現的時代思潮,其中心問題就是「理想的聖人人格究竟為何?」❻❺聖人雖不可學致,但魏晉士人心目中的「聖人」卻是一種理想的人格典型,於是劉劭《人物志》中標舉兼具才德,有中和之質的「聖人」;❻❻王弼則謂「聖人體無」,以「神明」「茂於人者」

---

❻❹ 「自然」與「名教」兩名詞的含意有其淵源及各別使用語境的不同差異,一般來說,「自然」泛指一種境界,形容萬物本然;而「名教」指「以名為教」,一種對行為的道德規範。相關的解釋考訂可參考張蓓蓓:〈名教探義〉,《中古學術論略》,台北:大安,1991,頁 3-12、13-28;曾春海:〈魏晉「自然」與「名教」之爭探義〉,《國立政治大學學報》,第 61 期,1990.6,頁 45-74。

❻❺ 湯用彤曾於〈魏晉思想的發展〉一文中指出就魏晉時代思潮本身解析,其「中心問題為:『理想的聖人之人格究竟應該怎樣?』因此而有『自然』與『名教』之辨。」(湯用彤:《魏晉玄學論稿》),收入《魏晉思想》(乙編),台北:里仁,1995.8,頁 127。

❻❻ 劉劭:《人物志·九徵》云:「凡人之質量,中和最貴矣,中和之質,必平淡無味,故能調成五材,變化應節,是故觀人察質,必先察其平淡,而後求其聰明。聰明者,陰陽之精,陰陽清和,則中叡外明,聖人淳耀,能兼二美,知微知章,自非聖人,莫能兩遂。」同文又云:

來說明聖人非常之處；❻稀康論「兼周內外」之「至人」；❻阮籍也以「明於天人之理」論「聖人」。❻爾後裴頠疾世俗尚虛無之理倡

「偏至之材，以材自名，兼材之人，以德為目，兼德之人，更為美號。是故兼德而至，謂之中庸，中庸也者，聖人之目也。」此處言聖人之「平淡」、「淳耀」，必為「兼德而至」，達到能力與德行之極致。（劉劭：《人物志》，上海：上海三聯，2007.6）

❻ 「聖人體無」及「聖人茂於人者，神明也」見《三國志·鍾會傳》引何劭〈王弼傳〉。前者為明聖人與老子之別，後者則為闡明其聖人有情說，兩者雖各有其語脈下的用意，但也可看出王弼的「聖人」超於常人，為一「體無者」，或是一「體道者」。依王弼以「無」為本的理論架構，「聖人體無」在實踐上已含攝諸有。此外，王弼對聖人體無的境界也都有描述，如「聖人之於天下，歙歙焉心無所主也，為天下渾心焉，意無所適莫也，無所察焉。」（《老子》四十九章注）；「聖人達自然之至，暢萬物之情，故因而不為，順而不施，除其所以迷，去其所以惑，故心不亂而物性自得也。」（《老子》二十九章注）聖人不受物累，以無為行事，名教不過是「有」、「子」、「末」的位置，既出於自然（無），則聖人當能圓融之。「聖人體無」之「聖人」在王弼以「無」為「本」的本末架構下，開啟了玄學對「聖人」如何兼善「自然」、「名教」的解釋，其後的論者大致在「聖人體無」的概念下融通自然與名教。

❻ 稀康於〈明膽論〉有云：「夫元氣陶鑠，眾生稟焉。賦受有多少，故才性有昏明。唯至人特鍾純美，兼周內外，無不畢備。降此以往，蓋闕如也。或明於見物，或勇於決斷，人性貪廉，各有所止。」（《稀康集校注》，頁249）此「至人」之「純美」與劉劭論「聖人」之「中和」相同，都以聖人稟氣賦受，才德兼具，故能成為聖人。而「至人」能「兼周內外」，以「自然無為」的態度治理天下。稀康又有云：「聖人不得已而臨天下，以萬物為心，在宥群生，由身以道，與天下同於自得，穆然以無事為業，坦爾以天下為公。雖居君位，饗萬國，恬若

素士接賓客也。雖建龍旂，服華袞，忽若布衣之在身。故君臣相忘於上，蒸民家足於下，豈勸百姓之尊己，割天下以自私，以富貴為崇高，心欲之而不已哉？」（〈答難養生論〉，頁171）這一段描述的「聖人」，與其說是嵇康心目中的理想人格，毋寧說是他對理想君王的想像。這個理想也承接王弼而來，雖然嵇康不以「有／無」、「體／用」論聖人，甚至有「越名教而任自然」的說詞，但是這裡正好反映了嵇康在理想與現實的衝突中尋找如何安身立命之道。特別是嵇康面對禮法名教的敗壞，仕與隱的選擇是最切身的問題，而不僅僅只是理論而已，但是企圖超越世俗的理想終究還是不敵現實。正如羅宗強曾指出「玄學是企圖從理論上解決自然與名教的矛盾而出現的，它與現實實有至為密切之關係。」而嵇康最終遭難的悲劇，「也可以說是玄學理論的悲劇：從現實需要中產生而脫離現實，最後終於為現實所拋棄。」（羅宗強：《玄學與魏晉士人心態》，天津：天津教育，2005.1，頁60、104）

⑥⑨ 阮籍在〈通老論〉云：「聖人明於天人之理，達於自然之分，通於治化之體，審於大慎之訓。故君臣垂拱，完太素之樸；百姓熙怡，保性命之和。」（《阮籍集校注》，頁159）此「聖人」的形象顯然是對君王的理想，希冀國君能法道之自然，無為而治。阮籍另於〈大人先生傳〉中借「薪者」之口云：「聖人以道德為心，不以富貴為志，以無為為用，以人物為事，尊顯不加重，貧賤不自輕，失不自以為辱，得不自以為榮。」（頁176）形容聖人不以外物為形役，超越了世俗的生死富貴。「薪者」得到「大人先生」的嘉許，在某個層面也是「大人先生」能「與造化推移」之所在。值得注意的是，阮籍在〈大人先生傳〉中抨擊了「君子」和「隱士」，前者非難世俗君子虛偽迂腐，後者則批評隱者沽名釣譽，顯示阮籍追求一個超越仕與隱，絕對自由的精神境界，但是他又無力棄絕政治現實，於是擺盪在仕隱之間是一個內心深處苦悶掙扎的靈魂。關於阮籍面對仕與隱的決擇，以及理想人格的追尋，可參考蔡忠道：《魏晉處世思想之研究》，台北：里仁，2007.2；高晨陽：《阮籍評傳》，南京：南京大學，1994。

「崇有」而與「貴無」爭鋒中，⑳郭象以注《莊》提出「遊外以冥內」的工夫進路來融會「無／有」、「自然／名教」，賦予「聖人」融會儒道的理論基礎。其「聖人」之所以能儒道兼綜，在於儒家的「聖人」與道家的「神人」根本同一，直謂「神人即聖人也。聖言其外，神言其內。」㉑「聖人」以「外王」為取向，「神人」則具「內聖」之意，但此「內聖」已非儒家道德理想人格，而是以無執之心順萬物之情，雖身處廟堂之上，但實與萬物冥合而逍遙自得。這樣的說法在其《莊子注》中不斷出現，如：

> 夫神人即今所謂聖人也。夫聖人雖在廟堂之上，然其心無異於山林之中，世豈識之哉！徒見其戴黃屋，佩玉璽，便謂足以纓紱其心矣！見其歷山川，同民事，便謂足以憔悴其神矣！豈知至至者之不虧哉！（〈逍遙遊〉「綽約若處子」句下注）

---

⑳ 「貴無」與「崇有」看似兩個不同的主張，實際上兩者都是面對「名教」與「自然」間如何調合以安身立命的現實問題。余敦康曾對這個問題有所解釋，認為裴頠的《崇有論》看似維護名教，其實是對現實的確立，仍是為了解決名教與自然的衝突，所以「無論是崇有或貴無，手段雖然不同，目的卻是一樣，都是為了論證名教的合理性，以調整當時陷入混亂的各種人際關係。」（余敦康：《魏晉玄學史》，北京：北京大學，2004.12，頁 334）所謂「論證名教的合理性」，就是為了解釋「聖人」如何能夠同時體道與治天下。當然，從劉劭、王弼以降對「聖人」的解釋不盡相同，其所面臨的處境與個人人格、思路的呈現亦有所別，但基本上都賦予「聖人」一個能兼修名教與自然的期待。

㉑ 《莊子·外物》「聖人之所以駴天下，神人未嘗過而問焉」句下注。

> 夫理有至極，外內相冥，未有極遊外之致而不冥於內者也；
> 未有能冥於內而不遊於外者也。故聖人常遊外以宏內，無心
> 以順有，故雖終日揮形而神氣無變，俯仰萬機而淡然自若。
> （〈大宗師〉「而丘，遊方內者也」句下注）

神人即聖人，聖人即神人，兩者既然同一，就沒有處廟堂與入山林
之別。於是郭象極力推崇堯以無為治天下，能圓融內外，而許由不
願出任反顯偏溺。⑫此「外內相冥」之說在理論上為仕與隱的兩難

---

⑫ 郭象以跡冥圓融稱堯，「天下雖宗堯，而堯未嘗有天下也，故宵然喪
之，而嘗遊心於絕冥之境，雖寄坐萬物之上而未始不逍遙也。……夫
堯實冥矣，其跡則堯也。自跡觀冥，內外異域，未足怪也。世徒見堯
之為堯，豈識其冥哉！」（〈大宗師〉「而丘，遊方內者也。」句下
注）而許由則獨隱山林，僅得其本。因此「若謂拱默乎山林之中而後
得稱無為者，此莊老之談所以見棄於當塗，（當塗）者自必於有為之
域而不反者，斯之由也。」（〈逍遙遊〉「天下既已治也」句下注）
如此一來，堯既治天下又能遊心於絕冥之境，正是融通儒道最好的典
型，也成了郭象的理想人格化身。唯《莊子注》中處處稱堯、舜、孔
子為聖人，但他所言的「聖人」並非儒家的聖人，而是玄學化的聖人。
郭象將「聖人」如此轉化，自然已不同於莊子，也非儒家所言，而是
為當時士人既要逍遙放達，又不能自外於政治禮教的糾葛，所尋求的
一個能夠安身立命的解釋。關於郭象與莊子對於「聖人」一詞的不同
解釋，湯一介曾指出莊子雖以「至人」、「神人」、「真人」與「聖
人」言其理想人格，然而仍以「神人」、「至人」為「超世俗」、「遊
方外」的得道者，與現實中的「聖人」、「聖王」是兩類人。而郭象
卻把「神人」、「至人」和「聖人」都看成其理想人格的人，兩者已
有所不同。（湯一介：《郭象與魏晉玄學》，北京：北京大學，2000.7，
頁 173）郭象「跡冥」說雖調和「仕／隱」，但與莊子「與世俗處」

尋求一個圓融的解釋。同樣的，葛洪談「仙／聖」是否衝突的問題，亦以上士能兼修儒道來解決修道者隱居山林不事俗務的質疑，其《內篇‧釋滯》云：

> 長才者兼而修之，何難之有？內寶養生之道，外則和光於世，治身而身長修，治國而國太平。……古人多得道而匡世，修之於朝隱，蓋有餘力故也。何必修於山林，盡廢生民之事，然後乃成乎？（頁148）

葛洪也認為修長生之道者，不必隱身山林，可於廟堂之上治國平天下，此「長才者」能將儒道「兼而修之」，故「得道而匡世，修之於朝隱」。此與郭象言「聖人」「雖在廟堂之上，然其心無異於山林之中」相較，兩者說法幾乎如出一轍。值得注意的是，郭象言「聖人雖在廟堂之上，然其心無異於山林之中」，仍是以處廟堂之上的聖人為立論點，而非以山林之中的隱者論「外內相冥」，也就是說隱者只有「內」，卻沒有表現「外」的一面，反而聖人有外王事業，內聖則蘊藏於心。故「遊外以宏內」解釋了聖人跡冥問題，卻沒有相對以「遊內以宏外」說明許由隱者之流，反以其行僅入乎山林而

的精神已大不相同，王文進批評郭象走上一條「歧途」。（王文進：《仕隱與中國文學：六朝篇》，台北：台灣書店，1999，頁35）劉紀曜則認為郭象的「朝隱」是中國隱逸發展之顛峰，為一「典範」。（劉紀曜：〈仕與隱──傳統中國政治文化的兩極〉，收於《中國文化新論‧思想篇一》，台北：聯經，1989.8，頁323）不論如何，「外內相冥」仍為「隱」之於「仕」，乃至社會對「隱」之偏見尋求一個可資解決的方法，也為「隱」開拓解釋空間。

為一偏。而葛洪之所以區分成仙者的等級，也是以能否治天下為標準，上士能兼顧修道與治世，次一等的則只能專心於修道，所以「黃帝」能治世太平又可昇天為一理想典型，與郭象轉化儒家的堯而為外內相冥的代表是一樣的。隱居修道被認為是獨善其身，治國平天下則是建功立業的經世之志，在經學教化的文化系統，兩者實有高下之別，這也是為什麼郭象與葛洪都必須以一個有「外王」事功者為體道或成仙的典型。雖無法證明稍晚於郭象的葛洪是否受「外內相冥」的影響而提出「朝隱」之說，❼❸ 但兩人對於融合「仕／隱」所採取的解釋如此相似，或可反映時值兩晉價值混亂的時代，在面對治國與治身如何同時並存所提出因應之道是如此不謀而合。

---

❼❸ 「朝隱」一詞見於揚雄《法言·淵騫》中，有「柳下惠非朝隱者與」之語，稱春秋魯大夫柳下惠為「朝隱者」；又張衡自云：「庶前訓之可鑽，聊朝隱乎柱史。」（《後漢書·張衡傳》）表達其處世之思。早在莊子便有「陸沈者」之隱於塵世之說，（《莊子·則陽》），到了西漢，東方朔作歌云：「陸沈於俗，避世金馬門。宮殿中可以避世全身，何必深山之中，蒿廬之下。」已清楚顯示「陸沈」所具有的「朝隱」意義，故晉夏侯湛作〈東方朔畫贊〉云：「染跡朝隱，和而不同。」明確了「朝隱」之義。另東晉王康琚有《反招隱詩》：「小隱隱陵藪，大隱隱朝市。伯夷竄首陽，老聃伏柱史。」寫明體道的隱士能「大隱於市」。（夏侯文及王詩俱見《文選》）此外，東晉還有鄧粲也說：「夫隱之為道，朝亦可隱，市亦可隱。隱初在我，不在於物。」（《晉書·鄧粲列傳》）闡明「朝隱」、「市隱」在「我」（心），而非外在的環境。可見得在兩晉之時，「朝隱」概念已甚普遍，郭象的「外內相冥」為「朝隱」建構完整的理論，葛洪所言之「得道而匡世，修之於朝隱」亦是從「朝隱」之說承接道教兼治身與治國的理想。關於「朝隱」觀念的形成及在六朝時的發展，可參見本書第五章。

　　在「內聖外王」這一問題下，郭象以「外內相冥」調和「聖人／神人」，葛洪則以「朝隱」說明上士兼儒道而有結合「聖人／仙人」理想，兩者雖有相合之處，但是各別理論系統又有顯著差別。首先，葛洪雖以兼修儒道為上士理想，但也明確指出「聖人不必仙，仙人不必聖」（《內篇·辨問》，頁 224），此與郭象強調「神人即聖人」並不相同。葛洪雖認為最上等的仙人同時也是聖人，並積極地鼓勵濟世救貧，但仍劃出仙、聖的界限，一方面為修道者留一退路，不必然非得成就經世之功，一方面也有道高於儒的考量，修道最終仍以成仙為目的。而郭象的目的卻是消除「自然」與「名教」的界線，以「神人即聖人」解決當時士人面對社會現實的困境，其根本的意義是為社會階層的分立與現實與理想的衝突尋求一個可以各安其性的解釋，因此「外內相冥」之說在「即」的層次上讓「神人」同時也是「聖人」。

　　其次，葛洪與郭象雖都認為人之稟氣不同，故「神人」、「仙人」與「聖人」與一般人並不相同，但葛洪卻積極肯定立志學仙的可能，郭象卻以「適性」獲得「逍遙」，從而趨於消極的「物各順性而足，足則無求。」（《莊子·列御寇》「順於兵，故行有所求」句下注）兩人於後天的人生態度有顯著不同。❼❹儘管郭象的「適性

---

❼❹　葛洪承漢代宇宙氣化論，認為人皆稟氣而生，各有不同，其云：「按仙經以為諸得仙者，皆受命偶值神仙之氣，自然所稟。」（《內篇·辨問》，頁 226）；「命之脩短，實由所值，受氣結胎，各有星宿。」（《內篇·塞難》，頁 136）但仙人之所以能成仙，不獨稟仙人之氣，還須後天勤加修煉，《內篇》中之〈論仙〉、〈對俗〉及〈極言〉諸篇中皆闡明立志勤學之必要。郭象亦認為「神人」和一般人皆「俱食

逍遙」是一種不著於小大之別的「無心」境界，但此「任性」而「自然」，仍傾向於消極放任，故郭象訴諸適性的最大問題，在於缺乏一積極向善的動力。⑦郭象之後的東晉士人之所以流於放浪形骸，或可從此明之。而葛洪藉由「積善立功」為成仙的條件，使行善有了積極的動力，再以上天有司命之神對不行善罰以減壽，更加強行善的力量。至於葛洪在《外篇》之〈疾謬〉、〈刺驕〉、〈崇教〉各篇對當時士人醜行大力譴責，也反映了一些文人的處世態度。

其三，葛洪欲兼得儒道的理想，最終仍以成為仙人為目的，而修煉所致力者即為體會此一具有創生性質的元一、玄道。至於郭象則說萬物各有其性，從事物的存在言皆是「自生」而得，並沒有一個從「無」而「有」的創生過程，「若無能生有，何謂無乎？」（《莊子·庚桑楚》「必出乎無有」句下注）也因此沒有一個創生萬物的造物者，物各「自生」而「獨化」。其云：「凡得之者，外不資於道，內不由於己，掘然自得而獨化也。」（《莊子·大宗師》「而比於列星」句下注）此「獨化」論不憑依外在獨立的「道」，也非

五穀」，但神人之所以為神人，「非五穀所為，而特稟自然之氣。」（〈逍遙遊〉「不食五穀，吸風飲露」句下注）因人的稟氣不同，故其「性分」亦異。但是郭象卻以為聖人不可學，可學者僅「聖人之跡」，因而社會上各個等級的人不能逾越其性，「性各有分，故知者守知以待終，而愚者抱愚以至死。」（〈齊物論〉「一受其成形，不忘以待盡」句下注）故也無積極學習改變的必要，「適性」即可。關於葛洪與六朝士人對於「仙人」、「聖人」是否可學致的問題，可參考本書第三章。

⑦ 見曾春海：《兩漢魏晉哲學史》，台北：五南，2004.1 二版，頁 237。

由自我意志主宰，全然地「無待」，因而「順性」、「安命」。葛洪「玄道」有本體生成的意義，郭象則無此義，也因此兩人雖都以「朝隱」之說調和「仕／隱」，但背後的理論基礎卻大為不同。

葛洪以「道本儒末」調合儒道，表現治身與治國並重的道教修煉目標，其最高的理想人格為得道與治世兼具的「得道之聖人」，既能治世太平，又能得道升仙。然「仙／聖」合一的理想，仍是以成仙為最終目的，治世或積善是成仙的一個方式或管道，在這個意義下，他的「仙／聖」仍是二分，所以葛洪另以修道者有上下之別來解釋成仙與治國的非必然關係。而郭象在「自然／名教」的關係討論中，為解決現實與心境上的出處進退兩難，「外內相冥」提供了一個消融「仕／隱」的解釋。但是郭象的「適性逍遙」從「天性所受」而來，已預設了「聖人不可學致」的觀點，於是其逍遙論對於道德實踐顯得無力。反而葛洪以具仙氣不必然成仙而肯定了立志勤求的重要，又以積善立功做為修煉的首要方式，讓道德具有實踐的動力，也從而避免了在融通「自然／名教」時，因「名教」的真假所帶來的困擾，這是理解葛洪「道本儒末」時必須注意的。

二、實踐意義──「真／假」名教

行善積德既然為達至神仙的一種修煉方法，甚至是最重要的方法，因此表現出道教濃厚的入世精神，而儒家道德倫理的禮教也藉道戒而一一成為具體實踐的行為。相較於此時道教以道戒落實儒家禮教，並以「道之無所不為」將儒家所強調的倫理道德融會在內，則玄學家們論及「名教」（儒家）與「自然」（道）關係時，顯然

有著更多不同層次的考量。以魏晉玄學的發展而言，所謂的「名教」，其意義並非單一的，而是隨著不同的時空有所變化，不同玄學家們賦予「名教」的內涵也不盡相同。但是魏晉玄學之所以探討「名教」與「自然」關係，實與彼時理想與現實的對立有關，⑦而對兩者連繫所提出的種種解決方法，便是希望通過理論上的論證，尋求一個會通管道。綜觀整個玄學論述，道德修養的實踐始終是所有士人所關注者，只是問題出在「名教」的意義上，究竟何者才是「真名教」，如果現實的名教只是虛偽的，自當有所批判並尋求真正的名教。如王弼注《老子》第三十八章有云：「仁義，母之所生，非可以為母；形器，匠之所成，非可以為匠也。舍其母而用其子，棄其本而適其末，名則有所分，形則有所止。」⑦王弼所言之「母」即「自然」，仁義既為「母」所生，則當有其限制，即只專注於名教的形式，便會造成社會虛偽矯詐之風。於是「真」的名教為「自

---

⑦ 「名教／自然」看似對立的兩極，實則隱含一個因社會價值異化所造成人們於自我意識與精神境界的疏離。如嵇康在〈釋私論〉中提出「越名教而任自然」的口號，阮籍在〈達莊論〉和《大人先生傳》中對名教的虛妄提出抨擊，表面上加深「名教／自然」的差異，實際上則是對現實名教違反自然感到失望，即合乎自然的理想名教在現實中已不復實現。儘管嵇、阮之後尚有裴頠倡崇有論與郭象玄冥獨化論企圖超越儒道對立，但是在理論上的圓融並沒能真正解決現實的問題，理想與現實的兩難在魏晉時期仍是無法超越。相關論述可參見余敦康：《魏晉玄學史》，北京：北京大學，2004.12；蔡忠道，《魏晉儒道互補之研究》，文津，2000.9。

⑦ 引文見王弼：《老子道德經注》，收於《王弼集校釋》上冊，樓宇烈校釋，北京：中華書局，1980.8，頁95。

然」、「樸」，其注《老子》二十八章云：「樸，真也。真散則百行出，殊類生，若器也。聖人因其分散，故為之立官長，以善為師，不善為資，移風易俗，復使歸於一也。」（頁 75）王弼認為聖人體無崇本，故順自然而為，因道立教。此教便有善與不善之別，聖人以善人為不善人之師，以不善人為善人之鑒，方得以移風易俗。王弼以「守母存子」、「崇本舉末」之論，溝通「上德」（無為）與「下德」（仁義禮節），此有二義，其一，即以「道」生萬物，故仁義（名教）出於道（自然）；其二，仁義既出於道，故不得捨道而為仁義，否則就不是「真」仁義。王弼以無（自然）為本，將有（名教）視為無之所出，使儒家的倫理道德行為有了正當性。

到了竹林時期，玄學對當時名教有強烈的批判，但其實是對「假」的名教不滿，而追求一個合乎情性的「真」名教。以阮籍、嵇康為例，他們雖否定名教在人類社會中的虛偽爭奪，但卻肯定「真」道德。如阮籍在〈大人先生傳〉中批判「世俗化」的君子，並對這些「虛假」化的道德提出強烈質疑，然而他也認為社會宇宙有一必須遵守的恆常秩序，其云：「昔者天地開闢，萬物並生。⋯⋯各從其命，以度相守。⋯⋯蓋無君而庶物定，無臣而萬事理，保身修性，不違其紀，惟茲若然，故能長久。」（頁 169）宇宙初生之時，天地萬物各依其性，互不相侵，毋須君臣之社會規範。「保身修性」來自於遵循自然規律，其「不違其紀」方是宇宙自然運行長生的根本力量。而其所修之「性」為何？阮籍於〈通易論〉有云：

陰陽性生，性故有剛柔；剛柔情生，情故有愛惡。愛惡生得失，得失生悔吝，悔吝著而吉凶見。八卦居方以正性，著龜

> 圓通以索情。情性交而利害出，故立仁義以定性，取著龜以
> 制情。（頁 130）

性有剛柔、情有愛惡，這是人生天地之中，化自然為一有形體者所
具有之性情，為使每個人皆能各安其性，故須「定性」、「制情」，
於是仁義、著龜便是循此一自然之理而定。要言之，阮籍有其理想
的聖人人格，但又非不食人間煙火的隱士，「大人」雖「不與世同」，
但又能「不避物而處」、「不以物為累」。**[78]** 其所追求的是超越世
俗禮法之士與離群索居的隱士，達到「與造化為友」、「與造化推
移」的理想境界，這個境界仍可說是以「道」為本，含蘊儒家思想。
與阮籍同遊的另一竹林名士嵇康，對名教的批判與任俠慷慨的性
情，較阮籍更有過之。嵇康於〈釋私論〉說：

> 夫稱君子者，心無措乎是非，而行不違乎道者也。何以言之？
> 夫氣靜神虛者，心不存乎矜尚；體亮心達者，情不繫於所欲。
> 矜尚不存乎心，故能越名教而任自然；情不繫於所欲，故能
> 審貴賤而通物情。物情順通，故大道達；越名任心，故是非
> 無措也。（頁 234）

---

[78] 本句引號中用語俱出阮籍〈大人先生傳〉。阮籍對「名教」的批判主
要見其〈達莊論〉和〈大人先生傳〉，然他雖站在「自然」的立場抨
擊偽善的禮法之士，但又非全然捨棄世俗。阮籍早期著作〈樂論〉、
〈通老論〉和〈通易論〉中希望將儒家所提倡的人倫道德放在一個自
然和諧的位置，正始年後對「名教」的大力反抗，正可見其內心對理
想與現實撕裂的失落。相關論述，可參見辛旗：《阮籍》，台北：東
大，1996.6。

此處的「君子」，不同於一般流俗所言，或者說，這是嵇康所認為「真正」的「君子」，於是乎此「君子」為「氣靜神虛」、「體亮心達」，能虛懷若谷、正大光明，「自然」而行。嵇康藉辨明「公／私」之理，不僅批判當時充斥的虛偽禮教，更點明不同於「偽君子」的「真君子」，是一個「越名任心」的理想人格。徵諸於〈養生論〉、〈答難養生論〉與〈家誡〉諸文，嵇康仍是企圖兼賅儒道，其〈卜疑〉中的「宏達先生」不啻為其理想化身，亦與阮籍之「大人先生」相呼應。

　　唯嵇康與阮籍理想的「宏達先生」與「大人先生」，在面對政治殘酷與社會動盪的現實不安，理想仍不敵現實。己身與社會的疏離所衍生的荒謬與無奈，仍得尋求一個出口。於是向秀、郭象企圖從莊子學中調和名教與自然，將兩者安放於一自然而然地存在的位置，走出一條自生獨化之路。對郭象而言，名教如果是一個不可避免之「惡」，自然也非單獨自存之「善」，如何協調兩者，讓名教中有自然，自然中有名教，甚至指出自然即名教，名教即自然，玄冥之境非於名教之外，名教之中也能有自然之意，這便是整個郭象哲學的核心。郭象提出「神器獨化於玄冥之境」，（《莊子注·序》）結合莊子「內聖外王」之語，合內聖與外王，自然與名教為一。在方法上，他上承王弼「守母存子」、「舉本崇末」之論，注《莊子》時多有援用，⑲郭象在方法上同於王弼，以為對治世俗「偽名教」

---

⑲　如郭象於《莊子·大宗師》注文有云：「夫知禮意者，必游外以經內，守母以存子，稱情而直往也。若乃矜乎名聲，牽乎形制，則孝不任誠，慈不任實，父子兄弟，懷情相欺，豈禮之大意哉！」（「二人相視而

的問題必須「守母」、「崇本」，即根於「名教」之本，而此本即「自然」。於是郭象將「自然」釋為萬物的本質、本性，萬事萬物皆自然而然地存在著。然方法上雖同，但郭象在處理「本／末」關係時，較王弼「貴無」論仍有不同，而是著重於將「無／有」視為各安其性的諧和，甚至進一步發展為有無雙遣，留下與佛教對話及開隋唐重玄學之空間。⑧

笑曰：『是惡知禮意！』句下注）此處論「禮」如果只重其「形」（名），便只知其子而不知其母。另外，其於《莊子‧胠篋》注文云：「夫聖人者，天下之所尚也。若乃絕其所尚而守其素樸，棄其禁令而代以寡欲，此所以掊擊聖人而我素樸自全，縱舍盜賊而彼姦自息也。故古人有言曰：『閑邪存誠，不在善察；息淫去華，不在嚴刑。』此之謂也。」（頁 203）此處之「古人」即王弼，引文見諸王弼〈老子指略〉，原文為：「閑邪在乎存誠，不在善察；息淫在乎去華，不在茲章；絕盜在乎去欲，不在嚴刑。」（前引《王弼集校釋》，頁 198）王弼於此言「崇本息末」之旨，欲直究事物之本源（母）。郭象不但引王弼語，同時也採王弼以「本／末」、「母／子」論「自然／名教」關係。

⑧ 成玄英將「重玄」理論上推至東晉孫登，在南北朝道教逐漸形成以「重玄」論注解《老子》的流派。然郭象於注《莊子‧齊物論》時所提出的「遣之又遣之以至於無遣，然後無遣無不遣而是非自去矣」已有「有無雙遣」之「重玄」雛形。學界多認為道教重玄學之源流與魏晉玄學有關，湯一介於《郭象與魏晉玄學》中指出郭象已有「否定的方法」，（北京：北京大學，2000.7）唯盧國龍於《中國重玄學》中將東晉孫登注老視為重玄學派的宗源，（北京：人民中國，1993.8）強昱於《從魏晉玄學到初唐重玄學》中亦同此說。（上海：上海文化，2002.5）孫登、張湛對郭象多有批評，但郭象與重玄理論是否有更具體關聯，應可再深入討論。

　　而引玄理入道教理論，在東晉至南北朝後的道教經典中逐漸出現，前述葛洪引「本／末」之論於「道／儒」之別，同時申述「玄道」之旨，企圖用道家玄理證成神仙之事，並奉「玄道」為一出入有無的境界，藉以溝通道教實踐儒家道德之依據。《內篇·暢玄》中言：「夫玄道者，得之乎內，守之者外，用之者神，忘之者器，此思玄道之要言也。」（頁2）此「玄道」既具事物原初狀態的意義，復又是修道者體悟的境界。葛洪並言：「道者涵乾括坤，其本無名。論其無，則影響猶為有焉；論其有，則萬物尚為無焉。……命在其中，不繫於外，道存乎此，無俟於彼也。」（《內篇·道意》，頁170）「道涵乾坤」指出道之兼含有無，此即老子「兩者同出而異名」之謂，並以「命在其中」肯定了成仙的可能。葛洪闡述之玄道，使道教在面對修仙理想與現實世界取得理論基礎，在注重個人修煉的過程中同時重視勸善度人。及至兩晉之世，玄學後繼者多以逾越禮教以競標名聲，其末流更顯放蕩，與當時官場奢靡淫穢之風相連一氣。葛洪曾嚴厲批評當時人諸多「無檢之行」，或「蓬髮亂鬢，橫挾不帶」，或「露首袒體」，「盛務唯在搦蒲之彈棋，所論極於聲色之間，舉足不離綺繻紈袴之側，游步不去勢利酒客之門。」也諷刺玄談之士「終日無及義之言，徹夜無箴規之益。誣引老、莊，貴於率任，大行不顧細禮，至人不拘檢括，嘯傲縱逸，謂之體道。」❽這些批評，描述了當時士人的醜態及世風的敗壞，也同時感歎禮教之不行，《外篇》中的〈譏惑〉、〈刺驕〉等篇皆重申

---

❽　以上批評之語俱見《外篇·疾謬》。此題顯示葛洪對當時社會種種「歪風」的氣憤，並力陳禮教之重要

此一看法，我們也可從《晉書》、《世說新語》、《顏氏家訓》等
文獻，看到對當時荒淫之風的批評。然而更糟糕的是道德的淪喪以
一種「假道德」、「假禮教」的面貌出現。如當時世族競相標榜「孝
道」，但往往做盡表面工夫，只為博取名聲，早就失去盡孝的本義。
蒙思明曾論及六朝的道德標準改變，人人看似重視孝道，但是這個
「畸形孝道」不但不能提高道德水準，反而是道德水準的低落。❷
葛洪對當時士人的批判，也顯示其對於「名／實」混亂的憂慮，《外
篇·清鑒》言：「區別臧否，瞻形得神，存乎其人，不可力為。」
（頁512）瞻「形」未必得「神」，已暗示士人的沽名釣譽與虛假
行徑，如何使「名／實」相符，便是一個重要課題。

　　葛洪一方面批評當時的風氣，一方面試圖藉由宗教的力量使道
德的實踐回到道德的本質，即葛洪雖沒有區分真的、假的道德，但
是其所言之道戒既是從道所出，積善功德自然不容許假借道德外衣
行貪惡之實，因為所有的偽善都逃不過天神的監視，到頭來終會一
一現形。故道經中一再強調信守道戒，對人世間的種種行為皆予規
定，不論忠孝仁義或慈讓謙遜，皆是道戒所規範的做人處世準則。
道經對詐偽凶逆的嚴厲禁止，實則包含阮籍、嵇康所批評的「偽君
子」。如前引《正一法文天師教戒科經》中，便將守道戒與否連結
福禍來去，並不斷強調「天網恢羅，人處其中」，❸ 以至高無上的
神明教戒不可違逆天道的思想。另外，《太上洞淵神咒經》亦藉天

---

❷　參見蒙思明：《魏晉南北朝的社會》第四章〈世族影響下的風尚〉，
　　上海：上海人民，2007.4。

❸　《道藏》第18冊，頁232。

神之力及果報觀扼止貪淫之風，以鬼神之力令諸人揚善化惡。❽ 本經並宣揚一「佈施」的行善觀，可說是道教治身與治國合一的重要精神體現。經中有云：「佈施者，天神為人，可利人耳。若不佈施，經神不祐，令人有病即不瘥矣。」❽ 此「佈施」非僅對道士而言，還擴及為向他人行善，詳細演述人際關係的各種道德規範，令人發善心，後己先人。❽ 而具善心者若能信奉道戒，自然惡鬼不敢近之，並得以福壽雙全，進而得道成仙。再舉《赤松子中誡經》為例，本經亦以禍福報應而行勸善修仙的目的。經中有云：

> 為善者善氣覆之，福德隨之，眾邪去之，神靈衛之，人皆敬之，遠其禍矣。為惡之人，兇氣覆之，災禍隨之，吉祥避之，惡星照之，人皆惡之，衰患之事，並集其身矣。❽

此行善與作惡的區別，實已教導人民應有所選擇。經中更將善行惡行所相應之善報和惡報加以量化，便於百姓清楚其中利害關係，於日常生活種種行為皆能自覺警惕，趨善遠惡。如此做法與《太平經》

---

❽ 《太上洞淵神咒經》共二十卷，一名《洞淵神咒經》，簡稱《洞淵經》、《神咒經》，為圖讖式道教經典。史學界一般認為該書前十卷為原始部分，大致成於西晉末至南北朝的宋齊時期；後十卷成書於中唐乃至唐末。經中宣揚大災將至，勸人「學仙」、「修道」、「度人」，以及多做善事，積累功德，並極言鬼神賞善罰惡，無所不在，另修道者心生恐懼，不得違背道戒。

❽ 引文見《道藏》第 6 冊，頁 13-14。

❽ 如本經卷十五，一一列舉人們自七歲以後種種惡行，以達警惕之用。

❽ 引文見《道藏》第 3 冊，頁 445。

的「天券」說，和葛洪《抱朴子》中〈對俗〉、〈微旨〉篇中之功過思想相呼應，也可視為後世「功過格」之早期發展。⑧

　　道教勸人為善的基本教義，即含蘊世俗道德倫理於其中，故不似玄學家意欲從「有／無」、「言／意」等各個層面溝通「名教／自然」。因玄學家們從自身的實存感體會到理想與想實斷裂，因此「自然」與「名教」必須連結，並試圖辨明「名教」的「真」與「假」，無非為當時價值觀混亂的衝突尋求一條解脫之路。道教雖以長生成仙為修道目標，然教團組織成形之初即為對治社會價值的混亂，在物我一體的觀念下，世間的「名教」為「道」所生，儒家強調的倫理德行亦是修道者所必須遵循。成仙方法固然殊異，但總不離「天人合一」的基本觀念，此人與自然密切的關係，即已含藏濟世度人的實踐精神，於此而體現一「自度度人」的宗教情懷。葛洪「積善立功」的內容已表露此自度度人的思想，至東晉末之《太上洞玄靈寶無量度人上品妙經》中，更依儒家祭祀，建立以齋醮、贊頌、持香及音樂為主的道教宗教儀式，藉由儀式祈求神明庇佑，也同時以之為度人成仙的方法。此度人成仙的思想在六朝後日益擴大，陸修靜所編《洞玄靈寶齋說光燭戒罰燈祝願儀》中，便稱：「聖人傳授經教，教於世人，使未聞者聞，未知者知，欲以此法橋，普度一切

---

⑧ 道教功過格不僅為教義中行善積德思想的體現，更具有安定社會秩序，維繫人民基本道德觀念的作用，也可說是儒家道德倫理具體實現之重要力量。關於功過格研究，可參見鄭志明：《中國善書與宗教》，台北：台灣學生書局，1988.6；包筠雅（Cynthia J. Borkaw）：《功過格：明清社會的道德秩序》，杜正貞、張林譯，杭州：浙江人民出版社，1999.6；陳霞：《道教勸善書研究》，成都：巴蜀書社，1999.9。

人也。」❽「普度一切人」漸成道教傳教之理想，也擴大道教的影響力，更體現了道教強調行善積德的修道方法，如此一來，玄學會通儒道的論題在道教教義中獲得了具體實踐的成果。

第四節 小結

通過上面的討論，我們可以看到魏晉士人因儒學價值的混淆，內心的苦悶雖藉由行為放縱加以宣洩，但難以獲得心靈的平靜。「名教」與「自然」的衝突及融合過程，正是魏晉士人欲從理論上確立一安身立命之道。唯玄學在理論上精彩紛呈，但在現實世界卻力有未逮。葛洪藉由宗教的超自然力量，在神明的監督以及對成仙目標的自我要求，道德實踐不容許做表面工夫，積善行德便有確然落實的可能。道教在發展初期便吸收了儒家的倫理綱常，一方面表現出道教的雜揉性，一方面也是道教擴充與吸引信眾的重要方式，也有學者認為道教倫理學的發展是一個向上層階級「屈服」的過程。❾葛

---

❽ 《道藏》第 9 冊，頁 824。陸修靜另於本經中提出「三合成德」說，謂「道」、「德」、「仁」三者合而為一方得道也。陸修靜吸收儒、佛思想，制定齋儀，擴大靈寶派的內容，也更進一步將儒家倫理道德融入道教戒律之中。

❾ 葛兆光注意到道教自六朝後逐漸喪失半行政半軍事的「治」、「方」等組織，還有道教齋醮儀式逐漸與節慶祭祀活動分開，以及「過度儀」在道教中逐漸消失等史實，而認為其因在於古代中國的皇權至上，壟斷了所有事物的合理性及合法性，故不合主流的宗教便逐漸邊緣化、秘密化或民間化。道教為了自我生存，故選擇了不斷自我修正和變化，避免和官方權力對抗，此一過程為道教的「屈服史」。（葛兆光：

洪《內篇》將行善積德以成仙條件化，甚至在《外篇》中支持君臣之道並推行儒家教化，都被視為是向上層社會靠攏，取得統治階層信任的努力。姑且不論道教是否有一向上層「屈服」過程，葛洪所推動的積善立功並非全然為先秦儒家的道德論，他雖重視教化，卻又對儒家禮教有所批評，同時又主法家形名之學，亦贊同墨家節葬觀點，兼之葛洪對貴族、士人之言行多有批判，很難說葛洪是支持統治階層，或是將道教從「民間」轉向統治階層。若從調和儒道此一角度來看，葛洪代表玄學發展到兩晉時期的一個重要關鍵，上承玄學餘緒，下開道教神仙理論中道德實踐與修煉方式的結合。將求仙與忠孝和順仁信等道德行為緊密結合，使修道者非獨立於世俗之外，是葛洪「道本儒末」思想的重要貢獻。道教強調世俗的倫理道德，故有其宣教之作用，但也同時保證了社會秩序，使得忠孝仁信等德行深化為立身處世的準則，而成為維繫社會的力量。

　　道教的發展至唐代與官方推動雖有密切關係，但道教自身的變革、理論系統的成熟與其勸善教化的入世精神轉向等，亦是道教發展的諸多面相。相對於傳統道教，宋代新道教的興起對於民間的社會倫理有重大的影響，延續至今。新道教強調積極的入世精神，除了以自食其力、勤儉刻苦的修行法門，更藉勸善教化的「善書」流

《屈服史及其他：六朝隋唐道教的思想史研究》，北京：三聯書店，2003）這個看法或可對道教的發展史提供某種解釋，然而以上下階級的劃分預設了一個相對的立場，並以「倫理道德」為統治者的工具，是否忽略了民間自存的「倫理道德」；且道教並非逐漸將官方的忠孝思想納入教義，而是道教初始便已有立功行善之說，而皇權的壟斷是否過於極大化，或可再行討論。

傳，形成社會普遍共同的道德倫理和宗教信仰。前者沿襲新禪宗開啟的入世苦行方向，後者則受了新儒學倫理教化的影響。(91)自宋代《太上感應篇》面世後，引發了道教善書的大量出現，對社會造成極大的影響。道教善書與之前的道書不同之處，為捨棄各種煉養方術，直接以淺顯的文字訴諸大眾勸善成仙。如《太上感應篇》以報應觀為核心，將宗教活動轉換為世俗的道德教化，特別是將人與人之間的各種應對方式開立成限制性的道德條目，以規範制約民眾的行為。唯《太上感應篇》僅以簡單的將善惡行為條列式的二分，以達勸戒警世效果，仍偏重於道德心的自覺。但到了功過格的出現，

---

(91) 兩宋新道家的興起與新禪宗、新儒家的關係，余英時曾從中國傳統商人精神和宗教倫理的角度做觀察，指出中國近世的宗教轉向有三次，最初發動者為新禪宗，新儒家運動是第二波，新道家則是第三波。「新道家一方面繼承了新禪宗的入世苦行，如『不作不食』、『打塵勞』（『塵勞』也是禪宗用語），另一方面又吸收了新家的『教忠教孝』。……這一長期發展最後匯歸於明代的『三教合一』，……從純學術思想史的觀點說，『三教合一』的運動也許意義並不十分重大。然而從社會倫理和通俗文化（popular culture）的觀點說，則這一運動確實是不容忽視的。」（見余英時：〈中國近世宗教倫理與商人精神〉，《中國思想傳統的現代詮釋》，台北：聯經，1987，頁 328）雖然其論文起自於對韋伯（Max Weber）關於西方資本主義興起所提出因基督新教倫理影響的解釋，反思東亞（中國）何以沒有發展出資本主義的批評，但其所指出的中國宗教入世轉向，卻對道教研究有一定啟示。此外，李剛則將南北朝之後至隋唐五代，道教勸善成仙思想受佛教的影而分化成傳統派、半傳統派和反傳統派三種情況，但不論對傳統神仙不死的看法有多大分歧，對於儒家的倫理道德卻都採取認同的態度。（李剛：《勸善成仙——道教生命倫理》，成都：四川人民，1994）

更進一步將善惡行為分數化，著重於現實社會的功利價值觀，企圖以具體的利益吸引民眾實踐道德。❷ 到了明清，善書與功過格甚至混同儒釋道三教而無特定以何者為主、輔之別，其影響也超越宗教信徒而滲透至一般大眾的生活。❸

自葛洪立「積善成仙」之說，已立定道教宗教倫理的基調，對後來道教產生「性命雙修」的修煉方式和三教融合的發展有一定影響，也成了道教長生成仙與世俗道德結合的重要連結點。南朝陸修靜對靈寶派的改造，而提出「三合成德」理論與北魏寇謙之以禮度為首的觀點，都可見得道教以「積善成德」做為成仙條件之理論趨於成熟。就道教發展史的歷程來看，這一變化有跡可循，然而我們若將葛洪「道本儒末」的道教倫理觀置於魏晉玄學之「會通儒道」議題考察，便可發現道教吸收儒家的道德觀不僅只是道教內部的發展，關於儒道關係的立論，聖人的內含意義等，道教與玄學理論確

---

❷ 關於《太上感應篇》及功過格的倫理思想，參見鄭志明：《中國善書與宗教》，台北：台灣學生，1988。

❸ 明代自太祖始，歷任帝后多倡三教合一，甚至敕撰勸善書籍頒布天下學宮，以廣宣教。如明成祖敕撰《為善陰騭》，仁孝徐皇后撰《勸善書》，明宣宗敕撰《五倫書》等，這些勸善書均以儒家五倫及孝道思想為核心，別採釋、道勸善之言，融三教為一。民間道教亦多托名天神降鸞制作善書，王公大臣、鄉里仕紳亦積極推廣善書，影響所及，深入民間各角落，甚至延續至今。關於道教善書發展及影響，可參考陳霞：《道教勸善研究》，成都：巴蜀書社，1999；酒井忠夫：《增補中國善書の研究》，東京都：圖書刊行會，1999-2000；姜生、郭武：《明清道教倫理及其歷史流變》，成都：四川人民，1999；游子安：《勸化金箴：清代善書研究》，天津：天津人民，1999。

有一定關係。葛洪自然無法預見強調積善行德對後世道教的影響有多大，但是以儒家的道德實踐使道教不離世，又以神明的力量維繫道德實踐，再融會玄學對儒道會通的理論，使得《抱朴子內篇》與《抱朴子外篇》構成一個互補的平衡。我們甚至可以這麼說，葛洪在道教理論的建構與推廣，於道教發展的兩晉時期有一關鍵的地位，但是從整個魏晉玄學思潮的發展來看，葛洪的貢獻更在於延續「會通儒道」的命題，使儒家的道德倫理觀在道教成仙的企求與神明的監管下，獲得真正的實踐。

　　最後，再回到《抱朴子外篇》的屬性在歷代產生的爭議問題上，究竟《外篇》該歸屬於儒家，還是道家或雜家？固然葛洪對「仁」的看法與孔孟已有不同，但從兩漢之後，對儒家的解釋本已混雜許多不同觀點，歷代史志將《抱朴子外篇》歸屬於雜家與道家，雖有一定道理，但詳觀葛洪「道本儒末」之論，其「道」指黃老道家系統，其自言「黃老執其本，儒墨治其末」已明。可是此「道」也不完全是黃老，而混合更多神仙家思想於其中，至於「儒」也非先秦儒家，與兩漢所尚之混合黃老刑名的「儒術」更為相近，《外篇》相對於《內篇》而言，葛洪自為之歸屬，當然前者屬「儒」，後者屬「道」。後世在兩書的屬性上發生爭議，若回到兩書原本的相對性而言，這個爭議實可化解。換言之，葛洪自言《內篇》與《外篇》的不同屬性，是葛洪對魏晉「會通儒道」議題的一種回應，也是他提出的一個解決方法，葛洪的「道本儒末」說，基本上立足於神仙信仰，強調修煉養生之法，又取儒家人倫思想，肯定忠信仁義於秩序之重要，以刑德並重為其治世主張，結合而成其獨特的神仙道教理論。若僅以歷史的「道家」或「儒家」去定義圖書分類的標準，

自然會引發對《內篇》與《外篇》歸屬的爭議，甚至無法歸類而以
「雜家」概括之。不論是將《內篇》與《外篇》同屬「道家」或「雜
家」，或是將兩書分別著錄於「道家」、「雜家」，都未明葛洪撰
著兩書是在魏晉「會通儒道」議題下所提出一個獨特的、道教式的
解決方案，其「道本儒末」藉用玄學的「本／末」術語，將儒家人
倫道德觀引入道教修練，成就其實踐意義，這才是葛洪在「會通儒
道」這個時代議題下的貢獻。

結論─重估葛洪歷史定位

　　歷來論者在《內篇》與《外篇》的歸屬，以及兩者思想是否連結還是斷裂的問題爭論不已。其實當葛洪提出「道本儒末」之儒道關係時，已依此建立起思想體系，並在此架構下撰寫《抱朴子內篇》與《抱朴子外篇》，葛洪自言《內篇》屬道家，《外篇》為儒家，也已清楚地為《內篇》與《外篇》作出定位，從兩書的相對性而言，分別歸屬道家、儒家應無疑義；而從「道本儒末」的整體性而言，《內篇》與《外篇》又是統合在一起，相互配合而緊密結合。這種作法或許前有所承，❶ 但葛洪在一定程度上受玄學本末、體用的論

---

❶　金毅曾指出《抱朴子》分《內篇》、《外篇》，受《莊子》以及《淮南子》分內、外的影響，更繼承《莊子·天下》的「內聖外王」思想，以本末的不同區分，但又能結合在一起。（金毅：〈葛洪論「道源儒流」與「尊道貴儒」──《抱朴子》為什麼分《內篇》、《外篇》？〉，《北京第二外國語學院學報》，1998 年第 1 期，頁 115-120）事實上，《淮南子》書成時有內、外以及中篇，《漢書·淮南王傳》已明言之，而《莊子》之分篇也有內、外、雜三分，且可能是郭象所為，因此葛洪是否以之為模仿的對象，尚難斷定。至於葛洪是受《莊子》的「內聖外王」影響，也有討論的空間，因為《莊子》的「內聖外王」與後來儒家引申之修身平天下有很大的出入，又《內篇》、《外篇》所論與《莊子》思想並不相同，很難說有所繼承。倒是葛洪將《內篇》屬道家，

點影響，應是無疑的。因此，認為葛洪思想有所矛盾，《內篇》與《外篇》有前後期的不同，或是為了個別目的貶抑《內篇》或《外篇》的各種論調，應該都站不住腳。❷ 至於葛洪所謂的《內篇》屬「道家」，此「道家」在其〈自敘〉言「神僊方藥、鬼怪變化、養生延年、禳邪卻禍之事」，似乎全屬神仙方術，唯《內篇》雖然主要論述金丹成仙之法，但不全然在技術層面，也討論了神仙思想中的各種問題，而其中在〈明本〉對儒道關係的討論時，更引述《史記·太史公自序》所錄司馬談〈論六家要指〉中的文句，強調「道家」能「包儒墨之善」，既然「道家」專一、指約，能綜攝其他各家，故「夫所謂道，豈唯養生之事而已乎？」（《內篇·明本》，頁184）並言「黃老執其本，儒墨治其末」，葛洪之「道」應屬黃老道家，其自言已明。❸ 當然，葛洪思想也不完全是兩漢黃老學，神仙理論才是其思想之核心，故葛洪之「道家」以神仙為主，依循

《外篇》屬儒家的區分，可見其會通儒道，且延續黃老道家兼治身與治國的企圖心。

❷ 武鋒有專論《內篇》與《外篇》的關係，整理近現代學者的兩種不同觀點，第一以為《內篇》、《外篇》是分立的；第二則認為兩者互補。並從葛洪思想之源流、內容與篇目等，指出葛洪儒道觀的三種表述方式：道源儒流、道易儒難與道本儒末，並以「道本儒末」的方法以《內篇》統《外篇》，將兩者貫通起來。其論頗詳，可參考之。（武鋒：《葛洪〈抱朴子外篇〉研究》第五章〈《抱朴子外篇》與《抱朴子內篇》關係研究〉，北京：光明日報，2010.8）

❸ 葛洪所言的「道家」屬黃老道家，學界多以此論。可參考丁原明：〈葛洪神仙道教思想與黃老學的關係〉，收於《葛洪研究論集》，劉固盛、劉玲娣編，武漢：華中師範大學，2006.10，頁129-140。

黃老學以道兼綜百家的立場和思維，含攝儒、墨、法、兵諸家，並結合治身與治國，出世與入世，構成統一的「道本儒末」體系。❹以思想的完整度言，葛洪並不亞於六朝時的玄學家，且不走注疏古代經典一途，直接以一篇篇主題式的論文闡述他對各個問題的看法，在六朝玄學論著中也幾乎無人能出其右。

以「道本儒末」為葛洪整體思想，其「本／末」之論實與魏晉玄學的本體論思考有一定聯繫，本論文所欲探討者即著重於此。當我們順著以上各章的議題一路探索，關於葛洪的神仙道教思想與魏晉玄學的關係，逐漸浮現出一個大致清晰的輪廓，兩者應有一定程度的關聯，甚至葛洪從道教角度所建構的「道本儒末」觀，對玄學「儒道會通」的議題能有相當回應，甚至走出一條儒道並行的實踐之路，使「儒道會通」不僅只於「清談」玄論。湯一介先生曾指出生活在兩晉之交的葛洪，不但受傳統儒家與道家影響，也受當時的玄學思想影響，並進而以兩個根本哲學問題，形神關係與有限如何走向無限，為葛洪受魏晉玄學影響之證。事實上，除了這兩個問題之外，「神仙是否可學致」與玄學論「聖人是否可學致」在問題意識與論證方式上，都有一定關聯，特別是魏晉承兩漢氣化論的先天

---

❹ 李豐楙曾有相似的說法，引述如下：「大體言之，《抱朴子》在傳統的篇卷內外之分的傳統中，又參取魏晉名士的本末、跡所以跡的體用的之說，再配合儒道的衝突與調停，結構成自己的思想體系。《抱朴子》所說的黃老、老莊，都是屬於他所賦予新意的『道家』。……道是本體，因而能生成一切，則道家重視道，故為執其本；儒家及其他諸子治其末，故在近而易見的世事方面見長，這就是葛洪從本體論統一本末、內外的思想體系。」（李豐楙：《不死的探求──抱朴子》，台北：時報，1998.12 四版，頁 102）

命定觀念，如何掙脫先天的限制而加強後天意志與學習的動力，是道教與玄學共同面對的問題。至於葛洪所重視的金丹大藥，與傳統養生方法中的服食有密切關係，而六朝時盛行服五石散，儘管兩者目的不盡相同，但在理論依據及心理上都有可並觀之處。另外，六朝興起之「朝隱」觀，對傳統隱逸思想有所顛覆，而葛洪在成仙理論中所設定的「在世成仙」，與「朝隱」極為相似。這些議題的比較如果放在「儒道會通」這一個大論題來觀察，以上所舉的子議題可說都呈現出道教獨特的儒道關係理論。如果這個說法可以成立，則葛洪在玄學史上應有一席之地，而且其重要性甚至不亞於在道教史的地位。以下先分述本書各章大義，再統合論之。

〈緒論〉說明本論文的問題意識及論述背景，接著首章討論葛洪所建立的神仙道教形上學。葛洪在《抱朴子內篇》中首篇為〈暢玄〉，談論「玄」之概念，似有意突顯「玄」的重要性，另書中尚有〈道意〉篇，論「道」之意。「玄」與「道」並未有明顯區別，皆兼有創生之本原與萬物的本體意，然「玄」之幽深不可測的意思為道教所強化，並賦予一種超自然的神秘力量或境界意義。葛洪結合「玄」與「道」而成「玄道」一詞，使「玄道」成為求仙修煉的必備條件，能得「玄道」者方得為仙，於是「道」從原本的哲學思想範圍，成為神仙思想的理論依據。再者，「一」是老子思想中的重要概念，是道創生萬物時，從無到有的關鍵，可是葛洪論「一」時結合「玄」而成「玄一」，另有「真一」一詞，「守玄一」與「守真一」是為修煉成仙的「守一」之法。另外，葛洪論「氣」，一方面承兩漢氣化論，言「氣」是萬物形成之始；一方面將「氣」視為生命的重要泉源，故養生修煉必須重視「氣」的保養。這些論述，

與魏晉玄學有所區別，呈現出獨特的神仙道教形上學。

第二章則從「形／神」關係著手，前章言「氣」在養生修煉的重要性，而道教有獨特的「形—氣—神」之生命結構理論，因此葛洪論「形／神」關係並不同於傳統「形盡神不滅」之魂魄觀，與六朝佛教主張的「形盡神不滅」也有區別，雖同意東漢王充所標舉的「形盡神滅」，但因而反證人需藉由養生修煉使形體不壞，形成「形神皆不滅」的獨特理論。另外，與六朝時期的形神論相較，葛洪雖也同於當時普遍的形神相依觀念，但是在一片較重視「神」的論述中，葛洪更強調形體的保養，甚至企求獲得永恆的形體。而葛洪引用六朝時的「有／無」方法，連結並建立其「形／神」論，又於燭火之喻中獨樹一幟，皆是其特殊處。

第三章則從道教理論中一個重要的論題——「神仙是否可學致」進入討論。如果神仙可藉由後天的學習努力以達成，操之在我，則其神仙學說中依金丹煉養為主的各種成仙之法方可成立；若神仙之法不可學，成仙與否為先天命定，則依宿命論，任何後天學習努力均屬無效。葛洪一方面主張神仙皆稟受仙命，一方面又說「仙人之無種」、「仙之可學致」，這兩個看似相對立的衝突，葛洪巧妙地融合為一。首先，葛洪認為生命的稟氣是偶然的，並非強制性或有一定規律，既是偶然隨機，便含有後天改變的可能。換言之，「氣」是可變的，亦即可以透過一定的修煉方式改變形體屬性，使原本有限的形體變化成永恆。於是後天修煉的重要性不但不因此降低，反而更加強了「學」的重要性。葛洪一再強調儘管稟神仙之氣，若無後天勤求仍無法成仙，就在這裡突破了命定論的限制，而出現「仙可學致」之論。其次，葛洪強調無仙命者必定不信神仙，反之，有

仙命者才相信神仙,如此一來,相信神仙者就是稟受仙氣之人,這個先天肯定,再輔以後天必須勤求修煉,神仙必成。先天命定論一轉成為後天個人主體意志的顯現,方使道教傳教與神仙修煉成為可能。而「神仙是否可學致」與魏晉玄學的「聖人是否可學致」論題有一定關聯,蓋聖人是否可學,也關係著聖人與常人的異同,如以先天氣命論,聖人不可學,但聖人若與常人同,則聖人可學。玄學傾向聖人不可學不可致,與道教為求長生成仙的信仰有別,兩者比併觀之,更能突顯道教的立場。

第四章則從「服食」此一主題,觀察葛洪與魏晉士人之異同。本章以《抱朴子內篇》中所見修煉方法為主,對比魏晉名士的養生觀點,一方面呈現兩晉之際以葛洪所代表的神仙道教之主張;另一方面則顯示魏晉名士如何看待這些延年益壽乃至長生不死的修仙之術。由於葛洪特重金丹大藥,魏晉士人亦有服散之風,故以葛洪所論之「金丹」與魏晉時士人服「五石散」相比較。在葛洪的金丹理論中,亦有「五石」之方,唯道教之煉丹五石與士人的服散五石並不相同,這個不同正顯示兩者在服散的目的上有所差異,亦即服散養生,但服金丹是為成仙。然目的雖異,在心態上卻有相似之處,士人服散雖有養生作用,但更重要的是要逃避現實,道教之金丹成仙亦是如此。然而,士人雖想逃離現實,但對世俗卻又有所依戀,葛洪亦然,想獲得永恆不死的生命,但是又捨不得放棄現世,這種看似矛盾的心情,實則六朝士人遊移在「理想/現實」、「自然/名教」的對立中,企圖尋得一條兼得兩者之路。這也是下一章論述的內容之一。

第五章以魏晉時期的隱逸之風為論述背景,而著重於「朝隱」

觀的討論。六朝時興起的「朝隱」論，正是試圖在出處進退之「仕／隱」對立上取得一個融通兩者的可能。「朝隱」之說雖前朝已有，但是在魏晉興起並非偶然，士人在「理想／現實」的衝突中，如何尋得身心安頓是最重要課題。如果能實現理想抱負，完成士人立功之要求，但又能保有隱逸的心情，乃至全身而終，是士人所希求的。葛洪在成仙的嚮往中，竟也出現「在世成仙」的想法，成仙不必立即升天，或是根本就不打算升天，只要能得生命永恆，則人間險阻便毫無威脅，接下來就可以盡享物質與天倫之樂，與六朝士人之「朝隱」心態有所契合。另外，葛洪也論及「朝隱」，有別於兩漢至魏晉時的「朝隱」觀，他站在道教角度，以「朝隱」回應社會對修道者不仕的質疑，更提出「士三品」的理論，藉以解釋入山林與否的質問。「山林」對於道教而言，不僅僅是避禍全身之處，或是審美悠遊的對象，更是修練的場所。葛洪在看待「山林」時，一方面以山林是煉丹修養之處，因而一再強調入山林的重要性；另一方面，葛洪又得面對來自於士人必須成就功名的傳統要求，而必須對入山林的質疑有所回應。因此在如何看待「山林」這個議題時，援用「朝隱」之詞並賦予一個道教範疇下新的意義，這是葛洪理論的特殊處。

以上各章的論述，逐步突顯出六朝士人如何面對「自然／名教」的衝突，而這正是玄學「儒道會通」議題所顯示的現實意義。第六章便是從「儒道會通」此一魏晉玄學的主要論題，觀察葛洪如何處理自然與名教的關係。道教木有「治身」與「治國」合一的淵源，這個源流構成道教吸收儒家的道德與治世主張而形成其「會通儒道」之獨特方式。玄學家談論「儒道會通」，嘗試從理論建構中為儒道尋求一條融通之路，而玄學的理論對於葛洪有一定影響。《抱

朴子內篇》中便吸收玄學而為道教行善積德的修道方法建立一個具本體論意義的系統，使會通儒道的論題在道教教義中獲得了具體實踐的成果。魏晉士人因儒學價值的混淆，內心的苦悶雖藉由行為放縱加以宣洩，但難以獲得心靈的平靜。「名教」與「自然」的衝突及融合過程，正是魏晉士人欲從理論上確立──安身立命之道。唯玄學在理論上雖有所建樹，但在現實世界卻力有未逮，畢竟理智的理解或心靈的自由，有時仍不敵現實困境所帶來的無奈。葛洪藉由宗教的超自然力量，在神明的監督以及對成仙目標的自我要求，道德實踐不容許做表面工夫，積善行德便有確然落實的可能。從調和儒道此一角度來看，葛洪代表玄學發展到兩晉時期的一個重要關鍵，上承玄學餘緒，下開道教神仙理論中道德實踐與修煉方式的結合。將求仙與忠孝和順仁信等道德行為緊密結合，使修道者並非獨立於世俗之外，讓「名教」與「自然」的調合走出一個新局面，在這個意義上，葛洪可說是魏晉玄學發展過程中一個重要的轉折點，甚至應於玄學中給予葛洪一個新定位，將葛洪視為魏晉玄學發展的殿軍。

　　重新審視葛洪的歷史定位，熊鐵基曾從文化史的角度提出葛洪除了神仙思想，在文學理論、政治思想、自然科學以及歷史學等都有一定貢獻，應重新給葛洪在中國文化史上定位。❺ 以葛洪博採各

---

❺　見熊鐵基：〈論葛洪在中國文化史上的地位〉，收於《葛洪研究論集》，劉固盛、劉玲娣編，武漢：華中師範大學，2006.10，頁 199-210。本文最初發表時，題目旨意更為強烈，題為〈替葛洪翻案──略論葛洪在中國文化上的地位〉，(《首屆葛洪與中國文化國際學術研討會論文集》，2003，頁 589-595）後來正式發表時省去「替葛洪翻案」的標題。

家的論述方式，所涉議題也極多，的確在文化史上有相當貢獻。本論文則企圖將範圍定於魏晉玄學史，論證葛洪代表的神仙道教理論與玄學有一定關係。亦即在魏晉玄學以「儒道會通」為議題的思潮下，葛洪在一定程度上受其影響，並以之發展出一套獨特的道教理論，特別是葛洪的「道本儒末」不僅只是理論，更具有強烈的實踐意義，能有效解決六朝士人徘徊於「自然／名教」之間的猶豫徬徨。只就這點而論，葛洪思想不僅僅在道教史中，在中國哲學史中也能有一席之地。

引用文獻

列舉凡例：

1、所列書目文獻，皆為本論文所引用，參考未引者均不列出。

2、「古典文獻」為整理本，依時代排序。

3、四部分類依《四庫全書》分類。

4、引自《道藏》之道經均未列出。

5、「專著」以下依著者姓名筆劃排序。

6、外文專著如有中譯，一併列出。

一、古典文獻

(一) 論文基本文獻

《抱朴子內篇校釋》（增訂本），〔晉〕葛洪，王明校釋，北京：中華書局，1985.3 第 2 版

《抱朴子外篇校箋》（上），〔晉〕葛洪，楊明照校箋，北京：中華書局，1991.12 第一版；2004.5 重印

《抱朴了外篇校箋》（下），〔晉〕葛洪，楊明照校箋，北京：中華書局，1997.10 第一版

《道藏》（全 36 冊），上海書店、天津古籍出版社、文物出版社，1988 年影印本

（二）經部

《釋名疏證補》，〔漢〕劉熙、〔清〕王先謙疏證，上海：上海古籍出版社，1984.3

《說文解字注》，〔漢〕許慎撰、〔清〕段玉裁注、〔民國〕魯實先正補，台北：黎明文化事業，1974.9 初版，1991.4 增訂七版

《周禮注疏》，〔漢〕鄭玄注、〔唐〕賈公彥疏，台北：藝文印書館，1993.8

《孝經注疏》，〔唐〕玄宗明皇帝御注、〔宋〕邢昺疏，台北：藝文印書館，1997.8

《禮記集解》，〔清〕孫希旦，北京：中華書局，2007.8

《春秋左傳注》，楊伯峻，台北：源流出版社，1982.3

《詩經正詁》（全二冊），余培林，台北：三民書局，1995.10

（三）史部

《史記》，〔漢〕司馬遷撰、〔劉宋〕裴駰集解、〔唐〕司馬貞索隱，台北：鼎文書局，1981

《漢書》，〔漢〕班固撰、〔唐〕顏師古注，台北：鼎文書局，1986

《三國志集解》，〔晉〕陳壽撰、〔宋〕裴松之注、〔民〕盧弼集解，台北：新文豐出版公司，1975.3

《後漢書》，〔劉宋〕范曄撰、〔唐〕李賢等注，台北：鼎文書局，1987

《南齊書》，〔梁〕蕭子顯撰，台北：鼎文書局，1980

《梁書》，〔隋〕姚察、〔隋〕謝炅、〔唐〕魏徵、〔唐〕姚思廉合撰，台北：鼎文書局，1986

《南史》，〔唐〕李延壽撰，台北：鼎文書局，1981

《晉書》，〔唐〕房玄齡等撰，北京：中華書局，1985

《隋書》，〔唐〕魏徵等撰，台北：鼎文書局，1980

《廿二史箚記校證（訂補本）》（全二冊），〔清〕趙翼，王樹民
　　校證，北京：中華書局，2007.9

(四) 子部

《淮南子集釋》（全三冊），〔漢〕劉安，何寧撰，北京：中華書
　　局，1998.10

《金匱要略》，〔漢〕張仲景，北京：人民衛生出版社，2000.10

《太玄集注》，〔漢〕揚雄撰、〔宋〕司馬光集注，劉韶軍點校，
　　北京：中華書局，1998.9

《法言義疏》（全二冊），〔漢〕揚雄，汪榮寶疏，北京：中華書
　　局，1987.3

《新輯本桓譚新論》，〔漢〕桓譚，朱謙之校輯，北京：中華書局，
　　2009.9

《論衡校釋》，〔漢〕王充，黃暉校釋，北京：中華書局，1990.2

《人物志》，〔魏〕劉劭，上海：上海三聯書店，2007.6

《神仙傳校釋》，〔晉〕葛洪，胡守為校釋，北京：中華書局，2010.9

《肘後備急方》〔晉〕葛洪，王均寧點校，天津：天津科學技術出
　　版社，2000.8

《搜神記》，〔晉〕干寶，黃滌明譯注，台北：台灣書房，2010.3

《世說新語箋疏》，〔劉宋〕劉義慶、〔梁〕劉孝標注，余嘉錫箋
　　疏，台北：華正書局，1993.10

《弘明集·廣弘明集》，〔梁〕僧佑、〔唐〕道宣，上海：上海古
　　籍出版社，1991.8

《諸病源候校注》，〔隋〕巢元方，北京：人民衛生出版社，1991.12

《藝文類聚》，〔唐〕歐陽詢，汪紹楹校，上海：上海古籍出版社，
　　1986.2

《千金翼方》，〔唐〕孫思邈，瀋陽：遼寧科學技術出版社，1997.8

《備急千金要方校釋》，〔唐〕孫思邈，北京：人民衛生出版社，
　　1998.6

《藥性論》，〔唐〕甄權，尚志鈞輯釋，合肥：安徽科學技術出版
　　社，2006.6

《雲笈七籤》，〔宋〕張君房編，李永晟點校，北京：中華書局，
　　2003.1

《太平廣記》，〔宋〕李昉等編，北京：中華書局，1961 初版、
　　1995 年第 6 次印刷

《莊子內篇注》，〔明〕釋德清，黃曙輝點校，上海：華東師範大
　　學出版社，2009

《本草綱目：金陵初刻本校注》（全二冊），〔明〕李時珍，尚志
　　均校注，合肥：安徽科學技術出版社，2001.6

《千金方衍義》，〔清〕張璐，王忠云等校注，北京：中國中醫藥
　　出版社，1995.11

《本草備要》，〔清〕王昂輯，魯兆麟主校，瀋陽：遼寧科技出版
　　社，1997.8

《本草新編》，〔清〕陳士鐸，柳長華等校注，北京：中國中醫藥
　　出版社，1996.7

《韓非子集解》，〔清〕王先慎，鍾哲點校，北京：中華書局，2003.6

《晉宋書故》（《郝懿行集》五），〔清〕郝懿行著，安作璋主
　　編，濟南：齊魯書社，2010.5

《莊子集釋》，〔清〕郭慶藩集釋，王孝魚整理，台北：萬卷樓圖
　　書，1993.3

《老子道德經河上公章句》，王卡點校，北京：中華書局，1993.8

《老子想爾注校證》，饒宗頤校證，上海：上海古籍出版社，1991.11

《山海經校注》，袁珂，成都：巴蜀書社，1993.4

《莊子今註今譯》，陳鼓應，台北：台灣商務印書館，1992.10

《太平經合校》（全二冊），王明編，北京：中華書局，1960.2 第1版

《管子校注》，黎翔鳳校注，北京：中華書局，2004.6

《列子集釋》，楊伯峻撰，北京：中華書局，1997.10

《神農本草經校注》，尚志均校注，北京：學苑出版社，2008.6

(五) 集部

《王弼集校釋》，〔魏〕王弼，樓宇烈校釋，北京：中華書局，1999.12

《嵇康集校注》，〔魏〕嵇康，戴明揚校注，北京：人民文學出版社，1962.7

《阮籍集校注》，〔魏〕阮籍，陳伯君校注，北京：中華書局，1987.10

《文心雕龍注》，〔梁〕劉勰，范文瀾注，北京：人民文學出版社，1958.9

《文選》，〔梁〕昭明太子、〔唐〕李善等注，台北：藝文印書館，1989.1

《白居易集》，〔唐〕白居易，顧學頡校點，北京：中華書局，1985.10

《楚辭補注》，〔宋〕洪興祖，台北：長安出版社，1991.8

《重校精印漢魏六朝百三家集》（全六冊），〔明〕張溥集，台中：松柏出版社，1964.8

《晉王右軍集》，〔明〕張溥集，明崇禎間刊漢魏百三家集本景印本，台北：台灣學生書局，1971.8

《全上古三代秦漢三國六朝文》〔清〕嚴可均編，北京：中華書局，1999.6

《鐵橋漫稿》，《叢書集成續編·文學類》，〔清〕嚴可均，台北：新文豐出版公司，1989

《四庫全書總目提要》（全四冊），〔清〕紀昀總纂，石家莊：河北人民出版社，2000

《先秦漢魏晉南北朝詩》，逯欽立輯校，北京：中華書局，1983.9

二、近人專著

孔繁：《魏晉玄談》，台北：洪葉文化事業，1994.2

方立天：《中國古代哲學問題發展史》，台北：洪業文化事業，1995.4

王仁祥：《先秦兩漢的隱逸》，台北：台大出版委員會，1995.5

王文進：《仕隱與中國文學——六朝篇》，台北：台灣書店，1999.2

王平：《〈太平經〉研究》，台北：文津出版社，1995.10

王孝廉：《中國的神話世界》（全二冊），台北：時報文化出版公司，1987.6

王明：《道家和道教思想研究》，北京：中國社會科學出版社，1984

王博：《莊子哲學》，北京：北京大學出版社，2004.3

王葆玹：《正始玄學》，濟南：齊魯書社，1987

王葆玹：《玄學通論》，台北：五南圖書出版公司，1996.4

王曉波：《道與法：法家思想和黃老哲學解析》，台北：國立台灣大學出版社，2007.5

王曉毅：《放達不羈的士族》，台北：文津出版社，1990.7

王曉毅：《儒釋道與魏晉玄學形成》，北京：中華書局，2003.9

王璡等著：《中國古代金屬化學及金丹術》，上海：中國科學圖書儀器，1957.4

伍成泉：《漢末魏晉南北朝道教戒律規範研究》，成都：巴蜀書社，2006.12

任繼愈主編，《中國道教史》，上海：上海人民出版社，1990.6

任繼愈主編，《中國哲學發展史（魏晉南北朝）》，北京：人民出版社，1988.4

宇汝松：《六朝道教上清派研究》，濟南：山東文藝出版社，2009.3

朴宰雨：《史記、漢書比較研究》，北京：中國文學出版社，1994

牟宗三：《中國哲學十九講》，台北：台灣學生書局，1983.10

牟宗三：《圓善論》，台北：台灣學生書局，1985.7

牟宗鑒、胡孚琛、王葆玹主編：《道教通論——兼論道家學說》，濟南：齊魯書社，1991.11

牟鍾鑒：《〈呂氏春秋〉與〈淮南子〉思想研究》，濟南：齊魯書社，1987.9

余英時：《中國知識階層史論》，台北：聯經出版公司，1980.8

余英時：《中國思想傳統的現代詮釋》，台北：聯經出版公司，1987.3

余英時：《東漢生死觀》，上海：上海古籍出版社，2005.9

余敦康：《魏晉玄學史》，北京：北京大學出版社，2004.12

余嘉錫：《余嘉錫文史論集》，長沙：岳麓書社，1997.5

吳汝鈞：《老莊哲學的現代析論》，台北：文津出版社，1998.6

呂思勉：《先秦學術概論》，北京：東方出版社，2008.1

李存山：《中國氣論探源與發微》，北京：中國社會科學出版社，1990.12

李建民：《方術‧醫學‧歷史》，台北：南天書局，2000.6

李建民：《生命史學——從醫療看中國歷史》，台北：三民書局，2005.7

李建民：《發現古脈——中國古典醫學與術數身體觀》，北京：社會科學文獻出版社，2007.1

李剛：《勸善成仙——道教生命倫理》，成都：四川人民出版社，1994

李清筠：《魏晉名士人格研究》，台北：文津出版社，2000.10

李經緯、林昭庚主編：《中國醫學通史·古代卷》，北京：人民衛
　　生出版社，2000.1

李零：《中國方術考》（修訂本），北京：東方出版社，2001.8

李零：《中國方術續考》，北京：東方出版社，2000.10

李養正：《道教義理綜論》，北京：宗教文化出版社，2009.12

李養正：《道教與諸子百家》，北京：燕山出版社，1993.2

李豐楙：《不死的探求——抱朴子》，台北：時報文化出版公司，
　　1981.1 初版，1998.12 四版

李豐楙：《仙境與遊歷——神仙世界的想像》，北京：中華書局，
　　2010.10

李豐楙：《憂與遊：六朝隋唐遊仙詩論集》，台北：台灣學生書局，
　　1996.6

杜正勝：《從眉壽到長生——中國古代生命觀念的轉變》，台北：
　　三民書局，2005.4

周桂鈿：《虛實之辨——王充哲學的宗旨》，北京：人民出版社，
　　1994.10

周靜佳：《六朝形神思想與審美觀念》，台北：花木蘭出版社，2008.9

林文月：《山水與古典》，台北：三民書局，1996.6

林富士：《中國中古時期的宗教與醫療》，台北：聯經出版公司，
　　2008.6

林富士：《疾病終結者——中國早期道教醫學》，台北：三民書局，
　　1993.6

林麗真：《王弼》，台北：東大圖書公司，1988.7

林麗雪：《王充》，台北：東大圖書公司，1991.9

林麗雪：《抱朴子內外篇思想析論》，台北：台灣學生書局，1980.5

武鋒：《抱朴子外篇研究》，北京：光明日報出版社，2010.8

祁小春：《邁世之風：有關王羲之資料與人物的綜合研究》，台北：
　　　石頭出版社，2007.8

金正耀：《道教與煉丹術論》，北京：宗教文化出版社，2001.2

侯外廬、趙紀彬、杜國庠、邱漢生著：《中國思想通史》，北京：
　　　人民出版社，1957.4 第一版，1980.2 北京第 5 次印刷

姜生、郭武：《明清道教倫理及其歷史流變》，成都：四川人民出
　　　版社，1999.5

姜生、湯偉俠編：《中國道教科學技術史（漢魏兩晉卷）》，北京：
　　　科學出版社，2002.4

姜生：《漢魏兩晉南北朝道教倫理論稿》，成都：四川大學出版社，
　　　1995.12

姜守誠：《〈太平經〉研究——以生命為中心的綜合考察》，北京：
　　　社會科學文獻出版社，2007.10

洪丕謨：《道教長生術》，杭州：浙江古籍出版社，1992.2

洪順隆：《隱逸到宮體》，台北：河洛出版社，1980.9

胡孚琛：《魏晉神仙道教——抱朴子內篇研究》，北京：人民出版
　　　社，1989.6

范文瀾：《中國通史簡編》，北京：人民文學出版社，1965 修訂
　　　四版

卿希泰主編：《中國道教史》（修訂本），成都：四川人民出版社，
　　　1996.12

卿希泰主編：《道教與中國傳統文化》，福州：福建人民出版社，
　　　1990.9

唐大潮編著：《中國道教簡史》，北京：宗教文化出版社，2001.6

唐君毅：《中國文化之精神價神》，台北：正中書局，1975 台十
　　　版

唐長孺：《魏晉南北朝史論叢》，北京：三聯書店，1955

孫以楷主編，陸建華等著，《道家與中國哲學（魏晉南北朝卷）》，
　　　北京：人民出版社，2004.6

容志毅：《中國煉丹術考略》，上海：中華書局，2009.9

徐復觀：《中國人性論史（先秦篇）》，台北：台灣商務印書館，
　　　1994.4

秦躍宇：《六朝士大夫玄兼治研究》，揚州：廣陵書社，2008.4

馬伯英：《中國醫學文化史》，上海：上海人民出版社，1994.1

高晨陽：《阮籍評傳》，南京：南京大學出版社，1994.5

康中乾：《魏晉玄學》，北京：人民出版社，2008.9

張立文：《中國哲學範疇發展史（天道篇）》，台北：五南圖書出
　　　版公司，1996.7

張蓓蓓：《中古學術論略》，台北：大安出版社，1991.5

強昱：《從魏晉玄學到初唐重玄學》，上海：上海文化出版社，2002.5

莊耀郎：《郭象玄學》，台北：里仁書局，2002.8 修訂版

許尤娜：《魏晉隱逸思想及其美學涵義》，台北：文津出版社，2001.7

許抗生、李中華、陳戰國、那薇合著：《魏晉玄學史》，西安：陝
　　　西師範大學出版社，1989.7

許抗生：《魏晉思想史》，台北：桂冠圖書公司，1992.12

許建良：《魏晉玄學倫理思想研究》，北京：人民出版社，2003.11

許倬雲：《求古編》，台北：聯經出版公司，1982.7

郭廉夫：《王羲之評傳》，南京：南京大學出版社，1996.9

陳飛龍：《抱朴子內篇今註今譯》，台北：台灣商務印書館，2001.1

陳國符：《道藏源流考》，台北：中華書局，1963

陳啟雲：《漢晉六朝文化·社會·制度——中華中古前史研究》，
　　　台北：新文豐出版公司，1997.1

陳鼓應：《老莊新論》，上海：上海古籍出版社，1997.9

陳鼓應：《管子四篇詮釋——稷下道家代表作》，台北：三民書局，
　　2003.2

陳寧：《中國古代命運觀的現代詮釋》，瀋陽：遼寧教育出版社，
　　1999.1

陳德興：《氣論釋物的身體哲學——陰陽、五行、精氣理論的身體
　　形構》，台北：五南圖書出版公司，2009.1

陳霞：《道教勸善書研究》，成都：巴蜀書社，1999.9

陳麗桂：《秦漢時期的黃老思想》，台北：文津出版社，1997.3

陳麗桂：《戰國時期的黃老思想》，台北：聯經出版公司，1991.4

陳耀庭、李子微、劉仲宇編：《道家養生術》，上海：復旦大學出
　　版社，1992.8

陳櫻寧：《道教與養生》，北京：華文出版社，2000.3

陳鐵凡：《孝經學源流》，台北：國立編譯館，1986.7

陶文鵬、韋鳳娟主編：《靈境詩心——中國古代山水詩史》，南京：
　　鳳凰出版社，2004.4

傅斯年：《性命古訓辨正》，收入《傅斯年全集》第二冊，台北：
　　聯經出版公司，1980.9

曾春海：《兩漢魏晉哲學史》，台北：五南圖書出版公司，2008.2
　　三版

游子安：《勸化金箴：清代善書研究》，天津：天津人民出版社，
　　1999.4

湯一介：《早期道教史》，北京：昆侖出版社，2006.3

湯一介：《郭象與魏晉玄學》（增訂本），北京：北京大學出版社，
　　2000.7

湯用彤：《魏晉玄學論稿》（增訂版），北京：三聯書店，2009.12

湯其領：《漢魏兩晉南北朝道教史研究》，開封：河南大學出版社，
　　1994.10

葛兆光：《屈服史及其他：六朝隋唐道教的思想史研究》，北京：
　　三聯書店，2003.8

葛兆光：《思想史的寫法——中國思想史導論》，上海：復旦大學
　　出版社，2004.7

葛兆光：《道教與中國文化》，上海：上海人民出版社，1987.9

董俊彥：《桓子新論研究》，台北：文津出版社，1989.9

寧稼雨：《魏晉名士風流》，北京：中華書局，2007.11

廖育群：《醫者意也——認識中國傳統醫學》，台北：東大圖書公
　　司，2003.8

蒙文通：《古學甄微》，成都：巴蜀書社，1987.7

蒙思明：《魏晉南北朝的社會》，上海：上海人民出版社，2007.4

蒲慕州：《追尋一己之福——中國古代的信仰世界》，上海：上海
　　古籍出版社，2007.3

蓋建民：《道教醫學》，北京：宗教文化出版社，2001.4

趙益：《六朝南方神仙道教與文學》，上海：上海古籍出版社，2006.4

劉屹：《敬天與崇道——中古經教道教形成的思想史背景》，北京：
　　中華書局，2005.4

劉昭瑞：《考古發現與早期道教研究》，北京：文物出版社，2007.6

劉笑敢：《莊子哲學及其演變》，北京：中國社會科學出版社，1993.3

樂蘅軍：《古典小說散論》，台北：純文學出版社，1984.6

蔡忠道：《魏晉儒道互補之研究》，台北：文津出版社，2000.9

鄭世根：《莊子氣化論》，台北：台灣學生書局，1993.7

鄭全：《葛洪研究》，北京：宗教文化出版社，2010.12

鄭志明：《中國善書與宗教》，台北：台灣學生書局，1988.6

鄭基良：《魏晉南北朝形盡神滅或形盡神不滅的思想論證》，台北：
　　文史哲出版社，2002.4

盧國龍：《中國重玄學》，北京：人民中國出版社，1993.8

盧國龍:《道教哲學》,北京:華夏出版社,2007.1

蕭登福:《六朝道教上清派研究》,台北:文津出版社,2005.11

蕭登福:《先秦兩漢冥界及神仙思想探原》,台北:文津出版社,
　　　2001.1 二版

蕭登福:《道教與民俗》,台北:文津出版社,2002.12

錢穆:《莊老通辨》,台北:東大圖書公司,1991

謝大寧:《歷史的嵇康與玄學的嵇康—從玄學史看嵇康思想的兩個
　　　側面》,台北:文史哲出版社,1997.12

韓星:《儒法整合:秦漢政治文化論》,北京:中國社會科學出版
　　　社,2005.1

顏進雄:《六朝服食風氣與詩歌》,台北:文津出版社,1993.8

羅宗強:《玄學與魏晉士人心態》,天津:天津教育出版社,2005.1

龔鵬程:《道教新論》,北京:北京大學出版社,2009.1

欒保群、呂宗力:《中國民間諸神》,台北:台灣學生書局,1991.10

三、外文

(一)日文及中譯

下見隆雄:〈「抱朴子」に於ける逸民と仙人〉,《東方宗教》,
　　　29 期,1967.7,頁 36-52

大久保隆郎:〈桓譚と王充—神仙思想批判の繼承—〉,《福島大
　　　學教育學部論集(人文科學部門)》,30-2,1978.11,並收於
　　　《王充思想の諸相》,東京:汲古書院,2010.1

大淵忍爾:〈抱朴子における神仙思想の性格〉,《初期の道教:
　　　道教史の研究其の一》,東京:創文社,1991.11

大淵忍爾：〈論衡、潛夫論と抱朴子〉，《初期の道教：道教史の研究其の一》，東京都：創文社，1991

小尾郊一：〈招隱詩に就いて〉，《東方學》第九輯，1954.10，頁 1-18

小林昇：〈朝隱の說について——隱逸思想の一問題〉，《中國・日本における歷史觀と隱逸思想》，東京：早稻田大學，1983.1，頁 253-272

小南一郎：〈尋藥から存思へ—神仙思想と道教信仰との閒—〉，收入《中國古道教史研究》，吉川忠夫編著，京都：同朋舍，1993，頁 3-54

小南一郎：《中國的神話傳說與古小說》，孫昌武譯，北京：中華書局，1993.6

小野澤精一、福永光司、山井湧涌編；李慶譯，《氣的思想——中國自然觀與人的觀念的發展》，上海：上海人民出版社，2007.3

山田慶兒：〈中世の自然觀〉，《中國中世紀科學技術史的研究》，藪內清編，京都大學人文科學研究所研究報告，東京：角川書店，1963

山田慶兒：〈中醫學的歷史與理論〉，《古代東亞哲學與科技文化》，瀋陽：遼寧教育出版社，1996.3，頁 258-259

川勝義雄：〈六朝貴族制社會的成立〉，收入《日本學者研究中國史論著選譯》，北京：中華書局，1992.7

丹波康賴：《醫心方（日本醫學叢書活字本）》，大阪：オリエント出版社，1991.1；北京：人民衛生出版社，1996.5。

石田秀實：《氣・流動的身體》，楊宇譯，台北：武陵書局，1996.2

吉川忠夫：《六朝精神史研究》，京都：同朋舍，1984

吉元昭治：《道教と不老长寿の医学》，東京：平河出版社，1989
（《道教與不老長壽醫學》，楊宇譯，成都：成都出版社，
1992.9）

吉田光邦：〈中世の化学(練丹術)と仙術〉，收入《中國中世紀科
學技術史の研究》，藪內清編，京都大學人文科學研究所研
究報告，東京：角川書店，1963

吉岡義豐：《道教の研究》，《吉岡義豐著作集》，東京：五月書
房，1988.10

佐藤利行：〈王羲之と五石散〉，《廣島大學大學院文學研究科論
集》，第 65 卷，2005，頁 1-13

村上嘉實：《六朝思想史研究》，東京：平樂寺書店，1974.3

谷川道雄：〈六朝士族與方術〉，收入《文化的饋贈（哲學卷）——
漢學研究國際會議論文集》，北京：北京大學出版社，2000.8

貝塚茂樹：〈中國における古典の運命〉，《古代中國の精神》，
東京：筑摩書房，1985.5

赤堀昭：〈寒食散と養生〉，收入《中國古代養生思想の總合的研
究》，東京：平河出版社，1988.2，頁 116-143

武內義雄：《神僊說》，東京：岩波書店，1935

津田左右吉：《神僊思想の研究》，收入《津田左右吉全集》，十
卷，東京：岩波書店，1987

原田二郎：〈養生說における「精」の概念の展開〉，收入《中國
古代養生思想の總合的研究》，東京：平河出版社，1988.2，
頁 342-378

神樂岡昌俊：〈抱朴子における隱逸思想〉，《東方宗教》，55
期，1980.7，頁 51-69

酒井忠夫：《增補中國善書の研究》，東京：圖書刊行會，1999-2000

福井康順等監修，朱越利譯，《道教》（全三冊），上海：上海古
　　籍出版社，1990.6
窪德忠：《道教史》，蕭坤華譯，上海：上海譯文出版社，1987.7
坂出祥伸：〈方術傳の成立とその性格〉，《中國古代の占法──技
　　術と咒術の周邊》，東京：研文出版，1991.9，頁 23-44，
　　中譯〈方術傳的立傳及其性質〉，收入《日本學者論中國哲
　　學史》，岡田武彥等著，辛冠潔等編，北京：中華書局，1986.11
坂出祥伸：《「氣」と養生──道教の養生術と呪術》，京都：人
　　文書院，1993.1
坂出祥伸：《道教と養生思想》，東京：ぺりかん社，1992.2

（二）英文及中譯

文青雲（Ant Vervoon），The Origins of Chinese Eremitism，《香港
　　中文大學中國文化研究所學報》，15 期，1984
包筠雅（Cynthia J. Borkaw）：《功過格：明清社會的道德秩序》，
　　杜正貞、張林譯，杭州：浙江人民出版社，1999.6
De Woskin, Kenneth J. Doctors, *Diviners, Magicians of Ancient China:
　　Biographies of Fung-shih,* Columbia University Press, New
　　York, 1983
卡西勒（Ernst Cassirer）：《人論：人類文化哲學導引》，甘陽譯，
　　台北：桂冠圖書公司，2005.6
舒特（Hans-Werner Schutt）：《尋求哲人石：煉金術文化史》，李
　　文潮等譯，上海科技教育出版社，2006.10
Henri Maspero, "Methods of 'Nourishing the Vital Principle in the
　　Ancient Taoist Religion," in *Taoism and Chinese Religion,*
　　trsnslated by Frank A. Kierman, Jr. Amberst: The University of
　　Massachusetts Press,1981

弗雷澤（James George Fraze）：《金枝──巫術與宗教之研究》，
　　汪培基譯，台北：桂冠圖書公司，1991.2

芮夫（Jeffrey Raff）：《榮格與煉金術》，廖世德譯，台北：人本
　　自然出版社，2007.8

李約瑟（Joseph Needham）：《中國科學技術史》（*Sience and Civilization in China*），北京：科學出版社，2005.8

Nathan Sivin, *Medicine, Philosophy and Religion in Ancient China: Researches and Reflections.* Aldershot, England: Variorum, Ashgate Publishing, 1995. pp.1-72.

馬歇爾（P. Marshell）：《哲人石：探尋金丹術的秘密》，趙萬里
　　等譯，上海科技教育出版社，2007.06

高羅佩（R.H. van Gulik）：《中國古代房內考》（Sexual Life in Ancient China），李零、郭曉惠等譯，台北：桂冠圖書公司，1991

余英時（Yu, Yingshi）：《東漢生死觀》（*Views of Life and Death in Later Han China*），上海：上海古籍出版社，2005.9

四、單篇論文

丁貽庄：〈試論葛洪的醫學成就及其醫學思想〉，《宗教學研究》，
　　1984：0，頁 13-21

方介：〈東方朔與揚雄──傳統知識分子『朝隱』的兩種典型〉，
　　《台大中文學報》第 27 期，2007.12，頁 33-70

王明：〈論葛洪〉，收入《葛洪研究論集》，劉固盛、劉玲娣編，
　　武漢：華中師範大學出版社，2006.10，頁 1-22

王青：〈《太玄》研究〉，《漢學研究》，19：1，90.6，頁 77-102

王奎克：〈「五石散」新考〉，收入趙匡華主編，《中國古代化學
　　史研究》，北京：北京大學出版社，1985，頁 80-87

王曉毅：〈漢魏之際儒道關係與士人心態〉，《漢學研究》，15:1=29，1997.6，頁 45-71

朱明勛：〈論魏晉六朝時的《孝經》研究〉，《華中科技大學學報（社會科會版）》16 卷 3 期，2002，頁 97-101

李存山：〈莊子的薪火之喻與『懸解』〉，《道家文化研究》第六輯，上海：上海古籍出版社，1995.6，頁 117-122

李宗定：〈葛洪《抱朴子》「道本儒末」與魏晉玄學「會通儒道」之關係〉，《世界宗教學刊》，13 期，2009.6，頁 69-108

李宗定：〈葛洪《抱朴子內篇》與魏晉玄學——「神仙是否可學致」與「聖人是否可學致」的受命觀〉，《台北大學中文學報》，第 4 期，2008.3，頁 165-192

李剛：〈偽道養形，真道養神——《西昇經》的形神觀探險〉，《宗教學研究》，2009 年第 1 期，頁 28-41

李錦全：〈徜徉在入世與出世之間——葛洪儒道兼綜思想剖析〉，收入《葛洪研究論集》，劉固盛、劉玲娣編，武漢：華中師範大學出版社，2006.10，頁 141-150

李豐楙：〈葛洪《抱朴子》內篇的「氣」、「炁」學說〉，收入《中國古代思想中的氣論及身體觀》，楊儒賓主編，台北：巨流圖書公司，1993.1，頁 517-539

林富士：〈《太平經》的神仙觀念〉，《中央研究院歷史語言研究所集刊》，80:2，2009.6，頁 217-263

林湘華：〈形神論爭與南朝思想——從「神」的三種涵意看南朝的思想課題〉，《鵝湖學誌》，第二十六期，2001.6，頁 159-193

林禎祥：〈三尸信仰初探〉，《東吳中文研究集刊》，11 期，2004.07，頁 81-98

姜守誠：〈道書所見"五色石"及其功用考述〉，《湖南科技學院學報》，30:2，2009.2，頁 12-16

胡奐湘：〈《淮南子》的人體觀和養生思想〉，收入《中國古代思想中的氣論及身體觀》，楊儒賓主編，台北：巨流圖書公司，1997.2，頁 497-513

卿希泰：〈從葛洪論儒道關係看神仙道教理論特點〉，收入《葛洪研究論集》，劉固盛、劉玲娣編，武漢：華中師範大學出版社，2006.10，頁 106-113

唐長孺：〈讀《抱朴子》推論南北學風異同〉，《唐長孺文存》，上海：上海古籍出版社，2006.12，頁 400-428

容肇祖：〈讀《抱朴子》〉，收於《葛洪研究論集》，劉固盛、劉玲娣編，武漢：華中師範大學出版社，2006.10，頁 28-69

張海英、張松輝：〈《魏晉風度及文章與藥及酒之關係》的知識性錯誤〉，《中國文學研究》2008 年第三期，頁 55-58

莊耀郎：〈魏晉玄學釋義及其分期之商榷〉，《鵝湖學誌》，第六期，1991.6，頁 42-55

郭起華：〈從葛洪和陶弘景看道教對古代醫學的影響〉，《世界宗教研究》，1982：1，頁 37-42

陳寅恪：〈天師道與濱海地域之關係〉，《陳寅恪集——金明館叢稿初編》，北京：三聯書店，2001.6，頁 1-46

陳耀庭：〈道教教義創建和發展的四次變化——各家對東漢、魏晉南北朝、唐宋和金元時期的道教教義變化論說的綜述〉，收入《道教教義的現代闡釋：道教思想與中國社會發展進步研討會論文集》，中國道教協會道教文化研究所等編，北京：宗教文化出版社，2003.11，頁 64-93

曾春海：〈魏晉「自然」與「名教」之爭探義〉，《國立政治大學學報》，第 61 期，1990.6，頁 45-74

黃忠慎：〈葛洪《抱朴子·內篇》之形上理論與神仙思想〉，《國文學誌》，第七期，2003.12，頁 163-183

楊清之：〈招隱・朝隱・歸田——從《七辯》、《應間》、《歸田賦》看張衡的隱逸心跡〉，《海南師範大學學報（社會科學版）》，2010 年第 5 期，頁 110-113

楊曉菁：〈五石散考究——兼以《世說新語》為輔，看魏晉士人之服散風氣〉，《嶺東通識教育研究學刊》，3：2，2009.8，頁 79-99

熊鐵基：〈人皆可以為神仙——葛洪神仙論的現代詮釋〉，收於《道教文化十二講》，熊鐵基、劉固盛編，合肥：安徽教育出版社，2004.11，頁 348-357

熊鐵基：〈論葛洪在中國文化史上的地位〉，收入《葛洪研究論集》，劉固盛、劉玲娣編，武漢：華中師範大學出版社，2006.10，頁 199-210

劉紀曜：〈仕與隱——傳統中國政治文化的兩極〉，收入《理想與現實——中國文化新論・思想篇一》，黃俊傑主編，台北：聯經出版公司，1982.10，頁 291-343

劉翔飛：〈論招隱詩〉，《中外文學》，7：12，1979.5，頁 98-115

魯迅：〈魏晉風度及文章與藥及酒之關係〉收於《魏晉思想（乙編三種）》，台北：里仁書局，1995.8，頁 1-18

戴璉璋：〈玄學與形神思想〉，《中國文哲研究集刊》，第 13 期，1998.9，頁 203-242

謝大寧：〈儒隱與道隱〉，《國立中正大學學報・人文分冊》，1992.4，3:1，頁 21-147

饒宗頤：〈從出土資料談古代養生與服食之道〉，《中國宗教思想史新頁》，北京：北京大學出版社，2000，頁 69-88

五、論文集、論著目錄、辭典

《中國古代思想中的氣論及身體觀》，楊儒賓主編，台北：巨流圖
　　書公司，1997.2

《中華本草》，國家中醫藥管理局，上海：上海科學技術出版社，
　　1999.9

《中藥大辭典》，張鴻銘鑑訂，張蘭昌校訂，台中：昭人出版社，
　　1979.9

《葛洪研究論集》，劉固盛、劉玲娣編，武漢：華中師範大學出版
　　社，2006.10

《魏晉玄學研究論著目錄 1884-2004》（上、下），林麗真主編、
　　紀志昌等編輯，台北：國家圖書館漢學研究中心，2005.11

六、博碩士論文

林育信：《製作隱士：六朝隱逸史傳之歷史敘事研究》，國立清華
　　大學中國文學所博士論文，2007.2

夏德美：《葛洪與玄學》，北京師範大學歷史系碩士論文，2004.5

張靜文：《葛洪形神思想之研究》，中國文化大學哲學研究所碩士
　　論文，2003.6

劉玉菁：《東晉南朝江東士族與道教之關係——以葛洪、陸修靜與
　　陶弘景為中心》，國立成功大學歷史所碩士論文，2003.6

劉見成：《形、神、氣與對人的理解——中國哲學中形神論思想之
　　研究》，東海大學哲學所博士論文，1996.7

蕭振邦：《從後設美學論先秦至魏晉儒道美學規模》，文化大學哲
　　學所博士論文，1990.2

後記

　　學術研究是一條孤獨而漫長的路。在當今大學任教，教師除了學術研究，還必須肩負教學、服務與輔導各種工作，為了評鑑，為了升等，甚至為了是否還能有繼續教書的機會而努力。於是當許多雜事將研究時間分割零碎，思緒被隨時空降的工作不停打斷而必須一再重組銜接，此時，不由地特別懷念起讀研究所的日子，那個可以潛心於學術研究，毫無外務，專心一致的美好時光。因此，為了力爭上游而過勞的超人教師，自然只能以單篇論文為主要研究成果，能有一定數量，評鑑也好看，費時費力的學術專著早已不受青睞。當我發願以一本專著升等而非單篇論文的集結，就走上一條好似自我懲罰之路。當然，論文寫作初期，還能以單篇論文形式發表，但後期為整合而必須大幅修改，進而綜觀全局而進行增刪時，就難以再用單篇論文呈現。希望超越博士論文，但又為種種不利研究的因素重重限制，最後完成的成果仍不盡如人意，但已是目前能力所及。

　　本書原本去年就已出版，因趕著提升等，尚有未及補入的資料與論述，還有一些文句、格式與論點的疏失，為了不影響論文品質，故暫未正式發行。在升等審查過程的同時，又重新對論文做了較大規模的修訂。感謝外審的匿名論文審查人，仔細指出本論文的問題

所在，使本書在正式出版發行時能減少缺失。當然，本書的分析方式，論題的提出，仍有許多有待討論之處。正如一位審查人所說，如欲對葛洪在玄學史中重新定位，必須將葛洪與玄學的互動做一系統性的交待，而不能只從一些零星論題的對比，便下結論。誠哉斯言。審查人提出了一個對葛洪研究方法的進路，的確，本論文從論題進行葛洪與玄學的對比，在研究方法上已預先決定了論述框架，包括論題的設定，比較對象的選擇，乃至比較方法等，都是一個限制。這樣的研究方式是否真能將葛洪重新定位，作者不敢一言蔽之，只能說在這樣的嘗試下，看到了一些可供學界參考的方向，如果要對葛洪重新定位，審查人所說的系統性研究實有其必要。甚至如另一位審查人所建議，可以從葛洪的人格與環境做分析，也是一條對葛洪進行整體研究的必要之路。本論文對葛洪文本與玄學的詮釋比較，絕不是一個完整的研究，有待努力之處亦多。論文寫作，與其說給出結論，不如說試圖引發新的論題。只要我們不斷質疑，才有討論與進步的動力。

　　一本學術論文的完成，固然有十年寒窗的孤獨，但是師友家人的扶持與鼓勵，才是最大的助力。唐亦男老師和林安梧老師是我學術生涯的導師，也是生命中的貴人，能得兩位老師的照顧提攜，當是前輩子修來的福氣。謝謝林老師為本書賜序，老師的傳道生命力，是引領我前進的力量。還有王偉勇老師與陳昌明老師的鼓勵與協助，讓我能一直持續前進。要感謝的人太多，父母妻兒，親朋好友，「元亨書院」的師友，乃至出版社的編輯，都是各種因緣助力。最後，要謝謝本系莊小芩老師為本書題字。這些人，那些事，都銘記在心。

國家圖書館出版品預行編目資料

葛洪《抱朴子內篇》與魏晉玄學

李宗定著.－初版.－臺北市：臺灣學生，2012.11
面；公分

ISBN 978-957-15-1549-6 (平裝)

1. 抱朴子 2. 研究考訂 3. 玄學 4. 魏晉南北朝哲學

123.42 　　　　　　　　　　　　　　　 100021108

葛洪《抱朴子內篇》與魏晉玄學

著　作　者：李　　　宗　　　定
出　版　者：臺 灣 學 生 書 局 有 限 公 司
發　行　人：楊　　　雲　　　龍
發　行　所：臺 灣 學 生 書 局 有 限 公 司
　　　　　　臺北市和平東路一段七十五巷十一號
　　　　　　郵 政 劃 撥 帳 號 ： 0 0 0 2 4 6 6 8
　　　　　　電　話 ： (0 2) 2 3 9 2 8 1 8 5
　　　　　　傳　眞 ： (0 2) 2 3 9 2 8 1 0 5
　　　　　　E-mail：student.book@msa.hinet.net
　　　　　　http：//www.studentbook.com.tw

本 書 局 登
記 證 字 號：行政院新聞局局版北市業字第玖捌壹號

印　刷　所：長 欣 印 刷 企 業 社
　　　　　　新北市中和區永和路三六三巷四二號
　　　　　　電　話 ： (0 2) 2 2 2 6 8 8 5 3

定價：新臺幣五〇〇元

西 元 二 〇 一 二 年 十 一 月 初 版

12305　　　　有著作權 · 侵害必究
　　　　ISBN 978-957-15-1549-6 (平裝)